공동체와 정서

-윤리문화의 원천-

공동체와 정서

—윤리문화의 원천—

박종훈 지음

인간사랑

서문

필자는 그동안 한편으로는 공동체에 관한 논문들을 그리고 다른 한편으로는 정서에 관한 논문들을 간헐적으로 집필해 왔다. 그러나 이 양쪽은 모두 윤리와 연관되면서도 또한 양자 상호간의 긴밀한 관계를 전제로 하고 있다는 점에서 이들을 상호 결합시킬 수 있는 방안을 은영중 모색해 가면서 연구를 진행시켜온 것이 사실이다. 그리고 그 결실로서 나타난 것이 바로 이 저서라고 할 것이다.

필자가 이들 중 가장 먼저 관심을 두기 시작한 분야가 공동체에 관한 것이었다. 이는 무엇보다도 윤리는 공동체를 떠나서는 궁극적으로 성립되기 어려울 것이라는 생각 때문이었다. 그러던 차에 필자에게는 다행스럽게도 현대공동체주의가 1980년대 초에 등장한 이래 우리나라에서도 이에 대한 관심이 고조되면서 자연 필자의 주된 관심과 연관되면서도 학문적·사회적 관심의 주요 대상이 된 공동체주의를 공부하게 되었다. 이런 과정에서 평소에 필자가 가지고 있었던 공동체에 대한 사고와 공동체주의가 여러 면에서 상호 접점이 나타난다는 것을 발견하게 되었고, 그리하여 이에 대한 몇 편의 논문을 쓰게 되었다. 그러는 한편 학과에 〈공동체론〉를 강좌로 개설하게 되면서 더욱 이에 대한 연구에 적극적으로 접근하게 되는 계기가 되었다.

이와 같이 공동체에 대한 연구에 집중을 하게 되면서 자연적으로 나타나게 된 것이 정서에 대한 관심이었다. 즉 공동체에 있어서 가장 중요한 요소 중의 하나가 공동체 구성원들 사이의 정서적 관계라는 점 때문이다. 이렇게 하여 다시 정서에 관한 수편의 논문이 나타나게 된다.

필자가 이렇게 공동체 그리고 정서에 관한 관심을 지속적으로 갖게 된 것은 무엇보다도 필자가 보다 근본적으로 추구하고자 했던 학문적 방향인 윤리문화학의 발전을 위한 것이었다고 할 수 있다. 즉 필자 나름대로의 생각으로는 윤리문화학의 발전을 위해 가장 필요로 하는 기본적인 학문적 요소가 바로 공동체와 정서일 것이라는 생각이었던 것이다. 왜냐하면 일정한 사회의 윤리문화를 바람직하게 고양시키는데 있어서 기본적으로 필요한 것이 다름 아닌 구성원들의 바람직한 공동체의식이라고 할 때 그러한 공동체를 바람직하게 이루어 나가는데 있어서 가장 기본적인 요소가 바로 다름 아닌 구성들 상호간의 정서적 교감이라고 생각되었기 때문이다.

이런 점에서 생각해보니 당초부터 엄밀히 구상한 것은 아니었어도 결과적으로는 이 저서의 『윤리문화의 원천』이라는 부제는 필자가 윤리문화에 관한 연구를 하면서 늘 생각해왔던 것이 현실화된 것이 아닌가 생각해 본다.

이 저서의 글 중에서 앞의 여덟 편은 필자가 기왕에 썼던 논문들을 다시 모은 것이고 끝부분의 제9장과 결어만이 이번에 책 발간을 위해 새로이 작성된 것이다.

이 책에 실린 1장부터 8장까지의 글의 원출전은 아래와 같다.

1994, “공동체주의의 자유주의 비판과 그 이론적 특성”, 『동국논총』 제33집, 인문사회과학편.

1996, “현대공동체주의에 대한 자유주의의 대응: 롤스의 대응을 중심으로”, 동국논총』 제35집, 인문사회과학편.

1997, “현대공동체주의에 대한 롤스의 대응”, 『사회과학연구』 제4호, 동국대학교 사회과학연구원.

1998, “공동체주의적 자유주의와 자유주의적 공동체주의”, 『국민윤리연구』 제40호, 한국국민윤리학회.

2007, “아리스토텔레스의 덕론에 있어서 정서의 의의”, 『윤리연구』 제66호, 한국윤리학회.

2009, “Hume과 Kant의 상상개념”, 『윤리연구』 제74호, 한국윤리학회.

2010, “Hume의 이론에 있어서 정서와 도덕”, 『윤리연구』 제78호, 한국윤리학회.

2012, “정의주의에 대한 MacIntyre의 관점과 그 문제점: 〈*After Virtue: a study of moral theory*〉를 중심으로”, 『윤리연구』 제86호, 한국윤리학회.

이 책을 구성하고 있는 각 장의 글들은 모두 각기 독립된 내용을 싣고 있기 때문에 순서에 구애됨이 없이 편리한 대로 읽어도 이해하는데 큰 어려움은 없을 것이다. 이같이 각 장이 독립적으로 구성되어 있다 할지라도 전반적으로 제1부는 공동체와 관련된 내용들을 중심으로 채워져 있으며, 제2부는 정서를 중심으로 한 내용들로 이루어져 있다고 할 수 있다.

각 장의 특징을 간략히 소개하면 다음과 같다. 우선 먼저 제1부 제1장은 1980년대 초에 등장하여 큰 반향을 일으켰던 현대공동체주의의 이론적 특성과 함께 공동체주의-자유주의 논쟁에서 공동체주의의 자유주의비판에 대해 기술한 것이다. 그리고 제2장은 20세기의 가장 걸출했던 사상가 중의 한 사람인 롤스의 후기 이론이 현대공동체주의에 대한 대응에서 비롯되었다는 것과 함께 그 대응 상의 문제점들을 검토하고 있다. 제3장은 역시 현대공동체주의 대한 롤스의 대응과 관련하여 특히 규범적 측면을 고찰하면서 이를 통하여 롤스가 대응과정에서 상당한 정도로 공동체주의적 요소들을 수용하여 왔으며, 그와 같은 수용이 롤스 자신의 정의론을 세련화 하는데 별로 성공적이지 못했다는 점을 밝히고 있다. 이어서 제4장은 현대공동체주의와 관련하여 강경공동체주의와 온건공동체주의를 구별하고 온건공동체주의 중에서 공동체주의적 자유주의와 자유주의적 공동체주의의 특징들을 살펴보고 있다.

다음으로 제2부 제5장에서는 정서의 중요성을 인식한 아리스토텔레스의 덕론을 검토하면서 오늘날의 도덕교육에서 정서가 강조되어야 함을 주장하고 있다. 제6장은 흄과 칸트의 상상력 개념을 비교하면서 둘 사이의 공통점에 대해 조사하고 있다. 제7장은 흄의 정서 개념을 그의 도덕이론과 연관시켜 새로이 고찰하면서 그의 관점이 오늘날 우리에게 주는 의의를 검토하고 있다. 제8장에서는 『덕의 상실』(*After Virtue*)에서 기술되고 있는 정의주의(emotivism)에 대한 매킨타이어의 관점들에 대해 살펴보면서 이에 관련한 문제점들이 검토되고 있다. 제9장에서는 하버마스의 『의사소통행위이론』(*Theorie des kommunikativen Handelns*)을 중심으로 합리성 이론의 한계에 대한 내용을 기술하고 있다. 우리 학계에 이미 하버마스의 이론이 폭넓게 소개되어 왔다는 점에서 여기서는 그의 이론에 대한 설명보다는 합리성과 관련한 그의 이론의 문제점과 한계를 검토하는 데에 중점을 두고 있다. 결어에서는 앞에서 전개된 내용들을 좀 더 알기 쉽게 정리하면서 필자의 종합적인 관점도 함께 제시하고자 한다.

책 출간이 가까이 다가오게 되니 이런 저런 구성 상의 미흡함이 눈에 들어온다. 부족한 부분들은 다음에 적절한 기회에 보충하기로 기약해 본다. 이 책을 내는데 여러 가지로 조언을 해준 송선영 교수에게 고마움을 전한다. 아울러 어려운 사정에도 불구하고 책의 출판을 흔쾌히 맡아주신 도서출판 인간사랑 여국동 사장님과 편집부 여러분께도 감사드린다.

2015년 11월

박종훈 삼가 씀

차례

제1부 공동체

제1장

공동체주의의 자유주의 비판과 그 이론적 특성

1980년대 이후 특히 미국을 중심으로 하여 공동체주의(communitari-anism)라고 일컬어지는 하나의 새로운 지적 조류가 등장하여 학자들 사이에서 많은 논란이 있어왔다. 특히 이 같은 공동체주의와 자유주의 사이의 논쟁은 그동안 미국정치사상의 흐름을 주도해 왔다고 할 수 있을 정도로 지속적이고도 폭넓은 것이었다.

샌델(Michael J. Sandel), 매킨타이어(Alasdair MacIntyre), 테일러(Charles Taylor) 등에 의해 대표되고 있는 공동체주의는 기존의 서구 특히 미국의 지배적 이념인 자유주의적 개인주의가 결과적으로 사회의 도덕적 무질서를 조장하여 왔다고 비판을 가하면서 그 치유적 대안으로 공동체(community)의 덕에 관심을 집중시켜 왔다.

이 같은 공동체주의는 곧바로 구트만(Amy Gutmann)을 위시하여 수적으로 우세한 자유주의이론가들의 반격에 직면케 되었다. 그러나 그럼에도 불구하고 오늘날까지 공동체주의가 꾸준히 논의되고 있다는 사실에서 그것이 갖는 중요성을 감지할 수 있다.

그러나 공동체주의는 그동안 그 이론적 대표자들의 입장이 저마다 차이가 있을 뿐 아니라 공동체주의에 대한 비판가들의 다양한 해석에 따라 아직도 그 개념과 이론을 명료하게 이해하는데 많은 곤란이 따른다. 더욱이 공동체주의라는 말 자체마저 생소한 우리에게 있어서는 더 말할 나위가 없다.

따라서 이번 장에서는 공동체주의의 기본성격을 파악하는데 주력하려 한다. 이 같은 작업을 통하여 무엇보다도 공동체주의와 여타 이념들과의 차이를 비교할 수 있을 뿐 아니라 공동체주의가 앞으로 하나의 고유한 이념으로 발전할 가능성이 있는지의 여부를 진단하는데 도움이 될 것이기 때문이다.

I. 공동체주의와 공동체

1. 공동체주의와 공동체주의자들

공동체주의를 규정짓는 일차적 요소는 무엇보다도 공동체에의 열망 내지 공동체의 덕에 대한 찬양이라고 할 수 있다. 그러나 이것만 가지고는 공동체주의를 정의하기에 충분치가 않다.

공동체의 상실은 오늘날 철학자, 사회학자, 정치학자, 법학자, 역사가, 그리고 심리학자 등에 의해 광범위하게 논의되고 있는 주제로서 그들 대부분이 공동체적 가치의 중요성을 강조하고 있다. 그러나 공동체에 강조를 두고 있는 이들 모두를 공동체주의자들에 포함시킬 수는 없는 것이다.[1] 그럴 경우에는 사실상 공동체주의에 속하지 않는 사람이 거의 없을 정도에 까지 이를 것이기 때문이다.

더욱이 공동체라는 용어는 정치사상에 있어서 새로운 용어가 아니다. 사실상 그것은 그리스 철학 즉 아리스토텔레스의 제자들로부터 키케로(Cicero)와 로마의 법과 공통이익의 공동체, 아우구스티누스(St. Augustine)의 정의적(情誼的) 유대의 공동체, 아퀴나스(St. Thomas Aquinas)의 정치체로서의 공동체, 버어크(Edmund Burke)의 '살아 있는 사람들 사이 뿐 아니라, 살아 있는 사람들 죽은 사람들 그리고 태어날 사람들 사이' 의 공동관계로서 잘 알려진 공동체 개념, 그리고 루소(J. J. Rousseau)와 헤겔(G. W. F. Hegel)의 저작들에 이르기까지 많은 사상가들에게 의해 사용되어 왔다.[2] 뿐만 아니라 그 후에도 공동체라는 말은 퇴니스(Ferdinand Tönnis), 듀이(John Dewey), 매키버(Robert M. MacIver) 등에 의해 강조되면서[3] 오늘에 이르고 있다.

이같이 고대로부터 오늘에 이르기까지 여러 사람들에 의해 다양한 관점에서 표현되어 온 공동체에 대한 열망을 모두 공동체주의에 포함시킬 수는 없기 때문에 우리는 또 다른 기준을 필요로 한다. 그러나 그러한 기준을 설정한다는 자체가 쉬운 일이 아니며, 이는 공동체주의를 논하는데 있어서 대부분의 이론가들이 부딪치는 곤란점이라고 할 수 있다.

그러나 이같이 공동체를 지지하는 사람들로부터 자격이 충분한 공동체주의적 이론가를 구별할 어떤 일련의 필요충분조건들이 없다 할지라도, 누가 오늘날 사실상 주요한 공동체주의 이론가인가에 대해서는 상당한 일치를 보고 있다.[4] 그리고 현재로서는 이들 주요 공동체주의 이론가들의 입장을 통해 제한적이나마 공동체주의를 규정할 수밖에 없다.

이런 점에서 현재 공동체주의자로서 대표적으로 거론되고 있는 사람으로는 샌델(Michael J. Sandel), 매킨타이어(Alasdair MacIntyre), 테일러(Charles Taylor), 왈저(Michael Walzer), 벨라(Robert Bellah)와 그의 공저자들, 그리고 바버(Benjamin Barber) 등이 있다. 그런데 이들 중에서 샌델과 매킨타이어는 일차적으로 모두에 의해 공통적으로 공동체주의자로 받아들여지고 있으며 그 다음으로 인정되고 있는 사람이 테일러이다. 반면에 왈저, 벨라와 그의 공저자들, 그리고 바버의 경우에는 이들을 공동체주의에 포함시키는데 있어 견해가 엇갈리고 있다. 왈저의 경우 그가 비록 매킨타이어나 샌델과 같은 주요 공동체주의자들과 몇몇 교의들을 분담하고 있다 할지라도 어떤 점들에 있어서는 자유주의에 훨씬 더 가깝게 보이기 때문에 공동체주의를 논의하는데 있어서 그를 다루는 것이 적합지 않다고 뷰캐넌(A. E. Buchanan)은 말하고 있으며 필립스(D. E. Philllips)도 같은 견해를 밝히고 있다.[5] 이는 벨라와 그의 공저자들 그리고 바버에 있어서도 다르지 않다고 할 수 있다.[6]

이러한 점을 통해 볼 때 우리는 논자들이 공동체주의를 규정하고 공동체주의자를 분류하는데 있어서 비교적 넓게 범위를 설정하거나 아니면 아주 엄밀하게 범위를 한정하려는 데서 차이가 나타나며 범위를 넓게 정하는 경우에도 보는 시각에 따라 각기 차이가 있음을 알 수 있다. 왈저에 대한 뷰캐넌과 필립스의 관점에서 보듯이 이들은 기존의 일정한 이념에 기초하여 있거나 그것에 보다 많이 접근해 있으면서 공동체에 대해 가치를 부여하는 경우 이를 공동체주의자로 인정하려 하지 않고 있다는 점이다. 이러한 점은 비단 공동체주의 뿐 아니라 그 밖의 일정한 이념의 정체성을 확인하는데 있어 일반적으로 적용될 수 있는 기준에 해당된다고 할 수 있다. 어떤 이념이든지 그것이 정체성을 소지하고 있다는 것은 바로 그것이 그것에 고유한 일정하게 체계화된 관념형태로서 존재하고 있는 경우라고 할 수 있을 것이다.

이런 점에서 공동체주의는 가장 엄밀하게는 개인들의 정치적 경험에 있어서 하나의 중요한 힘으로서의 그리고 인간적 정체성의 한 구성적 특징으로서의 공동체에 대한 이론적 관심을 의미한다고 한 니더맨(C. J. Nederman)의 말은 적절한 것이라고 할 수 있다.[7] 따라서 공동체주의자는 좁은 의미에서 공동체의 본질적 가치를 승인하면서 이를 위한 이론적 체계화를 시도하고 있는 하나의 이념구도라고 할 수 있을 것이다. 그리고 이러한 공동체주의를 가장 잘 대변하고 있는 사람들이 샌델, 매킨타이어, 그리고 테일러라고 할 수 있다. 따라서 앞으로 이들 세 사람의 이론을 중심으로 해서 논의를 전개해 나갈 것이다.

2. 공동체주의와 공동체 개념

공동체 개념을 정의하는 것도 그리 쉬운 일은 아니다. 이는 단순히 역사적으로 공동체들이 다양하게 존재해 왔기 때문만은 아니다. 그것은 무엇보다도 사람들이 저마다 각기 선호하고 존중하는 공동체를 추출하거나 이상화하여 이에 기초된 공동체 개념을 설정하는 경향이 있기 때문이며 이런 점에서는 공동체주의자들도 예외는 아니라고 할 수 있다.[8] 더욱이 공동체에 관련한 주요한 쟁점들 즉 원칙, 실제 그리고 정책이 문제될 때, 지식인들이 공동체의 의미에 관한 논쟁에 휘말리게 되기 때문에 그러하다.[9] 1950년대에 발표한 논문에서 힐러리(G. A. Hillery, Jr.)는 무려 94개에 달하는 공동체에 대한 정의를 조사하고 있으며, 이 같은 조사는 공동체 개념이 얼마나 모호하고 논쟁적인 것인가를 보여주는데 종종 인용되고 있다.[10] 그러나 그동안 공동체 개념에 대해 논구해 온 사람들을 통해 어느 정도 개념적인 윤곽을 잡을 수는 있다.

마이나르(D. W. Minar)와 그리어(S. Greer)는 공동체란 인간의 행동, 목적 그리고 가치와 불가분의 것으로서 그것은 욕구의 공통성, 주위 사람들과의 친교, 그리고 친족과 친구의 유대를 우리와 공동운명을 분담하는 모든 사람들에게까지 확장키 위한 어렴풋한 열망을 표현하고 있다고 말한다.[11] 또한 니스벳(R. A. Nisbet)은 더 나아가 그 내적 긴밀성과 전통을 강조하는 가운데 공동체 개념에 접근하고 있다. 그는 공동체는 높은 정도의 개인적 친밀성, 정의적(情誼的) 깊이, 도덕적 헌신, 사회적 응집력, 그리고 시간적 특수성에 의해 특징지어지는 관계의 모든 형태들을 망라하고 있는 것으로서, 다시 말하자면, 전체성에서 이해되는 사람들에 기초되어 있다고 보고 있다. 따라서 공동체는 단순한 의지작용이나 이익의 수준보다 더 깊은 동기의 수준으로부터 그것의 심리적 강점을 이끌어 낸다는 것이다.[12]

이들의 공동체 개념은 통상의 사람들이 일반적으로 이해하고 있는 공동체에 대한 관념과도 크게 다르지 않다고 할 수 있다. 실제로 모든 사람은 그 거주자들이 필요에 의해 그리고 유대감이나 '우리'라는 것에 의해 결합되어 생활을 이끌고 있는 하나의 조그만 도시(town)가 공동체의 패러다임적 사례라는 것에 동의하고 있다는[13] 점에서이다. 따라서 가장 일반적으로 이해되어온 공동체 개념은 역시 정서적 긴밀성과 공간적 밀착성을 통한 유대감으로 결합된 사람들의 일단이라고 보아야 할 것이다.

그런데 이 같은 공동체에 대한 일반적 시각과는 다른 관점에서 공동체 개념에 접근하려는 사람들이 있다. 공동체를 기능적 관점에서 보려는 사람들이 바로 그들이다. 이는 그 구성원들이 똑같은 지역의 거주자들이 아니라 할지라도, 하나의 조그만 도시(town)처럼 똑같은 기능적인 상호의존과 유대를 갖는 관계들 위에서 다른 형태의 결사들이 형성되어 왔다는[14] 점과 관련되어 있다.

이같이 공동체를 기능적 관점에서 정의하려는 사람이 플랜트(R. Plant)이다. 플랜트의 논지는 지리적 관련에서 공동체에 대해 생각하는 것이 더 이상 의미가 없다는 점이다. 현대세계에 적합한 공동체를 위한 어떠한 조사도 장소와 역할의 고착성을 강조하는 상실된 농촌사회적 풍조에의 향수에 얽매일 수 없다는 것이다. 왜냐하면 그와 같은 풍조가 시간이 경과함에 따라 점점 더 약하게 되어 왔다는 단순한 이유 때문이다. 여기서 기능적 관련에서 공동체에 대해 생각하는 것이 가능하며, 다른 이론가들에 의해서는 실제에 있어서 공동체에 파괴적이라고 생각된 노동 분업이 지리적 공동체 대신 들어서는 것이 가능하다는 것이다. 직장이 공통의 정체성, 안정된 구성원 자격, 분담된 가치, 공통의 언어와 승인된 권위가 있는 기능적 공동체로 보일 수 있음을 그는 시사하고 있는 것이다.[15] 이 같은 플랜트의 공동체 개념은 아직까지는 공동체에 대한 우리의 인식을 반영하고 있기보다는 상당한 정도로 공동체 개념의 현대적 변형에의 열망의 표현이라고 보는 것이 타당하다고 할 수 있을 것이다. 물론 플랜트의 공동체 개념은 스스로 언명하고 있는 바와 같이 고전적 의미에서의 정태적·고착적 공동체의 단점을 제거할 수 있는 방향으로 공동체를 육성해야 한다는 측면과 관련시켜 볼 때는 그 가치가 일부 인정된다고 할 수 있다. 그러나 만일 우리가 플랜트의 공동체 개념을 전반적으로 수용할 때는 공동체와 다른 집단들 특히 이익결사체 사이의 구별이 근본적으로 모호해질 것이라는 점에 유의할 필요가 있을 것이다.

그렇다면 오늘날의 공동체주의자들의 공동체 개념은 어떠한가? 매킨타이어는 주로 비판적인 입장에서 논지를 전개하고 있기 때문에 공동체에 대한 충분한 이론을 구성하고 있지는 않지만, 그럼에도 불구하고 공동체주의자들 가운데 비교적 명료하게 공동체 개념을 제시하고 있다. 그는 고대 그리스와 중세에 있어서 공동체와 덕을 설명하는 가운데 공동체에 대한 자신의 관점을 이끌어내고 있다. 그에게 있어서 그들 사회를 바람직한 공동체로 상정케 하는 주요 특징은 덕들의 통일성에 대한 분담된 이해인 것이었다. 그리스인들 사이 그리고 그들과 아퀴나스 사이에 있어서 많은 중요한 점들에 있어서 차이가 있었다 할지라도 덕들의 통일에 대한 주제에 있어서는 공통적으로 반복되고 있다는 것이다. 말하자면 인간생활의 전체적이고 조화로운 구도에 맞도록 각각의 덕의 위치를 지시하는 우주적 질서가 존재하고 있으며 따라서 도덕적 영역에서의 진리는 이러한 구도의 질서에로 도덕적 판단을 일치시키는데 있다고 그들은 믿었다는 것이다.[16]

그런데 덕들에 대한 자세를 채용하는 것은 인간생활의 서사적 성격에 대한 자세를 채용하는 것이다. 즉 일정한 종류의 덕들에 대한 신념과 인간생활이 일정한 서사적 질서를 전시하고 있다는 신념은 내적으로 연결되어 있다는 것이다.[17] 결국 서사적 질서는 덕들에 대한 분담된 이해와 밀접히 연결되어 있으며, 이때에 서사적 질서는 바로 인간 공동체의 특징이며, 또한 덕들의 위치가 우주적 질서와 연결되어 있다고 하는데서 매킨타이어가 우주적 질서, 인간 공동체, 덕들, 서사적 질서 그리고 분담된 이해를 긴밀히 연관시켜 고찰하고 있음을 알 수 있다.

그런데 이와 같은 것들은 모두 인간의 목적(telos)에 직결되는 것이었다. 인간은 일정한 목적 내지 목표를 가지고 있으며, 자연적으로 특수한 목적을 향하여 움직이고 있다고 할 때[18] 이와 같은 목적에 도달하는 것이 바로 선이라고 할 것이며 "공동체의 분담된 목표는 바로 인간의 선의 실현"[19]인 것이다. 따라서 덕들에 대한 교육이 가르쳐야 할 것은 하나의 인간으로서의 나의 선이 인간 공동체와 함께 맺어져 있는 다른 사람들

의 선과 똑같다는 것이라고 한다.[20]

이와 같이 매킨타이어는 인간생활에 있어서 공동체의 중요성을 강조한다. 그러면서 그는 공동체의 심장이라고 할 규범, 전통, 그리고 목표를 육성시킬 수 있는 환경에 해당하는 지역공동체에 대한 존중을 이끌어내고 있는 것이다.[21]

공동체에 관한 샌델의 관점은 매킨타이어의 것보다 덜 역사적이라고 할지라도, 그것과 양립가능하다.[22] 샌델은 특히 구성적(constitutive) 공동체 개념을 통하여 공동체적 가치의 중요성을 설명하고 있다. 사람들이 구성적 공동체의 의미에서 한 사회의 성원이라는 것은 그들이 그들의 정체성을 공동체에 의해 규정되는 것으로 받아들임을 말하는 것이다. 그들에게 있어서 공동체는 그들이 동료 시민으로서 가지고 있는 것 뿐 아니라 그들이 무엇이라는 것을, 그들이 선택하는 관계가 아니라 그들이 발견하는 소속감을, 그들의 정체성의 속성 뿐 아니라 그 근본요소를 나타낸다는 것이다.[23] 샌델은 이 같은 구성적 공동체와 대비하여 도구적(instrumental) 공동체 개념과 감상적(sentimental) 공동체 개념을 기술하고 있다. 여기서 도구적 공동체는 공동체에 대한 도구적 이해로서 종래의 개인주의자들의 추정인 바, 이때에 협동의 주체들은 단지 자기이익적 동기들에 의해 지배되는 것이다. 다른 한편 감상적 공동체 개념은 공동체에 대한 감상적 이해이며 롤스(John Rawls)의 입장을 나타내는 것으로서, 여기서는 협동의 참여자들이 일정한 분담된 궁극적 목적 내지 감정의 결합에 기인시키고 있다. 그러나 공동체에 관한 이 같은 두 가지 이해는, 공동체에 대한 구성적 이해와는 달리, 주체의 선행하는 개체화를 전제하고 있기 때문에 방식은 다르지만 (특히 공동체에 대한 감상적 이해에서는 이기적인 면과 자선적인 면이 함께 작용하고 있기는 하지만) 두 가지 다 개인주의적이며, 이런 점에서 근본적으로 공동체에 위치 지어진 주체를 산출함이 없

이는 자아와 타인 사이의 경계들을 완화시킬 수 없다고 하고 있다.[24]

테일러의 공동체 개념은 공통적인 언어생활과 연관된 문화공동체에 기초하고 있다. 그는 인간생활의 중요한 특징으로서 대화적 성격을 들고 있다.[25] 그리고 자유로운 개인이나 자율적인 도덕적 인간은 일정한 유형의 문화에서만이 단지 그의 정체성을 성취·유지할 수 있다고 한다.[26] 따라서 공통적 문화야말로 도덕적 자율성 즉 독립된 도덕적 확신을 형성할 능력의 전제조건이 되는 것이며[27], 때문에 자유로운 개인은 전체로서의 이 사회 내지 문화의 형태에 관심을 갖지 않으면 안 된다고 한다.[28]

이상의 공동체주의자들의 공동체 개념에서 무엇보다 두드러지게 나타나는 특징은 그들이 저마다 현대에서의 공동체의 중요성을 강조하고 있으면서도 실제에 있어서 공동체 개념을 충분히 설명하지 않고 있다는 점이라고 할 수 있다. 매킨타이어와 샌델의 공동체 개념은 '공정으로서의 정의'에 따라 질서 지워진 정치적 공동체보다 사회의 공동생활에 있어서 유대에 대한 보다 강한 요구들을 배열하고 있다. 그들의 저작들의 놀랄만한 특징은, 그들의 작업들의 정치적 관련에 대한 폭넓은 주장에도 불구하고, 그들이 싫어하거나 승인하는 특별한 정치적 제도들에 대해 어떠한 언명도 실제로 하고 있지 않다는 점이다.[29] 또한 그들은 현대적 공동체에 대한 이렇다 할 모델도 제시하지 않는 것으로 나타난다.[30] 테일러에 있어서도 비록 그가 샌델이나 매킨타이어보다 포괄적인 정치적 공동체에 대해 더 많은 고려를 하고 있다 하더라도,[31] 공동체의 대표적 모델의 제시에 있어서는 역시 마찬가지로 미개발상태에 있다고 보아야 할 것이다. 따라서 공동체주의자들의 공동체 개념은 이 같은 제약을 전제로 해서 접근해야 할 것이다.

공동체는 근본적인 공민적(civic) 정체성을 발생시키는 본질적인 선 내지 선들과 관련하여 정의된다고 공동체주의자들은 일반적으로 주장하려 시도해 왔다.

반면 자유주의자들은 이 같은 공동체주의자들의 시도가 개인적 다양성의 거절을 뜻하는 것으로 해석하려는 경향이 있어 왔다.[32] 이런 점에서 공동체주의적 공동체는 단순한 결사 이상의 것이며 또한 자유주의적 공동체 개념과도 대조되는 것으로서, 그 멤버십이 인위적 또는 도구적이 아니고 그것 자체의 본질적 가치를 지닌, 개인들의 통일로 보아야 할 것이다.[33]

한 사회의 구성원들이 강한 의미의 공동체에 의해 결속되어 있다고 하는 것은 단순히 그들의 대다수가 공동체적 감정을 고백하고 공동체적 목표를 추구하는 것을 말하고 있다기보다는, 차라리 그들의 정체성(그들의 느낌과 열망의 대상이 아니고 그 주체인)이 공동체에 의해 어느 정도 규정되는 것으로 받아들인다는 것을 뜻한다.[34] 따라서 공동체주의자들의 공동체 개념은 분담된 자기이해를 통해 구성원의 정체성이 유지되고 있는 사람들의 일단(一團)이라고 할 수 있을 것이다.

II. 공동체주의의 자유주의 비판과 그 기본 이론

1. 형이상학적·메타윤리적 측면

공동체주의 이론은 무엇보다도 현대 자유주의에 대한 비판을 토대로 해서 주되게 형성되어 왔다고 할 수 있다.[35] 여기서 말하는 현대 자유주의는 공리주의적 자유주의와는 구별되는 것으로서 주로 롤스적 자유주의를 지칭하는 것이며 노직(Robert Nozick)의 자유주의도 이에 포함된다. 따라서 공동체주의는 롤스적 자유주의를 주요대상으로 하면서 오늘날의 자유주의 전반에 대한 비판과 반성을 시도하고 있는 것이라고 할 수 있다.

샌델은 지난 10여 년 동안 주로 롤스의 『정의론』(*A Theory of Justice*)의 강력한 영향 때문에 우리는 공리주의적 윤리를 넘어 '권리에 기초된' 윤리의 우세를 보아왔다고 말한다.[36] 즉 권리중심적 이론이 현대 자유주의를 그릇된 길로 인도하는 주된 역할을 해왔다는 것이다.

샌델은 이러한 현대 자유주의의 뿌리를 칸트(I. Kant)에서 찾고 있다. 샌델에 의하면 칸트는 유용성과 같은 경험적 원리들은 도덕법을 위한 기초로서 도움을 주는데 부적합하다고 주장하면서 공리주의에 가장 강력하게 반대한 경우로 나타난다. 자유와 권리에 대하여 전반적으로 도구적인 옹호는 권리들을 취약하게 남겨놓을 뿐 아니라 개인들의 고유한 존엄성을 존중하는데 실패하고 있다고 생각한 칸트의 연장이 바로 현대 자유주의자들이라는 것이다. 따라서 현대의 칸트주의자들은 일반적 복지조차도 그것들을 넘어설 수 없을 만큼 일정한 권리들을 매우 근본적인 것으로 보고 있다는 것이다.[37]

이 같은 의무론적 자유주의(deontological liberalism)는 특히 정의(justice)에 대한 이론으로서, 그것은 사회의 규제원리를 선(the good)에 우선하는 하나의 도덕적 범주로서의 정당성이라는 개념(the concept of right)에 일치시키고 있다고 하면서.[38] 센델은 이의 현대적 대변자로 롤스를 지목하고 있다. 샌델의 관점에서, 롤스적 부류의 의무론적 자유주의는 다음 세 가지 주제들에 의해 특징지어지는 것으로 나타난다. 첫째로 정의는 제도와 실제에 의해 예시되는 모든 덕들 중에서 가장 높은 것이며, 이런 의미에서 정의의 요구들은 경쟁적인 사회적 덕들, 즉 효율성, 일반복지 혹은 보편적 유대와 같은 덕들을 넘어 절대적인 탁월성을 갖고 있다는 점이다. 둘째로 정의의 표준을 규정하는 정당성의 원칙들은 선의 실현 즉 욕구와 이익의 성취에 관련한 고려들을 넘어 절대적인 우선성을 갖고 있다는 점이다. 그리고 세 번째로는 자아는 자아가 선택한 목적들보다 우선성을 갖는다는 것이다.[39]

인간의 권리(the right of man)의 문제는 위의 세 번째 주제와 밀접히 관련된다. 정당성 즉 도덕성의 기초는 실천이성의 대상이 아닌 자율적 의지가 가능한 주체에서 발견되는 것이다. 따라서 의무론적 관점에서는 특히 중요시되는 것은 우리가 선택하는 목적들이 아니라 그 목적들을 선택할 우리의 능력인 것이며 이러한 능력은 주체 내에 존재하고 있는 것이다.[40] 따라서 개별적 인간의 권리에 대한 옹호는 주체에게 자율적 의지가 가능하도록 하고 또한 대상들을 선택할 능력이 존재하도록 함을 뜻한다는 것이다.

의무론적 관점에서, 본질적 목적들과 소속성을 결한 자아라는 관념은 우리가 전반적으로 목적이 없거나 도덕적 유대를 기할 수 없는 존재임을 의미하기보다는 차라리 우리가 가지고 있는 가치들과 관계들이 자아의 목적들에 우선하여 주어진 자아의 소유로서 선택의 산물들임을 뜻하고 있다고[41] 샌델은 말한다.

그러면서 그는 의무론적 시각이 그것 자체의 관련 내에서 그리고 보다 일반적으로 우리의 도덕적 경험에 대한 설명의 양쪽에 걸쳐 결함이 있다고 하면서 다음과 같이 언명하고 있다. 우선 그것 자체의 관련 내에서 볼 때, 의무론적 자아는 모든 가능한 구성적 소속성들이 제거되어 해방되기보다는 오히려 능력이 박탈된다. 정당성이나 선 그 어느 것이든지 의무론이 요구하는 주의설적(voluntaristic) 도출을 허용치 않는다. 무지의 장막 뒤에서 진행하고 있는 것은 계약이나 동의가 아니고 그 어떤 것이 있다면 그것은 일종의 발견일 뿐이다. 순전히 선호적인 선택에서 진행하는 것은 목적들의 선발이 아니고 가치에 있어서 비차별적인 선재적(先在的) 욕구들을 그것들을 만족시키는 수단들과 결합시키는 것이다. 통상적으로 숙고적인 합리성에 있는 당파들에 있어서와 같이, 원초적 입장에 있는 당파들에 있어서도 해방의 순간은 도달되기도 전에 사라져 버리는 것이다. 주권적 주체는 그것이 명령한다고 생각되는 상황에서 바다에 표류되는 것이다.[42]

도덕적 경험에 대한 설명에서도 의무론적 자아의 결함은 드러난다. 본질적으로 소유가 박탈된 독립된 자아는 통상적 의미에서 '응분의 보상(desert)'을 받을 수 있기에는 너무 얇은 것이다. 왜냐하면 응분의 보상에 대한 요구들은 구성적 의미에서 소유가 가능한, 두텁게 구성된 자아를 전제로 하는데, 의무론적 자아는 전반적으로 이러한 소유가 없다는 것이다.[43] 샌델은 의무론적 자아의 이 같은 도적적 허약성은 차등의 원칙에도 해당된다고 말한다.

의무론에 대한 샌델의 이 같은 비판은 상당한 정도로 매킨타이어에 빚지고 있다. 매킨타이어는 오늘날 도덕적 언어가 거대한 무질서상황에 있기 때문에 우리는 도덕적 환영을 소유하는데 그치며 이론적이든 실제적이든 간에 도덕에 대한 이해를 상실했다고 하면서[44] 그렇게 된 이유를 밝히기를 시도하고 있다.

그는 이와 같은 도덕적 무질서상태는 무엇보다 "인성에 대한 목적론적(teleological) 관점 즉 인간이 그의 참된 목적을 규정하는 본질을 가진 것으로 보는 것을 거절"[45] 하는데서 비롯되고 있다고 하면서 고전적인 목적론적 관점의 회복을 강조한다. 즉 아리스토텔레스주의에 대한 과학적·철학적 거절은 인간이 그의 목적(telos)을 실현할 때 비로소 인간이 될 수 있다는 관념을 제거하게 되었다는 점에서,[46] 니체(F. W. Nietzsche)를 떠나 아리스토텔레스에게로 되돌아 갈 것을 주장한다.[47] 만일 통일로서 받아들여지는 전체적 인간생활을 구성함에 의해 실천의 제한적 선들을 초월하는 하나의 목적이 없다면, 파괴적인 자의성이 도덕생활에 침입할 것이며 우리는 일정한 덕들의 맥락을 적합하게 구체화할 수 없을 것이라고[48] 매킨타이어는 기술한다. 아리스토텔레스적 도시국가는 우의(friendship)의 유대에 의해 결속되는 것이었다. 우의는 공동체의 최초의 구성을 위해 요구되는 것이다.

왜냐하면 우의야 말로 선의 분담된 승인과 추구를 구체화시키는 것이며, 이러한 분담이야 말로 어떤 형태의 공동체의 구성에 있어서도 필수적이고 일차적이기 때문이다. 그런데 이 같은 유대를 가능케 하는 것이 공동체에 있어서 선과 덕에 대한 폭넓은 일치라는 것이다.[49]

그런데 이 같은 공통적 설계로서의 정치적 공동체의 관념은 현대의 자유주의적인 개인주의의 세계에는 이질적인 것이다.[50] 현대의 자유주의적 정치사회는 단지 그들의 공통적 보호를 위해 단결한 시민들의 집합으로서만이 나타날 수 있다. 그들은 기껏해야 상호이익에 근거된 열등한 형태의 우의를 소유할 뿐이며, 자유주의적 사회의 자기공언적 도덕적 다원주의와 밀접히 관련되는 반면, 아리스토텔레스주의의 도덕적 통일 즉 목적의 이념의 포기로 귀착되었다는 것이다.[51]

매킨타이어는 인간생활에 대한 이 같은 목적론적 이해를 통해 인간의 권리에 대한 자유주의적 접근을 반박하고 있다. 자연적 권리나 인간의 권리는 허구들인 것이다. 그와 같은 권리가 없다는 것을 주장하기 위한 근거는 마녀와 외뿔들소가 없다는 것을 주장하기 위한 근거와 똑같은 것이다. 그래서 그와 같은 권리가 있음을 믿기 위해 적합한 근거를 제시하려는 모든 시도는 실패해 왔다는 것이다. 이것은 18세기의 자연권 옹호자들의 자명한 진리에 대한 언명이나 20세기의 도덕철학자들의 직관에의 호소에 다 같이 해당된다는 것이다.[52] 권리의 개념은 자율적인 도덕적 인간의 사회적 안출(案出)의 일부분으로서 일련의 목적들에 도움이 되도록 하기 위해 발생된 것이다.[53] 따라서 인간의 권리에 대한 주장들은 이들 조건 밖에서는 일어날 수 없다는 것이다.[54] 철학은 반드시 사회학적 혹은 정치적 출발점을 갖고 있는 것이며, 이런 의미에서 덕에 대한 철학적 이론은 그 주제가 이미 동시대적 실제에 의해 전제 내지 함축된 전철학적(前哲學的) 이론이라는 것이다.[55]

테일러 역시 권리의 일차성을 주장하는 이론들을 원자주의(atomism)라고 공격하면서 인간존재의 성질과 조건을 조사하고 있다. 그는 홉스(T. Hobbes)와 로크(J. Locke)에 의해 17세기에 나타난 사회계약이론의 독트린과 그 후계독트린들을 원자주의라고 지칭하고 있다.[56] 그리고 사회계약이론에로 되돌아가거나, 어떤 의미에서 사회에 대한 개인과 개인의 권리의 우선성을 옹호하려는, 혹은 순전히 도구적인 사회관을 제시하는 오늘날의 독트린들도 여기에 포함시키고 있다.[57]

권리의 일차성을 주장하는 이들 이론들은 정치이론의 근본적인 원칙을 개인들의 일정한 권리에 기인시키려 하는 반면, 사회에 속하거나 사회를 유지시키는 혹은 권위에 복종하는 사람으로서의 우리들의 소속성과 의무의 원칙을 같은 지위에 놓으려하지 않고 있다고 하면서, 테일러는 이러한 이론을 대변하는 오늘날의 대표적인 이론가로서 노직을 들고 있다.[58] 그러나 이같이 의무를 부인하거나 의무에다 선택적인 여분의 지위를 부여하면서 동시에 권리를 주장하는 것은 비일관적이 될 것이라고 한다.[59] 왜냐하면 우리가 인간의 일정한 능력들의 가치를 확인함이 없이 자연적 권리들을 생각할 수 없다면, 그래서 이러한 확인이 다른 규범적인 결과들(예를 들면, 우리는 우리자신과 다른 사람들내에 있는 이 능력을 육성시켜야 한다는 것)을 포함한다면, 그 때 이러한 능력들이 단지 사회 혹은 일정한 종류의 사회에서만이 발전할 수 있다는 어떠한 입증도 결국 사회 혹

은 일정한 종류의 사회에 속해야 하거나 그 사회를 유지시켜야 한다는 입증이 되기 때문이라는 것이다.[60]

이상을 통해서 볼 때 자유주의의 형이상학적·메타윤리적 관점에 대한 공동체주의자들의 비판이 인간의 권리에 대한 반박과 그 대안으로서 공동체에 대한 강조로 일관되고 있음을 알 수 있다. 여기서 인간의 권리에 대한 강조가 현대에 있어서 도덕적 무질서를 조장하는 주요한 요인으로 작용하고 있다는 공동체주의자들의 주장은 적지 아니 설득력이 있는 것으로 보인다. 그러나 인간의 권리이론 자체에 대한 그들의 논박에 있어서는 불충분함이 발견된다. 우선 샌델의 경우 인간의 권리 즉 자유주의적 권리들이 옹호될 수 없다는 그의 결론을 지탱시켜줄 어떤 일반적인 논거를 제시하지 않은 채 그는 다만 롤스의 이론이 지금까지 자유주의가 제공한 최선의 이론이라는 전제하에 그것에 대한 해석과 비판만을 통해 결론을 이끌어내고 있다는[61] 점이다. 매킨타이어에 있어서도 인간의 권리가 없다는 것을 주장하기 위한 근거를 제시하는데 있어서 불명료한 것은 마찬가지이다. 그리고 테일러에 있어서는 능력이라는 개념을 중심으로 해서 인간의 권리와 공동체에 대해 접근함으로써 역시 한계를 드러내고 있다.

이같이 공동체주의자들이 인간의 권리이론에 대한 분석·비판에 있어서는 한계를 드러내고 있다고 할지라도, 그들은 대체적으로 그들이 인간의 권리이론에 대한 대안으로 제시하고 있는 공동선(the common good)에 대한 이론 자체의 전개에 있어서는 나름대로의 성과를 거두고 있는 것으로 보인다.

2. 서술적 측면

공동체주의는 인간과 사회를 합리적 입장에서 접근하는 자유주의와 달리 주로 경험적 입장에서 분석·기술하고 있다. 자유주의의 추상적·형이상학적 문제점을 비판하고 있는 공동체주의이론도 바로 이런 인식론적 차이에서 일차적으로 비롯된다고 할 수 있다.

공동체주의자들은 자유주의를 비판하는데 있어서 통상 개인들이 그들 자신에 대하여 어떻게 생각하는가를 기술하기 위해 개인적 정체성이라는 개념에 호소하고 있다. 그리고 이러한 정체성 개념에서는 역할, 충성, 헌신, 지위 그리고 한 사람의 자아에 대한 생각에 있어서 가장 중심적인 기술(記述)들, 즉 한 사람의 자기이미지 혹은 자기정의에 있어서 가장 중요한 위치를 차지하고 있는 것들이 언급되고 있다.[62]

이와 같은 정체성 개념과 관련하여 공동체주의자들의 입장을 크게 두 가지로 나누어 생각해 볼 수 있는 바, 그 하나는 개인의 자기위치적 측면이고 다른 하나는 개인의 자기발전적 측면이다.[63] 우선 먼저 개인의 자기위치적 측면의 정체성 개념에 대해 살펴보기로 한다. 매킨타이어는 "우리 모두는 하나의 특수한 사회적 정체성의 담지자(擔持者)로서 우리 자신의 환경에 접근한다. 나는 어떤 사람의 아들이나 딸이며, 어떤 다른 사람의 조카나 삼촌이다. 나는 이 혹은 저 시(市)의 시민이며, 이 또는 저 길드 혹은 직업의 구성원이다: 나는 이 씨족, 저 종족, 이 국가에 속한다."[64] 라고 말한다. 개인으로서의 나는 결국 어느 공동체 내지 집단의 성격에 물든 구성원으로서 출발한다는 것이다. 왜냐하면 개인으로서의 나는 일정한 공동체 내지 집단에 일차적으로 위치 지워져 있기 때문이다.

샌델도 "충성과 확신에 의한 삶은 독특한 사람들로서의 우리 자신

즉 이 가정, 공동체, 국가, 혹은 국민의 구성원, 이 역사의 담지자, 저 혁명의 아들과 딸, 이 공화국의 시민으로서의 우리 자신을 이해함으로부터 분리할 수 없다."[65]고 말한다. 사람들은 그들이 그 일부분으로 되어 있는 공동체에 의해 어느 정도 규정되는 것으로서 그들의 정체성을 받아들인다는 점에서, 그들에게 있어서 공동체는 그들이 동료 시민으로서 가지고 있는 것뿐만 아니라 그들이 무엇이냐는 것을 기술하고 있다는 것이다.[66]

이같이 사람들이 공동체 내지 집단에 속해 있다는 것 자체 그리고 그것에 대한 그들의 이해가 개인의 정체성에 있어 중요한 요소임에도 불구하고 자유주의자들은 이를 도외시하고 있다는 것이 공동체주의자들의 주장이다. 자유주의자들은 사람들 각각이 일정한 사회에 속한 일원이라는 생각에 앞서 각 개인의 독자성을 우선시키며, 따라서 사람의 정체성에 있어서도 그것을 사회와 연결시키기 보다는 각 개인의 구속받지 않는 자아로서의 숙고와 선택행위에서 찾고 있다는 것이다.

다음은 정체성 개념과 관련한 개인의 자기발전적 측면으로서, 이를 가장 주목하고 있는 사람이 테일러이다. 인간의 사회적 성질에 대한 여러 이론들에서 주장되어온 것은 단순히 사람들이 물리적으로 홀로는 생존할 수 없다는 것이 아니라 훨씬 더 나아가 그들이 사회에서만이 그들의 특징적으로 인간적인 능력(capacities)을 발전시킬 수 있다는 것이라고 테일러는 말한다. 즉 사회에서의 삶이야말로 합리성을 발전시키고 도덕적 인간으로 되게 하며 충분히 책임성 있고 자율적인 존재로 되게 하는 하나의 필요한 조건으로 인식되어 왔다는 것이다.[67] 따라서 중요한 것은 인간의 태내에서 태어난 유기체가 황야에서 계속 살아갈 것인가 아닌가 보다는 이 유기체가 그것의 특수하게 인간적인 잠재력을 실현할 수 있을 것인가 아닌가의 문제라는 것이다.[68] 이같이 테일러는 인간 개개인의 단순한 소속 내지 생존과 관련시키는 정태적 관찰을 뛰어넘어 각 개인의 능력의 실현 내지 발전과 관련시키는 동태적 파악을 시도하고 있다.

이 같은 파악과 관련하여 자유주의가 가장 강조하고 있는 개인의 자유로운 선택과 자율성에 대한 테일러의 관점은 특히 유의할 만하다. 테일러에 의하면 권리의 일차성의 주창자들에 의해 존중되는 종류의 자유는 그것에 의해 사람들이 그들의 지지나 충성을 요구하는 것에 관계할 수 있을 뿐 아니라 대안을 생각할 수 있고 그들이 진실로 원하는 것에 대한 정의(定義)에 다다를 수 있는 자유라고 하고 있다. 그런데 이러한 종류의 자율성의 능력은 온전한 문명 내에서 만이 단지 발전한다는 것이다.[69] 자유주의자들이 가장 높이 평가하는 가치인 자유의 발전이 오히려 자유주의 자체의 중심 이론인 원자론적 개인주의에 의해 손상 내지 저해된다는 것이다. 인간이 자기충족적이라는 원자주의의 주제는 의문스러운 것이며,[70] 자유로운 개인 혹은 자율적인 도덕적 인간은 일정한 유형의 문화에서 그의 정체성을 단지 획득·유지할 수 있다는 것이다.[71]

이같이 공동체주의자들에 있어서는 개인의 정체성이 그가 속한 집단에 의해 정립된다는 점에서 바람직한 공동체의 형성은 바로 바람직한 개인의 정체성으로 귀결된다는 것이다. 그러면서도 그들은 개인의 정체성에 끼치는 사회·문화적 영향이 완벽하고 절대적이라고 주장하지는 않는 신중성을 보이고 있다.[72] 이러한 점은 그들이 개인적 자율성에 대해 긍정적 표현을 하고 있는 것과도 맥락을 같이 한다.[73] 이는 결국 개인의 자율성은 자유주의적 개인주의보다 공동체주의에서 더 잘 확보될 수 있음을 말하는 것이다.[74] 그러나 여기서의 자율성은 어디까지나 공동체주의자들에 의해 이해되고 있는 의미에서의 자율성이라고 할 수 있다.

구성적 소속성을 결한 사람을 상상하는 것은 이상적으로 자유롭고 이성적인 인간을 받아들이는 것이 아니라 전적으로 인격과 도덕적 깊이가 없는 사람을 상상하는 것이라고[75] 샌델은 말한다. 그리고 테일러는 자율적이고 자결적(自決的)인 개인의 정체성은 일련의 실천을 통해 자율적 결정의 권리를 인정하는 그리고 공공적 행동에 대한 숙려에 있어서 발언권을 가진 개인을 요구하는 하나의 사회적 모체를 필요로 한다고[76] 말하고 있다. 따라서 공동체주의자들에 있어서 개인의 자율성은 결국 공동체의 사회·문화적 성격에 의해 조건 지어진 자율성을 의미한다고 할 수 있다.

3. 규범적 측면

공동체주의자들이 강조하는 규범적 요소들이 모두 일치하는 것은 아니나 대체로 다음의 세 가지 즉 공민적 덕성, 공동체, 그리고 공공적 참여의 가치를 중요시 하고 있는 것으로 나타난다.[77] 매킨타이어는 공민적 덕성을 특히 두드러지게 강조하고 있다. 그는 현대적인 자유주의적 정치사회가 어느 곳에도 속하지 않는 시민들의 집합으로서만이 존재하고 있으며 여기서의 각각의 개인은 내부적 망명자와 같다고 말한다.[78] 그러면서 그는 덕 없는 도덕성과 자율적인 개인을 고안하는 현대적 설계는 그것이 목적론을 배제하거나 혹은 그것을 계시의 영역으로 돌리기 때문에 실패했다고 주장한다. 도덕이론은 목적론과 덕 그리고 더 나아가 공동체에로 전환하지 않으면 안 된다고 한다. 왜냐하면 덕과 도덕성은 사회적 관습, 지역성(locality), 그리고 특수성과 분리될 수 없도록 깊이 연결되어 있기 때문이라는 것이다. 덕은 선한 생활과 관련한 사회적 역할들, 이야기들 그리고 개념들에서 구체화되어 상속된 전통들의 부분으로서만이 단지 소유될 수 있다는 것이다.[79] 하나의 통일로서 받아들여지는, 전반적인 인간생활의 목적에 대한 우선적인 이해 없이는 개별적인 덕들에 대한 우리의 이해는 편파적이고 불완전하게 남을 수밖에 없다는 데서,[80] 현대인들 특히 자유주의적 사회의 사람들에 있어서 우의와 도덕적 통일의 결핍은 무엇보다도 인간에 대한 목적론적 이해의 결핍에서 연유되고 있다는 것이다. 따라서 목적론에 기초한 시민적 덕성의 구비야말로 바람직한 인간생활을 위한 전제가 되고 있는 것이다.

매킨타이어만큼 폭넓고 상세하진 않지만, 샌델의 경우에도 시민적 덕성은 언급되고 있다. 샌델은 개인주의가 전형적으로 서로 충돌하는 요구들을 발생시키기 때문에 여기서 정의(正義)가 단지 일차적인 것으로 나타난다고 말한다. 그러므로 정의의 경계들은 갈등을 보다 덜 절박하게 해주는 이타주의나 자비심과 같은 협동적인 덕들을 개발할 가능성이 있는데서 존재한다고 한다. 그러나 이것들은 개인주의적 추정들에 기초된 사회에서는 번성할 가능성이 가장 적은 덕들이라고 하고 있다.[81] 여기서 우리는 샌델이 정의를 일차적인 덕으로 지목하고 있는 롤스의 입장을 비판하면서 시민적 덕성의 중요성을 강조하고 있음을 알 수 있다.

샌델에 의하면 자유주의자들은 자율적인 개인이 되도록 학생들을 준비시키려는 희망에서 공공교육을 지지할 수 있는 반면, 공동체주의자들은 선한 시민이 되도록 학생들을 준비시키려는 희망에서 공공교육을 지지할 수 있다고 한다.[82] 그러면서 그는 공동선의 정치와 그것이 지지하는 도덕적 특수성이 편견과 불관용에로의 길을 열 것이라고 주장하는 자유주의 논지를 다음과 같은 공동체주의자들의 관점과 대비시키고 있다.

즉 공동체주의자들에 있어서는 우리의 공공생활이 쇠퇴되고 공통적 관련에 대한 우리의 의식이 감소되면 오히려 그만큼 우리는 전체주의적 해결의 대중정치에 취약하게 되기 때문에 공민적 공화제의 가능성들

(civic republican possibilities)을 소생시키는 것이 가장 절박한 도덕적·정치적 과제라는 것이다.[83]

이와 같이 공동체주의자들은 공민적 덕성은 하나의 중요한 이상이며 자유주의가 이를 무시하고 이기주의를 야기하고 있다고 주장한다.[84] 공동체주의자들은 그들의 이론이 보편적이 아닌, 차라리 특수하고 부분적인 의무들을 더 잘 정당화한다고 주장한다. 왜냐하면 이 같은 의무들이 자아를 구성하는 것의 일부분이기 때문이라는 것이다. 공동체에 있어서 타인들과의 관계에 의해 구성되는 그리고 공동체를 유지하기를 바라는 그와 같은 자아에게 있어서는 이들 의무들을 유지하는 것만이 자연적이라는 것이다.[85]

공동체주의자들에 있어서 공동체에 대한 강조는 이미 앞서 공동체 개념을 살펴보면서 언급한 바 있다.

매킨타이어가 그의 『덕의 상실』(*After Virtue*)에서 가장 강조하는 덕 그 자체는 결국 공동체의 필요와 직결되는 것이었다. 그는 "응분의 보상(desert)"이라는 관념은 단지 공동체의 맥락에서만이 편안하게 받아들여지는 것으로서, 여기서 공동체의 일차적 유대는 인간을 위한 선과 공동체의 선 양쪽에 대한 분담된 이해이며 개인들은 그들의 일차적 이익들을 그들 선들과 관련시켜 확인하는 것이라고[86] 하고 있다. 이런 점에서 롤스와 노직의 개인주의적 관점들은 분담된 선들을 추구하는데 있어서, 공동체의 공통적 업무에의 공헌에 관련한 응분의 보상이라는 관념이 덕과 불의(injustice)에 대한 판단을 위한 기초를 제공해 줄 수 있었던 인간 공동체에 대한 설명을 배제하고 있다는 것이다.[87] 따라서 현 단계에서 중요한 것은 이미 우리에게 닥쳐와 있는 새로운 암흑시대를 벗어나 시민성과 지적·도덕적 생활이 견지될 수 있는 공동체의 지역적 형태들을 건설하는 것이라고 매킨타이어는 결론 맺고 있다.[88]

여기서 공동체의 지역적 형태(local form)라는 매킨타이어의 표현을 눈여겨 볼 필요가 있다. 왜냐하면 공동체의 규모는 공동체주의자들의 공동체관을 이해하는데 매우 긴요하기 때문이다. 그러나 매킨타이어는 공동체의 지역적 형태들을 육성하기 위한 방법이 발견되어야 한다는 것 이상을 우리에게 말해주고 있지 않다.[89] 한편 샌델은, 작은 규모의 공동체들이 더 이상 가능성이 없을 경우 국가적 공화제가 민주주의의 차선의 희망으로 보였지만 그러한 설계가 실패했다고 말한다. 따라서 전쟁과 같은 비상시기를 제외하고는 국가는 형식적이거나 구성적 의미에서 공동체에 필요한 분담된 자기이해를 계발하기에는 그 규모가 너무 방대함이 입증되었다고 하면서 지역적 공동체를 요구하고 있다.[90] 그러나 샌델에 있어서도 공동체의 규모의 문제는 이 같은 언명에서 더 나아가지 않고 있다.

공공적 참여 역시 공동체주의자들에 의해 강조되고 있는 규범적 주제로서, 이것은 앞서 언급한 공민적 덕성 그리고 공동체의 가치와 보완적 관계를 이루고 있다.

현대자유주의에 대한 공동체주의적 비판가들은, 아리스토텔레스를 따라서, 우리가 공통의 목적과 목표 없이는 정치적 제도들을 정당화 할 수 없으며, 시민으로서 그리고 공동생활에의 참여자로서의 우리의 역할에의 관련 없이는 우리의 개인적 특성을 생각할 수 없다고 주장한다.[91] 매킨타이어는 일정한 활동의 내적인 선을 실천에의 참여와 관련시켜 논의하고 있다. 실천(practice)이라 함은 사회적으로 확립된 협동적 인간생활의 어떤 일관되고 복잡한 형태를 의미하며, 이를 통해 탁월성의 표준들을 성취하려는 과정에서 그러한 활동의 내적인 선들이 실현된다고 한다. 그런데 일정한 활동에 내적인 선들이 있다는 것은 바로 실천에의 참여를 통한 경험에 의해서만이 확인·인지될 수 있다는 것이다. 그리고 외적인 선들이 승자와 패자가 있어야만 하는 경쟁의 대상들인 반면, 내적인 선들은 탁월하기 위한 경쟁의 결과이긴 하나 그것들의 성취가 실천에 참여한 전체공동체를 위한 선이라고 한다.[92]

샌델은, 공동체는 손실 없이 결사로 변형될 수 없고 참여도 손실 없이 협동으로 변형될 수 없다고 한다. 여기서 결사와 협동은 전형적으로 연합하거나 협력하기 위해 결합한 사람들의 선행(先行)하는 다원성을 전제로 하고 있는 반면, 공동체와 참여는 그 구성원들이 무엇보다도 우선 먼저 그들 자신을 공통적으로 위치 지워진 것으로 발견하고, 그들의 공통성이 가입관계보다는 소속성에서 존재함을 발견하는 생활 형태를 기술한다는 것이다.[93] 이 같이 샌델은 공동체와 참여를 같은 연장선상에서 바라보려고 하고 있다. 그에게 있어서 공동체는 바로 참여자들의 분담된 자기이해에 의해 구성되는 것이었다.[94]

한편 테일러에 있어서 공공적 참여의 문제는 샌델과 매킨타이어보다 정치적 제도와 관계에 있어서 더 직접적이고 중요한 연관을 맺고 있다는 데서 우리의 주목을 끈다.[95] 공공적 참여에 대한 테일러의 관점은 헤겔에 대한 그의 논의를 통해 접근될 수 있다. 즉 개인주의에 있어서는 인간생활에서 가장 중요한 것은 사람이 하나의 현실적이고 역사적인 공동체의 공공생활에 참여하는 것이 아니고 하나의 개인으로서 행동하고 생각하는 것이라고 한다. 반면 헤겔은, 공동체의 구성원들은 공동체의 공공생활을 정돈하는 실제와 제도에의 참여에 의해서만이 그들의 정체성을 유지할 수 있으며 이때에 공동체는 진실로 자기충족적인 공동체로서의 국가가 된다고 생각했다는 것이다.[96] 테일러는 이와 같은 맥락에서, 현대의 자유주의적 권리모형(rights model)의 장기적인 존립가능성에 회의를 나타내면서, 집단적·공동적 결정의 중요성을 제기하고 있다.[97] 정통성을 위해서는 시민적 참여가 필요한데[98] 이 같은 참여적 결정은 개인적 권리에 대한 원자론적 의식과는 긴장상태에 있는 것으로[99] 테일러는 생각하고 있는 것이다.

이상의 규범적 요소들에 대한 논의를 통해서 볼 때, 공동체주의가 무엇보다도 "아리스토텔레스의 윤리·정치사상에서 시작하여 마키아벨리(N. Machiavelli), 루소, 헤겔 그리고 토크빌(A. de Tocqueville)로 이어지는 공민적 공화주의(civic republicanism)의 전통"[100]을 이어받고 있음이 드러난다.

공민적 덕성, 공동체 그리고 공동적 참여는 정도의 차이는 있으나 모두 공민적 공화주의의 기본적 주제로 되어 있으며 그 이론전개에 있어서도 많은 유사성이 발견된다. 더욱이 공동체주의자들도 자신들의 입장이 공민적 공화주의에 기초되어 있음을 숨기려 하지 않는다.[101] 그러나 공동체주의는 규범적 측면에서 볼 때 근대적 공민적 공화주의의 집단주의적 부작용의 가능성을 극복하면서 현대적 상황에서 그것을 이론적으로 보다 세련화 하는 데는 미흡한 것으로 보인다.

III. 결 론

이상의 논의를 통해서 볼 때 공동체주의는 공동체의 기본적 가치를 승인하면서 이에 대한 이론적 체계화를 시도하고 있는 하나의 이념구도라고 할 수 있다. 샌델, 매킨타이어 그리고 테일러에 의해 대표되고 있는 이 같은 공동체주의에서는 공동체를 분담된 자기이해를 통해 구성원의 정체성이 유지되고 있는 사람들의 일단(一團)이라고 기술하고 있다.

공동체주의는 현대사회의 도덕적 무질서와 관련하여 자유주의적 개인주의를 비판하는 가운데 자체의 이론을 체계화시켜 왔으며, 이념적으로 서구의 공민적 공화주의의 전통의 맥을 이어받고 있다고 할 수 있다. 그러나 공동체주의는 체계화를 위한 그동안의 시도에도 불구하고 아직 하나의 고유한 이념으로서의 정체성을 갖추지는 못한 것으로 보인다. 이는 공동체주의자들의 견해차이 때문만은 아니다. 공동체의 규모의 불명료성, 그리고 이렇다 할 공동체의 모델이 제시되지 않고 있다는 점 등 공동체의 성격에 대한 문제에서조차 공동체주의자들의 관점이 불분명하게 남아있다. 공동체주의의 모호한 성격은 공동체주의자들이 현대적 의미에서 공동체와 정치의 관계에 대하여 구체적으로 설명하지 않고 있는 점에서도 드러난다.

자유주의의 형이상학적·메타윤리적 관점과 관련하여, 특히 인간의 권리에 대한 강조가 도덕적 무질서를 조장하는 주요한 요인으로 작용하고 있다는 공동체주의자들의 주장은 적지 아니 설득력이 있는 것으로 보인다. 그러나 인간의 권리이론 자체에 대한 공동체주의의 반박에 있어서는 불충분함이 발견된다. 또한 서술적 측면에서, 공동체주의자들이 개인의 정체성에 끼치는 사회·문화적 영향의 정도를 너무 크게 설정하고 있는 것으로 나타난다. 때문에 이로 인한 공동체주의의 집단주의적 편향의 가능성은 공동체주의자들 스스로가 규범적 당위로서 제시하고 있는 공민적 덕성, 공동체 및 공공적 참여의 가치에 대한 바람직한 접근을 저해하는 주요한 요인으로 작용할 수 있다.

공동체주의가 현대사회의 도덕적 무질서를 진단하고 자유주의적 개인주의의 도덕적 한계를 밝히는데 있어서 적지 않은 성과를 거두었다는 데 대해서는 대체적으로 공감을 하고 있으며, 자유주의자들 사이에서도 어느 정도 공감을 나타내는 사람들이 있다. 우리가 구미의 공동체주의에 대해 관심을 갖게 되는 것도 바로 이 점 때문이라고 할 수 있다.

그러나 공동체주의가 보다 폭넓게 받아들여지기 위해서는 공동체주의 자체의 집단주의적 성격에서 연유되는 권위주의적·전체주의적 위험성을 제거할 수 있는 보다 충분한 이론적 뒷받침이 있어야 할 것이다. 코크란(C. E. Cochran) 같은 사람은 공동체주의가 추천하는 요소들이 공동체 자체의 역사에 대한 신념과 수용에 따라 조건적이며 그런 점에서 권위주의적 선언들 대신 유연성과 해석을 요구하기 때문에, 공동체주의와 참주적 강제를 연결시키려는 시도는 적합지 않다고 말하기도 한다.[102] 그러나 이 같은 코크란의 지적이 시사해 주는 것이 적지 않더라도, 공동체주의의 이론적·실제적 발전과정에서 그와 같은 유연성과 해석이 얼마만큼 바람직하게 견지될 수 있을 것인가의 문제는 여전히 해결되어야 할 과제로 남아있다.

주

1 Derek L. Phillips, *Looking Backward: A Critical Appraisal of Communitarian Thought* (Princeton, N. J.: Princeton University Press, 1993), pp. 3–4.

2 Shlomo Avineri and Avner De-Shalit, eds., *Communitarianism and Individualism* (Oxford University Press, 1992), editors' introduction, p. 1.

3 Ferdinand Tönnis, *Gemeinschaft und Gesellschaft,* 1887; John Dewey, *The Public and Its Problems* (New York: Henry Holt & Co., 1927); Robert M. MacIver, *Community: A Sociological Study*, 3d ed. (London: Macmillan & Co., 1936) 참조.

4 Derek L. Phillips, *op. cit.*, p. 4.

5 Allen E. Buchanan, "Assessing the Communitarian Critique of Liberalism", *Ethics*, 99, July 1989, p. 852; Derek L. Phillips, *op. cit.*, p. 197 참조.

6 바버는 그가 자유주의철학을 공격하고 있지 않음을 언명하고 있다. Benjamin R. Barber, *Strong Democracy: Participatory Politics for a New Age* (Berkeley: University of California Press, 1984), p. xi. 그리고 벨라와 그의 공저자들에 있어서도 개인주의를 근본적으로 공격하기 보다는 그 결함을 보완하려는 차원에서 공동체를 거론하고 있음을 볼 수 있다. Robert N. Bellah, Richard Madson, William M. Sullivan, Ann Swidler and Steven M. Tipton, *Habits of the Heart: Individualism and Commitment in American Life* (Berkeley: University of California Pres, 1985), p. viii, 143, 144 참조.

7 이러한 점과 함께 자유주의에 대한 결과적인 혐오나 반대를 넘어서는 공동체주의의 일반화가 거의 불가능하다고 니더맨은 말한다. Cary J. Nederman, "Freedom, Community and Function: Communitarian Lessons of Medieval Political Theory", *American Political Science Review*, Vol. 86, No. 4, December 1992, p. 985.

8 John R. Wallach, "III. Liberals, Communitarians and the Task of Political Theory". *Political Theory*, Vol. 15, No. 4, November 1987, p. 592 참조.

9 Robert Booth Fowler, *The Dance with Community: The Contemporary Debate in American Political Thought* (The University Press of Kansas, 1991), p. 3 참조.

10 George A. Hillery, Jr., "Definition of Community: Areas of Agreement", *Rural Sociology*, 20, July 1955, pp. 111–23 참조.

11 David W. Minar and Scott Greer, *The Concept of Community* (Chicago: Aldine Publishing Co., 1969), p. ix.

12 Robert A. Nisbet, *The Sociological Tradition* (New York: Basic Books, 1966), pp. 47–8.

13 Markate Daly. ed., Communitarianism: *A New Publis Ethics* (Belmont. CA: Wadsworth Publishing Company, 1994), editor's introduction, p. xv.

14 *Ibid.*

15 Raymond Plant, *Community and Ideology* (London: Routledge & Kegan Paul, 1974), pp. 40–4; Adrian Oldfield, *Citizenship & Community: Civic Republicanism & The Modern World* (London: Routledge, 1990), p. 23 참조.

16 Alasdair MacIntyre, *After Virtue: a study in moral theory* (London: Gerald Buckworth & Co. Ltd., 1981), p. 133.

17 *Ibid.*, p. 135.

18 *Ibid.*, p. 139.

19 *Ibid.*, p. 146.

20 *Ibid.*, p. 213.

21 Robert Booth Fowler, *op. cit.*, p. 92 참조.

22 John R. Wallach, *op. cit.*, p. 593.

23 Machael J. Sandel, *Liberalism and the Limits of Justice* (Cambridge: Cambridge University Press, 1982), p. 150.

24 *Ibid.*, pp. 148–9.

25 Thomas L. Dumm, "Strangers and Liberals", *Political Theory*, Vol. 22, No. 1, February 1994, p. 167.

26 Charles Taylor, "Atomism", in *Philosophy and the Human Science: Philosophical Papers*, Vol. 2 (Cambridge: Cambridge University Press, 1985), p. 205.

27 Shlomo Avineri and Avner De-Shalit, eds., *op. cit.*, editors' introduction, p. 4.

28 Charles Taylor, *op. cit.*, p. 207.

29 John R. Wallach, *op. cit.*, p. 593.

30 Clarke E. Cochran, "The Thin Theory of Community: The Communitarians and their Critics", *Political Studies*, Vol. 37, No. 3, September 1989, pp. 425–6

참조.

31 Allen E. Buchanan, *op. cit.*, p. 859 참조.

32 Cary J. Nederman, *op. cit.*, p. 977.

33 Shlomo Avineri and Anner De-Shalit, eds., *op. cit.*, editors' introduction, p. 4 참조.

34 Michael J. Sandel, *op. cit.*, p. 150.

35 구트만은 "우리는 자유주의적 정치이론에 대한 공동체주의적 비판을 목격하고 있다. 1960년대의 비판가들과 마찬가지로 1980년대 비판가들은 자유주의자가 잘못되고 고칠 수 없도록 개인주의적이라고 비난한다. 그러나 비판의 새로운 물결은 과거의 단순한 반복이 아니다. 보다 이른 비판가들이 마르크스의 이론에 의해 고취된 반면 최근의 비판가들은 아리스토텔레스와 헤겔에 의해 고취되고 있다"고 말한다. Amy Gutmann, "Communitarian Critics of Liberalism", *Philosophy and Public Affairs*, Vol. 14, Summer 1985, p. 308.

36 Michael J. Sandel, ed., *Liberalism and its Critics* (Oxford: Basil Blackwell, 1984), editor's introduction, p. 4.

37 *Ibid.*, p. 3.

38 Michael J. Sandel, *Liberalism and the Limits of Justice*, p. 1.

39 Paul Stern, "Citizenship, Community and Pluralism: The Current Dispute on Distributive Justice", *Praxis International,* Vol. 11, No. 3, October 1991, pp. 263–4.

40 Michael J. Sandel, *Liberalism and the Limits of Justice*, p. 6.

41 *Ibid.*, p. 176.

42 *Ibid.*, pp. 177–8.

43 *Ibid.*, p. 178.

44 Alasdair MacIntyre, *op. cit.*, p. 2.

45 *Ibid.*, p. 52.

46 *Ibid.*

47 *Ibid.*, pp. 238–45.

48 *Ibid.*, p. 189.

49 *Ibid.*, p. 146 참조.

50 *Ibid.*

51 *Ibid.*, p. 147 참조.

52 *Ibid.*, p. 67.

53 *Ibid.*, p. 68.

54 Robert B. Thigpen and Lyle A. Downing, "Liberalism and the Communitarian Critique", *American Journal of Political Science*, Vol. 31, No. 3, August 1987, p. 640.

55 Alasdair MacIntyre, *op. cit.*, p. 139.

56 여기서 후계독트린은 사회계약적 관념을 사용하지 않은 경우를 포함하여, 개인적인 목적들의 성취를 위해 개인들에 의해 구성된 것으로서의 사회에 대한 시각을 상속받고 있는 입장을 가리킨다. 여기에는 공리주의의 일정한 형태들도 포함되고 있다. Charles Taylor, *op. cit.*, p. 187.

57 *Ibid.*

58 *Ibid.*, p. 188.

59 *Ibid.*, p. 198.

60 *Ibid.*, p. 197.

61 Amy Gutmann, *op. cit.*, pp. 310–1 참조.

62 Joel Feinberg, "Liberalism, Community and Tradition", *Tikun*, Vol. 3, No. 3, 1987, p. 39.

63 테일러는 이 두 가지가 어느 면에서는 동일한 성질을 갖고 있다는 점에서 두 가지를 구별하지 않은 채 논의를 전개하고 있다. Charles Taylor, *op. cit.* 참조

64 Alasdair MacIntyre, *op. cit.*, p. 204.

65 Michael J. Sandel, *Liberalism and the Limits of Justice*, p. 179.

66 *Ibid.*, p. 150.

67 Charles Taylor, *op. cit.*, pp. 190–1.

68 *Ibid.*, p. 191.

69 *Ibid.*, p. 204.

70 *Ibid.*, p. 190.

71 *Ibid.*, p. 205.

72 이에 대해서는 Michael J. Sandel, *Liberalism and the Limits of Justice*, p. 179; Alasdair MacIntyre, *op. cit.*, p. 205; Charles Taylor, *op. cit.*, p. 209 참조.

73 Charles Taylor, *op. cit.*, p. 229 참조.

74 Rebert B. Thigpen and Lyle A. Downing, *op. cit.*, p. 638 참조.

75 Michael J. Sandel, "The Procedural Republic and the Unencumbered Self",

Political Theory, Vol. 12, No. 1, February 1984, p. 90.

76 Charles Taylor, *op. cit.*, p. 209.

77 캐니는 공동체주의의 규범적 주장으로서 공민적 덕성의 가치, 구성적 공동체의 가치 그리고 공공적 참여의 가치의 세 가지를 들고 있다. Simon Caney, "Liberalism and Communitarianism: a Misconceived Debate", *Political Studies,* Vol. XL, No. 2, June 1992, pp. 282-5 참조. 그리고 애비너리와 드샬리트는 공동체주의의 규범적 담론으로서 의무, 공동체 그리고 적극적인 정치적 참여의 세 가지를 들고 있다. Shlomo Avineri and Avner De-Shalit, eds., *op. cit.*, pp. 6-8.

78 Alasdair MacIntyre, *op. cit.*, p. 147 참조.

79 Clarke E. Cochran, *op. cit.*, p. 425.

80 Alasdair MacIntyre, *op. cit.*, p. 188.

81 Michael J. Sandel, *Liberalism and the Limits of Justice*, p. 11.

82 Michael J. Sandel, eds., *Liberalism and Its Critics*, editor's introduction, p. 6.

83 *Ibid.*, p. 7.

84 Simon Caney, *op. cit.*, p. 282.

85 Shlomo Avineri and Avner De-Shalit, eds., *op. cit.*, editors' introduction, p. 4.

86 Alasdair MacIntyre, *op. cit.*, p. 233.

87 *Ibid.*

88 *Ibid.*, p. 245.

89 H. N. Hirsch, "I. The Threnody of Liberalism: Constitutional Liberty and the Renewal of Community", *Political Theory*, Vol. 14, No. 3, August 1986, p. 433.

90 Michael J. Sandel, "The Procedural Republic and the Unencumbered Self", p. 93; Michael J. Sandel, "Democrats and Community: a Public Philosophy for Our Times", *New Republic,* 22 February 1988, p. 22 참조.

91 Michael J. Sandel, ed., *Liberalism and its Critics*, editor's introduction, p. 5.

92 Alasdair MacIntyre, *op. cit.*, pp. 175, 177, 178 참조.

93 Michael J. Sandel, *Liberalism and the Limits of Justice*, pp. 151-2.

94 *Ibid.*, p. 173.

95 매킨타이어도 여기에 해당될 가능성이 있지만 특히 테일러와 같은 공동체주의자들에게 있어서는 가장 높은 정치적 조직에의 공동참여는 인간존재에 있어서 선한 생활 혹은 최선의 생활의 본질적 구성요소로 보이고 있다고 뷰캐넌은 말한다. Allen E. Buchanan, *op. cit.*, p. 859.

96 Charles Taylor, "Hegel: History and Politics", in Michael J. Sandel, ed., *Liberalism and its Critics* (Oxford: Basil Blackwell, 1984), pp. 188–9.

97 Charles Taylor, "Alternative Futures: Legitimacy, Identity and Alienation in Late-Twentieth Century Canada", in A. Claims and C. Williams, eds., *Constitutionalism, Citizenship and Society in Canada* (Toronto: University of Toronto Press, 1986), p. 225 참조.

98 Will Kymlicka, *Liberalism, Community and Culture* (Oxford: Clarendon Press, 1989), p. 84.

99 Charles Taylor, "Alternative Futures Legitimacy, Identity and Alienation in Late-Twentieth Century Canada", p. 211.

100 Adrian Oldfield, *op. cit.*, p. 5.

101 Michael J. Sandel, ed., *Liberalism and its Critics*, editor's introduction, p. 7 참조.

102 Clarke E. Cochran, *op. cit.*, p. 434.

제2장

현대공동체주의에 대한 자유주의의 대응

공동체주의(communitarianism)는 1980년대 초 이래 오늘에 이르기까지 미국학계를 중심으로 하여 지속적으로 활발히 전개되어온 하나의 지적 조류로서, 무엇보다도 자유주의적 개인주의에 대한 비판에 초점을 맞추어 그 이론을 정립해왔다. 즉 기존의 서구 특히 미국의 지배적 이념인 자유주의적 개인주의가 결과적으로 사회의 도덕적 무질서를 조장하여 왔다는 전제 하에 이를 극복할 대안으로서 공동체의 덕(the virtue of community)을 강조하고 있는 것이 공동체주의이다. 이 같은 자유주의에 대한 공동체주의의 도전에 자유주의가 그동안 어떻게 대응하여 왔는가를 점검해 보는 것은 앞으로의 자유주의의 생존능력 내지 공동체주의의 발전가능성과 아울러 자유주의와 공동체주의의 상호보완성을 예측하는데 적지 않게 긴요한 작업이 될 것이라는 점에서, 본 장에서는 특히 현대자유주의의 대표적 이론가로 인식되어온 롤스(John Rawls)가 이 같은 공동체주의에 어떻게 대응해 왔는가를 살펴보려 한다.

매킨타이어(Alasdair MacIntyre), 샌델(Michael J. Sandel), 그리고 테일러(Charles Taylor)[1] 등에 의해 이론적으로 정립되어온 이 같은 공동체주의가 형이상학적·메타윤리적(metaethical) 측면에서 자유주의에 가하고 있는 비판은 의무론적 자유주의(deontological liberalism) 특히 그 중에서도 구미 학계를 지배해 온 롤스적 자유주의라고 할 수 있다. 즉 칸트(I. Kant)의 의무론에 기초한 롤스의 인간의 권리이론(theory of the rights of man)에 대한 반박과 그 대안으로서의 공동선에 대한 강조로 일관되고 있는 것[2]이 비판의 주된 내용이라고 할 수 있다. 따라서 공동체주의에 대한 의무론적 자유주의이론가들의 대응들을 검토하는데 있어서 롤스의 입장을 살펴보는 것이 일차적으로 중요한 일이라고 할 수 있다.

물론 공동체주의에 대한 롤스의 대응을 조사하는데 있어서 일정한 곤란이 따르기는 한다. 그와 같은 곤란은 무엇보다도 자신이 공동체주의에 대응하고 있다는 인상을 주지 않으려는 롤스의 의도에서 비롯되고 있다. 그러나 이 같은 난점에도 불구하고 우리는 롤스의 그동안의 논문과 저서의 분석을 통해서 그리고 특히 그와 같은 분석과정에서 그의 논지의 명시적 혹은 암묵적 변화를 추적함에 의해 공동체주의에 대한 그의 대응자세를 읽을 수 있다. 본 장에서는 이런 점에서 특히 형이상학적·메타윤리적 측면에 있어서의 롤스의 이론적 변화와 관련해서 공정으로서의 정의의 보편성 문제, 공정으로서의 정의와 선 사이의 관계, 그리고 그와 칸트의 연관성 문제에 대한 검토를 통하여 그가 공동체주의에 대응하여 왔다는 점을 좀 더 명료히 하고, 또한 그와 같은 대응과정에서 그의 자유주의의 이론적 일관성이 상당한 정도로 손상되어왔음을 밝히려 한다.

I. 대응여부의 문제

공동체주의에 대한 롤스의 대응을 검토하는데 있어서 무엇보다도 먼저 직면하게 되는 문제는 그가 과연 공동체주의에 대응을 해 왔는가에 대한 물음과 함께 또한 그가 대응을 했다면 그것이 어느 만큼인가에 관한 물음이다. 우리가 이 같은 근본적인 물음과 함께 논의를 시작하지 않으면 안 되는 이유는 다음 몇 가지로 요약될 수 있다.

첫째로 롤스는 1971년 『정의론』(*A Theory of Justice*)을 발표한 이래 많은 논문들을 통해 이 저서의 내용과 관련된 문제들을 반복적으로 상술·보충해 왔으며, 이 과정에서 어떤 경우에는 명시적으로 다른 경우에는 비유적·암묵적으로 자신의 이론을 변경시켜 왔다는 점이다. 특히 후자의 경우에 있어서는 그 표현이 종종 이론적 변화자체의 여부마저 파악하기 어려울 정도로 애매하며 더욱이 그와 같은 변화가 어떤 이론 내지 주장에 대한 대응인가에 대해 판단하는 것을 어렵게 만들고 있다.

둘째로는 샌델, 매킨타이어, 그리고 테일러 등에 의해 대변되는 공동체주의가 1982년 이후 등장했다는 점이다. 이 시점은 롤스의 이론적 변화가 진행되는 중간시기에 해당된다. 따라서 공동체주의의 등장 이후에 나온 롤스의 논문들이 그 이전의 그의 논문들의 연장선상에서 기술되었는지 혹은 공동체주의에 대한 대응차원에서 기술되었는지를 명료히 하기가 어렵다는 점이다.[3]

셋째로 위의 두 가지보다 더 직접적인 이유로서 롤스가 공동체주의의 등장 이후에 발표한 논문 및 저서에서 공동체주의 내지 공동체주의자들에 대해 거의 거론을 하지 않고 있다는 점이다.

그의 글에서 '공동체주의'라는 표현은 단지 한 번 나타날 뿐이며,[4]

공동체주의자들에 대한 언급도 세 번 정도에 불과하다.[5] 공동체주의자들의 이론 전개의 주요 초점이 현대자유주의에 대한 비판이며 그 중에서도 특히 롤스의 이론에 집중적으로 화살을 돌리고 있다는 점을 감안해 볼 때 이는 매우 흥미롭기까지 하다. 샌델의 경우 그의 주요 저서 한 권 전체를 롤스의 정의론을 분석하는데 할애했다는 점을 상기할 때 더욱 그러하다.

그러나 이 같은 난점들은 해소될 수 없을 정도는 아니며 다음이 이를 말해준다. 우선 첫 번째 문제와 관련시켜 볼 때, 롤스가 그의 이론의 변경을 종종 비유적·암묵적으로 표현하고 더욱이 많은 경우 자신의 이론에 있어서 중대한 변화가 없음을 변명하고 있다 할지라도 우리는 그의 논문들에 대한 면밀한 분석을 통하여 어느 정도 그 변화의 흐름을 읽을 수 있다는 것이다. 더욱이 롤스 자신이 즐겨 표현하고 있는 것처럼 "강조에 있어서의 전환"[6]을 통해서도 이를 감지할 수 있다.

둘째로 공동체주의가 등장한 1982년 이후 나타난 롤스의 논문들이 그 전의 논문들의 내용을 어느 정도 이어받고 있다고 할지라도, 우리는 그의 이론전개과정에서 볼 때 공동체주의 등장 이전과 이후에 있어서 명백한 차이점이 있다는 것을 발견하기가 어렵지 않다는 점이다. 후술할 그의 정치적 자유주의(political liberalism)가 그 같은 차이점 중의 하나라고 할 수 있다.

세 번째로 롤스가 의식적이든 무의식적이든 간에 공동체주의 내지 공동체주의자들에 대해 언급을 피하고 있다고 할지라도, 공동체주의 등장 이후의 그의 논문들에서 공동체주의에 대한 대응이라고 판단되는 기술들을 적지 아니 발견하게 된다는 점이다.

롤스는 샌델에 대해 유일하게 언급하고 있는 부분에서 그 자신에 대하여 샌델이 잘못 이해하고 있음을 지적하고 있다. 즉 롤스 자신의 '원초적 입장'(original position)이 이른바 자아의 목적들에 앞서 주어진 일종의 초경험적 지위를 취하는 자아에 대한 이해와 관련되어 있다고 추정하는 데서 샌델은 문제가 있다는 것이다(Rawls, 1985, 239).

왜냐하면 그러한 원초적 입장의 한 현저한 특징을 언급하는 무지의 장막(veil of ignorance)에 대한 롤스 자신의 설명은 자아의 성질에 관련하여 어떠한 형이상학적 함축들을 갖고 있지 않으며 이런 점에서 그것은 자아가 존재론적으로 개인들에 대한 사실들보다 선행(先行)한다는 것을 의미하지 않기 때문이라는 것이다(Rawls, 1985, 238). 이 같은 언명은 롤스가 1985년 이래 정의론의 형이상학적 주장들을 포기하도록 만든 것들 중의 중요한 하나가 샌델을 위시한 공동체주의자들의 비판이었음을 보여주는 것이다. 왜냐하면 공동체주의자들이 롤스의 이론과 관련하여 가장 중점적으로 비판했던 영역들 중의 하나가 바로 그의 지나치게 추상적이고 비역사적인 이론전개였기 때문이다.[7]

롤스는 1985년에 쓴 논문에서 개인에 대한 이해에 있어서 공공적 정체성(public identity)과 비공공적 정체성(nonpublic identity)을 구별하고 있다(Rawls, 1985, 241-2). 개인들의 비공공적인 일들 즉 사적인 일들에 있어서는, 시민들은 그들 자신을 일정한 종교적, 철학적, 그리고 도덕적 확신들로부터 혹은 일정한 애착과 충성으로부터 분리해서 보는 것이 불가능할 수 있겠으나, 공정으로서의 정의에서 설명되는 공공적 정체성은 자아에 대한 어떤 특수한 형이상학적, 인식론적, 혹은 심리학적 교의들을 전제하지 않는, 개인에 대한 정치적 이해(political conception of the person)와 연관된다는 것이다. 이것은 바로 롤스에 대하여 비판가들이 불평하고 있는 점 즉 애착과 충성의 중요성을 부인하고 있다는 비난을 모면하는 회피의 방법(method of avoidance)이라고 할 수 있다.[8] 여기서 우리는 롤스가 이 문제와 관련해서도 일정한 정도로 샌델의 비판에 대응하고 있는 것으로 보아야 할 것이다.[9] 왜냐하면 개인에 대한 롤스의 이해에 있어서 애착과 충성의 요소의 결핍을 누구보다도 면밀하게 분석·비판하고 있는 사람이 샌델이기 때문이다.

이런 점에서 필자는 롤스의 1983년 이후의 논문들은 적지 아니 샌델을 위시한 공동체주의자들의 비판에 대한 대응적 차원에서 작성되고 있다는 전제 하에[10] 다음에서 그의 형이상학적·메타윤리적 측면의 대응을 몇 가지로 나누어 살펴보고자 한다.

II. 대응의 내용

1. 인간의 합리성 문제

사회계약 독트린을 구성하는데 있어서 무엇보다도 일차적으로 요청되는 것은 계약이전 즉 자연 상태에서의 사람 혹은 사람들에 대한 성격규정이다. 이 같은 맥락에서 롤스는 『정의론』에서 원초적 입장(original position)에서의 사람들의 성격을 자유롭고 평등한 합리적 존재들로 규정하고 있다. 그러면서 그는 그 같은 성격규정의 근거를 칸트의 자율성(autonomy) 개념에 찾고 있다.

칸트에게 있어서 도덕적 원칙들은 사람들이 하나의 윤리적 공영체에서 그들의 행위를 합리적으로 다스리도록 의지할 수 있는 도덕법을 규정한다는 점에서 이들 도덕적 원칙들은 합리적 선택의 대상이 되고 있다고 롤스는 말한다(Rawls, 1971, 251). 그리고 목적의 왕국을 위한 입법으로서의 이들 도덕적 원칙들은 모든 사람에게 공공적으로 받아들여질 수 있어야 한다는 점에서 그러한 도덕적 입법은 자유롭고 평등한 합리적 존재들로서의 사람들을 특징지우는 조건 하에서 동의되어야 하는 것으로 칸트는 가정하고 있다는 것이다(Rawls, 1971, 252). 또한 한 사람이 자율적으로 행동하고 있다는 것은 그의 행동의 원칙들이 자유롭고 평등한 합리적 존재로서의 그의 성질의 가장 적합한 가능한 표현인 것으로 그에 의해 선택될 때라고 칸트가 주장했다는 데서(Rawls, 1971, 252) 결국 그에게 있어서 도덕적 원칙들, 자유롭고 평등한 합리적 존재, 그리고 자율성은 상호 긴밀하게 연결되어 있다는 것이다.

그런데 이 같은 롤스의 이론이 지나치게 추상적이라는 비판이 잇따르게 되면서 롤스는 1982년에 이르기까지 이에 대한 대응의 차원에서 일차적으로 자신의 이론을 명시적 혹은 암묵적으로 수정·보완하게 된다. 여기서 나타나는 것이 합당성(the reasonable) 개념의 도입이다. 즉 롤스는 1980년의 논문에서 종전의 『정의론』에서의 합리성 개념에다 합당성의 개념을 보완시키고 있는 것이다.

롤스는 공정으로서의 정의의 기본적인 모델적 이해들(model-conceptions)은 잘 정돈된 사회, 도덕적 개인, 그리고 원초적 입장의 세 가지에 대한 것이라고 하고 있다. 여기서 원초적 입장의 역할은 도덕적 개인의 모델적 이해와 다른 한편 잘 정돈된 사회의 모델적 이해에 있어서 시민들의 관계를 특징지우는 정의의 원칙 사이의 연결을 확립하는 것이라고 한다. 여기서 정의의 원칙들이 동의된다면, 일정한 원칙들을 개인에 대한 특수한 이해에 연결시키려는 칸트적 구성주의(constructivism)의 목적은 성취된다는 것이다(Rawls, 1980, 520).

그런데 롤스는 세 가지의 모델적 이해들 중의 하나인 도덕적 개인은 두 가지의 도덕적인 힘과 이들 힘의 실현·행사에 있어서 상응하는 두 가지 최고 순위의 홍미들(hightest-order interests)에 의해 특징지어진다고 하고 있다. 여기서 첫 번째의 힘은 정의에 대한 효과적인 감각을 위한 능력 즉 정의의 원칙들을 이해하고 적용하며 그것들로부터 행동하는 능력이라고 한다. 그리고 두 번째의 힘은 선에 대한 이해를 형성하고 개정하며 합리적으로 추구할 능력이라고 한다. 한편 이들 두 가지 최고 순위의 홍미들에 종속하는, 그래서 보다 높은 순위의 홍미(higher-order interest)라고 하는 세 번째 것이 있는 바, 이것은 당파들이 할 수 있는 한 최선을 다해서 선에 대한 그들의 이해를 보호·발전시키는 것이라고 하고 있다(Rawls, 1980, 525).

롤스는 이 같은 도덕적 개인의 모델적 이해를 다시 합리적 자율성(rational autonomy)과 충분한 자율성(full autonomy)의 두 개념과 연결시키고 있다. 여기서 합리적 자율성은 단지 합리성의 측면만을 대변하는 원초적 입장에서의 사람들의 자율성이다. 즉 합리적 자율성은 비교적 좁은 개념이며, 칸트의 가언적 명령(hypothetical imperatives)과 대체로 유사한 것이다. 원초적 입장에서의 당파들의 이 같은 합리적 자율성은 사회에서의 시민들의 충분한 자율성과 대조된다. 즉 충분한 자율성은 일정한 방식에서 그들 자신에 대해 생각하며 또한 동의될 정의의 첫 번째 원칙들을 확인하고 그것들로부터 행동하는 일상생활의 시민들의 그것이라는 것이다. 그런데 합리적 자율성이 잘 정돈된 사회에서의 도덕적 개인에 대한 이해의 일부분이 되는 것처럼 충분한 자율성도 원초적 입장에서의 도덕적 개인에 대한 이해의 일부분이 된다고 한다(Rawls, 1980, 520-1). 이런 점에서 이 두 자율성은 어느 정도 부분적으로 상호침투적인 것으로 이해되고 있다고 할 수 있다.

롤스는 다시 원초적 입장이 충분한 자율성의 필요한 요소들을 어떻게 합체시키는가를 합당성(the reasonable)과 합리성(the rational)의 두 개념을 통해 설명하고 있다. 원초적 입장에서의 당파들은 가공적 대리인들이어서 합리적으로 자율적일 뿐 충분히 자율적이지는 않다고 롤스는 말한다. 따라서 충분한 자율성을 설명하기 위해서는 사회적 협동이라는 관념의 두 가지 요소를 주목할 필요가 있다는 것이다. 여기서 첫 번째의 것은 협동의 공정한 조건 즉 각기의 참여자가 합당하게 받아들일 것으로 기대되는 조건에 대한 이해라고 한다. 협동의 공정한 조건은 상호성의 이념을 명료히 하는 바 이를테면 협동하는 모든 사람은 비교의 적합한 기준에 의해 판단되는 적합한 형태로 이익을 얻고 공동부담을 하는 것이다. 롤스는 사회적 협동의 이러한 요소를 합당성이라고 하고 있다. 또 하나의 요소는 그가 합리성이라고 부르는 것이다. 이것은 각기의 참여자가 합리적 이익 즉 개인들로서 그들이 발전시키기를 시도하고 있는 것에 대한 이해를 표현하는 것이라고 한다. 합리적이라는 것은 개인들의 도덕적 힘들을 실현·행사하고 선에 대한 그들의 이해의 발전을 확보하기 위한 개인들의 소망과 관련하여 원초적 입장에 의해 해석되고 있다는 것이다(Rawls, 1980, 528).

이렇게 볼 때 결국 합당성과 합리성은 두 가지의 도덕적인 힘과 이의 실현을 위한 최고 순위의 홍미들을 개념화시킨 것이라고 할 수 있다. 그런데 여기서 주목해야 할 것은 "합당성은 합리성을 전제하며 또한 복종시킨다"(Rawls, 1980, 530)고 하는 점이다. 이것은 바로 발생적으로 보면 합리성이 우선 하지만 중요성에서 보면 합당성이 우선한다는 의미로 이해되어야 할 것이다.

롤스가 당초 『정의론』에서 상정하고 있는 도덕적 인간의 모형은 합리적 존재였다. 그런데 이제 그는 인간의 합리성을 여전히 중요하게 다루고 있기는 하지만 새로이 합당성이라는 개념을 도입하여 그것의 중요성을 강조함으로써 당초의 입장으로부터 적지 아니 벗어났음을 우리는 알 수 있다.

이 같은 변화는 합리적 선택의 근거로서의 인간의 심리에 대한 설명에서도 나타나고 있다. 롤스는 사람들에 있어서 궁극적인 목적들의 다양성을 인정하고 있으며 그와 같은 목적들의 성취를 위한 효과적인 수단으로서의 선에 대한 이해에 있어서도 다양성을 인정하고 있다. 그런데 여기서 롤스는 그의 정의의 원칙들을 도출해 내기 위해 칸트의 합리적 선택의 이념을 도입하고 있다. 즉 정의의 원칙들을 합의하기 위해서는 개인들의 궁극적인 목적들을 성취하기 위해 무엇보다도 필요한 일차적인 선들을 선발할 필요가 있는 바, 이를 위해서 합리적 선택이 요청된다는 것이다. 그런데 롤스는 이 같은 일차적 선들의 합리적 선택에서 작용하는 인간의 합리성을 『정의론』에서 상당한 정도로 보편적인 인간의 심리에 근거시키고 있다. 그러나 롤스는 1980년의 논문에서는 이 같은 인간의 일반적·보편적 심리를 부인하고 개인에 대한 특수한 이해에 의존하여 일차적인 선들을 설명하려고 하고 있다(Rawls, 1980, 527). 그러나 그러면서도 그는 여전히 특수한 사람들의 선에 대한 합리적 이해에 기초한 합리적 선택의 이념을 고수하고 있다.

그런데 인간의 합리성에 대한 롤스의 관점은 1983년 이후 또 한 차례의 변화를 겪게 된다. 롤스는 그의 1985년의 논문에서, 원초적 입장은 칸트적 구성주의의 기본적 특징 즉 합당한 것을 합리적인 것보다 우선시키는 가운데 이들 사이의 구별을 만들고 있다고 한다. 그러면서 그는 이러한 구별의 적합성은 그가 이미 『정의론』에서 정의의 원칙들을 위한 논거들에 대한 구속요인으로서 합리적인 조건들이 아닌 합당한 조건들에 대해 말하고 있는 데서도 드러나고 있다고 말한다. 따라서 합당한 것은 합리적인 것에 우선하며, 이것이 권리의 우선성을 부여한다는 것이다. 이런 점에서 롤스는 자신이 『정의론』에서 정의의 이론을 합리적 선택의 일부분으로 기술한 것은 잘못이었다는 것이다(Rawls, 1985, 237).

이러한 롤스의 언명은 결국 그가 당초에 그의 계약이론의 기초로서 가장 강조한 그리고 그 이후에도 어느 정도 그 중요성을 인정한 합리성 개념을 이제 거의 포기하기에 이르렀다는 것을 말해주고 있다는 데서 의미심장하다고 할 수 있다. 이런 결과 그는 이제 특수한 사람들의 선에 대한 합리적 이해에 따른 합리적 선택까지도 인정하기를 꺼리게 된 것이다. 즉 특수한 사람들의 선에 대한 합리적 이해에 따른 합리적 선택에 있어서 도덕적·철학적 문제와 연관된 것들을 제거하기에 이른 것이다.

그렇다면 롤스가 이같이 정의의 이론을 합리적 선택에 기초시키기를 꺼리게 된 이유는 무엇인가? 그 이유는 여러 측면에서 접근할 수 있겠으나 가장 중요한 것은 역시 샌델을 위한 공동체주의자들의 비판에 따른 것이라고 할 수 있을 것이다. 샌델은 롤스의 원초적 입장의 논거의 불명료성을 밝히는데 있어서 합리적 선택이론 자체에 문제가 있다는 점으로부터 시작하고 있다. 이 문제는 롤스가 논의한 두 가지 즉 인간의 합리성 그리고 합리적 선택과 관련되어 있다.

샌델은, 롤스가 정의의 환경들에 대한 경험적 설명을 도모하면서도 개인들 사이의 우연적인 차이점들을 배제하는 방법으로 목적들의 왕국(kingdom of ends)을 위한 합리적 존재라는 칸트적 관념을 재구성하려 하고 있다고 한다.[11] 따라서 롤스는 합리적 존재로서의 인간을 이해하는데 있어서 모든 인간존재에 공통적인 것으로 추정되는 특징들은 우연적인 영역에 포함시키지 않고 다만 개인들을 서로 구별시키는 우연성들만 우연적인 영역에 포함시켜 이를 제거하고 있다는 것이다.[12]

샌델은 또한 원초적 입장에 대한 롤스의 추정은 다소 확장적인 자기이해를 요구하는 선에 대한 어떠한 이해에도 미리 반대하고 있다고 말하면서,[13] 그 이유의 하나로서 개인에 대한 주체내적인(intrasubjective) 이해의 부족을 들고 있다. 여기서 주체내적인 이해는, 도덕적 주체의 적합한 기술은 하나의 단일의 인간존재 내의 자아들의 다양성을 언급할 수도 있음을 허용한다는 것이다. 그런데 롤스는 모든 개인은 하나의 유일한 욕구체계로 되어 있다고 추정하기 때문에, 융합적인 욕구들의 문제는 개별적인 경우에는 나타나지 않으며 이런 점에서 합리적 사려분별이 스스로의 행위를 적합하게 지배하는 것으로 생각하고 있다는 것이다.[14]

롤스는 이 같은 샌델의 비판을 충분히 인지했던 것으로 보인다. 이는 샌델이 비판한 원초적 입장에서의 자아의 성질에 대해 롤스가 1985년의 논문에서 자기옹호적 재해석을 도모한데서 여실히 나타난다. 즉 원초적 입장에 대한 롤스 자신의 설명이 모든 우연적인 속성을 제거한 자아에 대한 이해와 관련되어 있다고 샌델이 생각한 것은 잘못이며, 이 점은 그의 1980년의 논문과 1985년의 논문에서 묘사되는 공정으로서의 정의의 해석을 통해 이해될 수 있다는 것이다(Rawls, 1985, 239). 롤스는 여기서 자신과 샌델의 논지가 결과적으로 차이가 없으며 단지 샌델이 롤스 자신의 논지를 잘못 해석함에 따라 오류를 범하고 있다고 함으로써 자신의 일관성을 옹호하면서 샌델의 비판으로부터 벗어나려고 하고 있음을 알 수 있다. 그러나 롤스가 1980년의 논문에서 인간에 대한 보편적 이해로부터 특수한 이해로 변화했을지라도 여전히 특수한 개인들의 합리성을 전제하면서 우연성을 배제하고 있다는 점에서 롤스의 자기변호는 정당화되기 어렵다고 할 수 있다.

롤스는 이제 그의 추론을 더 이상 자아의 성질에 관한 형이상학적 독트린에 맡기지 않는 회피의 방법을 통하여(Rawls, 1985, 239-40) 자신에 대한 비판의 표적으로부터 벗어나려 하고 있음을 알 수 있다. 그 결과 나타나게 된 롤스의 인간에 대한 이해는 형이상학적·메타윤리적 인간이 아닌 바로 규범적인 인간이었다. 개인데 대한 이러한 규범적 이해는, 자연과학이나 사회이론에 의해 주어지는 인성에 대한 설명과는 구별되는 것으로서, 개인들에 대한 일상의 이해로부터 시작하는 그래서 포괄적인 도덕적 독트린이 아닌, 정의에 대한 정치적 이해에 채용되는 하나의 도덕적 이해라고 롤스는 말한다(Rawls, 1985, 232). 그리고 여기서의 구체적인 개인은 민주주의 사상의 전통을 대변하고 충분히 협동하는 사회구성원이자 자유롭고 평등한 개인으로서의 시민이라고 한다(Rawls, 1985, 233-4).

이런 점에서 종전까지 합리성을 중요시하는 가운데 전개된 롤스의 형이상학적·메타윤리적 인간 개념은 그동안 그의 이론적 결함을 최소화시키려는 노력의 과정에서 이제 결국 서구의 민주주의 전통과 관련하여 합당하다고 직관되는 규범적 인간 개념으로 변모하게 된 것이다. 그리고 여기에 이르러서 롤스가 표현하는 합리성은 더 이상 그가 과거에 주장하던 합리성이 아니라 정치적 문제에만 국한된 규범적 합리성이라고 해야 할 것이다.

2. 공정으로서의 정의의 보편적 문제

두 번째 문제는 공정으로서의 정의의 보편성과 관련된 변화와 대응이다. 롤스는 그의 『정의론』에서 일반성과 보편성을 공정으로서의 정의의 원초적 입장을 특징지우는 조건들로 기술하고 있다.

롤스는 원초적 입장에서의 개인들의 상황은 정당성 개념의 구속요소들(restraints of the concept of right)을 반영한다고 말한다. 그런데 이 같은 정당성에 대한 이해는 형태에 있어서 일반적이고, 적용에 있어서 보편적이며, 공공적으로 인지되고, 갈등하는 주장들을 정돈하고, 실천적 추론에 있어서 호소의 궁극적 법정이 되는 일련의 원칙들이라고 하고 있다(Rawls, 1971, 130-5). 롤스의 이 같은 보편성의 추구에 대해 월프(R. P. Wolff)는 다음과 같이 비판하고 있다.

> 무지의 장막의 고안은 그의 철학을 칸트의 그것과 연결시키는 것처럼 보이는 반면, 적어도 시초에 있어서는 롤스가 첫 번째 모델의 함정을 피할 수 있도록 하고 있다. 그러나 그러한 진전은 궁극적으로 치명적이다. 왜냐하면 절대적인 보편성 즉 영원한 사회철학의 기초들에 대한 숙고를 추구하는데 있어서 롤스는 특징적으로 인간적이고 사회적인 모든 것을 제거하고 있기 때문이다.[15]

그 밖의 다른 비판가들은 롤스의 정의론이 실제에 있어서는 미국과 같은 사회를 중심으로 전개되고 있다고 하면서 이를 미국 이외의 사회에 보편화시키고 있는 롤스의 방법에 문제가 있음을 지적하고 있다.

이 같은 종류의 비판에 직면하여 정의의 보편적 원칙과 관련한 롤스의 자세는 변화를 겪는다. 롤스는 그가 제시하는 칸트적 관점에서는 정의의 이해를 정당화시키기 위한 조건들은 공공적 문화 내에서의 정치적 추론과 이해를 위해 하나의 기초가 확립될 때만이 적용된다고 함으로써, 자신이 제시하는 정의의 원칙이 모든 문화에 보편적으로 적용되는 것이 아님을 분명히 하고 있다. 즉 과거 수세기 동안에 걸친 민주주의 사상의 과정은 기본적인 사회적 제도들이 도덕적 개인들로서의 시민들의 자유와 평등에 적합하도록 하기 위해 어떻게 정돈되어야 할 것인가에 대해 아무런 일치가 없다는 것을 보여주고 있다는 점에서, 롤스 자신의 관심은 미국의 최근의 정치사에 있어서의 곤경에 역점을 두어 정의에 대한 칸트적 이해를 검토하는 것이라고 하고 있는 것이다(Rawls, 1980,

517).

롤스는 공정으로서의 정의에 있어서 목표는 현대민주주의 국가의 가장 뿌리깊은 확신과 전통에 적합한 정치·사회적 정의에 대한 이해를 안출하는 것(Rawls, 1982, 14)라고 하면서, 사회적 통일은 이제 더 이상 공통의 종교적 신념이나 철학적 독트린에 의해 주어진 것으로서의 선에 대한 이해에 기초되는 것이 아니라 자유롭고 평등한 개인들로서의 민주국가의 시민들에 대한 이해에 적합한 정의의 분담된 공공적 이해에 기초하는 것(Rawls, 1982, 18)이라고 언명하고 있다.

1982년까지의 이 같은 일련의 표현들은 롤스가 『정의론』에서 시도한 공정으로서의 정의의 보편성에 매달리기보다는 자신의 정의의 원칙들을 미국과 같은 민주주의 국가에만 적용가능한 것으로 그 범위를 한정시키고자 함을 보여주는 것이며 이 점은 1983년 이후의 그의 정치적 자유주의를 예기하고 있다고 할 수 있다.

보편성에 기초하지 않고 일정한 정치문화에 근거한 정의 개념을 정당화시키려는 롤스의 자세는 1983년 이후의 논문들에서 더욱 두드러지고 보다 명료화되고 있는 바 이는 다음 구절을 통해서도 알 수 있다.

> 공정으로서의 정의는 민주적 사회를 위한 정의의 정치적 이해로서 의도되고 있기 때문에, 그것은 입헌적 민주정권의 정치적 제도들과 그것들의 해석의 공공적 전통에 깊이 새겨진 기본적인 직관적 이념들에 단지 의존하려 하는 것이다(Rawls, 1985, 225).

롤스의 자세의 이 같은 변화는 그가 공동체주의의 이론적 입장에 접근하고 있음을 말해주고 있다는 데서 유의할 만하다. 공동체주의가 가장 강조하고 있는 것 중의 하나는 자아의 피치성(被置性, embededness)이다. 즉 개인들의 성격은 그들이 속해 있는 공동체에 의해 강하게 형성된다는 데서, 개인들에 있어서의 정의는 바로 그들이 속해 있는 공동체마다 달라질 수 있다는 것이 공동체주의자들의 주장이다.

공동체주의자로서 종종 기술되고 있는 왈저(Micheal Walzer)는, 한 사회의 본질적 생활이 그 구성원들의 분담된 이해들에 충실한 방법으로 이루어진다면 그 사회는 정당하다고 하고 있다. 이 말은 바로 우리 자신의 사회에서 정의가 요구하는 것이 무엇인가를 결정하기 위해서는 우리가 우리 자신의 공동생활 과정에서 이미 어떤 선택들을 만들었는가 즉 우리가 어떤 이해들을 분담하고 있는가를 물어야 함을 뜻하는 것이다.[16] 그러나 롤스는 정의를 이해하는데 있어서 함축적으로 인정되는 기본적인 이념과 원칙의 분담된 축적으로서의 공공적 정치문화에 유의하면서도(Rawls, 1985, 228) 자신의 입장과 왈저의 상대주의적 정의론 사이의 차별화를 시도하고 있다.[17] 롤스는 이데올로기론자들과 환상가들만이 정치적 가치들의 깊은 갈등들 그리고 이들 정치적 가치들과 비정치적 가치들 사이의 갈등들을 경험하지 못하고 있다고 하면서, 정치철학에 있어서 추상(abstraction)의 작업은 깊은 정치적 갈등들에 의해 발동된다고 말한다. 따라서 분담된 이해를 시작부터 끝까지 강조하고 있는 왈저가 그러한 갈등들을 고려하지 않고 있음을 롤스는 시사하고 있는 것이다(Rawls, 1993, 44). 갈등이 깊으면 깊을수록 추상의 수준은 더 높아질 것이라는 데서 추상의 작업은 불필요한 것이 아니라 공공적 논의를 지속하는 하나의 방법이라는 것이다(Rawls, 1993, 44-5).

롤스는 그의 1985년의 논문에서 공정으로서의 정의는 민주적 사회를 위한 정의의 정치적 이해로서 의도되고 있다고 하면서 그것이 부분적으로 일정한 정치적 전통 안으로부터 출발하고 있음을 언명함으로써(Rawls, 1985, 225) 분담된 이해로서의 정의 개념에 접근하고 있다. 그러나 그는 그의 이 같은 입장이 왈저적인 상대주의로 해석되는 것을 꺼려했으며 이는 그의 1989년의 논문에서 분명히 나타난다. 그는 여기서 공공적 정치문화에 적합하게 채택된 정치적 이해는 역사주의적(historicist) 내지 상대주의적인 것이 아니라고 강변하고 있다. 즉 그 같은 정치적 이해가 다른 사회들 그리고 그것들의 사회정책의 기본적 제도들을 판단하기 위한 근거를 제공하는 한에 있어서는 그것은 역사주의적이거나 상대주의적이지 않으며 오히려 그러한 정치적 이해는 모든 국가들 사이에 정의에 대한 합당한 이해를 적합하게 구현시키도록 그것을 확장시키는 덕분에 보편적이라는 것이다(Rawls, 1989, 252-2).

이렇게 볼 때 롤스는 왈저를 비롯한 공동체주의자들의 비판에 대응하여 공정으로서의 정의의 보편성과 관련한 자신의 입장을 상당한 정도로 수정하면서도 자신과 공동체주의의 차별성을 보여주려 하고 있음을 알 수 있다.

3. 공정으로서의 정의와 선 사이의 관계

롤스는 그의 『정의론』에서 정의에 대한 이해들의 적용 범위를 결정하는데 있어서 가장 중요하게 고려해야 할 것이 도덕적 개인이라고 하고 있다.

즉 도덕적 개인들이야말로 동등한 정의에로의 자격이 부여된다는 것이다. 그런데 이러한 도덕적 개인들은 두 가지의 특징에 의해 구별된다고 한다. 그 첫 번째는 그들이 그들의 선(the good)에 대한 이해를 가질 능력이 있고 둘째는 그들은 정의의 감정(적어도 일정한 최소한의 정도에서 정의의 원칙을 적용하고 그에 따라 행동하려는 통상의 효과적인 소망)을 가질 능력이 있다는 점에서라고 한다(Rawls, 1971, 504-5). 그런데 롤스는 정의의 감정을 위한 능력은 인류의 압도적인 다수에 의해 소유되고 있기 때문에 이것은 심각한 실제적 문제를 일으키지 않는다고 추정하고 있다. 즉 도덕적 인격을 위해 요구되는 잠재력으로서의 이러한 속성을 결핍한 어떤 종족이나 인간집단도 없다는 것이다(Rawls, 1971, 506). 이 같은 점에서 볼 때 『정의론』에서의 롤스는 인간의 도덕적 성격의 보편성을 추정하고 이를 정의에 대한 이해와 연결시키고 있음을 알 수 있다. 그러나 이 같은 그의 논지는 그 후의 논문들을 통해 역시 적지 아니 변화하고 있다. 롤스는 그의 1980년의 논문에서 구성주의(constructivism)의 칸트적 형태는 합당한 구성절차에 있어서의 한 요소로서 개인에 대한 하나의 특수한(particular) 이해를 구체화하는 것이라고 한다. 그리고 여기서 주된 이념은 개인에 대한 하나의 특수한 이해와 정의의 첫 번째 원칙들 사이의 적합한 연결을 확립하는 것이라고 하고 있다(Rawls, 1980, 516). 즉 정의의 일정한 원칙들이 동의된다면, 그때에는 일정한 원칙들을 개인에 대한 하나의 특수한 이해와 연결시키려는 칸트적 구성주의의 목표는 달성된다는 것이다(Rawls, 1980, 520).

여기서 개인에 대한 특수한 이해는 도덕적 인격을 위한 최소한의 능력 즉 일정한 의미에서의 도덕적 인격을 위한 능력을 가진 인간 존재로서(Rawls, 1980, 550-1), 잘 정돈된 사회의 시민들에 의해 확인되는 도덕적 개인에 대한 이해의 일부분인 합리성의 측면을 대변하는, 원초적 입장에서 합리적으로 자율적인 건설의 대리인으로서의 당파들에 대한 이해를 뜻한다(Rawls, 1980, 520 참조). 1980년의 논문에서 롤스가 도덕적 개인을 두 가지의 도덕적인 힘들과 이들 힘을 실현·행사하는데 있어서 두 가지의 상응하는 최고 순위의 홍미들에 의해 특징지우고 있음은 이미 전술한 바 있다. 그런데 롤스는 여기서 원초적 입장에서의 당파들은 발전된 도덕적 개인들을 대변하고 있으며, 이러한 개인들은 어느 때에도 궁극적인 목적들에 대한 하나의 결정가능한 구도 즉 선에 대한 하나의 특수한 이해를 갖고 있다고 추정하고 있다(Rawls, 1980, 525). 롤스는 이제 일차적 선들(primary goods)에 대한 설명을 개인에 대한 하나의 특수한 이해에 의존하도록 만듦에 의해, 일차적 선들의 목록이 더 이상 순수하게 심리학적, 통계적 혹은 역사적 조사의 결과로서 간주될 수 없음을 밝히고 있다(Rawls, 1980, 527). 이같이 롤스가 일차적인 선에 대한 설명을 인간 일반의 심리학적·역사적 성격으로부터 이끌어 내기를 포기하게 된 것은 무엇보다 그가 당초 보편적으로 추정한 그러한 심리학적·역사적 성격이 정당성의 근거로 되기에는 부족한 우연성을 대변하고 있다는 비판에 따른 것이라고 할 수 있다. 그가 일차적인 선에 대한 설명을 전개하는데 새로이 의존하게 된 개인에 대한 하나의 특수한 이해는 "민주사회에서의 인간생활의 사회적 요구들과 통상적 환경들"(Rawls, 1980, 526)과 관련된 개인에 대한 이해인 것이다. 즉 칸트적 관점은 민주적 사회의 공공문화에 함축된 것으로 추측되는 개인과 사회적 협동에 대한 이해를 인식하기를 추구하며 여기서 칸트적 구성주의에 있어서 구성(construction)은 다른 관점들보다 더 정확하게 우리(미국인)의 고려되는 신념 일반과 폭넓은 반성적 평형에 적합한 정의의 대한 이해의 첫 번째 원칙들을 산출한다는 것이다(Rawls, 1980, 568-9).

이는 도덕적 개성(personhood)이 보편적 속성이 아니라 도덕적 전통에 따라 다양하다는 관점으로 롤스가 전환하고 있음을 말해주는 것이다.[18] 그런데 롤스는, 선에 대한 이해를 형성하고 개정하며 합리적으로 추구하는 시민들의 도덕적 능력을 전제로 할 때, 도덕적 개인으로서의 그들의 공공적 정체성은 선에 대한 그들의 이해에 있어서 시간에 따른 변화에 의해 영향을 받지 않는다고 하고 있다. 반면에 그들의 개인적 제반사에 있어서 시민들은 애착과 사랑, 그리고 종교적·철학적 신념 내지 헌신과 동떨어져 있을 수 없다는 것을 롤스는 인정하고 있다(Rawls, 1980, 545). 이렇게 볼 때, 적어도 민주적 사회에서는 개인들의 사적인 애착이나 종교적·철학적 신념이 어떠하든 간에, 선에 대한 이해에 있어서 의무론적인 공공적 정체성이 확인될 수 있다는 논리로 귀착된다.

그러나 공동체주의자들 중에 특히 샌델은 이 같은 공공적 정체성과 사적 정체성의 구별이 롤스 자신의 의무론적 주장의 특수한 지위와 일치하지 않음을 지적하고 있다. 우리가 갖고 있는 유대들이 보다 덜 강력하게 작용하는 공공생활에서 초연성(detachment)이 보다 용이하게 나타난다는 심리학적 특성을 그 같은 구별의 근거로서 제시할 수도 있겠으나, 자아의 독립에 관한 의무론의 주장은 그 같은 심리학이나 사회학의 주장과는 다르다는 점을 샌델은 밝히고 있다. 왜냐하면 만일 심리학이나 사회학에 근거할 경우에는 정의의 일차성이 어떤 특수한 사회가 고취시키려는 자비심(benevolence)이나 동료의식(fellow-feeling)의 정도에 의존하게 될 것이기 때문이라는 것이다. 그런데 의무론적 이론에서의 자아의 독립은 내가 나 자신을 나의 가치나 목적과는 별개의 한 자아의 담지자(bearer)로 간주하는 인식론적 주장을 의미하기 때문에, 공공적 혹은 사적 관계와 결합된 느낌의 상대적 격렬성과는 거의 관련이 없다는 것이다.[19] 이같이 자아에 대한 의무론적 이해가 공적인 정체성과 사적인 정체성의 구별을 허용할 수 없음에도 불구하고, 롤스가 사적인 면에서 두텁게 구성된(thickly-constituted) 자아 즉 개인들의 구성적 애착을 인정하고 있기 때문에 문제가 된다고 샌델은 말한다. 왜냐하면 자아의 영역이 더 이상 고착되지 않는 이상, 사적인 일들만이 구성적 애착과 관련하여 결정적이라는 어떠한 보장도 없으며 따라서 사적인 목적들에 관련하여 구성적 가능성을 허용하는 것은 피할 수 없이 공적 목적들의 구성적 가

능성을 마찬가지로 인정하는 것으로 되기 때문이라는 것이다.[20]

샌델의 이 같은 비판에 롤스가 대응하고 있다고 생각되는 표현을 발견할 수는 없지만, 롤스의 1983년 이후의 논문들이 적지 아니 샌델의 비판을 의식하여 작성되고 있음을 우리는 그의 논지를 통해 충분히 인지할 수 있다. 1985년 논문의 서두에서 롤스는 정의에 대한 이해와 관련하여 개인들의 본질적 성질과 정체성에 대한 주장들과 같은 철학적·형이상학적 주장들을 피하고자 한다면서 공정으로서의 정의에서 묘사되는 기본적인 직관적 이념들은 입헌민주주의를 위한 정의의 정치적 이해에로 결합된다고 말하고 있다(Rawls, 1985, 223). 이 같은 롤스의 언명은 이제 그가 더 이상 그의 정의론을 개인에 대한 도덕적 이해로부터 이끌어내려 시도하지 않고 있음을 보여주는 것이라고 할 수 있다. 따라서 정의에 대한 정치적 이해가 도덕적 이해라고 할 때, 그것은 특수한 종류의 주제(subject) 즉 정치적·사회적·경제적 제도들을 위해 안출되는 도덕적 이해이며(Rawls, 1985, 224) 도덕 일반의 이론을 위한 이해가 아니라는 것이다. 즉 정의론에서의 도덕적 이해는 정치적·사회적·경제적 제도들의 정당성을 확보하는데 있어서의 최소한의 요청에 국한된다는 것이다.

이런 점에서 롤스는 1980년에 쓴 자신의 논문 제목인 "도덕이론에 있어서의 칸트적 구성주의"(Kantian Constructivism in Moral Theory)는 부적합하며 "정치철학에 있어서의 칸트적 구성주의"(Kantian Constructivism in Political Philosophy)라고 하는 것이 더 나았을 것이라고까지 말하고 있다(Rawls, 1985, 224). 그러면서 롤스는, 도덕적 힘들의 행사에 관련된 그리고 시민으로서의 개인들의 정치적 지위의 공공적 인지에 관련된 선은 포괄적인 종교적, 철학적 혹은 도덕적 독트린의 선이 아니라 잘 정돈된 사회의 정치적 선에 속한다고 하고 있다. 즉 포괄적인 독트린이 그 자체의 관점 안으로부터 그러한 정치적 선을 뒷받침할 수도 있겠지만, 이것은 공정으로서의 정의가 중첩적(overlapping) 합의의 지지를 획득하려고 할 경우 방향을 상실할 것이기 때문에 문제가 된다는 것이다(Rawls, 1988, 270-1). 이런 점에서 공정으로서의 정의는 기본적으로 더 이상 포괄적인 독트린에 근거하기보다는 중첩적 합의에 근거하는 것으로 파악되기에 이른 것이다.

이 같은 롤스의 변화는 그의 의무론과 공정으로서의 정의가 함께 조화롭게 결합될 수 없다는 샌델의 지적에 대한 대응적 차원에서 그 돌파구를 마련하는 과정에서 나타난 결론이라고 할 수 있으며, 이는 칸트와 관련한 그의 의무론적 관점을 살펴봄으로써 보다 명료해진다.

4. 롤스와 칸트

롤스는 그의 『정의론』에서 정의에 대한 이해의 칸트적 해석은 칸트의 자율성(autonomy) 개념에 기초되어 있다고 말한다. 그러면서 그는 다른 한편 칸트의 윤리의 일반성과 보편성의 위치를 강조하는 것은 잘못이라고 하고 있다(Rawls, 1971, 251). 이런 점에서 롤스가 칸트의 독트린의 방법을 부분적으로만 수용할 뿐 전반적으로 받아들이지는 않고 있음을 보여줌으로써 자신을 칸트와 융의주도하게 차별화하려 했음을 우리는 알 수 있다. 그러나 그럼에도 불구하고 롤스가 그의 정의론을 칸트의 도덕철학과의 밀접한 연계 하에 전개하고 있음은 "원초적 입장이 칸트의 자율성과 정언적 명령(categorical imperatives)의 이해의 절차적 해석으로 간주될 수 있다"(Rawls, 1971, 256)고 한 그의 말에서 충분히 드러난다. 더욱이 롤스는 권리의 우선성이 칸트의 윤리의 중심적 특징이라고 하면서, 정의의 사전적(lexical) 우선성은 칸트가 말한 것처럼 모든 가격을 초월하는 개인들의 가치를 대변하고 있다고 함으로써(Rawls, 1971, 31, 586) 그가 칸트적 의무론을 수용하고 있음을 밝히고 있다.

그런데 롤스의 이 같은 관점은 그의 1980년의 논문에서 역시 부분적으로 변경되고 있다. 즉 칸트적 구성주의는 그것의 결과가 정의의 첫 번째 원칙들을 결정하는 구성의 합당한 절차에 있어서 한 요소로서의 개인에 대한 하나의 특수한 이해를 구체화한다고 함으로써(Rawls, 1980, 516), 구성의 절차적 수단을 개인에 대한 이해의 보편성이 아닌 특수성에 적용시키게 된 것이다. 이런 점에서 공정으로서의 정의는 엄격히 말하여 칸트의 관점이 아니라고 롤스는 스스로 밝히고 있다. 그가 사용한 '칸트적'(Kantian)이라는 형용사는 동일성(identity)이 아니라 유비(analogy)를 표현하고 있다는 것이다. 즉 공정으로서의 정의의 독트린은 다른 전통적인 도덕적 이해들보다 칸트의 견해에 훨씬 더 가깝다는 점에서 칸트의 근본적인 관점들을 닮고 있을 뿐이라는 것이다(Rawls, 1980, 517). 이 같은 논지는 롤스 자신의 이론이 부분적으로 칸트의 독트린을 수용하고 있다는 당초의 입장과는 달리 칸트의 이론과의 유사성만을 인정하려 하고 있다는 데서 칸트로부터 더 멀리 벗어나려 하고 있음을 알 수 있다.

그러나 롤스의 이 같은 논지는 1982년 이후 또 한 차례의 변화를 겪고 있는 바, 이는 공동체주의 특히 샌델의 비판에 따른 대응이라는 점을 역시 적지 아니 시사해주고 있다.

『자유주의와 정의의 한계』(*Liberalism and the Limits of Justice*)에서의 샌델의 핵심적 주제는 정의의 이론으로서의 의무론적 자유주의에 대한 비판이다. 샌델은 의무론적 자유주의가, 선에 우선하고 선에서 독립한 도덕적 범주인, 권리 개념에 적합한 원칙들에 근거한 자유주의라고 하면서 여기에 특히 칸트의 자유주의와 오늘날의 롤스 등의 이론가들의 도덕·정치철학을 포함시키고 있다.[21] 샌델은, 롤스가 그의 『정의론』과 그 이후의 논문들에서 자신과 칸트와의 차별성을 보여주려 하고 있으나 그의 이론이 기본적으로 칸트로부터 벗어나지 못하고 있음을 지적하면서, 이와 관련해서 나타나는 롤스의 이론의 문제점을 조사하고 있다. 여기서 샌델이 특히 문제 삼고 있는 것은 롤스가 그의 공정으로서의 정의의 이론을 전개하는데 있어서 칸트로부터 거리를 더 많이 둘수록 롤스의 의무론의 논지는 점점 더 약화된다는 점이다. 즉 역사적·사회적 우연성의 영역의 보다 큰 확장은 의무론의 약화와 맥을 함께 한다는 것이다.

칸트와 롤스의 의무론적 유사성에도 불구하고 롤스가 선험적 혹은 그 밖에 현실에서 유리된 다른 주체에 의지함이 없이 의무론적 우선성을 확립하려는 데서 칸트로부터 일탈하고 있다고 샌델은 말한다.[22] 즉 칸트에 있어서는 권리의 우선성이 선험적 영역의 수단에 의해 그리고 자유와 자기인식(self-knowledge)을 위한 능력의 필수적 전제조건으로 본체적 혹은 지성적 영역을 설정함에 의해서만이 단지 확립될 수 있는 반면, 롤스는 경험적 이론의 범위 내에서 권리의 우선성의 도덕적 힘을 유지할 수 있다고 믿고 있다는 것이다.[23] 그런데 원초적 입장에 대한 롤스의 이 같은 경험론적 이해는 의무론적 주장들과 조화를 이룰 수 없다고 샌델은 말한다. 왜냐하면 정의가 그것의 덕을 위해 일정한 경험적 전제조건들에 의존한다면, 그것의 우선성이 무조건적으로 확인될 수 있는 방법이 불명료하기 때문이라는 것이다.[24] 따라서 롤스는 정의의 내용과 주장이 모든 역사적·사회적 특수성에서 독립해 있다는 것을 보여주어야만 한다고 샌델은 주장하고 있는 것이다.[25] 다시 말하면 정의의 우선성을 역사적·사회적 우연성으로서의 경험에 점점 더 의존할수록 롤스의 의무론의 지위는 더욱 더 약화됨에도 불구하고, 그가 그동안 그의 이론이 지나치게 추상적이라는 비판을 모면하고자 보다 경험적인 조건들에 의존함에 따라 그의 의무론의 성립 자체가 의문시되기에 이르렀다는 것이다.

1983년 이후의 롤스의 의무론적 입장의 변화는 상당한 정도로 이 같은 비판에 대한 대응에서 이루어지고 있는 것으로 추정되며 여기서 가장 두드러진 변화는 정치적 자유주의로의 전환이다.

롤스는 그의 1985년 논문에서 정의의 공공적 이해는 형이상학적이 아니라 정치적인 것으로 되며, 따라서 어떠한 일반적인 도덕적 이해도 현대 민주국가에서의 정의의 이해를 위해 공공적으로 인정되는 기초를 제공할 수 없다고 말한다(Rawls, 1985, 223, 225). 그러나 이같이 그가 정의를 일반적인 도덕적 이해로부터 분리시키기를 시도하고 있다 할지라도 공정으로서의 정의의 도덕적 성격을 근본적으로 부인하고 있는 것은 아니다. 다만 자유주의적 관점에서 공정으로서의 정의에 대한 이해가 하나의 도덕적 이해라 할지라도 그것이 하나의 포괄적인 도덕적 독트린으로 의도되지 않는다는 것뿐이다(Rawls, 1984, 245).

그러나 이러한 일련의 변화과정에서도 롤스는 권리의 우선성에 대한 그의 주장을 계속 견지하고 있다. 그는, 정의의 원칙들이 선에 대한 허용 가능한 이해들을 한정시킨다는 점에서 정의의 개념은 선의 개념으로부터 독립해서 우선적이라고 하고, 이 같은 권리의 우선성은 자유주의에 특징적인 것이라고 하고 있다(Rawls, 1985, 249-50). 이런 점에서 볼 때 롤스가 이제 포괄적인 도덕적 독트린을 배제한 의무론 즉 정치적 의무론을 주창하기에 이르렀다고 할 수 있다.

롤스는 이에서 더 나아가 칸트의 도덕이론에 기초한 정의의 부적합성을 직접적으로 비판하고 있다. 그는 칸트와 밀(J. S. Mill)에게서 발견되는 포괄적인 도덕적 이상들로서의 자율성과 개별성은 자유주의사상에 있어서 그것들의 매우 큰 중요성에도 불구하고, 정의의 정치적 이해를 위해 부적합하다고 한다. 그것들이 입헌적 정권을 위해 유일하게 적합한 기초로서 제시될 경우에는 자유주의는 또 다른 하나의 분파적 독트린이 된다는 것이다(Rawls, 1985, 246). 정치적 정의의 문제들에 있어서 정당화가 다원주의(pluralism)를 전제로 한 어떤 합의로부터 진행된다고 할 때, 어떤 일반적이고 포괄적인 독트린도 공공적으로 받아들여질 수 있는 정치적 정의의 기초로서의 역할을 떠맡을 수 없다는 점에서이다(Rawls, 1987, 6).

이제 롤스는 더 이상 칸트에 매달리지 않고 그를 포기하는 데까지 이르른 것이다. 그러나 이것은 자유주의를 포기하는 것을 뜻하지는 않는다. 그는 포괄적인 도덕철학으로서의 자유주의의 옹호를 포기하고 있으나 여전히 그가 정치적 자유주의라고 부르는 것을 주창하고 있기 때문이다.[26] 그리고 이 같은 과정에서 롤스가 비록 공동체주의에서와 같은 정도는 아니라 할지라도, 상식(common sense)과 공동체의 가치를 언급하고 있는 점은 공동체주의의 비판에 따른 결과로 보여진다.[27] 롤스는, 다원주의라는 사실을 전제로 할 때, 상식의 분담된 방법들 그리고 상식에 유용한 공공적 지식에 우리 자신을 한정시키는 것보다 더 좋은 실천적 대안은 없다고 하면서, 우리로 하여금 공공이성(public reason)에 대해 말하도록 허용하는 것은 바로 이들 분담된 방법들과 이러한 공공적 지식이라고 하고 있다(Rawls, 1987, 8). 따라서 일반적이고 포괄적인 독트린에 의해 통일된 정치적 공동체가 아닌 여타의 공동체의 가치는 다원주의적 입장에서 본질적일 뿐 아니라 실현가능하다는 것이다(Rawls, 1987, 10).

이것은 롤스가 자유주의와 공동체주의에 공히 일반적이고 포괄적인 독트린의 적용을 거절하면서도 이 두 이념에 의해 허용가능한 상식적인 정치적 권리론을 새로이 주장하고 있음을 말해주는 것이다.

III. 대응에 대한 평가

롤스의 이론적 변화의 과정은 한마디로 정의 내지 권리의 우선성에 관한 그의 이론이 이론(異論)의 여지없이 정당화될 수 있는 근거를 확보하고자 하는데 따른 것이라고 할 수 있다. 당초 그의 『정의론』에서 롤스는 포괄적이고 보편적인 철학적·도덕적 독트린에 기초하여 그의 정의의 우선성과 정의의 원칙들을 정당화하려는 작업을 추진했었다. 그러나 이 같은 그의 야심적인 작업은, 그의 이론이 지나치게 추상적이면서도 실제로는 미국적인 사회를 염두에 둔 아전인수격의 보편성에 불과하다는 비판에 직면하게 되며, 이에 따라 롤스는 정의의 우선성에 관한 자신의 이론이 미국과 같은 발전된 현대 입헌민주주의 사회의 기본적 구조와 관련된 것이라고 함으로써 그 정당화의 근거와 이에 따른 적용범위를 함께 축소시키게 된다. 그러나 이 같은 축소 조정에도 불구하고 롤스의 정의의 우선성과 이를 뒷받침하는 그의 철학적·도덕적 독트린 사이의 부조화를 지적하는 공동체주의의 비판에 여전히 직면하게 됨으로써 그는 결국 포괄적인 철학적·도덕적 독트린을 배제한 가운데 정당화 근거를 단순히 정치적인 면에 국한한 중첩적 합의로 더욱 축소시키게 된 것이다.

이렇게 볼 때 롤스는 적어도 정의의 우선성과 그가 제시한 정의의 원칙들을 고수하려 한 데에 있어서는 일관성이 있었던 것으로 보인다. 그러나 그의 이 같은 일관성은 그 대가로서의 정의의 우선성의 근거와 그 적용범위에 있어서 적지 않은 변화를 수반한 결과였다.

형이상학적·메타윤리적 측면에서 볼 때, 롤스는 공동체주의에 대한 대응에 있어서 대응하고 있다는 인상을 주지 않으려고 하고 있을 뿐 아니라 또한 공동체주의 이론 자체와의 직접적인 대결을 회피하는 방법을·통한 간접적 대응을 하고 있는 것으로 보인다. 즉 그가 정치적 자유주의를 주장하는 가운데 채용하고 있는 회피의 방법을 그는 공동체주의에 대한 대응에도 마찬가지로 사용하고 있다는 점이다. 이제 그는 논란의 여지가 있는 철학적·도덕적 문제들을 "철학 자체에의 관용의 원칙"(Rawls, 1985, 223)이라는 이름 아래 미리 배제해 버리는 방법으로 공정으로서의 정의의 근거나 그 결과적인 적용범위를 함께 설정하려 하고 있는 것이다. 이렇게 하여 그가 다다른 결론이 정치적 자유주의이며 이것은 다원주의라는 사실에 직면한 민주적 전통의 사회에서 중첩적인 합의에 기초한 정의의 정치적 이해에 의해 대변되고 있는 것이다(Rawls, 1987, 24-5).

그러나 형이상학적 주장들로부터 자유로운 정의개념을 도출하려는 이 같은 롤스의 시도는 여러 가지 문제점을 안고 있다. 우선 첫째로 합당한 중첩적 합의에 의한 정치적 정의가 정의로서 궁극적으로 인정될 수 있는가이다. 롤스는 정의의 정치적 이해에 관한 중첩적 합의의 이념은 자기이익 혹은 집단이익에만 기초된 합의 즉 홉스(T. Hobbes)적인 일시적 타협(*modus vivendi*)과는 달리, 그 목적과 근거에 있어서 도덕적이며 여러 관점들 사이의 힘의 배분에 있어서의 변화와 관련해서도 안정적이라고 하고 있다(Rawls, 1987, 2-3, 11). 그러나 롤스의 이 같은 주장들이 설혹 정당화된다 하더라도 그의 중첩적 합의의 이념은 역시 여전히 개인 내지 집단들 사이의 합의라는 한계를 벗어나지 못한다는 점 때문에 확고하고 지속적인 정의의 이념의 확보를 위한 근거로서는 부족하다고 할 수 있다.

더욱이 보다 확고한 근거가 요청되는 정의의 우선성의 이념과 관련해서는 그와 같은 중첩적 합의는 더 큰 결함을 안고 있다. 권리의 우선성에 관한 칸트의 선험적 설명과 로크(J. Locke)의 자연권 이론을 상기해

보자. 물론 그들의 설명이 전적으로 타당하다는 것을 여기서 말하는 것은 아니다. 다만 권리의 우선성의 주장은 그와 같은 확고한 추론이 요청될 만큼 강팍한 이념이라는 것을 그들의 경우에서 읽을 수 있다는 점이다. 우연성의 개입시 권리의 우선성의 이념은 형편없이 약화된다는 점에서 롤스의 중첩적 합의의 이론은 결과적으로 그 자신의 의무론이 더 이상 지탱될 수 없도록 강요하고 있다는 것이 문제가 된다. 그러나 그럼에도 불구하고 롤스는 정의에 대한 이해와 선에 대한 이해 사이의 관계에 있어서 권리의 우선성이 정치적 독트린으로서의 자유주의적 특징이라고 함으로써(Rawls, 1985, 250) 계속 의무론을 고수하고 있는 것이다.

다음은 민주적 사회의 공공문화에서 정의의 우선성이 정치적 이상으로 정당화될 수 있다는 관점과 관련하여 민주적 사회의 공공문화의 성질에 대한 롤스의 설명이 충분치 못하다는 점이다. 롤스는 민주사회의 공공문화에 존재하는 사회적 협동이라는 기본적인 직관적 이념을 통하여 민주사회의 합당한 정의에 대한 이해로서의 권리의 우선성을 확인할 수 있다고 한다(Rawls, 1985, 250). 그러나 민주사회의 공공문화에 존재하는 기본적인 직관적 이념을 엄밀하게 확인할 수 있는가 그리고 더 나아가 그와 같은 확인을 통해 정의의 우선성과 정의의 원칙들을 정당화시킬 수 있는가의 문제가 여전히 의문으로 남는다.[28]

세 번째로 지적될 수 있는 것은 얇은 정의론의 결과론적인 문제점이다. 롤스는 실현가능한 정치적 정의에 대한 이해는 독트린들의 다양성 그리고 현존하는 민주적 사회들의 구성원에 의해 확인되는 선에 대한 갈등하는 이해들의 다원성을 허용해야만 한다고 말한다(Rawls, 1985, 225). 그러나 이같이 집단들의 다원성에 호소력이 있는 충분히 얇은 정의론은 관용할 수 없는 것에 대한 관용을 수반할 위험이 있다는 점에서[29] 문제가 있다. 더욱이 얇은 정의론은 서로 다른 포괄적인 이론적·실제적 영역들 사이에서의 갈등 및 타협의 결과 나타나는 소위 중첩적 합의라는 과실(果實)을 주워 담기만 할 뿐 그러한 갈등 및 타협에 개입하지 않음으로써 단순한 기술적인 여론조사방법론적인 차원으로 전락하고 말 것이라는 점이다. 그리고 이는 정의론 자체의 능동적이고 발전적인 이론적 건설을 도외시함으로써 정의 자체의 도덕적 근거를 박약하게 하고 결국 의무론적 정의론의 자멸로 귀결될 가능성이 있는 것이다.

네 번째로는 롤스가 정치적 자유주의를 다시 포괄적인 독트린과 연관시킴에 의해 그의 정치적 자유주의 자체의 논리적 일관성마저 견지하기 못하고 있다는 점이다. 롤스는 1985년의 논문에서 정의의 정치적 이해는 논쟁적인 철학적·종교적 독트린들로부터 독립되어야 한다는 데서 철학 그 자체에 대한 관용이 전제되어야 함을 명료히 하고 있다. 그러나 그는 이와는 다르게 그 후에 일정한 포괄적 독트린에 대한 관용을 포기함으로써 한계를 드러내고 있는 것이다.

롤스는 1988년의 논문에서 고전적 공화주의(classical republicanism)와 공민적 인간주의(civic humanism)를 구별하면서, 자신의 정치적 자유주의가 후자와는 양립불가능함을 밝히고 있다. 시민들이 충분한 정도의 정치적인 덕들을 소유하고 또한 공공생활에 폭넓게 참여해야 한다는 것이 고전적 공화주의라고 할 때 이 같은 정치적 덕들과 공공적 참여는 민주적 사회에서 자유와 입헌적 정권을 유지키 위해 필요하다는 점에서 그것들은 정치적 자유주의의 한 형태로서의 공정으로서의 정의와 어떠한 근본적인 대립을 갖고 있지 않다고 한다. 여기서 롤스는 고전적 공화주의가 포괄적인 종교적·철학적 독트린을 전제하고 있지 않은 것으로 이해하고 있다. 반면 아리스토텔레스주의의 한 형태로서의 공민적 인간주의는 정치적 생활에 폭넓은 참여가 있는 민주적 사회에서 정치적 동물로서의 인간의 본질적 성질이 가장 충분히 성취된다는 관점에 근거하고 있다는 데서 자신의 정치적 자유주의와 대립하고 있다고 한다. 공민적 인간주의의 정치적 생활은 민주적 시민의 기본적 자유의 보호를 위해 필요한 것으로서가 아니라 선한 생활의 특권적 위치로서의 정치적 참여로서 고취되고 있기 때문에 하나의 포괄적 독트린인 것이며, 이 같은 포괄적 독트린은 모든 다른 그와 같은 독트린과 마찬가지로 정치적 자유주의의 관점과는 대립된다는 것이다.[30] 이는 정치적 자유주의가 포괄적 독트린들의 해소할 수 없는 대립으로부터 벗어나 그것들의 지지자들이 중첩적으로 합의할 수 있는 범위의 이념에 기초한다는 당초의 롤스의 입장에서 벗어나고 있음을 말해준다. 즉 롤스는 이제 일정한 포괄적 독트린이 정치적 자유주의와 양립할 수 없음을 주장함으로써 스스로 정치적 자유주의가 일정한 포괄적 독트린에 근거하고 있음을 자인케 된 것이다.

롤스는 1993년 그의 저서 『정치적 자유주의』(*Poiltical Liberalism*)에서 이와 같은 문제점과 관련한 논리적 해명을 공공이성(public reason)에 있어서의 배제적(exclusive) 관점과 함유적(inclusive) 관점의 비교를 통해 시도하고 있다. 그리고 근본적인 정치적 문제들에 있어서 포괄적 독트린들과 명백히 관련되어 주어진 이성은 공공이성에로 도입될 수 없다는 견해를 배제적 관점이라고 하고 있다. 그런데 포괄적 독트린이 지지하는 공공이성을 가정할 수도 있겠으나 이때 공공이성은 그것을 지지하는 포괄적 독트린 자체일 수는 없다고 한다. 반면 공공이성 자체의 이상을 강화하는 방식으로 행해진다는 것을 전제로 하여, 시민들이 포괄적인 독트린에 뿌리박혀진 정치적 가치들의 기초로서 간주하는 것을 일정한 상황에서 제시하도록 허용하는 것을 함유적 관점이라고 하고 있다. 롤스는 이 같은 함유적 관점을 온당한 것으로 보고 있다. 왜냐하면 공공이성의 이상을 존중하고 잘 정돈된 사회에서 장기적으로 그것의 사회적 조건들을 확보하도록 시민들을 가장 잘 고취시키는 것이 함유적 관점이기 때문이라는 것이다(Rawls, 1993, 247-8).

이와 같은 롤스의 논지는 사실상 그의 정치적 자유주의의 기본적 입장을 스스로 포기하는 것에 다름 아니다. 자신의 도덕적·형이상학적 관점에 기초하여 연역적으로 건설한 당초의 롤스의 정의론은 정치적 자유주의의 정의론을 거쳐 다시 포괄적 독트린을 귀납적 방법으로 재도입하려 시도하게 되면서 결국 원점으로 되돌아가게 된 것이다. 이러한 일련의 과정은 롤스가 자신의 이론에 대한 비판들에 정면으로 대응하여 문제점들을 근본적으로 해소하려 하기보다는 회피와 타협의 전략으로 일관하여 왔으며 그것이 그다지 성공적이지 못하였음을 말해준다.

IV. 결 론

롤스는 가능한 한 공동체주의에 자신이 대응하고 있다는 인상을 주지 않으려고 노력했으나, 공동체주의 등장 이후의 그의 논문들에 대한 분석을 통해서 볼 때 그가 공동체주의에 대응하여 자신의 이론을 재구성해 왔다는 점은 의심의 여지가 없다.

그는 인간의 합리성, 공정으로서의 정의의 보편성, 정의와 선 사이의 관계, 그리고 그 자신과 칸트 사이의 관계 등과 관련하여 1982년 이전까지는 그의 이론이 지나치게 추상적이라는 경험주의적 비판에 따라 이론을 변경시켜왔으나 그 후에는 주로 공동체주의의 비판에 대한 대응에서 이론을 재구성해왔다고 할 수 있다. 롤스의 정치적 자유주의, 즉 논쟁적인 철학적·형이상학적 독트린으로부터 독립한 정의론은 무엇보다도 그의 자유주의가 잘못된 형이상학적 전제들에 의존하고 있다는 공동체주의자들의 비판[31]에 대한 대응에서 나타난 것이라고 할 수 있다.

롤스와 칸트 사이의 관계에 있어서의 변화도 이 같은 대응과정과 맥을 같이 한다. 롤스는 당초 그의 『정의론』에서는 자신과 칸트 사이를 용의주도하게 차별화하려 하면서도 그가 칸트적 독트린을 수용하고 있음을 밝히고 있다. 그러나 그 후 경험주의적 비판에 따라 그는 당초의 입장과는 달리 자신과 칸트의 유사성만을 인정하게 되면서 칸트로부터 좀 더 멀어지게 되며 다시 공동체주의의 비판에 직면하여 그는 칸트를 포기하는데 그치지 않고 더 나아가 칸트의 도덕이론에 기초한 정의의 부적합성을 언명하는 데까지 이른다.

이같이 정치적 자유주의로 전환하면서 롤스는 부분적이기는 하지만 공동체주의의 규범적 이론과의 조화를 모색한 것으로 보인다. 이는 그가 종전에 비해 공동체에 대해 보다 긍정적으로 기술하고 있을 뿐 아니라, 또한 자유주의와 고전적 공화주의가 양립가능하다고 언명하고 있는 데서도 드러난다. 그러나 이 같은 점이 있다 하더라도 그가 근본적으로 공동체주의에 접근했다고 보기는 어렵다.

전반적으로 볼 때, 롤스는 공동체주의의 비판에 대해 적절히 대응하지 못했던 것으로 보인다. 물론 롤스가 칸트적 독트린으로부터 점점 더 멀어짐에 따라 그의 의무론도 부분적으로 변모하기는 했기만, 의무론 자체의 고수에 있어서는 롤스는 일관성을 유지해왔다고 할 수 있다. 그러나 이 같은 의무론의 고수 이외에는 롤스는 많은 경우 회피의 방법을 통하여 쟁점을 피하면서 이론적으로 타협해 온 것으로 보인다. 더욱이 롤스는 철학적·형이상학적 주장을 배제한 그의 정의론에 대해 의무론자를 중심으로 한 여러 이론가들의 비판이 잇따르면서 다시 함유적 공공이성(inclusive public reason)이라는 개념을 도입하여 정의론에서 철학적·형이상학적 주장이 필요함을 언급함에 따라 또 한 번의 이론적 반전이 나타나고 있는 바 이는 바로 롤스가 공동체주의의 비판에 대해 효과적으로 대응하지 못했음을 말해준다고 할 수 있다.

샌델이 언명한 바와 같이 의무론적 자유주의가 결국 정의에 대한 이론이라고 할 때,[32] 의무론의 포기는 곧 정의론의 포기로 직결된다는 데서 의무론의 고수에 대해 롤스가 집착해 온 배경을 우리는 읽을 수 있다. 그러나 오늘날의 윤리·사회적 상황과 관련하여 이론적·실제적으로 유지키 어려운 의무론의 고수가 그의 이론체계 전반에 걸쳐 커다란 부담으로 작용해 왔다는 점에서, 의무론의 효과적인 극복이야 말로 롤스적 자유주의의 과제라고 할 것이다.

주

1 공동체주의에 관련한 이들의 저서로는 Alasdair MacIntyre, *After Virtue: a study in moral theory* (London: Gerald Duckworth & Co. Ltd., 1981), Michael J. Sandel, *Liberalism and the Limits of Justice* (Cambridge: Cambridge University Press, 1982), 그리고 Charles Taylor, "Atomism", in *Philosophy and the Human Science: Philosophical Papers*, Vol. 2 (Cambridge: Cambridge University Press, 1985) 등이 있다.

2 본서, 제1장, p. 31 참조.

3 여기서 여타의 이론들에 대한 롤스의 대응을 제쳐두고 공동체주의에 대한 그의 대응만을 문제가 삼고 있는 것은 물론 그의 대응이 공동체주의와 관련되어 있음을 전제로 하기 때문이다.

4 이 경우에도, 그의 후기 논문들이 공동체주의자들에 대한 대응이 아니라는 주장을 강변하는 과정에서 언급되고 있다. John Rawls, *Political Liberalism* (New York: Columbia University Press, 1993), p. xvii, footnote 6 참조.

5 John Rawls, "Justice as Fairness: Political not Metaphysical", in *Philosophy & Public Affairs*, Vol. 14, No. 3, Summer 1985, p. 239의 각주 21에서 샌델을 그리고 John Rawls, "The Priority of Right and Ideas of the Good", in *Philosophy & Public Affairs*, Vol. 17, No. 4, Fall 1988, p. 273의 각주 30에서 테일러를 한 번씩 언급하고 있다. 그리고 앞서 발표한 논문들을 보완시켜 한데 묶어낸 저서인 『정치적 자유주의』(*Poltical Liberalism*)의 pp. 44-6에서 왈저(Michael Walzer)에 대해 언급하고 있다. 이 저서에서 각각 한 번씩 언급되는 샌델과 테일러의 경우는 위의 논문들에서의 언급과 동일하거나 유사한 내용들이다.

6 John Rawls, "Justice as Fairness: Political not Metaphysical", *Philosophy & Public Affairs*, Vol. 14, No. 3, Summer 1985, p. 224. 이후 본 장에서 롤스의 저술은 본문에 년도와 페이지를 표기하기로 함.

7 Jon Mandle, "Having It Both Ways", *Pacific Philosophical Quarterly*, Vol. 75, Nos.3 & 4, September/December 1994, p. 295.

8 David Mapel, *Social Justice Reconsidered: The Problem of Appropriate Precision in a Theory of Justice*(University of Illinois Press, 1989), pp. 33-4.

9 *Ibid.*; Thomas W. Pogge, *Reading Rawls* (Conell University Press, 1989), p. 91.

10 쿠커다스(Chandran Kukathas)와 페티트(Philip Pettit)는 1971년 『정의론』 발간 이후의 롤스의 글들은 두 개의 중요한 운동들을 밝히고 있다고 하면서, 여기서 두 번째 운동(1982–89)은 일차적으로 공동체주의자들로부터 오는 비판들에 대한 대응이라고 추정하고 있다. Chandran Kukathas and Philip Pettit, *Rawls: A Theory of Justice and its Critics* (Stanford University Press, 1990), p. 120, 133.

11 Michael J. Sandel, *op. cit.*, pp. 37–8.

12 *Ibid.*, p. 39.

13 *Ibid.*, p. 64.

14 *Ibid.*, p. 63.

15 Robert Paul Wolff, *Understanding Rawls: A Reconstruction and Critique of A Theory of Justice* (Princeton: Princeton University Press, 1977), p. 179.

16 Michael Walzer, *Spheres of Justice* (Oxford: Basil Blackwell, 1983), pp. 5, 313; Joshua Cohen, "Michael Walzer: Spheres of Justice", Book Review, *The Journal of Philosophy*, Vol. 83, No. 8, August 1986, p. 458.

17 멀헐(S. Mulhall)과 스위프트(A. Swift)는, 특수성에 유의하지 못하고 있다는 왈저의 비난을 모면하려는 의도에서 롤스가 분담된 사회적 의미들을 명료히 하고 있다고 말한다. Stephen Mulhall and Adam Swift, *Liberals & Communitarians* (Oxford: Blackwell Publishers Ltd., 1982), p. 180.

18 Chandran Kukathas and Philip Pettit, *op. cit.*, p. 126.

19 Michael J. Sandel, *op. cit.*, p. 182.

20 *Ibid.*, pp. 182–3 참조.

21 *Ibid.*, pp. 1, 14.

22 *Ibid.*, p. 23.

23 *Ibid.*, p. 24.

24 *Ibid.*, p. 30.

25 *Ibid.*; Amy Gutmann, *op. cit.*, p. 313.

26 Chandran Kukathas and Philip Pettit, *op. cit.*, pp. 139–40.

27 매펠은 공동체주의자들을 통일시키고 있는 것이 상식적 다원주의(common sense pluralism)의 관점이라고 말한다. David Mapel, *Social Justice Reconsidered: The Problem of Appropriate Precision in a Theory of Justice* (University of Illinois Press, 1989), p. 128.

28 구트만도, 우리의 가장 견고한 확신들이나 우리에게 가장 합당한 것이 무엇인가에 대해 롤스가 그릇될 수도 있음을 언명하고 있다. Amy Gutmann, "Communitarian Critics of Liberalism", *Philosophy & Public Affairs*, Vol. 14, No. 3, Summer 1985, p. 313.

29 Richard Bellamy and Martin Hollis, "Liberal Justice: Political and Metaphysical", *The Philosophical Quarterly*, Vol. 45, No. 178, January 1995, p. 12.

30 Rawls 1988, 272-3. 이 같은 롤스의 변화는 구트만 등의 논의로부터 영향을 받은 것으로 보인다. 구트만은, 공동체주의에 대응하면서 민주적 사회의 공공문화와 가장 잘 일치하는 정치적 이상들을 정당화하기 위해서는 롤스는 우리가 근본적으로 위치지워진(situated) 자아가 아니라는 정도의 형이상학은 받아들여야 한다고 말하고 있다. Amy Gutmann, *op. cit.*, p. 314.

31 Shlomo Avineri and Avner De-Shalit, *Communitarianism and Individualism* (Oxford University Press, 1992), p. 5.

32 Michael J. Sandel, *op. cit.*, p. 1.

제3장

현대공동체주의에 대한 롤스의 대응

이미 10년을 넘게 지속되어온 자유주의-공동체주의 논쟁에서 공동체주의(communitarianism)의 일차적이고 주된 비판의 표적은 롤스적 자유주의였다고 할 수 있다. 이런 점에서 보면 롤스(John Rawls)도 당연히 자신에 대한 공동체주의의 공격에 정면으로 대응하여 왔을 것이라고 생각하기 쉽지만 문제가 그렇게 단순하지만은 않다. 왜냐하면 자신이 공동체주의의 비판에 대응하고 있다는 인상을 보여주지 않으려고 노력해온 롤스의 의도 때문이다. 따라서 롤스가 당초의 그의 정의론을 정치적 자유주의로 재정립하는 과정에서 실제로 공동체주의의 비판에 얼마만큼 대응하여 왔는가를 살펴보는 것은 매우 흥미 있는 일이 될 것이다.

이런 점에서 본 장에서는 이 같은 롤스의 정치적 자유주의의 이론 중 특히 그 규범적(normative) 측면을 검토하는 과정에서 그것이 공동체주의에 대한 대응차원과 얼마만큼 연관되어 있는가의 문제 그리고 만일 연관되어 있다면 대응에 있어서 과연 성공적이었는가의 문제를 살펴봄으로써 그의 정치적 자유주의의 타당성 여부 내지 존립가능성을 진단해 보고자 한다. 이를 위해 롤스의 이론 중 규범적 측면에서 특히 중요하다고 생각되는 세 가지 개념 즉 공동체, 고전적 공화주의, 그리고 공공이성의 이념을 중점적으로 살펴볼 것이다.

이 같은 논의를 통하여 필자는 롤스가 그의 정치적 자유주의를 정립하는 과정에서 공동체주의에 적지 않게 대응하여 왔으며, 그 결과 그의 규범적 이론에 상당한 정도로 공동체주의적 요소들을 수용하여 왔음을 밝히려 한다. 그리고 아울러 그와 같은 수용이 롤스자신의 정의론을 세련화 하는데 그다지 성공적이지 못했다는 점을 밝히려 한다.

I. 인간의 권리와 공동체

롤스는 그의 『정의론』(*A Theory of Justice*)에서, 소량의 논의에 국한하고 있기는 하지만, 공동체에 대해 언급하는 가운데 "계약론적 독트린이 공동체의 가치들을 이해하고 그러한 가치들을 실현하기 위해 사회적 제도들을 선택하는데 있어서 만족스러운 틀인지 아닌지의 문제"[1]에 대해 나름대로 주의를 기울이고 있다. 이 점은 그가 권리론을 주장하면서도 한편으로 공동체의 중요성을 간과할 수 없다는 그의 생각을 보여주는 것이라는 데서 유의할만한 대목이라고 할 수 있다.

그는 권리와 선의 조화는 잘 정돈된 사회가 공동체의 선을 성취하는가 그렇지 않은가에 주로 달려 있다고 추정하는 것이 자연적이라고 하고 있다(Rawls, 1972, 520). 이러한 그의 표현만을 놓고 보면 그는 일방적으로 권리만을 주장하는 것이 아니라 선과 권리가 조화롭게 결합하는 바람직한 공동체의 구도를 구상하고 있는 것으로 보일 정도로 공동체에 대한 그의 자세에 있어서 사뭇 적극적이다. 롤스는 인간의 사교성(sociability)에 대한 설명을 통하여 공동체 개념에 접근하고 있다. 그는 인간의 사교성을 하찮은 것으로 이해해서는 안 된다고 하고 있다. 사회는 인간생활을 위해 필요하다거나, 공동체에서 살아감으로써 사람은 일정한 특수한 방식으로 상호이익을 위해 함께 일하도록 고무하는 필요와 이익을 획득한다거나, 혹은 사회생활은 말하고 사고할 그리고 사회와 문화의 공통적 활동들에 참여할 우리의 능력을 발전시키기 위한 조건이라는 것 등은 사소한 것들이라고는 할 수 없겠으나, 이것들만을 가지고 우리의 서로간의 유대들을 규정하는 것은 인간의 사교성에 대하여 사소한 해석을 부여하는 것이며 인간관계를 순전히 도구적으로 이해하는 것이라고 말한다(Rawls, 1972, 522). 따라서 롤스는 도구적이 아니라 본질적 측면에서 공동체에 접근해야 한다고 기술하면서 상호보완성, 역사성, 우의성(友誼性), 그리고 목적성의 네 가지를 통하여 공동체의 본질적 이해에 접근하고 있다(Rawls, 1972, 523-7).

이같이 롤스가 그의 『정의론』에서 공동체를 도구적이 아닌 본질적 개념으로 이해하려 하고 있다 할지라도 그의 공동체 개념은 그것의 본질적 측면에 있어서 역시 일정한 한계가 있으며 더욱이 공동체주의의 공동체 개념과 비교할 때 그것이 더욱 뚜렷이 드러나고 있다. 이러한 점은 인간의 도덕성의 형성과정에 대한 그의 기술에서도 여실히 나타나고 있다.

그는 인간의 도덕적 발전을 다음과 같이 세단계로 구분하여 설명하고 있다(Rawls, 1972, 462-78). 첫 번째 단계는 권위의 도덕성의 형성단계로서, 어린이들에게 도덕적 자세를 가르칠 필요성은 인간생활의 조건의 하나이며, 어린이들은 무엇보다도 먼저 그들의 양친의 정통적 권위에 종속된다는 것이다. 두 번째 단계는 결사(association)의 도덕성의 단계라고 한다. 어린이의 권위적 도덕성은 주로 훈계의 집합으로 구성되는 반면, 결사의 도덕성의 내용은 그가 속한 다양한 결사들에서의 개인의 역할에 적합한 도덕적 표준에 의해 주어진다고 한다. 세 번째는 원칙의 도덕성의 단계로서 이는 정의의 원칙을 이해하는 단계라고 하고 있다. 여기서는 사람은 많은 특수한 개인들과 공동체들에 대한 애착을 발전시키고, 또한 그는 다양한 상황에서 그에게 적용되고 사회적 승인과 불승인에 의해 유지되는 도덕적 표준들을 따르려는 마음이 생기게 된다는 것이다. 이 원칙의 도덕성은 권위와 도덕성들의 덕을 포함하며 또한 그래서 이 도덕성은 모든 종속하는 이상들이 궁극적으로 그것에 의해 이해되고 일관된 체계로 조직되는 마지막 단계를 규정한다고 한다.

이렇게 볼 때 결사의 도덕성이 물론 원칙의 도덕성속에 포함된다고 말하고 있기는 하지만 결국에 가서는 결사의 도덕성은 원칙의 도덕성을 위해서는 궁극적으로 그 가치가 박탈되거나 왜소화 될 수 있는 성질의 것으로 이해되고 있다고 할 수 있다.[2] 따라서 롤스가 공동체에 대해 그 본질적 가치를 언명하고는 있지만 표현상 그러할 뿐 공동체에 대해 근본적으로 본질적 이해를 하고 있다고 보기는 어렵다.

이런 점에서 롤스가 그의 『정의론』이래 이미 공동체주의적 입장을 취해왔다는 쉬바르젠바흐와 알레잔드로의 주장[3]은 적절하다고 할 수 없다.

쉬바르젠바흐의 주요 논지는 롤스가 많은 점에서 현대공동체주의의 고취자인 헤겔의 사상과 긴밀한 관계를 맺고 있기 때문에 롤스에 대한 최근의 테일러(C. Taylor), 샌델(Michael J. Sandel), 매킨타이어(Alasdair

MacIntyre) 그리고 왈저(Michael Walzer)와 같은 공동체주의자들의 공격은 잘못되었다는 것이다.[4] 쉬바르젠바흐는, 롤스의 공정으로서의 정의가 하나의 사회계약의 모델위에서 우리의 정치생활을 받아들이지 않고 차라리 현대국가내의 한 본질적 측면으로서의 사적인 계약적 거래들을 인정하고 있다는 사실은 사회적 연합들의 사회적 연합(Social union of social unions)으로서의 잘 정돈된 사회, 공동체의 선, 그리고 인간의 사회적 성질에 대해서 말하고 있는 『정의론』의 제3부에서 명료히 나타나고 있다고 한다.[5] 따라서 롤스의 이 같은 사회적 연합의 이념의 도입은 정치적 국가에 대한 그의 이해가 분담된 도덕적 이익들의 명료화를 강조하는 헤겔의 관점에 훨씬 더 가깝다는 것을 의미하고 또한 공동체의 선의 중요성을 인정하고 있음을 뜻한다는 것이다.[6]

이런 점에서 롤스가 사회적 연합의 모델위에서 잘 정돈된 사회를 바라보고 있다는 것은 존재론적으로 집단적 주체(group subject)의 관념에 우리 자신을 맡기지 않으면서 집단적 활동에 일정한 일차성(primacy)을 부여하는 방법을 제공해주고 있다고 쉬바르젠바흐는 말한다.[7]

이 같은 쉬바르젠바흐의 주장에는 다음의 문제점이 따른다. 첫째로 그가 말하는 바와 같이 『정의론』의 제3부에서 롤스가 현대국가의 한 본질적 측면에 국한시켜 공정으로서의 정의의 이론을 전개하고 있는가의 문제인데, 이것이 분명치 않다는 것이다. 만일에 그것이 분명하다면 롤스가 개인의 존재론적 우선성을 주장하지 않았다고 볼 수 있겠지만, 『정의론』의 제3부에서는 이 점이 명료히 드러나지 않고 있다는 것이다. 방법론적 추상의 형태로서의 원초적 입장이 종교개혁 이후의 정치문화로부터 추출되었다는 것은 『정의론』에서의 롤스의 입장[8]이 아니고 공동체주의의 비판 이후의 롤스의 변화된 자세라고 보아야 할 것이다.

둘째로 사회적 연합, 공동체의 선 그리고 인간의 사회적 성질 등을 언급하는 것 자체만으로 이를 공동체주의라고 할 수 있는가의 문제이다. 이러한 요소들이 공동체주의와 긴밀히 관련되는 개념들이라는 점은 인정되지만 롤스의 『정의론』에서 그것들이 차지하는 비중을 고려하여 그의 이론적 정황을 분별해야 한다고 할 때 그들 요소들은 롤스에 있어서 수단적, 보조적 역할에 머물고 있다고 보아야 하며, 이런 점에서 롤스의 이론을 공동체주의적이라고 규정하는 것은 적절하다고 할 수 없을 것이다.

알레잔드로도 롤스의 이론의 강한 공동체주의적 요소가 그동안 무시되어 왔다고 하면서 『정의론』에서 기술된 공동체에 대한 언명을 논의하는 가운데 이를 해석학적으로 설명하려 하고 있다. 말하자면 샌델과 같은 사람들이 지적하는 롤스에 있어서의 자아의 목적들에 대한 자아의 우선성은 롤스 자신에 의해 부인되거나 변용되고 있다는 것이다.[9]

알레잔드로는, 롤스에 있어서는 결사에 들어가기 전까지는 개인이 그의 목적보다 우선적이지만 일단 그것에 들어가면 그러한 개인의 우선성이 희미해지는 대신,[10] 협동, 안정, 조화 그리고 공명(transparency)의 목표에 닻을 내리는 공동체[11]가 강조되고 있다고 한다. 이는 무엇보다도 사람에 있어서 가장 일차적인 선인 자기존중이 다른 사람들에 의해서 평가됨을 요구한다는 롤스의 말을 통해 잘 알 수 있다는 것이다.[12] 말하자면 정의감이 잘 정돈된 사회에서 어떻게 획득되는가에 대한 견해를 도입하자마자 롤스에 있어서 원초적 입장의 당파들은 소멸점에 접근한다는 점에서,[13] 우리는 공동체에 대한 롤스의 설명에서 어떤 종류의 우연성을 넘어서는 추상적 당파들과 원칙들을 발견하지 못한다는 것이다.[14] 이런 점에서 무제약의 자아(unencumbered self)를 롤스에 기인시키고 있는 샌델 등의 비판은 잘못된 것으로서, 롤스의 이론에서는 이미 『정의론』에서부터 공동체주의적인 요소가 명료히 존재하고 있다는 것이다. 즉 롤스의 이론에서 우리는 사회적 전통의 일부분이자 협동과 사회적 연합을 요구하는 역사적 개인들을 발견하며 그의 잘 정돈된 사회는 공동체의 선을 추구하는 연합들의 연합이며 그 구성원들은 함께 협동하는 공통의 목적을 갖고 있다는 것이다.[15]

알레잔드로는 샌델이 롤스적 자아의 두 가지 다른 차원들을 합성함으로써 혼동을 일으키고 있다고 말한다. 즉 롤스에 있어서의 개체화(individuation)는 자아의 한 측면에 관련한 그의 철학의 계기들 중의 하나이지 자아의 정체성은 아니라는 것이다. 롤스의 분석은 자아의 핵심(self's core)과 자아의 정체성(self's identity)사이를 구별하고 있으며, 여기서 자아의 핵심은 자아의 두 가지 능력 즉 정의감의 능력과 선에 대한 이해의 능력에 의해 구성되며 자아의 정체성은 결사와 점차적으로 형성되는 생활계획을 통하여 획득되는 가치, 애착 그리고 목적에 의해 이루어지고 있다고 한다. 그리고 이때 가치와 목적으로부터 독립된 것은 자아의 정체성이 아니라 자아의 핵심이며 따라서 선행적(先行的)으로 개체화된 것은 자아의 핵심이라는 것이다.[16]

이러한 알레잔드로의 관점은 우리에게 사시해주는 것이 없지는 않으나 역시 문제가 있다. 알레잔드로 자신도 인정하는 바와 같이 롤스에 있어서는 사회의 기본적 구조의 근본적인 덕으로서의 정의에 대한 이해로서 시작한 것이 사회적 연합들의 사회적 연합으로 귀결되며 이 때에도 정의는 여전히 개인생활의 가장 근본적인 덕이 되고 있다.[17] 왜냐하면 롤스에 있어서 정의가 우리의 인성의 기초라고 할 때(Rawls, 1963, 299) 이는 곧 정의가 개인들의 공동체적 덕성의 기초임을 뜻하는 것이기 때문이다. 그런데 그 정의의 원칙들이 개체화된 자아의 이념에 근거하여 설정되었다고 할 때는 결국 공동체적 규범은 개체화된 자아의 이념에 입각하여야 한다는 논지로 귀결되는 것이다. 따라서 알레잔드로 자신의 논지를 통해서 볼 때도 『정의론』에서의 롤스는 공동체주의적이라고 할 수 없다.

알레잔드로는, 롤스에 있어서 자아의 핵심으로서의 당파들의 잠재력 즉 도덕적 인격이 공동체를 정당화하기 위한 것이 아니라 원초적 입장을 설명하기 위해 필요한 것으로 분석하고 있는 바,[18] 그 때문에 알레잔드로는 롤스의 선행적(先行的) 개체화가 그의 공동체와는 무관한 것으로 이해하고 있는 것이다. 그러나 롤스에 있어서의 정의는, 알레잔드로 자신도 인정하고 있는 바와 같이 롤스적 개인과 공동체를 규율하는 원칙[19]이라는 점에서 그리고 그러한 정의가 바로 롤스의 선행적 개체화 즉 당파들의 잠재력에서 기인되는 것이기 때문에 알레잔드로의 논리전개는 문제가 있다. 그의 말대로 롤스에 있어서 가치와 애착으로부터 독립한 것이 자아의 정체성이 아닌 자아의 핵심이며, 때문에 설혹 선행적으로 개체화된 것이 바로 자아의 핵심이라고 할 때조차도, 그러한 자아의 핵심은 근본적으로 자아의 정체성을 규율·한정시키고 있다는 점에 주목할 필요가 있는 것이다.

위의 논의를 통해서 볼 때, 롤스가 그의 『정의론』에서 공동체의 본질적 측면을 언명하고는 있지만 그것만으로 그를 공동체주의적이라고 규정하는 것은 부적절하다고 할 수 있다.

이제 공동체주의 등장 이후의 롤스의 공동체 개념에 대해 살펴보기로 하자. 롤스는 1983년 이후, 종전의 『정의론』에서의 공동체에 대한 일반론적 기술과는 달리 공동체 개념을 자신의 변화된 이론과 연관시켜 보다 명료히 하려 하고 있으며 이는 무엇보다도 공동체주의자들의 비판에 영향받은 것이라고 할 수 있다. 즉 공동체주의자들은 롤스의 『정의론』에서 공동체의 가치와 중요성에 대한 논의가 이루어지고 있지만 그것은 그들이 기대하는 공동체 개념과는 너무나 동떨어진 것이라는 비판을 제기한 것이다.

그런데 롤스는 이 같은 공동체주의자들의 비판에 직면하여 그 출발에 있어서는 자신과 공동체주의자들과의 차이를 명료화하는 방향에서 작업을 진행시키고 있다. 그는 1987년의 논문에서 공동체와 정치적 사회를 구별하면서 자유주의에서는 정치적 공동체의 희망을 포기하지 않으면 안 된다고 언명하고 있으며(Rawls, 1987, 10), 이 같은 논지를 1988년과 1989년의 논문에서도 계속 견지하고 있다(Rawls, 1988, 208-9 ; Rawls, 1989, 235). 공동체를 그것의 통일이 선에 대한 포괄적 이해에 의존하는 결사 혹은 사회라고 할 때 정치적 공동체의 희망은 포기되어야 한다고 그는 말한다(Rawls, 1987, 10). 왜냐하면 정치적 공동체가 일반적이고 포괄적인 독트린을 확인하는데서 통일되는 정치적 사회를 의미한다고 할 때, 그와 같은 정치적 공동체를 유지하기 위해 국가권력의 억압적 사용이 필요하기 때문이라는 것이다(Rawls, 1987, 10 ; Rawls, 1989, 235).

이와 같이 롤스는 공동체로서의 국가를 거절하고 있다. 그러나 공정으로서의 정의는, 공동체의 가치들이 기본적 구조의 틀 안에서 생활하는 다양한 결사들 그리고 교회 내지 학술적 사회와 같이 민족국가의 경계를 넘나드는 결사들에서 본질적인 뿐 아니라 실현가능한 것으로 추정하고 있음을 그는 밝히고 있다(Rawls, 1987, 10).

『정의론』에서는 국가와 공동체 사이의 개념적 차이에 대해 두드러지게 언급한 것이 없다. 그러나 이제 롤스는 정치적 사회로서의 국가 즉 정의의 기본적 구조로서의 국가와 구별되는 공동체 개념을 명료화하고 있는 가운데 공동체를 정치적 사회와 연결시키려는 공동체주의자들의 기도를 비판하고 있는 것이다.[20]

롤스는 이같이 보다 명료화시킨 공동체 개념을 1993년의 저서 『정치적 자유주의』(*Political Liberalism*) 에서 재언급하는 가운데 잘 정돈된 민주적 사회는 공동체가 아님을 분명히 하고 있다(Rawls, 1993, 40). 여기서 그는 사람들의 정체성과 도덕적인 힘, 그리고 잘 정돈된 사회에서의 공공이성의 역할에 대한 기술을 통해 자신의 관점을 보완하고 있다. 그는 우리가 사회에 존재하기 전에는 어떠한 선행적(先行的) 정체성도 갖지 않는다고 말한다. 즉 잘 정돈된 사회를 위한 정의에 대한 이해가 소지되기까지는 다른 사회들과의 관계 뿐 아니라 사람들 사이의 정의에 대한 모든 문제도 미결로 남게 되는 것이다. 이런 점에서 정의의 원칙들이 사회적 세계를 형성키 위해 고안되는 바, 그 사회적 세계 안에서 우리의 포괄적인 관점들 내지 선에 대한 우리의 이해 뿐 아니라 우리의 인격(character)과 사람으로서의 우리 자신에 대한 이해가 획득되며, 우리의 도덕적인 힘도 구현됨에 틀림이 없다는 것이다(Rawls, 1993, 41).

이와 같이 『정치적 자유주의』에서는 『정의론』에서와는 달리 자아의 핵심과 자아의 정체성을 구별하고 있음을 알 수 있다. 즉 자아의 핵심으로서의 우리의 도덕적 능력은 사회적 세계가 형성되기 전에 존재하는 반면 자아의 정체성은 사회적 세계에서 획득된다는 것이다. 앞서 논의한 바와 같이 이와 같은 구별이 문제가 없는 것은 아니지만 롤스가 이를 통해 개인의 정체성이 사회에서 획득된다는 점을 인정하게 된 것은 하나의 중요한 진전이라고 할 수 있다.

이런 점에서 볼 때 롤스는 1993년에 와서 부분적, 제한적이기는 하지만 인간사회에 있어서의 자아의 공동체적 성격의 일단을 존재론적 입장에서 인정하고 있는 것으로 보인다. 그러나 그에 있어서 공동체는 규범적 측면에서 볼 때 궁극적으로 어디까지나 정의의 원칙에 의해 구속되어야 하며 그 때문에 정치적 사회를 공동체와 분리시켜 이해하려하고 있다는 점을 상기할 필요가 있다.

따라서 규범적 측면에서의 공동체에 대한 롤스의 잠재적 강조는 차라리 공공이성 이념의 적극적 도입을 통해 발견되고 있다고 보아야 할 것이다. 그는 입헌적으로 구체화된 사회의 목적들은 정의에 대한 정치적 이해와 그것의 공공이성에 해당되어야 한다고 하면서도(Rawls, 1993, 41) 다른 한편 민주주의를 하나의 공동체로 생각하는 것은 정의에 대한 정치적 이해에 근거되는 민주주의의 공공이성의 제한적 범위를 간과하는 것이라고 말한다(Rawls, 1993, 42). 이 같은 롤스의 표현은, 공공이성의 이념의 도입에 따라 그의 입장이 공동체주의로 이해될 소지가 있음을 스스로 우려할 만큼 그가 공동체적으로 나아가고 있음을 말해주는 것으로서, 이 같은 공공이성의 이념에 대해서는 뒤에서 좀 더 상세히 살펴볼 것이다.

II. 정치적 자유주의와 고전적 공화주의

롤스가 그의 『정의론』에서 고전적 공화주의(classical republicanism)에 대해 직접적으로 언급한 바는 없다. 그러나 공민성에 대해서는 몇 군데에 걸쳐 약간씩 언급하고 있음을 볼 수 있다.

그는 공동체의 구성원들은 공통의 정의감을 갖고 있으며 공민적 우의의 유대에 의해 결속된다고 말한다(Rawls, 1972, 536). 그러나 이같이 공동체와 공민적 우의 사이의 관계를 그가 언명하고는 있지만 앞 뒤 문맥상 그러한 언급이 의미하는 바가 무엇인지 명료히 드러나고 있지 않아 그의 의도를 파악하기가 쉽지 않다.

공민성에 대해 언급하고 있는 다른 부분에서는 그것이 갖는 의미가 비교적 이해하기 쉽게 기술되어 있다. 여기서 롤스는 평등한 정치적 자유는, 그것의 공정한 가치가 보장될 때, 공민생활의 도덕적인 성질이 심원한 효과를 미치기 마련이라고 하고 있다. 그러면서 그는 정치생활에의 참여는 개인을 스스로 주인으로 만들기보다는 차라리 개인들로 하여금 기본적인 사회적 조건들이 정돈될 결정에 다른 사람과 함께 동등한 목소리를 내도록 해주며 또한 모든 사람에게서 공정한 것으로 인정될 수 있는 것에 의해 그의 주장을 조절하도록 해준다고 말한다. 따라서 협의하면서 모든 사람의 신념과 흥미를 고려하는 공공적 의지는 공민적 우의의 기초를 마련한다는 것이다. 더욱이 평등한 정치적 권리들이 공정한 가치를 갖는 자치의 결과는 평균적 시민들의 자기존중과 정치적 능력에 대한 감각을 고양시킨다고 한다(Rawls, 1972, 233-4). 여기서 보면 롤스가 공민적 생활과 공민적 우의를 평등한 정치적 자유 개념과 연결시키면서, 정치적 참여의 공민적 성격을 기술하고 있음을 알 수 있다. 물론 공민성에 대한 롤스의 이 같은 언명은 자유의 가치를 강조하기 위한 일환이라고 할 수 있다. 이는 자유가 사람들 자신의 가치에 대한 그들의 느낌을 강화시키고, 그들의 지적·도덕적 감수성을 확장시키고, 공정한 제도들의 안정이 의존하는 의무와 책무의 느낌을 위한 기초를 마련한다(Rawls, 1972, 234)는 그의 말에서 드러난다.

그런데 롤스는 그의 1988년 논문에서는 고전적 공화주의(classical requblicanism)와 공민적 인간주의(civic humanism)를 구별하면서 고전적 공화주의와 롤스 자신의 정치적 자유주의가 양립가능하다고 함으로써 종전의 그의 『정의론』과는 달리 명시적으로 고전적 공화주의를 수용할 뜻을 밝히고 있다.

민주적 사회의 시민들이 사적 생활의 자유를 확보하는 시민적 자유를 포함하여 그들의 기본적 권리와 자유를 보전하려 한다면 그들이 충분한 정도로 정치적인 덕들을 소지하면서 기꺼이 공공생활에 참여해야 한다는 관점을 고전적 공화주의라고 할 때, 이것은 정치적 자유주의의

한 형태인 공정으로서의 정의와 어떠한 근본적인 대립을 가져오지 않는다고 롤스는 말한다. 왜냐하면 고전적 공화주의는 하나의 포괄적인 종교적, 철학적 혹은 도덕적 독트린을 전제하지 않기 때문이라는 것이다(Rawls, 1988, 272). 반면 공민적 인간주의는 롤스 자신의 정치적 자유주의와 근본적인 대립을 가져온다고 그는 말한다. 왜냐하면 아리스토텔레스주의의 한 형태인 공민적 인간주의에서 보면 인간은 그 본질적 성질이 정치생활에 있어서 폭넓고 활발한 참여가 있는 민주사회에서 가장 충분히 성취되는 사회적 동물이라는 관점으로 종종 언급되고 있기 때문이라는 것이다.

이 같은 공민적 인간주의에서는 정치생활은 민주적 시민의 기본적 자유의 보호를 위해서 필요하다거나 다른 선들 중에서 하나의 선으로서 고취되는 것이 아니라 민주적 정치에서의 정치참여가 선한 생활의 특권화된 위치로서 간주되기 때문에 고취되고 있다는 것이다(Rawls, 1988, 272-3).

이렇게 볼 때 롤스가 고전적 공화주의와 자신의 입장의 양립가능성을 위한 전제로서의 정치적 참여를 포함한 공민적 덕성은 어디까지나 기본적 자유와 권리의 안전을 확보하기 위해 필요한 것이라는 점을 밝히고 있다는 점에서 『정의론』에서의 그의 논지와 다르지 않으며 그것을 보다 명료히 나타내고 있을 뿐이라고 할 수 있다. 새로운 것이 있다면 그것은 고전적 공화주의가 하나의 포괄적 독트린이 아니라는 전제이다. 그리고 이 점 때문에 롤스가 자신만만하게 고전적 공화주의를 수용할 자세를 갖추고 있는 것으로 보인다.

고전적 공화주의는 고대 그리스와 로마로부터 시작하여 르네상스 이탈리아를 거치고 17~18세기 영국의 공화주의자들과 스코틀랜드 계몽주의자들에 의해 계승되어 오늘에 이르는 하나의 지적 전통으로서 특히

1970년대 중반 포코크(J.G.A. Pocock)에 의해 그 중요성이 고취되어 오늘날 많은 사상가들의 논의의 초점이 되고 있는 이념이다. 고전적 공화주의는 무엇보다도 공공선(public good)을 강조하면서 이를 위해 시민적 덕성과 시민의 정치참여가 필수적임을 주장하여 왔다.[21]

이 같은 고전적 공화주의는 공민적 공화주의 혹은 공민적 인간주의와 통상 별 구별 없이 사용되어 왔다.[22] 그런데 롤스는 나름대로 고전적 공화주의와 공민적 인간주의를 구별하면서 그의 정치적 자유주의와 공민적 인간주의의 양립불가능성을 밝히고 있다. 그와 같은 구별의 타당성 여부를 가리기 위해서는 별도의 상세한 논의가 있어야 할 것이다. 따라서 여기서는 다만 그와 같은 구별이 설혹 타당하다 하더라도 그가 규정하고 있는 고전적 공화주의의 이념이 적합한 것인지 그리고 그것이 그 자신의 정치적 자유주의와 실제로 양립가능한지를 검토해 보고자 한다.

결론부터 말하자면 롤스가 규정하는 고전적 공화주의는, 그것으로부터 그가 언명하는 공민적 인간주의의 요소들을 사상시킬 때에도 여러 가지 점에서 본래의 고전적 공화주의의 개념과는 거리가 멀다. 말하자면 그의 고전적 공화주의는 단지 그가 이끌어내기를 원하는 개념정의를 자의적으로 시도한 결과 나타난 것이라는 점이다. 그가 정의한 대로라면 고전적 공화주의는 자유주의와 하등 다를 것이 없는 것이 되고 만다. 이러한 점들을 명료히 하는데 있어서는 스키너(Q. Skinner)의 고전적 공화주의 개념을 살펴보는 것이 적지 아니 유용하다.

스키너는 고전적 공화주의 전통은 자유로운 국가(free state)에서의 생활에 대한 분석이 주요한 논의의 대상이었으며, 그러한 접근은 리비우스(Livy), 살루스트(Sallust) 그리고 키케로(Cicero)의 로마 도덕철학, 르네상스 이탈리아의 이론, 해링톤(J. Harrington), 밀튼(J. Milton)과 같은 17세기 중반의 영국공화주의자들과 18세기 프랑스의 몽테스키외(C. Montesquieu)

등에서 추적할 수 있다고 한다. 그러나 개인적 권리의 개념을 중심으로 하는 계약론적 정치의 전통이 등장하기 이전이 고전적 공화주의의 전성기였다는 데서 스키너는 그의 논문에서 고대로마의 공화주의 사상가들과 르네상스의 도덕·정치철학, 이 중에서도 특히 마키아벨리(N. Machiavelli)로부터 고전적 공화주의의 개념을 이끌어내고 있다.[23] 여기서 고전적 공화주의자들은 전체로서의 공동체가 외적인 구속에 복종함이 없이 공동체가 추구하는 목적들을 시민들의 의사가 선택, 결정하는 자유로운 국가로서의 정치체의 탁월성을 찬양하였으며, 이 때만이 각각의 시민들은 특히 개인적 의존과 노예상태에서 발생하는 구속의 요소들로부터 자유로워지고 그들 자신이 선택한 목적들을 추구하도록 자유롭게 된다고 생각했다는 것이다.[24]

이와 같은 정치체가 바로 자치공화국(self-governing requblic)으로서, 그 아래서만 이 공동체는 그 시민들에게 개인적 자유를 보장해주는 동시에 위대성에 도달할 수 있다는 것이다. 그런데 이 같은 자치공화국이 유지되기 위해서는 시민들이 자진해서 공동선에 이바지하도록 할 수 있는 능력 즉 시민들의 덕의 개발이 필수적이며 여기에 속하는 중요한 것으로서 용기와 사려분별(prudence)을 들고 있다. 시민들은 그들의 공동체를 방어하는 것을 돕기 위해 용기를 그리고 공동체의 정치에 참여하기 위한 사려분별을 필요로 한다는 것이다.[25]

그런데 사람들은 각자가 자기이익 때문에 부패하는 경향이 있으므로 이를 피하고 사람들로 하여금 덕스럽게 행동하도록 하기 위해 법의 강제적 권력이 필요하다고 한다. 그리고 고전적 공화주의자들은 제도적 측면에서 두 가지를 덧붙이고 있다. 그 하나는 파벌적 갈등이 심화될 때 사람들이 매우 분별 있게 공동선을 위해 입법하는 것을 가능케 할 혼합정체이며 다른 하나는 외적에 맞서 용감하게 싸우는 국민군(citizenarmies)의 중요성이다.[26]

스키너에 의하면, 이 같은 고전적 공화주의는 자유의 행사로서의 적극적 자유가 아닌 소극적 자유 개념과 결합되어 있다고 한다. 그러나 그와 같은 소극적 자유는 권리중심적인 것이 아닌 의무중심적인 것이라고 하는데서 자유주의적 해석과는 다르다.[27] 즉 홉스(T. Hobbes)나 로크(J. Locke)에 있어서는 우리의 자유는 자연적 소유(natural possession)이며, 그것의 행사를 제한시키기 위한 법의 요구는 단지 법이 자유의 향유를 위한 안전의 유지 내지 확대와 연관될 때 정당화되는 것이다. 그러나 마키아벨리와 같은 고전적 공화주의자에 있어서는 법의 정당화는 개인적 권리의 보호와는 무관한 것이다. 법의 행사의 중요한 정당화는 자유로운 국가의 제도들을 유지하는 것과 같은 일에 사람들이 행동하도록 강요함에 의해 법이 어느 정도의 개인적 자유를 창조, 보전한다는 점에 있다는 것이다.[28]

이상의 고전적 공화주의에 대한 스키너의 관점을 통해서 볼 때, 앞서 언급한 롤스의 고전적 공화주의 개념 그리고 그것과 그의 정치적 자유주의의 양립가능성에 대한 언명이 타당하지 않다는 것이 드러난다. 롤스는 중첩적 합의에 의해 규정되는 권리와 자유의 확보에 있어서 하나의 보완적 역할로서만이 고전적 공화주의를 단지 인정하려 하고 있다. 그러나 이러한 한계는 궁극적으로 고전적 공화주의를 권리에 기초된 롤스 자신의 정치적 자유주의와 양립불가능하게 만들고 있다.[29]

이와 같이 고전적 공화주의에서 공민적 인간주의의 요소를 사상시킬 때조차도 롤스의 고전적 공화주의 개념은 일반적으로 이해되고 있는 고전적 공화주의와는 크게 다르다.[30] 고전적 공화주의에서 핵심적인 용어는 덕(virtue)이며, 그것은 공동체의 선을 위해 사적 이익을 희생시키려는 개인의 자발성을 의미한다.[31] 즉 고전적 공화주의에서는 공동선의 추구가 사적 이익을 넘어서 특권화되며 자유도 간섭으로부터의 개인의 권리보호보다는 차라리 공민적 생활에의 참여를 뜻한다는 점에서[32] 롤스가 이해하는 것과는 다르다.

이런 점에서 고전적 공화주의에 대한 롤스의 기술은 올바르다고 할 수 없다.

다시 말하거니와 그는 정치적인 덕과 공공생활에의 참여를 개인의 기본적 권리와 자유를 보전하기 위해서라고 언명하고 있기 때문이다. 그러나 롤스가 자신의 정치적 자유주의와 고전적 공화주의의 양립가능성을 천명하는 가운데 고전적 공화주의의 특징인 덕과 참여를 긍정적으로 수용하려는 자세를 취하고 있는 것은 주목할 만하다. 여기서 우리는 그가 궁극적으로는 정치적 자유주의를 추구하면서도 이를 성취하기 위한 방법으로는 덕과 참여가 필요함을 인정하고 있다고 보아야 할 것이다. 롤스가 비록 덕과 참여를 이와 같이 고전적 공화주의와 연관시켜 수용하려고 하지만, 덕과 참여가 오늘날 공동체주의의 주요한 규범적 특징으로 되어 있다는 점에서[33] 그가 부분적일지언정 공동체주의적인 요소를 긍정적으로 수용하려 하고 있음을 알 수 있다.

III. 공공이성의 문제

롤스가 그의 이론전개에 있어서 1983년 이후 가장 뚜렷하게 변화한 것 중의 하나는 공공이성(public reason)에 대한 논의의 도입이다. 필자가 조사한 바에 의하면 그는 적어도 1982년 이전에는 그의 논문과 저서에서 공공이성이란 개념이나 내용을 언급한 적이 없으며,[34] 공공이성에 대한 그의 논의가 시기적으로 공동체주의가 본격적으로 등장하는 1983년 이후라는 점에서 그의 공공이성 이념의 도입이 공동체주의의 출현과 무관하지 않으리라는 것을 시사해주고 있다.

롤스는 그의 1985년 논문에서 시민들의 공공적 정체성(public identity)과 비공공적(nonpublic) 정체성을 대비시키면서 '공정으로서의 정의에 의해 구체화되는 정의에 대한 공공이성들'이라는 표현을 통해 공공이성에 대한 그의 관점의 일단을 드러내 보이고 있다.[35] 그리고 그는 이 같은 공공이성의 이념을 1987년도 논문[36]과 1989년의 논문(Rawls, 1989, Sections 6 and 7)에서 보다 구체적으로 언급하고 있으며 이를 1993년의 『정치적 자유주의』에서 확대, 상술하고 있다(Rawls, 1993, Lecture 41).

롤스의 공공이성의 이념은 다음과 같이 요약될 수 있다.

정치적 사회는 그것의 계획들을 정식화하고 그것의 목적들을 우선성에 따라 정돈하는 방법을 가지며 이러한 방법과 그것을 행할 능력이 바로 정치적 사회의 이성이라고 한다. 즉, 이성은 인간구성원들의 능력에 뿌리박혀져 있는 하나의 지적·도덕적인 힘이라는 것이다(Rawls, 1993, 212-3). 그런데 모든 이성들이 다 공공이성은 아니라고 롤스는 말한다. 왜냐하면 시민사회에서의 많은 여러 결사들이 소지하는 비공공적 이성들이 있기 때문이라는 것이다. 이런 점에서 공공이성은 민주적인 사람들에 있어서 특징적이며, 평등한 시민의 지위를 분담하는 사람들의 이성이라고 한다. 이러한 이성은, 그것이 공중(the public)의 이성이며, 그것의 주제가 공중의 선이자 근본적인 정의의 문제들이며, 그것의 성질과 내용이 정치적 정의에 대한 사회의 이해에 의해 표현되는 이상과 원칙에 의해 부여되므로, 공공적이라는 것이다(Rawls, 1993, 213). 그리고 궁극적인 정치적, 강제적 권력을 행사하는 평등한 시민들의 이성인 이 같은 공공이성은 모든 정치적 문제들에 적용되는 것이 아니라 입헌적 본질들과 기본적 정의의 문제들 즉 누가 투표할 권리를 갖는가, 어떤 종교들이 관용되어지는가, 혹은 누가 공정한 기회균등이 보장되고 재산을 보유하는가와 같은 근본적인 문제들에만 적용된다는 것이다(Rawls, 1993, 214).

그런데 이 같은 공공이성의 내용은 정의에 대한 자유주의적인 정치적 이해의 한 부분으로서 제시되고 있다. 즉 정의에 대한 자유주의적인 정치적 이해는 정의의 원칙들 자체와 함께 그러한 원칙들을 적용하는 방법과 능력에 대한 이해를 포함하고 있는 바, 이 후자가 바로 공공이성의 영역이라는 것이다. 이런 점에서 공공이성의 내용은 추론의 방법과 아울러 정치적 문제들에 적합한 여러 종류의 정보를 위한 표준들을 구체화하는 조사의 지침들과 관련된다고(Rawls, 1993, 223-4) 롤스는 말한다.

그런데 정의에 대한 정치적 이해는 민주적 사회의 공공적 정치문화에 함축되어 있는 것으로 보이는 일정한 근본적이고 직관적인 이념들과 관련되어서만이 정식화되는 것으로서, 사회와 시민들에 대한 그와 같은 이념들은 규범적이고 정치적인 이념들인 것이며(Rawls, 1989, 240), 그 때문에 공공이성의 이념에 대한 자유주의적 이해는 크게 사변적인 성질을 가진 것이 아니라 상식에 유용한 추론형태에 의해 구체화된다고 하고 있다(Rawls, 1987, 20). 따라서 롤스는 공공이성의 실제적 내용을 자신의 정의론에 입각한 자유주의적 관점에서 정립하고 있으며, 이런 점에서 이데올로기적 성격을 스스로 명료히 하고 있음을 알 수 있다.

그렇다면 롤스가 이 같은 공공이성의 이념을 새로이 도입한 이유는 무엇인가? 그것은 롤스 자신의 정의론의 미비점을 보완하는 한편 공동체주의와 같은 이론으로부터의 비판에 대응하려는 의도에서 비롯되었다고 할 수 있다.[37]

우선 먼저 정의론의 미비점에 대한 보완의 측면부터 살펴보기로 하자. 롤스는, 그의 『정의론』에서 보면, 원초적 입장에서의 사람들 사이의 계약이라는 상황에 대한 설명과 그것의 합리성을 확보하려는데 거의 모든 것을 집중하고 있다고 볼 수 있다. 이러한 것은 근대 이후 사회계약론 대부분에 공통된 현상이다. 즉 계약 이후의 사람들의 판단과 합의 및 결정에 대해서는 언급은 되더라도 매우 미약하며 그것도 대체로 계약시의 상황과 계약내용에 근거해서 연역·유추하는데 머무르고 있는 것이 일반적이었다고 할 수 있다. 이것은 무엇보다도 계약시의 상황과 계약 이후의 상황을 동일하게 취급하려는 보편주의적 사고의 결과였다고 할 수 있다. 그러나 계약론자들이 설정한 계약상황은 역사적·사실적 상황이기에는 너무 추상적이어서 계약 이후의 사회의 실제적·역사적 상황과는 동일시될 수 없다는 점에서 비판가들에 의해 끊임없는 비판을 받아왔으며 롤스의 경우에 있어서도 예외가 아니다. 이런 점에서 롤스는 원초적 입장을 가설적 상황으로 상정하여 그 상황에서의 합리적 계약의 정당성을 도출하면서도 계약 이후의 실제적·역사적 상황에서의 사람들의 판단과 합의 및 행동을 설명하여야 할 필요성에 직면하여 이에 대한 보완작업으로서 나타난 것이 공공이성의 이념이라고 할 수 있을 것이다.[38]

이와 같은 롤스의 의도는 공공이성의 성격에 대한 그의 기술에서 여실히 나타난다. 롤스는 공정으로서의 정의의 전개에 있어서 두 단계를 상정하고 있으며 이것은 그의 1989년의 논문에서 가장 명료히 나타나고 있다. 그는 공정으로서의 정의의 첫 단계는 사회의 기본적 구조에 의해 특징지어지는, 정치적인 것이 특수한 영역에 적용될 수 있는 매우 큰 가치들을 명료히 하는 초연한(freestanding) 정치적 이해로서 제시되고 있다(Rawls, 1989, 234, 245). 여기서 큰 가치들은 정의의 원칙들의 가치들과 자유로운 공공이성의 이념의 가치들로 구성되며(Rawls, 1989, 244) 이러한 정치적 영역의 큰 가치들이 각각의 포괄적 독트린 안에 있는 다른 가치들에 어떻게 연결되는가를 설정하는 일은 시민들의 양심의 자유의 일부분으로서 개별적으로 시민들에게 남겨진다고 하고 있다(Rawls, 1989, 245).

두 번째 단계는 공정으로서의 정의의 안정성에 대한 고려, 즉 첫 번째 단계에서 공식화된 원칙과 이상의 내용의 관점에서 그것 자체의 지지를 발생시키는 그것의 능력에 대한 고려로 되어 있다. 이 두 번째 단계에서 중첩적 합의의 이념이 도입된다. 왜냐하면 다원적이고 갈등적인 포괄적 독트린들을 전제로 하면서도 공정으로서의 정의가 요구하는 사회가 유지되려면 시민들의 중첩적 합의가 필요하기 때문이라는 것이다(Rawls, 1989, 245-6).

이상에서 볼 때 롤스에 있어서 공공이성은 그 이념이 이미 원초적 입장에서 일차적으로 규정되는 것이며, 이러한 공공이성과 정의의 원칙이 공정으로서의 정의의 두 번째 단계에서 이성에의 호소를 통한 중첩적 합의에 의해 그 안정성을 확보하면서 그 후 보다 덜 큰 가치들에 대한 문제가 공공이성의 지침에 따라 결정되는 것으로 이해할 수 있다. 결국 공공이성은 공정으로서의 정의의 첫 단계에서 규정되어 두 번째 단계에서 역할을 할 뿐 아니라 그 후에도 계속 역할을 하나, 정의의 원칙을 설정하고 공공이성의 이념을 형성하는 데는 아무런 역할을 하지 못하고 있다는 것을 뜻한다.

공공이성의 이념은 롤스가 공동체주의자들을 비롯한 여러 비판가들의 비판에 대한 대응과정에서 착안해낸 대표적인 논점이라고 할 수 있다. 롤스의 자유주의가 잘못된 형이상학적 전제들에 의존하고 있다는 공동체주의자들의 비판[39]이 점증하면서 그는 1985년과 그 이후의 논문들에서 정의론의 형이상학적 전제들인 인간의 합리성과 보편성에 대한 집착을 포기하는 가운데 포괄적 독트린들로부터 독립한 정치적 자유주의를 구성하려 시도하게 되는 것이다. 이런 과정에서 그는 그의 이론적

버팀목을 인간의 합리성과 보편성으로부터 자유로운 공공이성의 이념으로 옮기게 되는 것이다. 자유로운 공공이성은 더 이상 포괄적인 형이상학적 독트린들에 의존하지 않으면서도 일정한 정치적 전통 내에서 존재 가능한 이성으로 간주되고 있다.

이와 같이 공공이성은 공공적 문화(public culture)에 속하는 반면 비공공적 이성은 배경적 문화(background culture)에 속하며, 이러한 비공공적 이성들은 모든 종류의 결사들 즉 교회, 대학, 학술사회 내지 직업집단들의 이성들이라고 하고 있다(Rawls, 1993, 220). 이와 같이 공동체주의자들의 비판으로부터 벗어나고자 롤스가 공공이성의 이념을 도입하고는 있으나 그의 논지는 공동체주의자들의 그것과는 많은 차이를 보이고 있다. 공동체주의는 사적으로 분담된 이성의 중요성과 그것의 공정성을 강조한다. 즉 공동체주의에서는 공공적 정당화는 우리가 그것에 의해 살아가는 사적 이성이나 사적 정체성으로부터 엄밀히 구별될 수 없는 것이며, 그것은 역사적·사회적 과정이라고 생각한다.[40] 반면 롤스는 공적 영역과 사적 영역을 분리시키면서 사적으로 분담된 이성을 공공영역에로 전이시키기를 거부한다. 또한 공동체주의에서는 최초의 합치를 위한 그리고 그러한 합치에 대한 후속하는 승인을 위한 간주관적(intersubjective) 기초로 공공이성을 생각하는 반면[41] 롤스에 있어서는 공공이성은 최초의 합치에 의해 나타난 공적 판단기준이 되고 있다.

그런데 롤스는 구트만(A. Gutmann)과 솔럼(L. Solum)과 같은 사람들의 비판[42]에 따라 포괄적인 독트린에서 독립한 공공이성의 이념을 1993년 다시 수정하게 된다. 그는 공공이성의 한계들이 너무 제한적이라는 구트만과 솔럼의 충고를 수용하였음을 『정치적 자유주의』에서 밝히고 있다. 즉 남북전쟁전의 노예폐지론자들과 킹(Martin Luther King)은 다 같이 종교적 독트린에 호소하면서도 결과적으로 공공이성을 명예롭게 하는

데 기여했다는데서 그와 같은 포괄적 독트린은 공공이성에서 용인되어야 한다고 말하고 있는 것이다(Rawls, 1993, 247-50). 이는 결국 자유주의적 공공이성을 명예롭게 하는데 소용되는 포괄적 독트린들은 공공이성에 도입하되 자유주의적 공공이성에 장애가 되는 포괄적 독트린들은 공공이성에서 배제되어야 함을 뜻하는 것이다.

이렇게 해서 롤스는 이제 공공이성에 있어서의 배제적(exclusive) 관점과 함유적(inclusive) 관점을 비교하는 가운데 전자보다 후자를 더 바람직한 것으로 인정하기에 이른다. 여기서 배제적 관점은 포괄적 독트린들과 명백히 관련되어 주어진 이성은 공공이성에로 도입될 수 없다는 견해이며, 함유적 관점은 공공이성 자체의 이상을 강화한다는 것을 전제로 하여 포괄적 독트린이 공공이성에 도입되도록 허용하는 견해를 말한다(Rawls, 1993, 247-8).

그렇다면 이 같은 함유적 공공이성의 역할의 범위는 어디까지인가? 즉 함유적 공공이성이 원초적 입장에서도 작용하는지 아니면 원초적 입장에서의 합의 후 작용하는 것인지의 문제이다. 그러나 롤스는 이에 대해 명료히 기술하고 있지 않다. 따라서 우리는 공공이성 그리고 이와 관련한 롤스의 언명을 통해 이 문제에 접근할 수밖에 없다.

앞서 언급한 바와 같이 롤스는 공공이성의 이상을 강화하는 방법으로만 함유적 관점이 도입될 수 있다고 말하고 있다. 그러나 그는 공공이성의 이상 자체 내에 공공이성의 함유적 관점이 내포되어 있다고는 말하지 않고 있다. 그는 함유적 관점과 배제적 관점 중 어느 것을 도입할 것인가를 결정하기 위한 기준을 역사적·사회적 조건들 특히 일정한 사회가 잘 정돈된 사회인가 아닌가에 두고 있으며(Rawls, 1993, 247-51), 잘 정돈된 사회와 그렇지 못한 사회를 원초적 입장에서의 중첩적 합의 후 그 합의를 구성원들이 인식하느냐 안하느냐에 따라 구별하고 있다(Rawls,

1993, 248). 이런 점에서 볼 때 롤스는 공공이성의 함유적 관점을 원초적 입장에서의 공공이성의 이상 자체에까지 도입하고 있지는 않은 것으로 보인다.

따라서 롤스는 원초적 입장에서의 합의 후 나타나고 지지된 공공이성의 이상에 근거하여 공공이성이 구체적으로 제반 문제들을 논의할 때 함유적 관점이 도입될 수 있음을 추정하고 있다고 할 수 있다.[43]

롤스의 이 같은 공공이성의 함유적 관점은 결과적으로 공동체주의에 대한 효과적인 대응으로 귀결되는가? 롤스는 그의 당초의 정의론을 정치적 자유주의로 수정하면서 공정으로서의 정의에서 포괄적·형이상학적 독트린들을 배제함으로써 결국 자유주의의 보편적 진리성을 포기하기에 이른다. 반면 그는 공공이성의 이념을 도입하여, 비록 자유주의적 정치문화라는 전제가 따르기는 하지만, 분담과 공민성(civility)의 덕을 강조하게 됨으로써 방법론적으로 공동체주의에 접근하게 된다.

롤스에 있어서 공공이성의 이상의 의미와 그것을 설정하는 절차에 있어서는 자유주의적이나 공공이성의 가치들에 있어서는 다른 면이 나타나고 있다. 물론 롤스는 공공이성의 가치들이 자유주의적인 정치적 가치들이라고 말하고 있기는 하지만 공공이성의 가치들에 해당하는 공공적 조사의 지침들 속에 공민성의 의무와 같은 정치적인 덕을 포함시킴으로써(Rawls, 1993, 224) 공동체주의적 면모의 일단을 보여주고 있다.

앞서 언급했듯이 롤스는 공공이성의 이상을 강화하는 한에 있어서는 포괄적 독트린을 공공이성의 영역에 포함시킬 수 있다는 함유적 관점을 수용하는 방향으로 전환했다. 이의 기본적 의도는 물론 자유주의적 공공이성의 이상을 강화시키려는데 있으니만큼 그 목적에 있어서는 자유주의적이라고 할 수 있다. 그러나 일정한 이념을 강화시키기 위해 포괄적인 독트린을 용인하는 방법 자체는 공동체주의적이라고 할 수 있다.

공동체주의가 사적으로 분담된 이성의 중요성과 그것의 공공성을 강조하고 있다고 볼 때, 사적으로 분담된 포괄적 독트린과 그 역할을 더 많이 도입할수록 공동체주의에 더 접근한다고 볼 수 있기 때문이다.[44] 따라서 롤스는 그의 함유적 관점을 통하여 보다 더 공동체주의에 접근하는 결과를 가져오게 되었다고 할 수 있다. 왜냐하면 분담과 공민성의 덕을 강조하는 공공이성을 포괄적 독트린에 기초하도록 하는 길을 열어놓고 있기 때문이다.

이런 점에서 볼 때 롤스는 일정한 사회내의 구성원들의 이념에 있어서는 자유주의가 이상적이라고 생각하고 있으며, 그러한 사회의 이념을 유지 내지 강화하는 방법에 있어서는 공동체주의적 방법이 필요함을 더 많이 인정하게 된 것으로 보인다.

따라서 그의 정치적 자유주의는 그 뼈대에 있어서는 여전히 자유주의에 머물고 있으나 전개방법에 있어서는 후기로 오면서 공동체주의적 면모를 점점 더 많이 보여주고 있다고 할 수 있다.

이러한 롤스의 공공이성의 이념에는 다음과 같은 문제점들이 있다.

첫째로 공공이성의 이념의 도입과 전개에 있어서의 이론적 혼란이다. 즉 공공이성의 이념에서 포괄적 독트린을 배제하다가 다시 엉거주춤 수용하는데 따른 일관성의 결여가 그 것이다. 특히 이 과정에서 롤스는 자유주의적 공공이성에 장애가 되는 포괄적 독트린은 배제하고 그것에 도움이 되는 포괄적 독트린만을 수용하겠다는 자기중심적 자세를 보여주고 있다는 데서 문제가 있다.

둘째로 롤스에 있어서 공공이성에 대한 함유적 관점은 정의의 정치적 이해라는 정치적 자유주의 가치의 정당성을 위협하게 된다는 점이다. 왜냐하면 롤스의 정치적 자유주의는 포괄적 독트린을 배제하는 것이 기본적으로 전제되어 있는데 그러한 함유적 관점은 다시 포괄적 독트린을 수용하고 있기 때문이다.

셋째로 공공이성의 역할에 있어서의 한계이다. 롤스에 있어서는 공공이성은 원초적 입장에서 정의의 원칙을 설정하는 과정에서 작용하지 못하고 원초적 입장에서의 합의의 결과 정의의 원칙과 더불어 나타나는 것으로 되어 있다. 즉 구체화되지 않은 공공이성이 원초적 입장에서의 당파들의 합리적 자율성에 의해 선택된다는 것이다. 이것은 결국 공공이성이 이기적 개인들의 목적을 성취하기 위한 도구로 규정되고 있음을 의미하는 것이다.

Ⅳ. 결 론

이상의 논의를 통해서 볼 때 롤스가 현대공동체주의에 대한 대응차원에서 그의 이론의 규범적 측면을 상당한 정도로 변경시켜 왔음을 알 수 있다. 그러나 전반적으로 보아 공동체주의에 대한 그의 대응은 성공적이지 못했던 것으로 보인다.

롤스는 공동체주의의 등장 이후 공동체주의적인 요소를 적지 아니 수용하여 왔다. 그러나 그와 같은 수용과정에서 그는 이론적 일관성과 명료성을 손상시켜온 것으로 보인다. 그가 공공이성에 대한 함유적 관점을 도입하면서 결과적으로 그 자신의 정치적 자유주의 자체의 성립을 위태롭게 하고 있는 것이 하나의 단적인 예이다. 즉 그의 정치적 자유주의는 결국 또 하나의 포괄적 독트린이 되어버린 것이다.

롤스가 공동체주의에 있어서 공동체 개념의 지나친 확대적용을 경계하면서 공동체 개념을 국가에 적용하는데 따른 위험성을 지적하고 있는 점은 우리에게 시사해주는 바가 크다. 그리고 그가 자신의 이론에 있어서 지나치게 개인주의적 편향을 지양, 공동체의 중요성과 공민성의 의무를 강조하게 된 것은 긍정적 측면의 진전이라고 할 수 있다.

그러나 그는 기본적으로 여전히 권리중심적 의무론에서 벗어나지 못하는 한계에 머물러 있으며, 그 때문에 그것과 여타의 그의 진전된 이론들과의 상관성에 있어서 여러 가지 문제점을 드러내고 있다고 할 수 있다.

주

1 John Rawls, *A Theory of Justice* (Cambridge: The Belknap Press of Harvard University Press, 1972), p. 520. 이후 본 장에서 롤스의 저술은 본문에 년도와 페이지를 표기하기로 함.

2 롤스는 여기서 결사개념을 공동체와 구별없이 사용하고 있는 것으로 보인다.

3 Sibyl A. Schwarzenbach, "Rawls, Hegel, and Communitarianism", *Political Theory*, Vol. 19, No. *4,* November 1991; Roberto Alejandro, "Rawls' Communitarianism", *Canadian Journal of Philosophy*, Vol. 23, No. 1, March 1993.

4 Sibyl Schwarzenbach, *op. cit.*, p. 540.

5 *Ibid.*, p. 558.

6 *Ibid.*, p. 560.

7 *Ibid.*, p. 559.

8 *Ibid.*, p. 551.

9 Roberto Alejandro, *op. cit.*, pp. 75–6.

10 *Ibid.*, p. 81.

11 *Ibid.*, p. 76.

12 Ibid., p. 77.

13 *Ibid.*, p. 81.

14 *Ibid.*, p. 84.

15 *Ibid.*, pp. 84–5.

16 *Ibid.*, p. 93.

17 *Ibid.*, p. 85.

18 *Ibid.*, p. 94.

19 *Ibid.*, p. 77.

20 공동체주의자들의 공동체개념에 대해서는 본서, 제1장, pp. 21–5 참조.

21 고전적 공화주의에 대해서는 J. G. A Pocock, *The Machiavellian Moment: Florentine Political Thought and the Athantic Republican Tradition* (Princeton, N.J. : Princeton University Press, 1975); Gordon S. Wood, *The Creation of the American Republic, 1776-1787* (Chapel Hill: University of North Carolina Press,

1969); Bernard Bailyn, *The Ideological Origins of the American Revolution* (Harvard University Press, 1967) 등을 참조.

22 이에 대해서는 Thomas L. Pangle, *The Spirit of Modern Republicanism: The Moral Vision of the American Founders and the Philosophy of Locke* (The University of Chicago Press, 1988), p. 28과 Robert Booth Fowler, *The Dance with Community: The Contemporary Debate in American Political Thought* (University Press of Kansas, 1991), p. 64 참조.

23 Quentin Skinner, "The Paradoxes of Political Liberty", in ed., David Miller, *Liberty* (New York: Oxford University Press, 1991), pp. 193–4.

24 *Ibid.*, pp. 194–5.

25 *Ibid.*, pp. 197–8.

26 *Ibid.*, pp. 198–201.

27 *Ibid.*, p. 203.

28 *Ibid.*, p. 200.

29 Richard Bellamy, *Liberalism and Modern Society: An Historical Argument* (Polity Press, 1992), p. 304.

30 공민적 인간주의는, 개인들이 시민으로서 행동할 때만이 그들의 가장 본질적인 인간적 능력으로서의 도덕적·이성적 능력이 충분히 발전한다는, 즉 개인들이 공공생활에 참여하여 공공적 의무들을 떠맡음에 의해서만이 성스러운 사람이 될 수 있다는 이론이라고 시노폴리는 말한다. Richard C. Sinopoli, *The Foundations of American Citizenship: Liberalism, the Constitution, and Civic Virtue* (New York: Oxford University Press, 1992), p. 10.

31 Gordon S. Wood, *op. cit.*, p. 68.

32 Issac Kramnick, "The 'Great National Discussion': The Discourse of Politics in 1878", *William and Mary Quarterly*, Vol. 45, January 1988, pp. 4–5.

33 공동체주의의 규범적 특징에 대해서는 본서, 제1장, pp. 35–40 참조.

34 롤스는 그의 『정의론』의 제34절과 "칸트적 구성주의"의 강의II에서 우리에게 공공이성을 허용하는 분담된 방법들과 공통적 지식에 대해 충분히 논의하고 있음을 말하고 있으나(Rawls, 1987, 8) 엄밀한 의미에서 그와같은 주장을 인정하기는 어렵다.

35 Rawls, 1985, 241, 247. 여기서 공공적 정체성은 시민들을 선에 대한 어떠한 특수한 이해로부터도 독립한 자유로운 개인들로 보는 것을 뜻하며 비공공적 정체성은

시민들을 일정한 종교적·철학적·도덕적 확신들이나 일정하게 지속적인 애착과 충성으로부터 떼어내어 생각할 수 없는 것으로 간주하고 있다. 그리고 공공이성이라 함은 각각의 포괄적 독트린이 그것들의 여러 관점들을 일치시키는 공리들로서의 개념, 원칙 그리고 덕을 인정함을 뜻하고 있다. 이와 같은 롤스의 기술은 나중의 그의 『정치적 자유주의』에서의 공공이성에 대한 상술을 예기하고 있다고 할 수 있다.

36 여기서 롤스는 자유로운(free) 공공이성의 이념을 정의의 정치적 이해와 정의의 자유주의적 이해와 관련시켜 논의하고 있다. 정의의 정치적 이해가 기본적 구조를 위한 정의의 일정한 원칙들을 필요로 하는 것과 꼭같이, 그것은 역시 조사의 일정한 지침들 그리고 그것의 적용을 관리하기 위해 증거를 평가하는데 있어서 공공적으로 인정되는 규칙들을 필요로 한다고 한다. 그리고 다원적 사회를 전제로 할 때, 이들 조사지침과 규칙을 위해서 분담된 방법들과 상식에 유효한 공공적 지식 그리고 논란의 여지가 없는 과학의 절차들과 결론들에 우리들 자신을 한정시키는 것이 공공이성의 역할이라고 하고 있다. 그리고 정의의 자유주의적 이해는 바로 그 같은 공공이성을 필수적으로 요구하고 있다고 한다. 따라서 롤스는 공공이성에 대한 자유주의적 이해는 일반적이고 포괄적인 목적론적 이해가 공공적 추론의 형태로서는 적합하지 않다는 점을 받아들이는 것이라고 하고 있다. 즉 종교와 철학의 주장들은 회의주의와 무관심 때문이 아니라 자유로운 공공이성의 분담된 기초를 확립하기 위한 조건으로서 배제되는 것이라고 하고 있다. Rawls, 1987, 8, 19, 20 참조.

37 공공이성의 문제와 관련하여 롤스가 공동체주의의 비판에 대응하여 왔다는 점에 대해서는 Catherine Audard, "The Idea of 'Free Public Reason'", *Ratio Juris*, Vol. 8, No. 1, March 1995, p. 22 참조.

38 그러나 롤스는 공공이성의 영역을 가능하면 최소화하고 또한 그것의 성격도 가능하면 원초적 입장에 접근시켜 규정하려 함으로써 종전의 계약론의 연역론적 입장에서 벗어나지 못하는 한계를 보여주고 있다. 이러한 한계는 권리의 자의적 해석을 거부하고 그 우선성과 절대성을 보장하려는 의도에서 인간의 권리의 선험적 성격을 확보하려는 의무론(deontology)의 고수로부터 비롯되고 있다고 할 수 있다.

39 Shlomo Avineri and De-Shalit, eds., *Communitarianism and Individualism* (Oxford University Press, 1992), p. 5.

40 Catherine Audard, *op. cit.*, p. 20.

41 *Ibid.*, p. 22.

42 구트만은, 공동체주의에 대응하면서 민주적 사회의 공공문화와 가장 잘 일치하는 정치적 이상들을 정당화시키기 위해서는 우리가 근본적으로 위치지워진(situated) 자아가 아니라는 정도의 형이상학은 롤스에 의해 수용되어야 한다고 말한다. Amy Gutmann, "Communiratian Critics of Liberalism", *Philosophy & Public Affairs*, Vol. 14, No. 3, Summer 1985, p. 314.

43 롤스에 있어서 공공이성의 함유적 관점을 구체화되지 않은 공공이성의 이상(unspecified ideal of public reason)과 구체화된 공공이성의 이상(specified ideal of public reason)과 관련하여 설명하고 있는 와이트맨의 시도는 이 문제에 접근하는 데 있어서 유용한 것이기는 하다. 그러나 와이트맨은 공공이성의 구체화되지 않은 이상과 구체화된 이상을 원초적 입장과 연관시켜 명료히 설명하고 있지 않다. Paul J. Weitman, "Taking Rites Seriously", *Pacific Philosophical Quarterly*, Vol. 75, Nos.3 & 4, September/December, 1994, pp. 276-8 참조.

44 당초의『정의론』에서의 롤스는 사적으로 분담된 포괄적 독트린에 의해서가 아니라 보편적 타당성에 근거하여 자신의 이론을 전개했다는데서 나중의 함유적 공공이성의 관점과는 다르다.

제4장

공동체주의적 자유주의와 자유주의적 공동체주의

1980년대 초 현대공동체주의(communitarianism)의 이론적 기초가 형성되기 시작한 이래 오늘에 이르기까지 미국을 중심으로 구미에서 자유주의-공동체주의 논쟁이 지속적으로 전개되어 왔다. 샌델(Michael J. Sandel), 매킨타이어(Alasdair MacIntyre), 테일러(Charles Taylor)등에 의해 이론적 기초가 이루어지고,[1] 에치오니(Amitai Etzioni), 갤스턴(William A. Galston) 등에 의해 사회·정치적 운동으로 이어진[2] 현대공동체주의는 기존의 구미 특히 미국의 지배적 이념인 자유주의적 개인주의가 결과적으로 사회의 도덕적 무질서를 조장하여 왔다고 비판하면서 그 치유적 대안으로 공동체(community)의 덕을 강조해 왔다.

그 동안 자유주의-공동체주의 논쟁이 진행되어 오는 과정에서 공동체주의의 집합주의적 극단화의 위험성을 배제하지 않으면서도 많은 경우 정도의 차이는 있지만 오늘날의 상황에서 공동체주의적 시각의 긍정적 측면을 인정하려는 경향이 이론가들 사이에서 확산되어 왔으며 그 온건한 유형이 온건공동체주의라고 할 수 있다.

이와 같이 온건공동체주의를 규정할 때조차도 이에 속하는 것으로 추정되는 이론가들이 다양하고 폭넓게 분포되어 있기 때문에 그들의 입장을 명확히 이해하고 구분하기가 쉽지 않다. 따라서 이런 점을 감안하여 온건공동체주의 이론가들의 성향을 파악하기 위해 우리가 취할 수 있는 방법 중의 하나는 그들 이론가들이 각기 공동체주의와 자유주의에 얼마만큼 가까이 접근해 있는가를 살펴보는 일일 것이다.

이는 공동체주의가 그 동안 어느 다른 이념보다 특히 자유주의와의 논쟁을 통해서 그 이론적 입장을 개진해 왔다는 점에서 적절한 방법이 되리라고 본다.

이런 점에서 그동안 몇몇 이론가들이 온건공동체주의의 유형으로서 공동체주의적 자유주의(communitarian liberalism) 혹은 자유주의적 공동체주의(liberal communitarianism)라는 개념을 사용해 왔으나 아직 그것들의 이론적 특징이 명료히 제시되고 있지 않은데다 이들 개념들이 일관적이고 체계적으로 사용되고 있지도 않기 때문에 적지 않은 혼란이 따르고 있다.

따라서 본 장에서는 이러한 점에 착안하여 먼저 강경공동체주의와 온건공동체주의를 구별한 다음 온건공동체주의의 대표적인 유형인 공동체주의적 자유주의와 자유주의적 공동체주의의 이념적 특징을 살펴보고 이들을 비교·검토해 보고자 한다. 그리고 이러한 작업을 통해서 결론적으로 현대의 사회적 상황에서 자유주의적 공동체주의를 공들이는 것이 바람직하다는 것을 주장하려 한다.

I. 공동체주의의 의미와 유형

1. 강경공동체주의와 온건공동체주의

공동체주의(communitarianism)란, 우리가 가장 간명하게 정의를 내리려 한다면, 공동체(community)의 중요성을 강조하는 하나의 이념이라고 규정할 수 있다. 그러나 오늘날 공동체를 강조하는 사람들이 너무나 많고 또한 그에 따라 공동체주의 이론가로 분류되고 있는 사람들도 매우 폭넓게 존재하고 있기 때문에 공동체주의를 명료히 이해하기 위해서는 공동체주의자들의 이론적 입장을 유형별로 구분하여 살펴보는 것이 유용하다. 그러한 구분 중에서 가장 간결하면서도 접근하기 용이한 것이 강경공동체주의와 온건공동체주의의 구분이다.

딜래니(C. F. Delaney)는 공동체주의를 공동체의 분담된 가치들과 공민적인 덕(virtue)을 강조하는 전통을 이어 받아 자유주의적 시각에 새로이 도전하고 있는 하나의 이념이라고 하면서, 사회적 통일의 이상적인 가능성을 위한 사회의 성질 및 범위의 문제와 관련하여 공동체주의자들을 크게 두 가지 부류로 분류하고 있다. 여기서 첫 번째 부류는 정치적 질서로 하여금 분담된 가치들을 구현하도록 그 구조가 변용되는 전체사회(total society)와 관련하여 생각하는 사람들이며, 다른 또 하나의 부류는 진정한 공동체의 선들(goods)이 실현될 수 있을 조그만 하위집단들(subgroups)을 육성할 정치제도를 위한 열망을 나타내는 보다 조심성 있는 사람들이라고 하고 있다. 특히 후자의 경우인 보다 조심성 있는 지역적 공동체주의자들의 열망은 어떠한 현대의 정치구조도 기대되는 종류의 생활을 뒷받침할 수 없다는 신념이나 혹은 규모의 문제가 압도적인

중요성을 갖고 있다는 신념에 의해 동기부여 될 수 있다고 한다.[3]

딜래니의 이 같은 구분은 그 의의가 전혀 없다고 할 수는 없으나 적절한 구분으로 보이지는 않는다. 무엇보다도 그 분류의 기준을 단순히 정치구조와 관련한 공동체의 규모에 기초하여 설정함에 의해 강경공동체주의자와 온건공동체주의자를 구분하는 것은 그 양쪽의 특징적인 이론적 관점을 명료히 구별하는데 크게 도움이 되지 않기 때문이다.

이와는 다른 방법으로 강경공동체주의와 온건공동체주의를 구분하려는 사람으로 메이슨(Andrew Mason)이 있다. 그는 공동체의 가치에 대한 설명을 도덕적 측면과 타산적 측면으로 나누어 접근하고 있다. 먼저 공동체의 도덕적 가치에 대한 추정은, 다른 근거들도 있을 수 있겠으나, 특히 서로에게 관심을 갖고 서로를 착취하지 않는 일단의 사람들이 도덕적 자산(worth)을 갖고 있는 것이라고 주장할 때 가능하다고 한다. 다른 한편 공동체의 타산적 가치에 대한 추정은, 다른 사람들을 위한 그리고 다른 사람으로부터의 관심을 경험한다는 사실 때문에 공동체의 개별구성원들의 생활이 더 좋아진다고 주장할 때 가능하다고 하고 있다. 이때 강한 형태는 한 사람이 어떤 공동체의 구성원이 되지 않는 한 번영할 수 없다고 주장하는 것으로서 그 이유는 공동체 구성원이 되는 것이야말로 선한 생활의 본질적 속성이기 때문이라는 것이다. 반면 약한 형태는 공동체의 구성원이 되는 것이 선한 생활의 잠재적 속성이라고 주장하는 것으로서 그 이유는 공동체의 구성원이 됨에 의해 한 사람의 생활이 더 좋게 된다는 것을 그것이 주장하고 있기 때문이라고 한다. 메이슨은 이런 구분에 따라 강한 형태를 주장하는 사람들을 급진적 공동체주의자, 그리고 약한 형태를 주장하는 사람들을 온건공동체주의라고 부르고 있다.[4]

이와 같은 메이슨의 급진적 공동체주의와 온건공동체주의 구별은 개인과 공동체 사이의 관계의 정도를 그 기준으로 삼고 있다는 데서 공동체주의를 유형화하는데 있어서 어느 정도 유용하기는 하다. 그러나 그러한 분류는 공동체의 가치에 대한 설명에 있어서 도덕적 측면을 제외하고 소위 타산적 측면과만 연관시켜 전개하고 있기 때문에 한계가 있다. 메이슨은 공동체란 용어가 통상적으로 볼 때 상호관심 및 체계적 착취의 억제와 같은 도덕적 관념을 항상 지시하지는 않는다는[5] 이유에서 공동체에 대한 구체적 분석 작업을 타산적 측면에 집중시켜 논의하고 있는 것으로 보인다. 그러나 공동체의 도덕적 가치가 그가 설명하는 바와 같이 상호관심과 체계적 착취의 억제에 근거한다고 할 때조차도 사실상 공동체는 그와 같은 요소들이 정도의 차이는 있지만 존재하고 있다는 점을 감안할 때 공동체 이론을 전개하는데 있어서 도덕적 측면을 배제하는 것은 문제가 있다고 할 수 있다. 그러나 급진적 공동체주의와 온건공동체주의에 대한 메이슨의 관점이 위와 같은 문제점이 있다 할지라도 "온건공동체주의자들이야말로 진정한 공동체주의자들"[6] 이라는 그의 언명에서 공동체주의에 대한 그의 자세를 읽을 수 있다.

한편 뷰캐넌(A. E. Buchanan)은 국가권력의 적합한 범위와 한계에 대한 자유주의적인 정치적 주제(특히 개인적 권리와 그 정당화)와 관련한 공동체주의의 입장을 검토하는 가운데[7] 급진적 공동체주의와 온건공동체주의를 구분하고 있다. 여기서 급진적 공동체주의는 개인의 시민적·정치적 권리를 거절하면서 개인적 권리에 대한 논급을 공동체의 선에 대한 목적론적 담화나 집단적 권리에 대한 담화로 대체하려는 입장에 있다고 한다. 반면 온건공동체주의는 개인적인 시민적·정치적 권리를 인정하기는 하나 자유주의자만큼 권리에 우선성을 부여하려 하지는 않는다고 한다. 따라서 온건공동체주의는 모호하며, 자유주의자의 우선성주제를 어떻게 이해하느냐에 따라 입장의 차이가 나타난다고 말한다.[8]

급진적 공동체주의와 온건공동체주의의 구분에 대한 뷰캐넌의 이 같은 관점은 이론적 측면에서 좀 더 구체적이고 체계적인 차이점을 밝혀주고 있다는 데서 적지 아니 유용하다. 그러나 그 분류의 기준을, 스스로도 밝힌 바와 같이 개인의 권리를 중심으로 한 권리의 우선성 문제에 국한시킴으로써 역시 한계를 드러내고 있다.

이상의 강경공동체주의와 온건공동체주의의 구분에 대한 딜래니, 메이슨 그리고 뷰캐넌의 견해들은 각각 어느 정도 유용하기는 하지만 부분적인 것만을 기준으로 설정하여 구분하고 있기 때문에 공동체주의를 명료히 이해하는 데는 충분치가 않다. 따라서 공동체주의의 기본 성격을 좀 더 전반적으로 살펴보고 이에 의거하여 강경공동체주의와 온건공동체주의를 분류하는 것이 보다 적절할 것이다.

대표적인 공동체주의자로 어떤 사람들을 선정하느냐에 따라 공동체주의에 대한 이해는 달라지며 실제로 이론가들은 그 선정을 조금씩 달리하고 있다. 그러나 많은 이론가들이 대체로 매킨타이어, 샌델, 그리고 테일러를 대표적인 공동체주의자로 선정하고 있으며 딜래니, 메이슨, 그리고 뷰캐넌도 그들 세 사람을 대표적인 공동제주의자이자 강경공동체주의자로 선정하고 있다.[9] 이런 점에서 매틴타이어, 샌델, 그리고 테일러를 중심으로 공동체주의의 기본 성격을 추출하는 것이 적합하며 또한 그들의 이론이 곧 강경공동체주의를 대변하고 있다고 보아야 할 것이다.

이들 대표적인 공동체주의자들이 제시하고 있는 주요 관점은 다음의 네 가지라고 할 수 있다. 첫째로 구성적 공동체(constitutive community) 개념이다. 공동체가 구성적이라는 것은 개별적 주체로서의 사람들이 임의로 공동체를 선택하는 것이 아니라 개별적 주체의 정체성이 그가 속한 공동체에 의해 형성된다는 것을 뜻한다.[10]

두 번째로는 특수주의(particularism)의 옹호이다. 이러한 특수주의에

대한 강조는 자유주의의 지나친 보편주의적 경향에 대한 비판에서 비롯되고 있다.[11]

세 번째 특징으로는 자유주의적 권리이론을 반박하면서 그 대안으로써 공동선을 강조하고 있다는 점이다. 공동체주의자들은 선에 대한 권리의 우선성을 주장하는 권리중심적 의무론에 의해 인도되는 자유주의 사회에서는 공동선을 기대할 수 없으며 공동체적 우의와 유대에 기초한 사회에서만이 공동선이 실현될 수 있다고 말한다.[12]

네 번째로는 공민적 덕성에 대한 강조이다. 공동체주의자들은 목적론에 기초한 시민적 덕성의 구비야말로 바람직한 인간생활을 위한 전제라고 말한다. 개인주의적 추정들에 기초된 사회에서 번성할 가능성이 희박한 이타주의나 자비심과 같은 협동적인 덕들의 개발을 통해 정의의 한계를 극복할 수 있다는 것이다.[13]

다섯 번째로는 공공참여에 대한 강조이다. 공동체는 바로 참여자들의 분담된 자기이해에 의해 구성되는 것이며 전체 공동체의 선은 실천에의 참여를 통한 경험에 의해서만이 확인·인정될 수 있다는 데서 공동체적 참여가 인간생활에 있어서 필수적임을 주장하고 있는 것이다.[14]

이상의 대표적인 공동체주의자들의 주요 관점을 통해서 우리는 그들이 무엇보다도 공동체를 통한 공동선의 실현에 관심을 집중시키고 있음을 알 수 있다. 그러나 그들은 그들이 상정하고 있는 공동체 및 공동선이 어떤 규모인지에 대해서는 명료히 설명하고 있지 않다. 그들이 현대적 공동체에 대한 이렇다 할 모델을 제시하지 않고 있다는 점[15]이 이를 말해준다. 따라서 그들이 말하는 특수주의에 있어서도 국가적·민족적 특수성부터 조그만 지역적 공동체의 특수성에 이르기까지 폭넓게 적용되는 것으로 이해될 수밖에 없다는 점이 문제라고 할 수 있다.

공동체주의자들은 그들의 이론에 있어서 부분적으로 차이를 나타내고 있기는 하지만, 그럼에도 불구하고 그들은 위의 주요 관점들을 중심으로 자유주의를 강력히 비판하고 있다는 점에서는 일치하고 있다. 따라서 각각의 이론가가 위의 공동체주의의 주요 관점에 어느 만큼 가까이 접근하고 있느냐에 따라 강경공동체주의자 혹은 온건공동체주의자로 분류하는 것이 적절할 것으로 보인다.

2. 온건공동체주의의 유형

공동체주의와 자유주의 사이의 논쟁이 1980년대 초이래 진행되어 오는 과정에서 양측은 각기 상대방의 이념적 결함을 공격하면서도 또한 상대방의 장점을 수용하려는 자기반성적 기류가 조성되어 왔다. 따라서 1980년대 말에 와서는 자유주의자들과 공동체주의자들 사이의 논쟁은 그것의 교조적인 성격의 많은 부분을 상실하게 되었고[16], 공동체주의에 있어서 온건한 모형이 주된 경향으로 자리잡아가기 시작했다고 할 수 있다.

그러나 온건공동체주의자로 분류될 수 있는 이론가들의 사유형태가 매우 다양하기 때문에 이들의 입장을 명료히 이해하는 데는 많은 곤란이 따른다. 이러한 곤란을 부분적으로나마 해소하기 위해 우리가 고려해 볼 수 있는 방법 중의 하나는 온건공동체주의를 공동체주의적 자유주의(communitarian liberalism)와 자유주의적 공동체주의(liberal communitarianism)의 두 가지 부류로 분류하여 접근하는 일이다.[17]

그동안 공동체주의와 자유주의 사이의 접근 내지 조화의 추구는 크게 두 가지 방향에서 진전되어 왔다고 할 수 있다. 그 하나는 자유주의의 기본 이념을 견지하면서도 여기에 공동체주의적 장점을 도입하려는 시도이며 다른 하나는 공동체주의에 더 많이 공감을 하면서도 여기에 자유주의의 장점을 접합시키려는 시도가 그것이다. 여기서 우리는 전자를 공동체주의적 자유주의 그리고 후자를 자유주의적 공동체주의로 명명할 수 있을 것이다.

이 두 가지 경향의 각각에 어떤 이론가들이 속하는지를 명확히 하는 것이 용이한 일이 아니며 또한 공동체주의적 자유주의와 자유주의적 공동체주의의 개념 사용에 있어서도 아직 이론가들 사이에서 뚜렷한 합의가 이루어져 있지도 않은 것이 사실이다. 그러나 이 두 경향이 오늘날 실제적으로 존재하고 있다는 점에서 이에 대한 논의를 시도해보는 것은 오늘날의 이념적 정향을 이해하는데 있어서 적지 아니 유익할 것으로 생각된다.

이론가 중에는 공동체주의적 자유주의와 자유주의적 공동체주의를 같은 의미로 사용하고 있는 경우도 있다. 예를 들어 셀즈닉(Philip Selznick)은 스스로를 공동체주의적 자유주의자로 자처하면서 공동체주의적 자유주의와 자유주의적 공동체주의 개념을 별 구별 없이 사용하고 있다.[18] 그러나 다른 한편 골딩(Martin P. Golding)은 공동체주의적 자유주의와 자유주의적 공동체주의의 차이를 명료히 언급하고 있지 않을지라도 공동체주의적 자유주의가 자유주의적 공동체주의보다 자유주의에 더 접근하고 있는 이념으로 이해하고 있음이 드러나고 있다.[19] 에치오니(Amitai Etzioni)의 경우에 있어서는 스프래겐스(Thomas A. Spragens, Jr.)와 왈저(Michael Walzer)를 공동체주의적 자유주의자로 그리고 셀즈닉을 자유주의적 공동체주의자로 명명하면서 후자가 전자보다 더 공동체주의적임을 보다 명료히 하고 있다.[20]

이런 점에서 우선 일차적으로 자유주의적 공동체주의가 공동체주의적 자유주의보다 공동체주의적 성격을 더 많이 갖추고 있는 것으로 규정하는 것은 별 문제가 없다고 본다. 문제가 되는 것은 자유주의적 공동체주의와 공동체주의적 자유주의를 모두 온건공동체주의에 포함시켜야 할 것인가의 문제와 그 두 사유유형에 어떤 이론가들이 속하며 그들의 구체적인 이론적 입장은 어떠한 가의 문제이다.

위에서 살펴본 것에 기초해 볼 때 자유주의적 공동체주의를 온건공동체주의에 포함시키는 것은 별다른 문제가 없을 것으로 보인다. 그러나 공동체주의적 자유주의의 경우는 사실상 공동체주의보다 자유주의에 더 접근해 있다는 점에서 이를 자유주의의 한 부분적 변용 내지 보완으로 볼 수 있다고 할 때[21] 이를 온건공동체주의의 한 유형으로 규정할 수 있는가의 문제가 따른다. 그러나 그러한 경우에 있어서도 기본적으로 자유주의에 기초하면서도 공동체주의적 요소를 상당부분 소지하고 있는 이론가는 온건공동체주의의 약한 유형으로 분류 가능할 것이다.

이상의 논의를 토대로 다음에서는 공동체주의적 자유주의와 자유주의적 공동체주의에 각각 포함될 수 있는 이론가들의 이론을 살펴보고자 한다. 이들의 이론을 통하여 공동체주의적 자유주의와 자유주의적 공동체주의의 성격이 보다 명료히 규정될 수 있을 것이다.

II. 공동체주의적 자유주의의 이론적 정향

1. 자유주의-공동체주의 논쟁에 대한 관점

여기서는 대표적인 공동체주의의 이론가로 상정되는 스프래겐스(Thomas A. Spragens, Jr.), 리안(Alan Ryan), 그리고 갤스턴(William A.

Galston)을 중심으로 그들의 이론을 살펴보기로 한다.

스프래겐스는 공동체주의 사상을 자유주의적 관점과는 대조되는 공민적인 공화적 전통의 20세기적 상속인으로 이해하는 이념형적 구분에 의문을 제기하고 있다. 즉 규범적 측면에서 자유주의가 권리의 보호에 초점을 맞추는 반면, 공동체주의는 공민적인 덕 즉 상관적인(correlative) 책임의 필요성을 주장하며, 경험적 측면에서는 자유주의가 사회를 개인들의 집합으로 보고 있는 반면 공동체주의는 사회의 협동적 특징을 주장하며, 적합하게 정돈된 사회에 대한 관점에 있어서는 자유주의가 자기이익적 개인들 사이의 계약관계로 이를 보고 있는 반면 공동체주의는 공공정신에 기초된 행위의 산물로 보고 있는 것과 같은 그러한 유형화된 대조는 문제가 있다는 것이다. 왜냐하면 그러한 설명은 부분적 진리를 전반적인 이야기로 전화시킴으로써 그 결과 자유주의적 전통에 대한 부정확한 인식을 지속시키고 그 와중에 자유주의적 유산과 공동체주의의 관계에 있어서 오해를 가져오기 때문이라는 것이다.[22]

스프래겐스는 자유주의가 그 발단에 있어서 복잡한 규범적 독트린이었기 때문에 맥락에 맞게 이해되어야 한다고 말한다. 먼저 역사적 맥락에서 볼 때 자유주의에 있어서의 자유가 특수한 억압과 억제의 거절을 반영하고 있다는 데서 중심적인 중요성을 갖고 인간의 존엄성과 관련하여 본질적 가치를 갖는 것이었으나, 자유는 다른 한편 보다 큰 평등, 번영, 사회적 안정, 그리고 공민적 조화를 포함하는 다른 목표들을 위해 도구적으로 가치 있는 것으로 고려되었다는 것이다. 더욱이 자유주의는 그 철학적 근거에 있어서도 역시 하나의 복잡한 혼합물이었다고 한다. 대부분의 자유주의자들이 근대자연과학에 의해 영향을 받아 합리론적·경험론적 관점에 매료되었다 할지라도 본래의 자유주의자들은 근본적인 점들에 있어서 여전히 고전적 전통으로부터 상속받은 도덕적·철학적 가정들에 헌신적이었다는 것이다.[23] 그런데 이러한 고전적인 자유주의자들 즉 로크(John Locke), 콩도르세(Condorcet), 그리고 밀(J. S. Mill)과 같은 사람들의 도덕적 전통주의나 도덕적 복합성이 부주의한 독자들에 의해 종종 불명료하게 되거나 부인되어 왔다고 스프래겐스는 밝히고 있다.[24] 즉 19세기 말에 와서는 철학적 발전과 문화적 변화로 인하여 초기자유주의자들의 도덕적 전통주의의 많은 부분이 침식되고 또한 정치적·경제적 변화로 인하여 초기자유주의의 복합적인 가치와 목표의 융화성이 의문시되게 되었으며 그 결과 20세기에 와서는 자유주의가 경쟁적인 이데올로기적 당파들로 나누어지고 대부분 그 본래의 도덕문화로부터 절연되게 되었다는 것이다.[25] 따라서 20세기의 자유주의문화가 자유지상주의(libertarian) 진영과 평등주의(egalitarian) 진영으로 나누어지게 되는 한편 양 진영 모두가 개인주의적이고 권리정향적으로 됨에 따라 오늘날의 어떠한 자유주의당파도 선한 사회(the good society)에 대한 강력한 설명을 제공하지 못하고 있다고[26] 스프래겐스는 말한다.

스프래겐스는 이상과 같은 자유주의에 대한 그의 관점에 기초하여 공동체주의의 성격을 규정하려 하고 있다. 그에 의하면 공동체주의란 자유주의 전통에 대한 어떤 종류의 습격이거나 혹은 자유주의 전통 내부에서의 하나의 혁명이라기보다는 차라리 개선과 복구의 한 노력이라고 한다. 즉 공동체주의는 수백 년 동안 자유주의가 직면해 온 철학적 변화와 정치적 분열의 결과 상실된 규범적 복합성과 도덕적 깊이를 되찾으려는 시도를 대변하고 있다는 것이다.[27]

리안(Alan Ryan) 역시 공동체주의적 자유주의자로 분류될 수 있는 사람이다.

리안은 먼저 자유주의-공동체주의 논쟁이 가정하는 자유주의와 공동체주의 사이의 갈등이 상상의 한 허구라고 하면서 그의 논의를 시작하고 있다. 즉 많은 모범적인 자유주의자들이 공동체주의자였으며, 또한 많은 모범적인 공동체주의자들이 자유주의자였다는 것이다. 그 동안 인식론적, 방법론적, 심리학적, 그리고 도덕적 쟁점들이 함께 뒤섞여 왔는 바, 그것들이 그와 같이 뒤섞이지 않는다면 문제시되는 어떠한 하나의 일반적인 쟁점도 없게 된다고 그는 주장한다.[28]

그는 자유주의-공동체주의 논쟁에 있어서는 다음 네 가지의 다른 논쟁들이 존재하고 있다고 말한다. 그것들은 1) 자아에 대한 설명과 관련한 원자론적 이론과 전체론적(holistic) 이론 사이의 논쟁, 2) 사회적·도덕적 조사와 관련한 전체론적 입장과 개인주의적 입장 사이의 논쟁, 3) 본질적인 도덕적 언명들과 관련하여 집합주의적(collectivist) 입장과 개인주의적 입장 사이의 논쟁, 4) 사회적·도덕적·정치적 변화와 관련하여 전통주의적 입장과 개혁주의적 입장 사이의 논쟁이다. 그런데 여기서 앞의 1)과 2)의 두 경우는 기실 자유주의-공동체주의 논쟁이 아니라고 한다. 왜냐하면 그 두 경우에서는 자아의 이론과 조사방법이 자유주의와 공동체주의의 대립과 연관시켜 볼 때 비결정적이기 때문이라는 것이다. 그리고 뒤의 3)과 4)의 두 경우에는, 자유주의가 개인주의적이고 개혁적인 반면 공동체적 가치의 추구가 집합주의적이고 전통주의적이라고 생각하는 사람들에 의해서는 공동체주의와 자유주의 사이의 갈등으로 해석될 것이라고 리안은 기술하고 있다. 그러면서도 그는 이 후자의 두 경우에 있어서의 갈등도 전부 아니면 전무가 아니라 정도의 문제일 수 있다고 말한다.[29] 여기서 리안이 의도하는 바는 형이상학과 방법론에 있어서의 일정한 헌신이 곧바로 이데올로기적 헌신으로 직결되는 것이 아니며 또한 이데올로기적 헌신에 있어서도 결심에 따라 정도의 차이가 있을 수 있다는 점을 주장키 위한 것이라고 할 수 있다.

그는 몇몇 이론가의 입장에 대한 설명을 통해 이를 입증하려 하고 있다. 즉 그린(T. H. Green)은 자아에 대한 전체론적 이론을 가지고 있으면서도 자유주의의 사회적 계획으로 정향되고 있으며, 드워킨(R. Dworkin)의 경우 전체론적 방법론을 가지고 있으면서도 정치적 자유주의자이며, 자유주의의 전형인 밀(J. S. Mill)에 있어서도 인격과 함께 개인의 내부문화(the internal culture of individual)에 대한 강조를 통해 공동체주의적 혹은 전체론적 측면으로 기울고 있다는 것이다.[30] 그리고 이데올로기적 헌신과 관련하여 일정한 사람이 얼마만큼 집합주의적·전통주의적이거나 개인주의적·개혁적인가는 전부 아니면 전무의 형태가 아니라 각각의 경우 그 헌신의 정도에 따라 차이가 있음을 밝히고 있다.[31]

공동체주의적 자유주의자로 분류될 수 있는 또 한 사람으로 갤스턴(William A. Galston)을 들 수 있다. 그는 자유주의의 기본 성격을 이론적·실제적 측면에서 규정하려 시도하는 과정에서 자신의 논거를 이론적 문제들보다 오히려 공민적 경험에 더 많이 의존하고 있다. 즉 자유주의적 공공문화가 자유주의 국가에서 어떻게 전개되어 왔는가가 그에게 있어서 가장 큰 관심사라고 할 수 있다.[32] 그는 미국의 자유주의의 본래적 요소가, 독립선언에 나타나는 바와 같이 형식적·절차적이기보다는, 본질적·목적적이라는 데서 자유주의 이론에 대한 오늘날의 지배적인 해석이 잘못되었음을 지적하고 있다.[33]

갤스턴은 자신이 규정하고 지향하는 자유주의를 목적적 자유주의(purposive liberalism)라고 명명하고 있다. 그러면서 그는 자유주의적 공동체의 구성원들이 공통적으로 소지해야 하는 자유주의적 목적은 바로 자유주의적 다양성을 떠받치는 통일성(unity)이라고 한다. 이런 의미에서 현대의 자유주의 국가는 공공목적들의 독특한 조화에 의해 활성화되는 것으로 그는 이해하고 있다.[34] 그는 자유주의가 이론과 실제 양면에서 기본적인 자유주의적 신념 및 공민적인 선과 덕을 함께 유지할 수 있으며 또한 유지해 왔다고 생각하고 있으며 이는 자유주의적 국가중립성과 관련한 다음과 같은 그의 관점을 통해서 보다 확연히 알 수 있다.

갤스턴은 오늘날 롤스(J. Rawls), 드워킨(R. Dworkin), 애커먼(B. Ackerman), 그리고 라모어(C. Larmore)와 같은 사상가들이 주장하고 있는 국가중립성에 대한 강조가 자유주의적 경험에 있어서의 다른 주요 요소들의 희생 하에 진척되어 왔음을 지적하고 있다.[35] 말하자면 자유주의 국가에서는 기본적인 선들과 공민적 덕성의 증진이 중요한 요소로 간주되어 왔는데 국가중립성 이론에 의해 이러한 점들이 도외시되고 있다는 것이다. 사실상 자유주의의 지적·정치적 역사, 오늘날의 자유주의 사회들의 사회적 실제와 신념, 그리고 최근의 자유주의 이론들의 암묵적인 전제들을 통해 알 수 있듯이 자유주의는 선에 대한 이해들과 관련하여 완전히 중립적이지는 않았다고[36] 갤스턴은 말한다.

갤스턴은 자유주의는 고전적인 완전주의(perfectionism)와는 다르지만 인간의 선에 대한 하나의 독특한 이해에 의존하고 있다고 한다. 즉 자유주의는 개별적·집합적 숙고를 통해서 특수한 주의를 기울일 가치가 있는 소수의 기본적인 선들의 윤곽을 그리면서 우리의 판단을 형성할 수 있는 고려들을 제공하고, 또한 공공적 가능성의 영역을 구분토록 해준다는 것이다.[37] 따라서 갤스턴은 우리가 자유주의적 통찰과 성취에 충실하면서도 선과 악에 대한 확고한 이해를 지지하는 것이 가능하다고 주장하는 가운데,[38] 자유주의 사회가 오랫동안 발전시켜온 그들의 특징적인 제도와 관행을 유지하기 위해서는 자유주의적인 덕들이 요구된다고 말한다.[39]

갤스턴은 이와 같이 자유주의의 국가 중립성 이론에 이의를 제기하는 한편 공동체주의 이론에 대해서도 비판을 가하고 있다. 그는 오늘날의 공동체주의의 자유주의비판과 관련하여 다음의 두 가지를 지적하고 있다. 첫째로 비판이 빗나가고 있다는 것으로서, 자유주의는 공동체를 손상시키지 않으며 오히려 공동체의 한 형태라는 것이다. 즉 자유주의는 덕을 거절하지 않으며 민주적 참여를 방해하지도 않으며 평등도 부인하지 않는다는 것이다. 두 번째는 공동체와 덕에 대한 관심은 자유주의와 대립되는 것이 아닐 뿐 아니라 올바르게 이해되는 자유주의와 완벽하게 일치한다는 것이다. 따라서 자유주의적 중립성과 반자유주의 사이의 논쟁은 불충분한 구도이며 제 3의 길이 있다는 것이다. 이 제 3의 길은 비중립적·본질적 자유주의로서 선에 대한 그 자체의 독특한 이해에 헌신하고, 다양성을 폭넓게 존중하며, 덕들에 대한 그 자체의 규준에 의해 유지되는 자유주의라고 한다. 그러면서 그는 자신이 신공동체주의자나 잠재적 공동체 이론가가 아니라 염려하는 자유주의자(worried liberal)로 불리어지길 원하고 있음을 밝히고 있다.[40]

갤스턴은 에치오니(A. Etzioni)와 함께 1991년 『반응적 공동체』(*The Responsive Community*)라는 저널을 만들고, 그 해 11월 18일 국회의사당에서 공동체주의 토론집회를 열었다. 그 후 그들은 공동체주의 운동을 대학 밖으로 확산시키는데 함께 심혈을 기울여 왔다.[41] 그러나 갤스턴이 의도하고 있는 공동체주의는 매킨타이어, 테일러, 그리고 샌델과 같은 학자들의 소위 반자유주의적인 공동체주의가 아니라 공동체적 선과 덕을 함유하는 자유주의라고 할 수 있다.[42]

이상의 스프래겐스, 리안, 그리고 갤스턴의 관점을 통해서 볼 때 각기 일정한 차이가 있기는 하나 대체로 다음과 같은 공통점이 있음을 알 수 있다. 첫째로 그들 모두는 자유주의와 공통체주의 사이의 논쟁 내지 갈등을 크게 유의미하게 생각하고 있지 않다는 것이다. 즉 공동체주의자들이 자유주의 전통에 대해 정확하게 인식하지 못하고 있으며, 그 때문에 자유주의를 잘못 비판하고 있다는 것이다. 두 번째로 자유주의에는 원래 복합적으로 공동체적 덕성과 선에 관한 요소가 강하게 내포되어 있으나 20세기에 들어와서 그러한 요소들이 소홀히 취급되면서 자유주의가 지나치게 개인주의화되고 절차화 되었다는 것이다. 세 번째로는 이런 의미에서 공동체주의는 자유주의에 대해 근본적으로 적대적인 것이 아니라 자유주의의 개선과 복구를 위한 노력의 일환이라는 것이다. 따라서 자유주의는 오늘날의 개인주의 편향의 원자론적 이념이나 반자유주의적인 강경공동체주의가 아닌 제3의 길 즉 공동체주의적 자유주의로 나아가야 한다는 것이다.

2. 공동체주의적 자유주의의 목표

다음은 위에서 대표적인 공동체주의적 자유주의자로 상정한 스프래겐스, 리안, 그리고 갤스턴의 관점을 통하여 공동체주의적 자유주의가 추구하고 있는 목표에 대해 살펴보기로 한다.

스프래겐스는 초기자유주의의 복합성과 심층성을 단순히 재생시키기보다는 그것들을 오늘날의 변화된 정치적·경제적·사회적 환경에 적합하게 창조적으로 재구성할 것을 요망하고 있다. 그는 개혁자유주의(reformed liberalism)는 자유 내지 평등에의 고착을 지향하고 계몽주의 선조들의 세 가지 목표인 자유, 평등, 박애의 중요성을 주장함에 의해 초기자유주의의 규범적 복합성을 회복시켜야 하며, 이런 의미에서 번영하는 공동체내에서의 공민적 우의를 대변하는 박애가 자유주의사회의 결정적 목표로 설정되어야 한다고 말한다. 또한 그는 초기자유주의에서는 도처에 존재했으나 많은 오늘날의 자유주의의 도덕적 중립주의에서는 사라진, 도덕적 차원을 개혁자유주의가 다시 획득할 것을 촉구하고 있다.

그는 자유주의가 도덕적 정의주의(emotivism)와 이에서 비롯되는 허무주의 뿐 아니라 인간의 완전성을 주장하는 독트린으로부터도 벗어나야 한다고 한다. 또한 그는 자유주의가 선한 생활의 원형들에 대해 완벽하게 중립적일 필요는 없으나 포괄적인 도덕적·종교적 독트린들 사이에서는 중립성을 유지해야만 할 것이라고 말한다. 그러면서 그는 갤스턴의 주장을 따라 자유주의사회가 자유주의적인 공민적 덕성들을 고취시켜야 한다고 말하면서 롤스의 용어를 빌려 도덕적 진보에 대한 이해가 도덕적 생활의 기본적인 특징들을 주목하는 구성원들의 '중첩적 합의'(overlapping consensus)로부터 형성될 수 있음을 언명하고 있다.[43]

스프래겐스는 공동체주의적 자유주의의 이 같은 이론적 정향이 함축하고 있는 정책과 사회적 조직을 자유지상주의적 입장 및 평등주의적 입장과 비교하는 가운데 다음의 다섯 가지를 주목하고 있다. 1) 엄격한 의미로서의 시장제도나 정부제도와 대조되는 시민사회의 제도의 건강함에 대한 세심한 주의, 2) 공민적 우의와 공통의 목적에 대한 의식의 증진, 3) 다수의 억압으로부터 자유주의적 시민을 보호하는데 있어서 개인적 권리의 중요성에 대한 인식, 4) 불가결한 공공영역의 유지와 숙고적인 정책결정의 고취, 5) 공민적 업무에 참여하고 공동선을 위한 책임을 짊어지는 시민자격에 대한 확고한 이해가 그것이다.[44]

다음은 리안의 경우이다. 그가 추구하고 있는 것은 자유주의적 공동체이다. 그리고 그에게 있어서 이러한 자유주의적 공동체를 추구하고 있는 사람들이 바로 자유주의적 개혁가이자 공동체주의적 자유주의자이다.

이런 점에서 롤스와 드워킨과는 달리 공동체주의적 자유주의자는 자유주의의 번영을 위해 자유주의자들의 공동체를 필요로 함을 주장하고 있다고 리안은 말한다. 그리고 그와 같은 공동체는 그 구성원들의 소극적 자유를 옹호하는 데서 통일되고, 가장 야심에 찬 비전의 경우 우리가 제각기 동료시민의 적극적 개별성의 유지를 도모하는 공동체라고 하고 있다.[45]

리안은 공동체주의적 자유주의자로서의 자유주의적 개혁가는 전통과 함께 급진적이지 않은 개혁을 아우르는 사람이라고 하고 있다. 그러면서 그는 자신의 목적은 자유주의적 열망들이 그린(T. H. Green)이나 브래들리(F. H. Bradley)와 같은 이상주의자들 그리고 뒤르켐(E. Durkheim)이 말한 것을 흡수한 사람들에 의해 옹호될 수 있는 길을 모색하는 것이라고 하고 있다. 그런데 이러한 자유주의적 개혁가는 일반적으로 새로운 개인적 열망들에 있어서의 개혁에 흥미를 느끼나 그 밖에 다양한 공동선과 여러 종류의 결사에 대해서도 흥미를 가질 수 있으며, 또한 개인적 개혁에 있어서도 자기중심적 활동에 국한되지 않고 집단적 활동도 가능할 것이라고 한다. 이런 점에서 그는 개혁을 위한 요구 모두가 자유주의적 개혁을 뜻하는 것만은 아니라고 하면서 그 예로 매킨타이어의 경우를 들고 있다.[46]

이상을 통해서 볼 때 리안은 기본적으로 자유주의적 열망에 충실하려 하면서도 이를 뒤르켐 등의 전통적인 관점이 적절히 수용되는 개혁을 통해 보완시키려 하고 있는 것으로 보인다. 그러나 그가 이 과정에서 부분적이기는 하지만 드워킨부터 매킨타이어까지 너무 폭넓은 범위에 걸쳐 자신의 이론을 적용하려는 데서 목표의 불명료성과 방만함을 드러내고 있다.

리안은 그 밖에 공동체주의적 자유주의가 추구하는 공동체의 모습으로 1) 재산의 신성성에 대한 너무 엄격한 주장이나 재산권 박탈에 관한 너무 변덕스러운 수용의 지양, 2) 다원주의적인 대의제민주주의 정치에로의 지향, 3) 사회적·정치적 행위에의 보다 많은 중요성의 부여의 세

가지를 그리고 있다.[47]

끝으로 갤스턴의 경우를 살펴보기로 하자.

그는, 자유주의가 인간적인 선과 관련하여 폭넓게 중립적인 것으로 이해될 수 없으며, 차라리 인간적인 선에 대한 하나의 독특한 이해 즉 사회적 정의에 대한 자유주의적 이해를 뒷받침하는 하나의 이해에 헌신적이라고 말한다. 그런데 정의와 인간적인 선에 대한 자유주의적 이해를 추구하기 위해 자유주의사회는 오랫동안 그들의 특징적인 제도와 관행을 발전시켜 왔는 바, 이러한 제도와 관행의 유지는 자유주의 시민에게 특수한 탁월성과 인격적 특성 즉 자유주의적인 덕들을 요구한다는 것이다. 따라서 자유주의적 공동체는 이러한 덕들이 강화되거나 침식되는 과정들에 특히 주의 깊어야 한다고 덧붙이고 있다.[48]

이 같은 공동체적인 요소들을 부각시키면서도 갤스턴은 이론적 수준이나 정책적 수준을 막론하고 그와 같은 것들이 기본적인 자유주의적 요소를 손상시키지 않는 가운데 추구되어야 함을 강조하고 있다.

즉 이론적 수준에서, 개인적 책임의 원칙들은 개인들의 기본적 권리들을 강화하는 방식으로 구체화되어야 하며 공동체의 이념은 그것이 다양성으로부터 그 힘을 이끌어 내도록 개념화되어야 한다고 한다. 그리고 정책적 수준에 있어서도 새로운 접근들은 시민들이 거절할 정도로 매우 본질적인 희생의 요구 없이 보다 큰 공동체에 참여하는 것을 강조할 필요가 있다고 말한다.[49]

이상과 같은 점들을 전제로 하여 갤스턴은 실제적인 영역에 있어서 추구해야 할 주요 관심사로서 다음 세 가지를 열거하고 있다. 첫째로 오늘날의 자유주의는 본질적인 권리와 자유를 보호하면서도 공공적 필요와 판단에 보다 민감하게 반응할 수 있고 또한 공공목적을 보다 강력하게 추구할 수 있도록 공공적 제도들을 개혁해야만 한다는 것이다. 둘째로 자유주의 사회는 장기적으로 균형적이고 지속 가능한 경제성장의 성취를 위한 전략을 개발해야 한다는 것이다. 그리고 끝으로 자유주의 사회는 그 구성원 각자가 기본적인 실제적 품위, 경제적 자립, 그리고 공민적 능력을 성취할 충분하고도 공정한 기회를 갖도록 보장해 줌으로써 모든 시민을 완전한 동반자로 취급하도록 하여야 한다는 것이다.[50]

이상의 세 사람의 관점을 통해서 우리는 공동체주의적 자유주의가 추구하고 있는 목표를 다음과 같이 요약할 수 있다. 첫째로 자유주의가 번영하기 위해서는 자유주의적 공동체를 필요로 하는 바, 이를 위해서는 자유주의를 개혁해야 한다는 것이다. 그리고 이때에 개혁은 자유주의적 전통에 대한 존중이 전제된 온건한 개혁이어야 한다는 것이다. 둘째로 이런 의미에서 개인의 본질적인 자유와 권리가 보호되는 가운데 공공적 목표를 추구해야 하며, 시민들의 본질적 희생 없이 공공업무에의 시민들의 참여를 고취해야 한다는 것이다. 그리고 세 번째로는 자유주의적 공동체는 자유주의적 덕성을 필요로 하는 바, 이 같은 자유주의적인 공민적 덕성은 공민적 우의를 증진시키는 시민의 특수한 탁월성과 인격적 특성의 계발에 의해 소지된다는 것이다. 끝으로 이들이 추구하는 자유주의적 공동체는 지역공동체라기보다는 국가적인 정치적 공동체의 모델이라는 점이다.

III. 자유주의적 공동체주의의 이론적 정향

1. 자유주의-공동체주의 논쟁에 대한 관점

자유주의적 공동체주의자로 추정되는 이론가로는 셀즈닉(Philip Selznick), 임마누엘(E. L. Emanuel), 그리고 골딩(Martin P. Golding)이 있다. 이들 세 사람은 자유주의적 공동체주의(liberal communitarianism)개념을 사용하면서 자신들이 자유주의적 공동체주의의 입장에서 이론을 전개하고 있음을 밝히고 있다. 먼저 자유주의-공동체주의 논쟁에 대한 그들의 견해를 살펴보기로 한다.

셀즈닉은 자유주의적 공동체주의는 자유주의에 대한 일괄적인 거절이 아니라 자유주의이론과 실제의 깊이 있는 재건설을 위한 요구라고 말한다. 즉 해방의 정신과 사회정의의 추구를 효과적인 공동체들의 책임성 있는 참여와 결합시키려는 것이 바로 자유주의적 공동체주의라는 것이다.[51] 그는 평등, 자유, 합리성, 그리고 공동선 개념과 관련하여 다음과 같이 자유주의의 문제점을 지적하고 있다.

그는 자유주의 사상에 있어서 평등은 도덕적 평등이라고 한다. 그런데, 오늘날의 대중적 자유주의(popular liberalism)에서는 이러한 도덕적 평등이 사회적 평등, 도덕적 자율성, 그리고 다양성의 존중이라는 세 가지 요소와 연결될 때 문제점이 나타나고 있다고 주장한다.[52] 첫째로 도덕적 평등이 사회적 평등으로 그대로 이전될 때는 사회정책에 있어서 평등의 추상적 일반화로 인하여 특수한 환경과 경쟁적 가치들이 깊이 고려되지 않음으로써 지역공동체들의 경우 그들이 할 수 있는 선택과 지지할 수 있는 실제의 다양성이 부적합하게 제한된다고 말한다. 둘째로 도덕적 평등이 도덕적 자율성에로 너무 쉽게 이전될 때는 도덕적 자율성이 사람들의 가치와 전망에 있어서 너무 큰 차이를 만들기 때문에 오늘날의 대중적 자유주의에서는 상이성(difference)의 측면에서의 평등이 인간다움(humanity)으로서의 평등을 삼켜버리도록 위협한다는 것이다. 그리고 세 번째로는 도덕적 평등이 다양성의 존중으로 이전되면서 다양성의 존중이 편협한 정열에의 복종이나 도덕적 원칙의 왜곡된 수용, 그리고 모든 면에서의 근본적 상이성에 대한 강조에로 진전된다면, 이는 파편화의 처방에 다름 아니며 그 때에는 우리가 공동체라고 부르는 통일들의 통일(unity of unities)을 건설할 수 없을 것이라고 말한다.

다음으로 셀즈닉이 제기하고 있는 것은 자유와 자유방임 사이의 관계이다.[53] 자유주의 전통에 있어서의 그 역사의 대부분은 자유방임적이 아니었으나 오늘날 자유방임적 요소가 보다 강하게 나타나고 있다는 점에 그는 주목하고 있다. 즉 자유의 추상적 이상에 대한 맥락적인 인식 없이 모든 언론이 도덕적으로 동등하다고 하면서 이에 대한 어떠한 규제도 억압적이라고 하는 대중적 자유주의의 절대론적 경향이 오늘날 일부 자유주의 이론가들에 의해 지지되고 있다고 하면서 그는 그 예로 드워킨을 들고 있다.

다음은 자유주의의 이상으로서의 합리성과 관련된 문제이다.[54]

셀즈닉은 자유주의적 합리성의 가장 큰 공헌이 비판적 도덕성의 이념에 대한 지지인데 그러한 비판적 도덕성이 자유주의에서 종종 잘못 전개되고 있음을 지적하고 있다. 이를테면 전적으로 합리적인 도덕성을 위한 자유주의의 추구가 종종 인성과 사회생활에 관한 추상적·사변적 추론에의 지나친 의존에로 이끌고 있다는 것이다. 따라서 관습에 대한 암묵적인 지식이 명료한 이론화에 기초한 구도보다 종종 더 현명하며, 존속가능한 문화에의 참여가 개인적 안정과 사회적 규율을 위한 불가결한 원천임을 제대로 인식하지 못함으로써 자유주의가 인습적인 도덕성의 가치를 올바로 평가하지 못하고 있다는 것이다.

다음은 공동선과 관련된 문제이다.[55]

많은 자유주의 이론가와 정치가가 명시적으로는 공공선과 공공이익을 추구하여 왔지만 사실상 자유주의에서는 평등, 자유, 합리성의 이상과 비교해 볼 때 공동선의 관념이 더 아주 조심스럽게 받아들여지고 있다고 셀즈닉은 말한다. 말하자면 자유주의자들은 단지 복수적이고 경쟁적인 선들만 있을 뿐 어떠한 공동선도 없다고까지 종종 말하고 있으며, 설혹 공동선이 있다 할지라도 그것은 의문의 여지가 없는 영역들에 대한 집단적 결정에 한정되어야 한다고 생각하고 있다는 것이다.

셀즈닉은 이와 같이 집단적 행동을 통해 공동체의 제반 문제를 해결하는데 있어서 너무나 철저하게 제한적 자세를 취하고 있는 자유주의에 대해 이의를 제기하고 있다. 그는, 우리가 공동선에 대한 완전히 분담된 이해를 기대하지는 말아야 하지만 숙고적 도덕성과 공공이익을 위한 분담된 헌신에 기초된 집단적 판단을 통해 공동선이 민주적으로 설정될 수 있음을 밝히고 있다.

이와 같이 셀즈닉은 오늘날 자유주의의 문제점들을 지적하는 반면 사회적 자아 개념과 특수주의를 옹호함으로써 공동체주의에로 접근하고 있다.

셀즈닉은 듀이(John Dewey)의 실용주의적 자연주의(pragmatic naturalism)와 그 이념적 기초라고 할 수 있는 사회적 자아(social self)개념을 수용하면서 이를 자유주의적 공동체주의와 연결시키고 있다. 실용주의적 자연주의에서는 인간을 상호작용의 산물로서 사회적 맥락 속에 끼워져 있는 존재로 보고 있으며, 이런 점에서 사람들이 연결들로 가득찬 개별들, 즉 고독하면서도 연합된 개별들의 가장 좋은 예로 이해되고 있다는 것에 셀즈닉은 유의하고 있다. 따라서 실용주의적인 사회이론에서는 사회적 자아가 동기, 행위, 그리고 도덕적 발전을 위한 함축이 풍부한 하나의 근본이념이 되고 있으며, 여기서 실용주의적 자연주의는 통상적으로 이해되는 바와 같이 반 개인주의적인 것은 아니며 오히려 개인들의 번영에 전적으로 헌신적이라는 것이다. 때문에 셀즈닉은 실용주의적 성향은 자유주의적 공동체주의를 요구한다고 말한다.[56]

셀즈닉에 있어서 이 같은 사회적 자아 개념의 수용은 특수주의(particularism)에 대한 강조로 귀결되고 있다. 특수성의 가치의 중요성을 주장하는 이론가들이 적지 않지만 그 중에서도 셀즈닉은 특수성의 일차성에 대해 가장 명료히 주장하는 사람 중의 하나이다. 그는 특수주의를 제한적 이타주의(bounded altruism)라고 하는 한편 보편주의(universalism)를 함유적 이타주의(inclusive altruism)라고 하면서 이들을 대비시키고 있다. 여기서 제한적 이타주의란 개인들이 갖는 특수한 관련 때문에 중요시되는 헌신의 윤리인 반면, 함유적 이타주의는 개인적 관계와 무관한 관점으로 객관적 표준이 최고의 덕의 지위로 채택되는 경우 즉, 공정성의 도덕성이라고 한다. 그런데 셀즈닉은 생물학적 유대 및 내집단(in-group)과의 동일화 충동에서 연유되는 특수주의가 보다 확실하고 기본적이며, 이성적 능력 및 협력과 상호성의 경험의 산물인 보편주의는 보다 불확실하다고 말한다.[57] 말하자면 보편주의는 그것이 비판적이거나 반성적인 도덕성에 긴요하다고 할지라도 결국 규칙과 원칙에 입각한 판단에 기인되기 때문에 도덕적 경험에 있어서 구체성과 특수성의 여지를 적합하게 평가하지 못하는 근본적인 한계를 갖고 있다는 것이다.[58]

그러나 셀즈닉이 이같이 특수주의를 강조하고 있다 할지라도 그는 완전히 동질적인 유기적 공동체가 아니라 분담된 의식과 함께 구조적 분화에 의해 특징지어지는 즉 폭넓은 범위의 활동과 결과를 포괄하는 공동체의 바람직함을 주장하고 있으며 이러한 공동체의 요구들은 합리적 판단과 개인적 자율성에 대립되는 것도 아님을 명료히 하고 있다.[59] 따라서 사회적 자아의 개념에 있어서도 그것이 사람들의 선택(자기규정적 선택을 포함하는)과 양립가능하며 이런 점에서 전적으로 구속받는 자아(encumbered self)는 아니라는 것이다.[60]

임마누엘(E. L. Emanual)도 그의 1991년 저서에서 자유주의적 공동체주의 정치철학을 전개하면서[61] 이에 기초하여 의료윤리에의 적합한 접근을 모색하고 있다. 자유주의에 대한 임마누엘의 설명은 중립성에의 헌신, 즉 선한 생활에 대한 다른 이해를 추구하는 다른 시민들의 관용에의 헌신을 자유주의가 강조하고 있다는 점으로부터 시작하고 있다. 그러나 그것은 분배적 정의론 즉 평등주의적인 롤스의 이론과 결합되어 있다. 그와 같은 이론은 정의의 원칙들에 의해 엄호되는, 일차적 선들에 대한 이해를 요구한다.[62] 자유주의에 대한 이 같은 이해 하에 임마누엘은 자유주의 정치철학이 의료윤리에 있어서 중대한 문제들에 대답할 능력이 없음을 아래의 두 가지 예를 통해 설명하고 있다. 첫째로 그는 자유주의 정치철학 내에는 능력 없는(incompetent) 환자들에게 어떤 배려를 제공할 것인가를 결정할 아무런 방법도 없다고 주장한다. 따라서 기본적으로 자유주의자들은 어떤 의료 서비스가 기초적 서비스의 일부분이 되어야 하는가를 평가할 아무런 기준을 갖고 있지 않다는 것이다. 민주적인 정치적 절차에의 호소조차도 이를 해결하지 못할 것이라고 그는 주장한다. 왜냐하면 그와 같은 절차도 정치적 생활에 있어서 적합한 방법의 논거를 설명하지 못하기 때문이라는 것이다. 이런 점에서 그는 자유주의정치철학에 대한 대안으로서 자유주의적 공동체주의에 기초되는 결정 작성을 검토하고 있다.[63]

임마누엘은 공공정책의 근거로서 사용될 수 있는 상호 분담된 가치의 존재에 대해 자유주의와 공동체주의가 분열되어 있음을 염두에 두면서 자신의 자유주의적 공동체주의를 이들 두 이론과 대조시키려 시도하고 있다. 그는 자신의 이론이 다원주의적 현실의 불가피성을 주장하고 소극적 자유의 권리의 중요성을 강조하고 있다는데서 자유주의와 일치함을 언명하고 있다. 그리고 다른 한편 자신의 이론은, 정책들이 본질적인 선이라고 할 수 있는 숙고(단순한 자기이익적인 투표행위에 반대되는)와 공동생활의 육성을 고려하는 선에 대한 하나의 특수한 이해에 근거되어야 한다고 주장하는 공동체주의와도 일치한다고 말한다. 따라서 임마누엘의 자유주의적 공동체주의를 구성하는 것은 공동체주의적인 숙고적 공동체들이 그 속에 깊이 새겨져 있는 자유주의적인 다원주의국가의 비전이라고 할 수 있다.[64]

골딩(Martin. P. Golding)의 경우 리안(Alan Ryan)의 논문을 비판하는 가운데 자유주의적 공동체주의에 관한 자신의 관점을 밝히고 있다.

골딩은 일정한 사람에게 있어서 자아이론(theories of self)과 사회조사 방법론이 그의 도덕적·정치적 헌신 및 이데올로기와 관련해서는 비결정적이라는 리안의 주장을 반박하고 있다. 즉 도덕적·정치적 이데올로기는 이론적·방법론적 관점과 밀접히 관련되어 있다는 것이다. 골딩은 자아이론과 사회적 유대의 방법론이 정치철학과 연계되는 가장 주된 영역은 선(the good), 개인성(the personal), 그리고 공동성(the common)에 대한 이론들에서라고 말한다. 즉 자아와 사회에 대한 전체론적(holistic) 설명과 원자론적 설명은 각각 자아의 본질에 대한 다른 관점과 함께 개인적인 선과 공동선에 대한 다른 이해를 뒷받침하는 것이며, 또한 자아와 사회 사이의 연관관계를 안출해 내는 작업을 하고 있기 때문이라는 것이다. 그러면서 그는 진리가 양 극단 즉 전체론적 관점과 원자론적 관점 사이의 어디엔가 놓여 있으며, 그 때문에 우리는 자유주의적 공동체주의자와 공동체주의적 혹은 복지적 자유주의자를 갖게 된다는 것이다.[65] 이 같은 골딩의 관점은, 공동체주의적 자유주의라고 추정되는 리안의 입장이 그러한 양 극단을 피하고 있으나 역시 결함을 가지고 있다는 데서, 또 하나의 진리에 접근 가능한 입장으로서의 자유주의적 공동체주의를 제시하고자 하는 것이라고 할 수 있다. 이는 공동체에 대한 골딩의 다음과 같은 관점에서 보다 명료히 드러나고 있다.

골딩은 우리가 가장 중요하게 의미를 부여해야 할 것은 공동선의 성질에 미치는 공동체이념의 영향이라고 한다. 따라서 공동체의 유형에 대한 고려가 결정적으로 중요한데, 공동체주의적 자유주의는 자유주의와 같이 다양한 종류의 공동체들에 대한 존중과 관련하여 특수주의적인 공동체주의적 주장들에 회의적이라는 것이다. 즉 그 존재가 인정되어 온 다양한 종류의 공동체들을 공동체주의적 자유주의가 적합하게 고려하지 않고 있다는 것이다.[66]

이상의 자유주의적 공동체주의자들의 관점을 요약해보면 다음과 같다.

첫째는 자유주의적 공동체주의자들 역시 자유주의-공동체주의 논쟁에 있어서 너무 강한 대조를 경계하면서도 공동체주의자들의 관점을 수용하는데 있어서 공동체주의적 자유주의자들보다 좀 더 능동적이라는 점이다. 즉 공동체주의적 요소들 중에서 극단적이지 않은 부분들을 좀 더 폭넓게 수용하면서도 자유주의의 장점들을 계승하고자 한다는 것이다.

둘째로 공동선에 대한 강조이다. 공동체주의적 자유주의자들은 자유주의 전통 속에 공동선의 요소가 강하게 내포되어 있다고 주장하는 반면 자유주의적 공동체주의자들은 자유주의에 있어서 공동선의 관념이 여타의 다른 자유주의적 요소들에 비해 소홀히 취급되어 왔다고 말한다.

세 번째로는 특수주의에 대한 강조이다. 공동체주의적 자유주의자들에 있어서 관심의 대상으로서의 공동체는 전국적인 규모의 정치적 공동체로서 이는 자유주의적 국가라는 기본모형에 공동체적 성격을 부분적으로 가미한 것이라고 할 수 있다. 반면 자유주의적 공동체주의에 있어서 공동체는 특수하고 다양한 종류의 여러 공동체들을 상정하는 것이며 이들 공동체들을 강조하는 가운데 이를 자유주의적 다원국가와 조화시키려는 것이라고 할 수 있다.

2. 자유주의적 공동체주의의 목표

앞에서 거론된 셀즈닉, 임마누엘, 그리고 골딩의 입장을 통하여 자유주의적 공동체주의가 추구하고 있는 목표에 대하여 살펴보기로 한다.

셀즈닉의 경우 다음의 네 가지를 들 수 있다. 첫째로 공동선(common good)의 추구이다. 지배에 대해 두려워함에 따라 자유주의자들은 종종 어떠한 공동선도 없다고 주장해 왔다고 셀즈닉은 말한다. 즉 단지 복수적이고 경쟁적인 선들만이 있기 때문에, 특수한 선들의 선택에 대해서만이 걱정할 필요가 있다고 자유주의자들이 생각하고 있다는 것이다. 이에 대해 셀즈닉은 우리가 그와 같은 선택들을 만드는데 있어서 어떤 표준을 사용할 것인가를 반문하면서, 우리가 경쟁적인 이익들과 많은 선들을 가지고 있는 만큼 우선성과 균형에 대한 집단적 결정을 만들어야 할 것이라고 말한다.[67] 즉 어떤 일정한 공공선이 있어야 한다는 것이다. 따라서 공식적인 국가중립성을 취하는 정책은 공공이익 내지 공동선을 규정하려는 노력에 그릇된 제한을 가하는 것이라고[68] 셀즈닉은 말한다.

두 번째로는 도덕적 공동체의 추구이다. 셀즈닉은 통치의 첫째가는 원칙은 공동체의 보전과 고양이며 존속 가능한 공동체는 바로 정치의 토대(infrastructure)라고 말한다.[69] 그는 자유주의적 전제들이 지나치게 개인주의적이고 비역사적이라고 말한다. 즉 자아와 책무의 사회적 원천들에 민감하지 못하며 따라서 권리에는 너무 많은 관심을 보이는 반면 의무와 책임에는 너무 적게 관심을 갖는다는 것이다.[70]

세 번째는 집단적 결정과 참여에 대한 강조이다. 특히 우리에게 가장 중요하다고 할 수 있는 공동선이 무엇인가에 대해서는, 우리 모두가 결정해야 한다고 셀즈닉은 주장하고 있다.[71] 그는 가정, 지역, 개인적 망상조직, 그리고 제도에의 참여와 같은 핵심적 참여들은 참여자들의 정체성과 합리성을 보존케 해준다고 말한다. 왜냐하면 정상적인 공동체들은 비합리적이거나 자기파괴적인 자세나 행위를 요구하지 않으며, 오히려 공동체 없이는 합리성은 종종 불확실할 뿐 아니라 이행될 수도 없기 때문이라는 것이다.[72] 그런데 도덕적 개인들과 제도들은 연관된 자아들(implicated selves)이며 그들의 덕들은 공동체적 참여의 특수한 형태에 의존한다고 하면서 셀즈닉은 이러한 참여를 도덕적 질서에의 자기확인적 참여라고 명명하고 있다.[73]

넷째는 특수적·지역적 공동체의 가치의 제고이다. 특수주의와 보편주의에 대한 셀즈닉의 자세는 공동체의 의미에 대한 그의 관점과 맥락을 같이 한다. 그는 특수주의적 공동체관과 보편주의적 공동체관을 다음과 같이 대비하고 있다. 특수주의적 공동체관에서는 순수한 공동체는 준수(observance)의 공동체이며 그것의 규칙들은 단순히 도구적인 것이 아니라 구성적인(constitutive)것이다. 따라서 공동체의 의미도 지역주의적(localist) 관련에서 가장 잘 표현된다는 것이다. 그리고 사회생활이 가장 충분히 경험되고 평가되는 지역적 수준에서 도덕적 자율성이 존재해야 한다고 할 때 그러한 지역적 수준에서 정치적 다수는 인습적인 도덕성을 유지하고, 그럼에 의해서 공동체의 문화를 결정할 자명한 권리를 갖고 있다는 것이다. 이와는 달리 보편주의적 공동체관에서는 도덕적 질서는 신념, 준수, 혹은 관계의 특수성에 의해 구성되는 것이 아니며 차라리 민주주의, 평등, 시민성, 그리고 법의 지배와 같은 보다 추상적인 이상들이 공동체를 규정한다고 본다. 이런 점에서 보편주의적 공동체관에서는 도덕적 공동체는 헌법에 의해 규정되는 것으로서 이에 따라 지역주의적 주장들은 감퇴된다는 것이다.[74]

이러한 대비를 통하여 셀즈닉은 지역성과 특수성의 가치에 대한 인식의 필요성을 제기하고 있다. 우리가 원하지 않는 형태의 게마인샤프트(Gemeinschaft)에로의 회귀는 바람직하지 않지만, 우리는 근대성(modernity)의 대가를 고려하여 특수성의 도덕적 가치와 함께 보편주의의 한계를 인식해야 한다는 것이 그것이다. 그리고 그렇게 하는 하나의 방법은 그 제도들의 통합을 포함한 그것의 도덕적 질서를 보호하기 위해 공동체의 권리를 존중하면서 비판의 원칙들을 포기하지 않는 것이라고 셀즈닉은 말하고 있다.[75]

다음은 임마누엘의 경우이다. 자유주의적 공동체주의와 관련하여 그가 추구하고 있는 목표로는 다음 두 가지를 들 수 있다. 첫째로 국가와 하위공동체(subcommunities)의 조화의 추구이다. 임마누엘은 자유주의 국가의 존재와 함께 자유주의국가내의 다양한 정치적 공동체들의 존재를 인정할 것을 요구하고 있다. 이는 그가 선에 대한 분담된 이해를 소지하는 하위공동체의 가능성을 인식하면서도 다원주의적인 자유주의 국가의 불가피성을 인식하고 있음을 뜻한다.[76]

임마누엘은 다원주의에 대해 다음과 같이 언급하면서 자유주의적 공동체주의와 다원주의의 양립이 가능함을 주장하고 있다.

> 다원주의는 추구될 수 있는 선한 생활에 대한 모든 가능한 이해들을 허용함을 뜻하지는 않는다. 선한 생활에 대한 모든 가능한 이해들을 허용하는 것은 자유주의 정치철학조차 거절하고 있는 하나의 터무니없는 표준이다. 그럼에도 불구하고 자유주의적 공동체주의의 이상은 특수한 종교에서 도덕적 자유주의에 이르기까지 선한 생활에 대한 많은 가치 있는 이해들과 양립가능하다.[77]

여기서 우리는 임마누엘이 이론적으로 다원주의를 제한적 입장에서 수용하고 있음을 알 수 있다.

두 번째는 하위공동체에서의 숙고적(deliberative) 민주주의의 추구이다. 숙고적 민주주의는 선에 대한 분담된 이해에의 심사숙고적인 호소에 의존하는 공공적 토론과 설득으로서, 이러한 민주주의는 하위공동체들 내에서 가능하다는 것이다. 이러한 활동유형은 선한 생활의 전부는 아니지만, 그것이 도구적인 선 이상이기 때문에 선한 생활의 일부분이라고 임마누엘은 말한다. 즉 그것은 정치적 자율성을 가능케 하고, 자율적이며 숙고적인 것으로 시민들의 자아발전을 양육하고 개인들을 위해 공동생활을 확립시키기 때문에 본질적으로 선하다는 것이다. 따라서 각각의 공동체에서 건강을 위한 계획과 관련한 정책들도 민주적 숙고를 통하여 그 구성원들에 의해 설정될 수 있다는 것이다.[78]

골딩 역시 다원적 공동체들로 이루어진 사회의 바람직함을 주장하는 가운데 공동체주의적 자유주의의 경우보다 공동체주의적 측면에 더 접근하고 있다. 하나의 공동체가 아닌 여러 공동체들을 강조하고 문화적 다양성의 중요성을 강조하는 등 다양성과 탈중앙집중화된 인간관계는 사생활에 대한 정부의 개입의 위험성을 줄이게 된다는 것이다.[79]

이상을 통해서 볼 때 자유주의적 공동체주의가 추구하는 목표는 다음과 같이 요약될 수 있다.

첫째로 공동선을 향한 도덕적 공동체의 추구이다. 자유주의적 전제들이 지나치게 개인주의적이고 권리중심적이기 때문에 사람들로 하여금 개인적 이익과 권리에만 집착하여 의무와 책임에는 소홀하도록 조장하여 왔다는 점에서 공동체를 통해 사회의 도덕성을 제고시키자는 것이다.

둘째로 특수적·지역적 공동체들의 바람직한 육성이다. 도덕적 자율성에 기초된 하위공동체들의 발전이야말로 공동선의 추구의 첩경이며 또한 그러한 경우에만 탈중앙집중화된 인간관계를 통하여 사생활에 대한 국가의 침해를 줄일 수 있다는 것이다. 그러나 이같이 하위공동체들의 존재와 그 문화적 다양성을 강조하면서도 자유주의적 공동체주의자들은 이를 자유주의적인 다원국가와 조화시키기를 추구하고 있다.

셋째로 하위공동체들에서의 참여를 통한 숙고적 민주주의의 추구이다. 도덕적 개인들과 제도들은 선에 대한 분담된 이해에의 심사숙고적 호소에 의존하는 공공적 토론과 설득, 즉 각기의 특수한 형태의 공동체적 참여를 통해 가능해진다는 것이다.

IV. 결 론

매킨타이어, 샌델, 그리고 테일러 등에 의해 대변되는 공동체주의는 구성적 공동체(constitutive community) 개념, 특수주의, 공동선, 공민적 덕성, 그리고 공공참여를 강조하면서 기존의 개인주의적 자유주의를 강력히 비판해 왔다. 그런데 그들 모두는 공동체의 중요성을 함께 역설하고는 있지만 공동체의 구체적 모델을 명료하게 제시하고 있지는 않다. 이런 점에서 그들은 소규모의 특수적·지역적 공동체로 부터 대규모의 정치적 공동체에 이르기까지 폭넓게 모든 사회형태를 구성적 공동체의 형태로 변형시키기를 의도하고 있는 것으로 보인다.

이러한 공동체주의에 어느 정도 공감하는 가운데 그 전체주의적 위험성을 경계하면서 온건하게 접근하려는 사람들의 입장을 온건공동체주의라고 할 때 이에는 대표적으로 공동체주의적 자유주의와 자유주의적 공동체주의의 두 가지 유형이 있다. 이 두 가지 유형을 비교해 볼 때 다음과 같은 점들이 발견된다.

먼저 스프래겐스, 리안, 그리고 갤스턴과 같은 이론가들에 의해 대변되는 공동체주의적 자유주의는 자유주의-공동체주의 논쟁의 의미를 최소화 하려 한다. 즉, 자유주의에는 본래 복합적으로 공동체적 덕성과 선에 대한 요소가 강하게 내포되어 있다는 점에서 공동체주의가 자유주의에 대해 근본적으로 적대적인 것이라기보다는 자유주의의 개선과 복구를 위한 노력의 일환이라는 것이다. 이런 점에 기초하여 공동체주의적 자유주의는, 자유와 권리의 보호와 함께 공공적 목표를 추구하기 위해, 자유주의적인 공민적 덕성 즉 공민적 우의를 증진시키는 시민의 특수한 탁월성과 인격적 특성의 계발이 전제되는 자유주의적 공동체를 지향하고 있다. 그리고 이러한 자유주의적 공동체의 모델은 지역적·특수적이기 보다는 국가적인 규모의 정치적 공동체라고 할 수 있다.

반면 자유주의적 공동체주의는 자유주의-공동체주의 논쟁에 있어서 너무 강한 대조를 경계하면서도 자유주의가 다른 요소들에 비해 공동선의 관념을 소홀히 다루어 왔음을 지적하고 있다. 즉, 자유주의적 공동체주의는 공동체주의적 요소들 중에서 극단적이지 않은 부분들을 좀 더 폭넓게 수용하는 가운데 공동체의 특수주의적 성격을 강조하고 있다.

이러한 입장에 기초하여 자유주의적 공동체주의는 공동선을 향한 도덕적 공동체를 추구하기 위해 특수적·지역적 공동체들을 바람직하게 육성시키려는 목표를 갖고 있다. 즉 구성원의 민주적 참여에 의해 고취되는 하위 공동체들이 자유주의적인 다원국가와 적절히 조화되는 사회를 모색하고 있는 것이다.

공동체주의적 자유주의와 자유주의적 공동체주의의 장단점을 명료히 파악하기 위해서는 이들 각각의 입장에 대한 보다 상세한 분석이 요청되며 이에 대해서는 지면이 허락지 않아 다음 기회로 미룬다. 그러나 이 같은 한계에도 불구하고, 지금까지의 논의를 통해 판단해 볼 때 오늘날의 도덕적, 사회·정치적 상황에서 공동체주의적 자유주의보다 자유주의적 공동체주의의 이념이 보다 설득력이 있는 것으로 보인다. 왜냐하면 지나친 개인주의적 자유주의로 부터 비롯되고 있는 오늘날의 도덕적 무질서와 함께 사회·정치적으로 보편주의라는 이름 아래 획일성을 강요하는 새로운 전체주의적 위험에 효과적으로 대처하는데 있어서 자유주의적 공동체주의의 이념이 보다 더 적합하리라고 생각되기 때문이다.

주

1 Micheal J. Sandel, *Liberalism and the Limits of Justice* (Cambridge: Cambridge University Press, 1982); Alasdair MacIntyre, *After Virtue: a study in moral theory* (London: Gerald Duckworth & Co. Ltd., 1981); Charles Taylor, "Atomism", in *Philosophy and the Human Sciences: Philosophical Papers*, Vol. 2(Cambridge: Cambridge University Press, 1985) 등의 저서 참조.

2 Allan Winkler, "Communitarianism", *Utne Reader*, No. 66, November/December 1994, p. 106 참조.

3 C. F. Delaney, ed., *The Liberalism-Communitarianism Debate: Liberty and Communtity Values* (Lanham, Maryland: Rowman & Littlefield Publishers, Inc., 1994), editor's introduction, pp. vii–viii.

4 Andrew Mason, "Liberalism and the Value of Community", *Canadian Journal of Philosophy*, Vol. 23, No. 2, June 1993, pp. 227–8.

5 *Ibid.*, p. 217.

6 *Ibid.*, p. 233.

7 Allen E. Buchanan, "Assessing the Communitarian Critique of Liberalism", *Ethics*, 99, July 1989, p. 853.

8 *Ibid.*, p. 855.

9 C. F. Delaney, *op. cit.*, p. vii; Andrew Mason, *op. cit.*, pp. 216, 222; Allen E. Buchanan, *op. cit.*, pp. 854, 856, 871 참조.

10 이에 대해서는 Michael J. Sandel, *op. cit.*, pp. 108–50; Alasdair MacIntyre, *op. cit.*,pp. 204–5; Charles Taylor, *Sources of the Self: The Making of the Modern Identity* (Cambridge, Mass.: Harvard University Press, 1989), pp. 27, 36 참조.

11 이에 대해서는 Alasdair MacIntyre, *op. cit.*, pp. 205–6; Otfried Höffe, "Der Kommunitarismus als Alternativ?: Nachbemerkungen zur kritik am Moralisch-Politischen Liberalismus", *Zeitschrift für Philosophische Forschung*, Band 50, Heft 1/2, Januar–Juni 1996, p. 96; Michael J. Sandel, *op. cit.*, p. 173; Charles Taylor, "Cross-purposes: The Liberal-Communitarian Debate, Nancy L. Rosenblum, ed., *Liberalism and the Moral Life* (Cambridge, Mass.; Harvard University Press,

1989), p. 176 참조.

12 Alasdair MacIntyre, *op. cit.*, pp. 203, 205; Charles Taylor, "Atomism", p. 210; Michael J. Sandel, "The Procedural Republic and the Unencumbered Self", *Political Theory*, vol. 12, No. 1, February 1984, p. 82.

13 Charke E. Cochran, "The Thin Theory of Community: The Communitarians and Their Critics", *Political Studies*, Vol. 37, No. 3, September 1989, pp. 425–6; Michael J. Sandel, *Liberalism and the Limits of Justice*, p. 11; 본서, 제1장, pp. 29–30 참조.

14 Michael J. Sandel, *Liberalism and the Limits of Justice*, p. 173; Alasdair MacIntyre, *op. cit.*, pp. 175–8 참조.

15 Clarke E. Cochran, *op. cit.*, pp. 425–6 참조.

16 John W. Chapman and Ian Shapiro eds., *Democratic Community* (New York: New York University Press, 1993), editor's introduction, p. 3.

17 공동체주의가 그 기본 이론을 자유주의에 대한 비판을 통해 형성해온 만큼 온건 공동체주의는 여타의 다른 이념들보다 공동체주의와 자유주의에 대한 그것의 자세를 통해 규정되는 것이 적절한 것이다.

18 Philip Selznick, "Foundations of Communitarian Liberalism", *The Responsive Community*, Vol. 4, Issue4, Fall 1994, p. 16.

19 Martin P. Golding, "Communities and the Liberal Community: Some Comments and Questions", John W. Chapman and Ian Shapiro, eds., *Democratic Community* (New York: New York University Press, 1993), pp. 121–2 참조.

20 Amitai Etzioni, ed., *New Communitarian Thinking: Persons, Virtues, Institutions, and Communities* (Charlotteville: University Press of Virginia, 1995), editer's introduction, pp. 2–4 참조.

21 도펠트는 대표적인 자유주의자인 롤스(John Rawls)의 이론적 틀이 공동체주의적 자유주의로 이해될 수 있다고 말하기까지 하고 있다. Gerald Doppelt, "Beyond Liberalism and Communitarianism: Towards a Critical Theory of Social Justice", *Philosophy & Social Criticism*, Vol. 14, Nos.3/4, 1988. p. 281.

22 Thomas A, Spragens, Jr., "Communitarian Liberalism", Amitai Etzioni, ed., *New Communitarian Thinking: Persons, Virtues, Institation, and Communities* (Charlotteville: University Press of Virginia, 1995), p. 38.

23 *Ibid.*, p. 39.

24 *Ibid.*, p. 40.

25 *Ibid.*, p. 42.

26 *Ibid.*, pp. 44–5.

27 *Ibid.*, p. 47.

28 Alan Ryan, "The Liberal Community", John W. Chapman and Ian Shapiro, eds., *Democratic Community*, p. 91.

29 *Ibid.* p. 98; Martin P. Golding, "Communities and the Liberal Community: Some Comments and Questions", John W. Chapman and Ian Shapiro, eds. *Democratic Community*, pp. 115–6.

30 Alan Ryan, "The Liberal Community", pp. 92–4; Martin P. Golding, "Communities and the Liberal Community: Some Comments and Questions", p. 116.

31 Alan Ryan, "The Liberal Community", pp. 102–5.

32 William A. Galston, *Liberal Purposes: Goods, Virtues, and Diversity in the Liberal State* (Cambridge: Cambridge University Press. 1991), p. 6.

33 *Ibid.*, p. 9.

34 *Ibid.*, pp. 3–4.

35 *Ibid.*, p. 7.

36 *Ibid.*, pp. 7–8.

37 *Ibid.*, p. 8.

38 *Ibid.*, pp. 9–10.

39 *Ibid.*, p. 18.

40 *Ibid.*, pp. 43–4. 갤스턴은 공동체주의의 대표적 인물로서 특히 왈저(M. Walzer), 웅거(R. Unger), 그리고 매킨타이어 (A. MacIntyre)에 대해 집중적으로 논의하고 있다. *Ibid.*, pp. 44–75 참조.

41 Allan Winkler, *op. cit.*, pp. 106–7.

42 William A. Galston, "The Promise of Communitarianism", *National Civic Review*, Vol. 82, No. 3, Summer 1993, pp. 218, 220 참조.

43 Thomas A. Spragens, Jr., "Communitarian Liberalism", Amitai Etzioni, ed., *New Communitarian Thinking*, pp. 46–9.

44 *Ibid.*, pp. 49–51.

45 Alan Ryan, "The Liberal Community", John W. Chapman and Ian Shapiro,

eds., *Democratic Community*, p. 107.

46 *Ibid.*, pp. 105–6.

47 *Ibid.*, pp. 108–10.

48 William A. Galston, *Liberal Purposes: Goods, Virtues, and Diversity in the Liberal Srate*, pp. 18–9.

49 William A. Galston, “The Promise of Communitarianism”, p. 219

50 William A. Galston, *Liberal Purposes: Goods, Virtues, and Diversity in the Liberal State*, pp. 20–1.

51 Philip Selznick, “Foundations of Communitarian Liberalism”, *The Responsive Community*, Vol. 4, Issue 4, Fall 1994, p. 16. 여기서 셀즈닉은 우리가 공동체주의적 자유주의자나 혹은(독자들이 선호한다면) 자유주의적 공동체주의자여야 한다고(*Ibid.*) 말한다. 이런 점에서 그가 공동체주의적 자유주의자와 자유주의적 공동체주의자를 교환가능한 용어로 사용하고 있는 것으로 보이며, 이런 점에서 앞으로 그가 사용하고 있는 공동체주의적 자유주의 개념은 자유주의적 공동체주의로 일괄하여 표기하기로 한다.

52 *Ibid.*, pp. 17–20.

53 *Ibid.*, pp. 20–3 참조.

54 *Ibid.*, pp. 23–5 참조.

55 *Ibid.*, pp. 25–7 참조.

56 Philip Selznick, *The Moral Commonwealth: Social Theory and the Promise of Community* (Berkeley: University of California Press, 1992), p. 29.

57 *Ibid.*, pp. 110–11.

58 *Ibid.*, p. 113.

59 *Ibid.*, pp. 367–8.

60 *Ibid.*, p. 380.

61 임마누엘은 여기서 특히 그 자신이 자유주의적 공동체주의의 관점에서 논의를 진행시키고 있음을 명확히 하고 있다. E. J. Emanuel, *The End of Human Life: Medical Ethics in a Liberal Polity* (Cambridge,Mass.: Harvard University Press, 1991), ch.5 참조.

62 Brauch A. Brody, “Liberalism, Communitarianism, and Medical Ethics”, *Law & Social Inquiry*, Vol. 18, No. 2, Spring 1993, p. 394.

63 *Ibid.*, pp. 396–7.

64 *Ibid.*, pp. 402–3.

65 Martin P. Golding, "Communities and the Liberal Community: Some Comments and Questions", pp. 117–8.

66 *Ibid.*, pp. 119–22.

67 Phihip Selznick, "Foundations of Communitarian Liberalism", p. 26.

68 Philip Selznick, "Dworkin's Unfinished Task", *California Law Review*, Vol. 77, No. 3, May 1989, p. 510 참조.

69 *Ibid.*, p. 506.

70 Philip Selznick, *The Moral Commonwaclth: Social Theory and the Promise of Community*, p. xi.

71 Philip Selznick, "Foundations of Communitarian Liberalism", p. 27.

72 Philip Selznick, "Dworkin's Unfinished Task", p. 507.

73 Philip Selznick, *The Moral Commonwealth: Social Theory and the Promise of Community*, pp. xiv. 124.

74 Philip Selznick, "Dworkin's Unfinished Task", pp. 512–3.

75 *Ibid.*, p. 513.

76 Brauch A. Brody, *op. cit.*, pp. 403 참조.

77 E. J. Emanuel, *op. cit.*, pp. 240–41.

78 Brauch A. Brody, *op. cit.*, pp. 403–4.

79 Martin P. Golding, "Communities and the Liberal Community: Some Comments and Questions", pp. 123–4 참조.

제2부 정 서

제5장

아리스토텔레스의 덕론에 있어서 정서의 의의

오늘날 우리 사회는 극심한 도덕적 혼란을 겪고 있다. 어디서부터 손을 대야할지 모를 정도로 도덕적 난맥상이 사회 전 분야에 걸쳐 혼돈의 지경에 까지 이르고 있는 것이 작금의 상황이다. 이러한 상황에서 장·단기적으로 도덕교육에 거는 기대가 더욱 커질 수밖에 없다는 점에서 도덕교육의 이론과 실제의 개발에 있어서 혼신의 힘을 기울여야 할 시점에 있다고 할 수 있다.

그러나 현 시점에서 냉철히 관찰해 볼 때 우리가 과연 현 시대에 가장 적절한 도덕·윤리교육을 위한 패러다임을 구축하고 시행하는데 있어서 얼마만큼 소신 있는 합의를 도출하려 노력하고 있는가를 자문해 볼 때 이에 대해 자신 있는 답변을 할 수 없는 것 또한 사실이다. 이런 점에서 본 장에서는 그와 같은 근본적인 문제에 접근하는데 필요한 논의를 제기하는 차원에서 우리의 도덕적 성품을 개발하는데 있어서 판단과 정서 사이의 해묵은 문제를 다시 짚어보고자 한다.

도덕교육에 있어서 판단력의 고양에 중점을 둘 것인가 아니면 정서적 훈련에 중점을 둘 것인가는 오래전부터 도덕교육 이론가들에 의해 주의 깊게 논구되어 왔다. 양측을 가장 잘 대변하는 이론가들이 피아제(Jean Piaget)와 뒤르켐(Emile Dukheim)이라는 것은 잘 알려진 사실이다.

우리는 양측의 입장을 단순 비교하여 그 장단점을 밝히는데 익숙해져 있는데 이것만 가지고는 미흡하며, 현 시대 상황에서 어느 입장이 더 적실성이 있는가에 대한 논구가 이어지고 이에 기초하여 적실성 있는 관점을 실제에 적용하기 위한 구체적 방안들을 모색하는데 심혈을 기울여야 할 것이다. 본 장에서는 이러한 입장을 가장 잘 대변할 수 있는 관점으로서 아리스토텔레스의 덕론에 있어서 정서관을 다시 짚어 그 현대적 의의를 검토하려 한다.

I. 지적인 덕과 실천적 지혜

아리스토텔레스는 『니코마코스 윤리학』(*Ethica Nicomachea, Nicomachean Ethics*)에서 철학적 지혜(philosophic wisdom), 이해력(understanding) 그리고 실천적 지혜(practical wisdom)는 지적인 덕들(intellectual virtues)이고, 관후와 절제는 도덕적인 덕들(moral virtues)이라고[1] 함으로써 실천적 지혜를 지적인 덕에 포함시키고 있다. 그러면서도 그는 또한 엄밀한 의미에서의 도덕적인 덕은 실천적 지혜를 함축하고 있다고(*EN*, Book6, 13장, 1144b16-7) 하는데서 실천적 지혜 개념의 복잡성을 드러내고 있다. 논지를 단순화시키기 위해 실천적 지혜와 도덕적인 덕 사이의 관계에 대해서는 다음 장에서 구체적으로 다루기로 하고 여기서는 우선 지적인 덕과의 관계에 대해 살펴보기로 한다.

아리스토텔레스에 있어서 지적인 덕은 주로 그 발생과 성장이 교육에서 비롯되며 그 때문에 그것은 경험과 시간을 요구한다고 한다(*EN*, Book1, 1장, 1103a15-7). 그렇다면 이러한 지적인 덕에 속하는 실천적 지혜를 획득하기 위해서는 이를 위한 지적 교육이 필수적이라는 말이 된다.

그런데 아리스토텔레스가 이러한 지적인 덕을 설명하는 가운데 몇 가지 의문점이 발견된다. 그는 사람의 정신(soul)속에는 비이성적 요소와 이성적 요소가 있으며, 비이성적 요소 중 식물적 요소는 이성을 분유하고 있지 않지만 욕구적 요소는 그것이 부친이나 친구의 말을 귀담아듣는 경우에서처럼 이성에 귀를 기울이고 복종하는 한 이성을 분유하고 있다고 하고 있다. 그리고 이성적 요소 또한 두 부분으로 나뉠 수 있는데 그 하나는 엄밀한 의미에서 그리고 그 자체로 이성을 가지고 있는 것이고, 다른 하나는 부친의 말에 복종하는 것처럼 순종하는 경향을 가지고 있는 것이라고 하고 있다. 덕에 있어서도 또한 정신의 이러한 구별에 따라 지적인 덕과 도덕적인 덕으로 나눌 수 있다고 한다(*EN*, Book1, 13장, 1102a27-1103a6). 아리스토텔레스는 여기서 지적인 덕은 엄밀한 의미의 이성과 관련된 탁월한 정신상태, 그리고 도덕적인 덕은 순종하는 경향과 관련된 탁월한 정신상태를 가리키는 것으로 보인다. 그런데 여기서 한 가지 의문점이 제기된다. 그렇다면 이성적 요소의 한 부분인 순종하는 경향과 비이성적 요소 중 욕구적 요소에서 순종하는 경우를 어떻게 명료히 구분할 수 있는가이다. 이를 가장 간단히 해석한다면 순종하는 경향은 그것이 어느 요소로부터 기인하든 간에 이성적인 면을 함유하고 있다는 것이며 이는 특히 도덕적인 덕과 연관된다는 것이다.

또 한 가지 여기서 주목해야 할 중요한 일은 비이성적 요소에 속하는 욕구적 요소 중 이성적인 면과 소통가능한 부분과 그렇지 않은 부분이 있다는 것 그리고 이성적 요소에 속하는 덕 중에서 엄밀한 의미에서의 이성적 부분과 순종적 부분이 있다는 것이다. 이를 순차적으로 나열한다면, 첫째로 이성적 요소 중 엄밀한 의미에서의 이성적 부분, 둘째로 이성적 요소 중 순종적 부분, 셋째로 욕구적 요소 중 순종적 부분, 넷째로 욕구적 요소 중 엄밀한 의미에서의 욕구적 부분으로 나누어 질 수 있다. 이 중에서 첫 번째인 이성적 요소 중 엄밀한 의미에서의 이성적 부분은 바로 아리스토텔레스가 지적인 덕이라고 하는 것으로서 덕 중에서 최고의 것이라고 칭하는 것이라면 두 번째와 세 번째에 해당하는 것은 도덕적인 덕에 속한다고 할 수 있다. 이런 점에 기초해서 도덕적인 덕에 대해서는 뒤에서 보다 자세히 논의하기로 하고 여기서는 첫 번째인 지적인 덕에 대해 살펴보기로 한다.

아리스토텔레스는 주요한 지적인 덕으로서 마음의 다섯 가지 상태들이 있다고 한다. 학문(science), 기술(art), 실천적 지혜(practical wisdom), 직관적 이성(intuitive reason), 이론적 지혜(theoretical wisdom)가 그것이다. 여기서 학문은 필연적이고 영속적인 것과 관련되며 가르침에 의해 전수될 수 있는 것이다. 기술은 참된 규칙의 도움으로 우리가 일들을 만드는 성향이며 이는 필연적이거나 자연에 따르지 않는 일들과 관련된다. 실천적 지혜는 좋은 숙고의 힘이며 특수한 것들이 어떻게 제작될 수 있는가에 대한 것이 아니라 그 자체로 좋은 일들에 대한 것 즉 우리를 만족시킬 성질의 전반적 상태가 어떻게 생기게 될 수 있는가에 대한 것이다. 이것은 사람들을 위하여 좋고 나쁜 일들과 관련하여, 규칙에 의하여, 행동으로 향하는 참된 성향이다. 직관적 이성은 우리가 그것에 의해 궁극적 전제들을 파악하는 것으로서 이로부터 학문이 출발한다. 끝으로 이론

적 지혜는 직관과 학문의 결합으로서 가장 고결한 대상으로 지향된다.[2]

그런데 우리 내부에서 규칙들을 공식화하는 요소 즉 이성적 요소는 학적 능력(scientific faculty)과 사료적 능력(calculative faculty; 思料的 能力) 즉 의견의 능력(faculty of opinion)으로 나누어지는바 여기서 학적 능력에 의해서는 우리가 우연성을 갖지 않는 대상들에 대해 관조하는 반면, 사료적 능력에 의해서는 우연성을 갖는 일들을 돌본다고 한다. 그러면서 숙고하고(deliberative) 사료하는(calculative) 것은 똑같은 일이라고 하고 있다. 따라서 우리는 이 두 부분 즉 학적 능력과 사료적 능력의 최고 상태를 배우지 않으면 안 되는 바 왜냐하면 이것이야말로 그 각각의 덕이기 때문이라는 것이다(*EN*, Book6, 1장, 1139a5-16). 여기서 관조(contemplation)의 적합한 대상은 진리이며 사료(calculation)의 적합한 대상은 올바른 욕구에 상응하는 진리라고 하고 있다.[3]

한편 아리스토텔레스는 영혼의 지배적인 세 가지 요소들 - 감각(sensation), 이성(reason), 욕구(desire) - 중에서 감각은, 하등동물들이 감각을 가지고 있기는 하나 행동을 하지 않는다는 사실로부터 우리가 알 수 있는 것과 같이, 결코 행동을 결정하지 않는다고 한다. 반면 다른 두 요소들은 행동과 연결되나 다른 방식으로 행동을 결정한다. 여기서 도덕적인 덕은 선택하려는 성향이며 이 때 선택은 숙고적 욕구이며 목적 및 이성을 위한 욕구와 관련된다. 이성의 대상은 그것의 학적 형태에 있어서는 진리이며 사료적 형태에 있어서는 올바른 욕구에 반응하는 진리 즉 올바른 욕구의 충족에의 수단에 대한 진리라고 한다.[4]

여기서 실천적이거나 생산적이 아닌 관조적인 지성(intellect)에 있어서는 선하고 나쁜 상태는 각각의 진리와 허위이다. 반면에 실천적이면서 지적인 부분에 있어서는 선한 상태는 올바른 욕구와 일치하는 진리이다. 행동의 근원 즉 행동의 목적인이 아닌 운동인은 선택이며 그래서 선택은 목적에 대한 관점을 갖는 욕구 내지 추론인 것이다. 이것이 바로 선택이 이성과 지성 없이 혹은 도덕적 상태 없이는 존재할 수 없는 이유이다. 왜냐하면 선한 행동과 그 역은 지성과 인격의 결합 없이는 존재할 수 없기 때문이다. 그러나 지성 그 자체는 아무것도 움직이지 못하며 단지 목적을 갖는 실천적인 지성만이 움직일 수 있다는 것이다(*EN*, Book6, 2장, 1139a21-b1).

이상에서 보는 바와 같이 아리스토텔레스는 실천적 지혜를 지적인 덕 중의 하나로 규정하고 있다. 그에게 있어서 실천적 지혜는 궁극적인 특수한 사실들과 관련되는 것이다(*EN*, Book6, 8장, 1142a23-4). 그리고 실천적 지혜는 올바른 욕구 즉 이성적 욕구의 달성을 위한 사료적 형태로서의 숙고인 것이며, 이 때 실천적 지혜가 행동을 위한 것인 반면 기술은 행동이 아닌 제작과 관련된 것이라는 데서 자체로서의 목적인 행동과 관련된 것만이 사료적 형태의 숙고라고 하고 있는 것이다.

이와 같은 아리스토텔레스의 지적인 덕과 관련하여 한 가지 의문점은 직관적 이성에 관한 것이다. 아리스토텔레스는 실천적 지혜는 직관적 이성에 대립되는 것이라고 한다. 왜냐하면 직관적 이성은 그 이유를 따질 수 없는 일정한 전제들에 관한 것인 반면 실천적 지혜는 학적 지식의 대상이 아닌 지각(perception)의 대상인 궁극적 특수성과 관련되기 때문이라는 것이다(*EN*, Book6, 제8장, 1142a25-8). 그런데 같은 책 11장에서는 직관적 이성의 또 다른 면을 언급하고 있어 혼동을 일으키게 하고 있다. 여기서 아리스토텔레스는 직관적 이성은 양쪽 방향들에서 궁극적인 것들(ultimates)과 관련된다고 한다. 왜냐하면 첫째 명제(terms)와 최종 명제는 직관적 이성의 대상이지 논증(argument)의 대상이 아니기 때문이다. 그래서 논증에 앞서 논증의 전제가 되는 직관적 이성은 불변적인 첫째 명제를 파악하는 반면 실천적 추론과 관련된 직관적 이성은 최종의 가변적인 사실 즉 소전제들을 파악한다. 왜냐하면 보편들은 특수들로부터 다다르게 되기 때문에 이들 가변적인 사실들은 목적의 이해(apprehension of the end)를 위한 출발점들이며, 그러므로 우리가 이에 대한 지각을 가져야 하는 바 이러한 지각이 바로 직관적 이성이라는 것이다(*EN*, Book6, 11장, 1143a35-b6). 이러한 11장에서의 보다 상세한 언급을 통해서 볼 때 8장에서 실천적 지혜가 직관적 이성과 대립된다고 할 때의 직관적 이성은 불변적인 첫째 명제를 파악하는 것과 관련된 이성이라고 보아야 할 것이다.

그렇다면 아리스토텔레스에 있어서 실천적 지혜(practical wisdom)는 이러한 직관적 이성을 포함한 지각(perception), 숙고(deliberation), 그리고 실천적 추론(practical syllogism)등 과는 어떠한 관계를 갖고 있는가? 아리스토텔레스에 있어서 실천적 지혜의 중심 개념은 숙고라고 보아야 할 것이며 여기서 숙고의 탁월성은 정확성이다.[5] 그리고 그에게 있어서 지각은 숙고가 행동으로 이르기 전의 단계로서 직관적 지각에 해당한다. 즉 소전제는 지각 행위에 의해 제공된다는 것이다. 한 사람의 숙고들이 행동으로 이끌어지려면 그것들은 경험 즉 궁극적으로 지각에 의해 알려지는 어떤 것에서 마무리되지 않으면 안 된다는 것이다.[6] 한편 그에게 있어서 실천적 추론(삼단논법)은 숙고의 과정으로부터 분리된 것이나 그렇다고 해서 숙고의 대안 형태는 아니며 직관적 행위의 내용을 표현하는 하나의 방식으로서 이를테면 숙고의 마지막 단계로서 숙고의 보조 기능을 하고 있는 것으로 이해하고 있다.[7] 즉 실천적 추론은 숙고 이후 그 결론을 행동으로 이행하기 전에 이루어지는 단계라고 해야 할 것이다(*EN*, Book6, 12장, 1144a31-2). 끝으로 실천적 추론과 지각과의 관계이다. 아리스토텔레스에 있어서 실천적 추론은 단지 직관적 지각 행위의 내용을 표현하는 한 방식이며, 이러한 지각 행위에 의해서 행위자는 앞서 결정된 궁극적 수단들의 행동을 위한 존재(presence)와 유효성(availability)을 인식하게 된다. 즉 아리스토텔레스는 실천적 추론들의 소전제들에 대한 앎을 궁극적인 것들(eschata)에 대한 지각적 지식과 연결시키고 있는 것이다.[8] 결국 직관적 지각이 제공하는 소전제들을 파악하는 것이 실천적 추론이라고 하고 있는 것이다(*EN*, Book6, 11장, 1143b2-6).

이상을 통해서 볼 때 아리스토텔레스에 있어서 실천적 지혜는 숙고, 지각, 그리고 실천적 추론의 단계를 거친다고 할 수 있다. 이 중에서 특히 지각을 직관적 이성의 활동으로 규정함으로써 지각을 지적(intellectuel) 영역으로 분류하고 있다. 그러나 직관은 근대 이후 많은 경우 정서적인 것으로 간주되어 왔다. 스피노자(B. Spinoza)에 있어서도 직관적 지식은 정서적 자세와 관련된 것이었으며,[9] 셸러(M. Scheler)는 사랑이나 공감과 같은 정서 없이는 인간은 도덕적 실재에 접근하기 위해 필요한 직관적 통찰은 결핍할 것이라고 생각했으며,[10] 오늘날에 있어서도 이 같은 관점은 이어지고 있다.[11] 이렇게 볼 때 아리스토텔레스에 있어서 실천적 지혜는 정서적인 면과 밀접히 관련된 것이었음을 알 수 있다.

더욱이 가장 이성적이고도 논리적으로 진행시켜야 할 추론에 있어서까지도 아리스토텔레스는 도덕적인 덕의 도움이 있어야 한다는 점을 명확히 하고 있다. 그는 행해져야 할 행동들을 다루는 추론들은 '목적 즉 최선의 것은 이러이러한 성질의 것이기 때문에' 라고 하는, 하나의 출발점과 관련된 일들인데 이것은 선한 사람에게 밖에는 명백하지 않기 때문이라고 하고 있는 것이다(*EN*, Book6, 12장, 1144a31-4).

II. 도덕적인 덕의 두 가지 단계

우리는 앞에서 아리스토텔레스에 있어서 실천적 지혜가 지적인 덕에 포함되고 있다는 점을 살펴보았다. 그런데 그에게 있어서 실천적 지혜의 개념은 매우 미묘하고 복잡하여 이해하기가 쉽지 않다. 우선 먼저 그가 실천적 지혜를 도덕적인 덕과 어떻게 관련시키고 있는가를 살펴본 후 이에 대해 하나씩 검토해 나가기로 한다.

아리스토텔레스는 도덕적인 부분에 있어서 자연적인 덕과 엄밀한 의미에서의 덕이 있다고 하면서 이들 중 후자가 실천적 지혜와 관련된다고 하고 있다(*EN*, Book6, 13장, 1144b15-7). 이 문구를 좀 더 알기 쉽게 이해하기 위해 그가 도덕적인 덕에 대해 규정하고 있는 내용들을 살펴보면 다음과 같다. 첫째로 아리스토텔레스는 도덕적인 덕들은 본성적으로 우리 속에 생기는 것도 아니고, 본성에 반하여 우리 속에 생기는 것도 아니며 차라리 우리는 그것들을 받아들이도록 본성적으로 조절되며 습관에 의해 완전하게 된다고 한다. 결국 도덕적인 덕은 습관의 결과라는 것이다(*EN*, Book2, 1장, 1103a17-25).

둘째로 도덕적인 덕은 우리의 정신 속에 있는 세 가지 종류 즉 정열(passions), 능력(faculties), 성품(states of character)중 성품과 관련된 것이라고 말한다(*EN*, Book2, 5장).

셋째로 도덕적인 덕은 세 가지 성향들 즉 과도, 부족, 중간 중에서 중간 즉 중용을 취하는 것과 관련된다고 한다(*EN*, Book2, 8장).

넷째로 도덕적인 덕은 행동이 선택에 의해 행해지는 것으로서 이 때 선택의 대상은 앞선 숙고의 결과라고 한다(*EN*, Book3, 2장).

이상의 도덕적인 덕에 대한 설명들을 함께 결합한다면 다음과 같을 것이다. 우리가 도덕적인 덕들을 받아들이도록 본성적으로 조절된다고 함은 우리가 중용적인 정열을 받아들이도록 본성적으로 조절되는 상태가 됨을 말하는 것이며 이것이 곧 인격의 상태 즉 성품이라고 할 수 있다. 즉 우리에게는 일정한 사안을 본성적으로 조절하는 성질이 있을 뿐 당초부터 도덕적인 덕이 우리 안에 있는 것이 아니며 그러한 성질이 그때그때마다 일정하게 발현되며 그러한 성질은 습관에 의해 완전하게 된다는 것이다. 따라서 인격의 상태로서의 성품은 단순한 정열도 아니고 또한 정열을 느끼는 능력도 아니고 우리가 그것에 의해 정열과의 관계에 있어서 잘 처신하거나 잘못 처신하는 것이라고(*EN*, Book2, 5장, 1105b25-8) 아리스토텔레스는 부연하고 있다.

다음은 도덕적인 덕과 선택 및 숙고(deliberation)사이의 관계이다. 도덕적인 덕이 선택의 좋고 나쁨에 관계된다는 것은 논의의 여지가 없다고 할 수 있다. 여기서 고려해야 할 문제가 있다면 도덕적인 덕이 그때그때의 사안에 있어서의 선택에 관계되는 것인가 아니면 좋은 선택을 하도록 준비되어 있는 상태인가를 구명하는 일일 것이다. 이는 도덕적인 덕과 숙고와의 관계를 구명하는 문제와도 직결된다. 다시 말해 도덕적인 덕이 우리가 중용적인 정열을 받아들이도록 본성적으로 조절되는 상태이며 그것이 습관에 의해 완전하게 된다는 의미와 도덕적인 덕이 선택 및 숙고의 결과라는 의미를 어떻게 연관 지어야 할 것인가? 즉 도덕적인 덕이 하나의 상태이면서 또한 앞선 숙고 및 선택의 결과라고 할 때는 도덕적인 덕은 매번 선택할 때마다 나타나는 상태라는 의미가 된다. 이는 결국 도덕적인 덕의 결과적인 선택적 측면만을 강조하고 그러한 도덕적인 덕이 발휘되게 된 배경 내지 기초에 대해서는 도외시하는 것이 아닌가? 여기서 우리는 도덕적인 덕에 있어서 그 기초와 구체적 발휘 사이의 관계에 대한 검토가 필요하게 된다. 아리스토텔레스가 정의 등의 도덕적인 덕들을 나열하고 있는 경우 그것은 도덕적인 덕의 구체적 발휘의 예를 제시하고 있는 것이라고 할 수 있다. 그리고 중용적 정열을 받아들이도록 조절되는 상태는 도덕적인 덕이 구체적으로 발휘되기 전의 상태로서 도덕적인 덕이 그것을 통해 완전하게 되는 습관도 이러한 면과 연관될 때 이해될 수 있는 것이다.

즉 습관은 도덕적인 덕이 구체적으로 발휘되는 일정한 사안의 측면에서의 반복이 아니라 중용적 정열을 받아들이도록 조절되는 상태의 일반적 반복이라고 해야 할 것이기 때문이다. 따라서 아리스토텔레스에 있어서 도덕적인 덕은 두 가지 차원에서 이해되어야 할 것이다. 그 하나는 일반적인 상태로서 습관과 연관된 기초적인 덕성이며, 다른 하나는 구체적인 사안들에서 그때그때 발휘되는 덕목으로서 숙고에 의한 구체적인 개별적 선택에서 나타나는 것이라고 해야 할 것이다. 말하자면 올바른 목적을 일관되게 추구하려는 의지와 관련된 도덕적인 덕과 목적의 실현을 위한 구체적인 수단의 올바른 선택과 관련된 도덕적인 덕이 있다는 것이다. 필자는 여기서 후자보다 전자에 비중을 두는 것이 더 타당하다고 판단하고 있다.

아리스토텔레스는 도덕적인 덕은 정열 및 행동과 관련된 초과, 결핍, 그리고 중간 중에서 중간을 목표로 하고 있다고 말한다(*EN*, Book2, 6장, 1106b15-8). 즉 도덕적인 덕은 중용의 상태에 있는, 선택과 관련된 성품이며, 이때의 중용은 우리와의 관계에 있어서 이성적 원칙에 의하여 그리고 실천적 지혜를 가지고 있는 사람이 그것을 결정할 때의 원칙에 의하여 결정된다는 것이다(*EN*, Book2, 6장, 1106b36-1107a3). 여기서 아리스토텔레스가 말하는 도덕적인 덕은, 위의 구별을 통해서 볼 때, 구체적인 사안에서 그때그때 발휘되는 덕목으로서 숙고에 의한 구체적인 개별적 선택과 관련된 성품이다. 이러한 성품은 중용의 상태에 있는 성품 중 특히 수단의 선택과 관련된 성품인 것이며 이는 아리스토텔레스에 있어서 실천적 지혜와 연결되며 그가 말하는 엄밀한 의미에서의 도덕적인 덕이 이에 해당된다. 아리스토텔레스는 원망(願望)은 대개 목적에 관계하고 있고 선택은 대개 수단에 관계한다고(*EN*, Book3, 2장, 1111b27-8) 하고 있으며, 실천적 지혜는 올바른 수단을 사용하려 한다고 하고 있기 때문이다. 여기서 우리는 아리스토텔레스가 도덕적인 덕은 올바른 목적을 목표로 삼게 하고 실천적 지혜는 올바른 수단을 사용하게 한다고(*EN*, Book6, 12장, 1144a7-8) 말하고 있는 의미를 되새겨 볼 필요가 있을 것이다. 즉 그가 도덕적인 덕을 실천적 지혜에 의해 영향 받지 않은 도덕적인 덕과 실천적 지혜에 의해 영향 받은 도덕적인 덕의 두 가지를 상정하고 있었음을 알 수 있다. 이런 점이 전제될 때만이 실천적 지혜 없이는 엄밀한 의미에서의 선한 사람이 될 가능성이 없고 도덕적인 덕 없이는 실천적으로 지혜롭게 될 가능성이 없다는(*EN*, Book6, 13장, 1144b30-3) 아리스토텔레스의 표현이 성립될 수 있는 것이다.

III. 도덕적인 덕과 자연적인 덕

아리스토텔레스가 상정하고 있는 실천적 지혜와 도덕적인 덕과의 상관관계에 있어서 실천적 지혜와 엄밀한 의미에서의 덕 사이의 관계에 대해서는 앞에서 살펴보았다. 여기서는 도덕적인 덕 중 다른 한 부분 즉 자연적인 덕과 실천적 지혜 사이의 관계를 살펴보는 가운데 아리스토텔레스 윤리학에서 '자연적 정서'[12]의 의의를 검토해 보기로 한다. 이 과정에서 우리는 도덕적인 덕에 있어서 자연적인 덕과 엄밀한 의미에서의 덕의 관계에 대해서도 좀 더 깊이 관찰할 수 있는 기회를 갖게 될 것이다.

아리스토텔레스는 실천적 지혜와 엄밀한 의미에서의 덕 사이의 관계에 대해서는 명시적으로 언명하고 있지만 실천적 지혜와 자연적인 덕 사이의 관계에 대해서는 적어도 『니코마코스 윤리학』에서는 명료하게 제시한 언급이 나타나고 있지 않다. 이는 실천적 지혜를 외형적으로나마 지적인 면에 남겨 두어 지성주의를 견지코자 하는 노력의 일환이었다고 추정할 수 있다. 그러나 비록 그렇다고 할지라도 그의 저작에서 보면 명시적이지는 않더라도 실천적 지혜와 자연적인 덕 사이의 관계를 상정하고 있다고 보여지는 표현들을 볼 수 있는 바 이를 통해 양자 사이의 관계에 대한 그의 입장을 검토해 보기로 한다.

우선 먼저 아리스토텔레스가 도덕적인 덕에 있어서 정서의 의의에 대해 살펴보기로 한다. 그는 『대윤리학』(*Magna Moralia*)에서 다음과 같이 기술하고 있다.

> 그(소크라테스)는 덕들을 지식의 분과들로 만들면서 영혼의 비합리적 부분을 제거하고 그럼에 의해서 정서와 도덕적 인격을 제거하고 있다. 그래서 덕에 대한 그의 취급은 이런 점에서 성공적이지 못하였다. 그 이후 플라톤은, 마땅하게도 충분히 영혼을 합리적 부분과 비합리적 부분으로 나누고 각각에게 적합한 덕들을 할당했다.[13]

위의 인용문을 통해서 우리는 아리스토텔레스가 도덕적인 덕에서 비합리적인 것이라고 할 수 있는 자연적 정서의 중요성을 얼마나 강조하고 있는가를 알 수 있다. 이 점은 그가 『니코마코스 윤리학』에서도 소크라테스가 이성은 덕의 한 필수불가결한 것이라고 말한 데서는 옳았으나 이성을 덕과 동일시한 것에서는 잘못이었다고 한 데서도 여실히 드러난

다.[14]

그렇다면 아리스토텔레스는 도덕적인 덕에 있어서 정서 즉 자연적인 덕의 비중을 얼마나 두고 있었는가? 그는 명시적인 면에 있어서는 이를 엄밀한 의미에서의 덕과 구별함으로써 자연적인 덕을 엄밀한 의미에서의 덕에 비해 미흡하고 불완전한 것으로 규정하고 있다. 그래서 이를 단순화시켜 볼 때는 자연적인 덕은 도덕적인 덕의 일부분으로 취급될 수 있는 하찮은 속성으로 간주될 수 있도록 되어 있다. 즉 자연적인 덕이 도덕적인 덕의 중요한 일부분임을 망각할 수 있도록 된다는 것이다. 그러나 아리스토텔레스는 그의 저서의 곳곳에서 자연적인 덕의 중요성을 상기시키는 표현을 하고 있다.

아리스토텔레스는 각각의 인격의 유형은 어떤 의미에서 자연에 의해 그것의 소유자들에게 속한다고 한다. 그래서 우리는 태어나면서부터 올바르거나 절제할 줄 알거나 용감하거나 혹은 그밖의 다른 도덕적인 성질들을 가지고 있는 것이다. 아이들이나 짐승들은 다같이 이러한 성질들에 대한 자연적 성향들을 가지고는 있지만 이성없이는 이것들은 명백히 해롭다는 것이다(*EN*, Book6, 13장, 1144b4-10). 이는 우리의 본성에는 선한 성질도 있고 악한 성질도 있기 때문에 그대로로는 선한 본성이 제대로 잘 발휘될 수 없다는 것을 의미한다. 따라서 "도덕적 판단과 미학적 미각은 마찬가지로 자연의 선물로부터 출발하나 실천에 의해 성숙된다"[15]고 하고 있는 것이다. 그렇다면 그러한 본성과 정서는 어떠한 관계에 있는 것인가?

아리스토텔레스는 『수사학』(*Rhetoric*) 제2권 첫머리에서 정서(emotion)에 대해 다음과 같이 규정하고 있다.

> 정서란 사람들의 판단에 영향을 주는 것과 같이 사람들을 그와 같이

변화시키는 그리고 역시 고통과 즐거움에 의해 수반되는, 모든 느낌들 이다. 노여움, 동정심, 두려움과 그 반대되는 것들이 그것이다.[16]

이와 같이 정서에 대한 정의를 그의 윤리학 저서가 아니라 수사학에서 이끌어 오고 있는 것은 그의 윤리학 저서들에서는 욕구 내지 정서에 대한 이론적 설명을 충분히 공들이고 있지 않기 때문이다. 그가 인지하고 있는 욕구의 세 가지 유형 중 두 가지(appetites와 spirited desires)도 정서적 상태들로서 그에 의해 교차적으로 분류되고(cross-classified) 있기 때문에 정서들은 변칙적인 위치에서 고립되어 있다. 우리가 아리스토텔레스의 윤리학 저작에서 얻는 대부분은 설명적인 리스트이며 식욕, 노여움, 두려움 등과 같은 것들이 그것이다. 아리스토텔레스는 그의 윤리학 저작의 어느 부분에서도 정서에 대한 일반적이고 분석적인 설명을 제공하고 있지 않다. 대신 그는 예기치 않은 곳 즉 『수사학』 제2권에서 정서들에 대한 상세한 설명을 전개하고 있는 것이다.[17]

그러나 이와 같이 아리스토텔레스가 비록 그의 윤리학 저작에서 정서에 대한 분석적인 설명을 하고 있지는 않더라도 정서에 대한 여러 언급을 통해 그가 도덕과 관련해서 정서를 어떻게 생각하였는가를 추정할 수는 있다.

아리스토텔레스는, 모든 사람은 각 가지 윤리적 성품을 자연적으로 어느 정도 가지고 있는 것으로 생각된다고 말한다. 그리하여 우리는 나면서부터 옳으며, 혹은 절제할 줄도 알며, 혹은 용감하며, 또 이 밖의 다른 도덕적 성질을 가지고 있지만 이성이 없으면 이것들이 분명히 유해하기 때문에 다른 어떤 것을 엄밀한 의미에서 좋은 것으로 추구한다는 것이다. 여기서 자연적인 덕과 엄밀한 의미에서의 덕의 관계가 나타나며 이는 실천적 지혜와 영리함과의 관계와 동일하지는 않지만 유사하다고 한다(*EN*, Book6, 13장, 1144b2-8). 즉 실천적 지혜가 영리함의 능력은 아니지만, 영리함의 능력 없이 실천적 지혜가 존립할 수는 없다는 것이다(*EN*, Book6, 12장, 1144a28-9). 이러한 언명은 바로 자연적인 덕으로서의 정서 없이는 엄밀한 의미에서의 도덕적인 덕이 존립할 수 없다는 것을 뜻한다고 할 수 있다. 아리스토텔레스에 있어서 도덕적인 덕 중 한 단계인, 올바른 목적을 목표 삼게 하는 성품은 바로 자연적인 덕으로서의 정서 중 좋은 것들이 어느 정도 순화되어 습관화된 상태인 것이며, 이로부터 연유되는 선한 성품 없이는 실천적 지혜 있는 사람이 될 수 없는 것이다.

셔먼(N. Sherman)은 아리스토텔레스와 칸트(I. Kant) 의 윤리 이론에서 정서에 관한 그들의 관점을 아래와 같이 비교하고 있다.[18] 칸트 이론에 대한 셔먼의 분석에 따르면, 인간 존재의 구체적 성질이 인간의 도덕성에 일정한 형태를 부여한다고 한다. 따라서 도덕률은 인간의 구체적인 그러므로 잠재적으로 반항적인 성질 때문에 인간 존재에 대한 정언명령의 형태를 단지 취한다는 것이다. 이같이 우리의 구체적인 성질들이 우리의 충분한 도덕적인 덕의 달성의 길에 장애가 된다. 따라서 비결은 불가피성의 덕을 만드는 것 즉 정서적 반응의 패턴들을 반복해 가르침에 의해 인간 존재의 정열적 성질들을 도덕성의 이익에 이용하는 것으로서, 그러한 패턴들은 적합한 정서적 상태와 함께 도덕성이 요구하는 대로 행동하도록 하는 성향을 만든다는 것이다. 셔먼은 이와 같이 칸트에게서 아리스토텔레스에 의해 확인되는 것과 유사한 정서의 역할을 발견하고 있으며, 여기서 그들 사이의 중요한 차이가 있다면 그것은 아리스토텔레스에 있어서는 정서들이 도덕적 판단과 평가를 구체화하는 반면 칸트에 있어서는 그러한 연결은 올바르게 조율된 정서적 구성이 행위자로 하여금 도덕적 상황을 바르게 보고 적합하게 행동하도록 하는 원인이 된다는 점에서이다.

이 같은 비교는 두 사람 사이의 비교 자체 보다는 도덕성에 있어서 정서의 역할과 관련해서 일반적으로 이해되고 있는 것보다 두 사람의 입장을 한 단계씩 상향 조정시키고 있다는 점에서 특이하다고 할 수 있다. 즉 칸트에 있어서는 통상 그의 도덕률은 실천이성의 발현으로서 정서와는 거리가 먼 것으로 이해되어져 온 점에서 그러하고, 아리스토텔레스에 있어서도 일반적으로 정서는 도덕적 판단을 구체화하기에는 조야한 단계라고 인식되어 왔기 때문이다.

아리스토텔레스에 있어서 정서는 우리로 하여금 행동에 옮기도록 하고 있다는 점에서 동기적(motivational)이라고 할 수 있다. 그런데 이러한 정서들은 단순히 동기적인 수준에 있어서보다 더 많은 방식들에서 덕에 효과적인 역할을 하는 것이다. 즉 정서들은 동기적인 면에 추가해서 다양한 인식적 기능들에 도움을 주기 때문에 도덕적으로 유용한 것이다. 아리스토텔레스의 『수사학』에서 보면 제1권에서는 주로 동기적인 것으로서 정서의 역할을 강조하고 있는 반면, 제2권에서는 대신 정서의 인식적 역할을 강조하고 있는 것이다. 이런 점은 바로 실천적 지혜의 작업이 정서들의 능력과 관련되고 있음을 말해주는 것이다.[19]

IV. 자연적인 덕과 사회화된 정서

앞 장에서 우리는 아리스토텔레스에 있어서 자연적인 덕이 도덕적인 덕의 중요한 요소로 작용하고 있다는 점을 언급하였다. 아리스토텔레스의 윤리학에 있어서 자연적인 덕과 도덕적인 덕은 별개가 아니라 전자의 기반 위에서, 즉 전자가 발전하여 후자가 성립한다는 것이다.

아리스토텔레스에 있어서 도덕적인 덕은 그가 명시적으로 기술하고 있지는 않더라도 『니코마코스 윤리학』의 전체적 맥락에서 볼 때 앞에서 언급한 바와 같이 두 가지 단계를 지칭하는 것으로 보인다. 그 하나는 그가 명시적으로 기술하고 있는, 실천적 지혜의 도움으로 형성된 엄밀한 의미에서의 도덕적인 덕이고, 다른 하나는 실천적 지혜의 도움이 전제되지 않은 것으로서, 자연적인 덕 즉 정서의 성숙 과정에서 형성된 도덕적인 덕이라고 할 수 있다. 이렇게 볼 때 아리스토텔레스에 있어서 도덕적인 덕의 형성 과정은 자연적인 덕에서 비롯되어 성숙된 정서 상태인 1단계의 도덕적인 덕에로의 발전을 거쳐 다음 단계로 실천적 지혜의 도움을 얻어 도덕적인 덕의 완성에 이르게 되는 것이다. 물론 도덕적인 덕의 완성을 위한 이러한 전 과정에 걸쳐 중용을 위한 습관적 실천이 가장 중요한 요소로 작용한다고 할 수 있다.

이러한 도덕적인 덕의 완성은 바로 조야한 단계의 자연적 정서가 사회화되었다는 것을 의미한다. 이러한 사회화된 정서는 바로 정서의 객관화를 뜻하는 것[20]이다. 그러나 아리스토텔레스는 이 같은 사회화 내지 객관화라는 개념을 사용하지 않고 그 대신 이성을 통한 정서의 조율을 강조했다. 이는 그가 고대 그리스의 주지주의 전통에서 벗어날 수 없었던 그의 한계를 말해준다. 이에 따라 그가 엄밀한 의미에서의 도덕적인 덕이 성립하기 위해서는 지적인 덕의 하나인 실천적 지혜의 도움이 필요하다고 함으로써 도덕적인 덕에서의 이성의 역할을 강조하게 되었으나 면밀히 검토해보면 그 같은 실천적 지혜의 이면에 정서적인 면이 적지 아니 포함되어 있음을 발견하게 된다.

우리는 이미 앞의 제1절에서 실천적 지혜의 한 단계인 직관적 지각이 정서적인 면과 밀접히 관련된 것이라는 점을 밝힌 바 있다. 아리스토텔레스에 있어서 이러한 실천적 지혜와 정서와의 관련성을 보여주는 내용은 다른 곳에서도 발견된다.

아리스토텔레스에 있어서 실천적 지혜와 밀접히 관련된 선택과 숙고는 양쪽 다 이성적 진행들(proceedings)이기는 하나, 여기서 선택은 의지적인(voluntary) 영역으로서 욕구와 이성의 결합 즉 우리 힘의 범위 안에 있는 것에 대한 숙고적 욕구인 것이다.[21] 이와 같이 아리스토텔레스는 선택의 한 요소로서 욕구를 설정하고 있다. 그렇다면 여기서 욕구가 뜻하는 바는 무엇인가?

아리스토텔레스의 여러 저서를 통해서 보면 『니코마코스 윤리학』에서는 아닐지라도 욕구를 세 가지 종류로 구분하고 있다. 식물적 욕구(appetitive desires), 정신적 욕구(spiritied desires) 그리고 이성적 욕구(rational desires)가 그것들로서, 앞의 두 가지는 비합리적 욕구들인 반면 뒤의 것은 로스(Sir David Ross)가 이성적 소망(rational wish)이라고 번역하고 있는 'boulesis'로서 이성 자체의 사용에 의해 생산되는 행동을 향한 운동에 부여하는 명칭이다.[22] 우리의 정신(spirit)은 이성을 듣기는 하나 그것이 말하는 것을 잘못 들을 수 있다. 그리고 우리의 식물적 욕구의 환기도 부분적으로는 그것을 갖는 것이 선한 일이라는 생각에서 존재한다 할지라도 그러한 의견은 그것이 선한 것이라고 생각하는 이유를 밝히도록 하는 어떤 사유과정에 기초되어 있지 않다는 것이다.[23] 따라서 이와 같이 단순한 정신 혹은 식물적 욕구는 기본적으로 이성적이라고 할 수 없다는 것이다.

그럼에도 불구하고 인간의 행동에서 욕구를 배제할 수 없는 것은 욕구 없이는 영혼(nous)은 운동을 생산하지 않기 때문인 것이다. 때문에 이성적 소망(boulesis)은 욕구인 것이며 한 사람이 추론에 의해 움직일 때는 언제나 그는 사실상 'boulesis'에 의해 움직여진다는 것이다. 따라서 아리스토텔레스에 있어서 선택 혹은 결정이 숙고적 추론과 욕구의 통일이라고 할 때, 선택의 한 요소로서의 욕구는 비합리적 욕구라기보다는 이성적 욕구라고 해야 할 것이다.[24]

아리스토텔레스는 오늘날 많은 사람들이 매우 매력적이면서도 강력한 이념으로 발견한, 인간의 이성으로부터 인간의 정서의 독립을 주장하기 위해 상당한 대가를 지불하고 있다. 그는 우리 그리고 스토아학파가 이성을 위한 능력의 측면으로 간주하는 것의 아주 조금만 정서 내지 비합리적 욕구에 할당하고 있다.[25] 그러나 이같이 비록 선택에 있어서 정서적 부분의 역할이 크지는 않더라도 역할 그 자체를 인정하고 있음은 분명하다. 따라서 아리스토텔레스에 있어서 실천적 지혜는 그 비중에 있어서는 차이가 있을지라도 이성적 부분과 정서적 부분의 결합이라고 할 수 있다. 이성적 측면과 정서적 측면이 우리의 성질(nature)의 다른 국면들(aspects)이며 그래서 그것들의 덕들은 중첩되지 않지만 하나의 중요한 예외가 있는 바 그것이 바로 실천적 지혜인 것[26]이다.

이같이 실천적 지혜에 정서적 부분이 포함되어 있다는 것은 실천적 지혜의 밑바탕에 지성의 자연적 성질인 영리함(cleverness)이 하나의 능력으로서 존재한다는(*EN*, Book6, 12장) 아리스토텔레스의 언명과도 일치하는 것이다. 즉 그러한 지성의 자연적 힘이 도덕적인 덕의 도움을 받아 실천적 지혜로 발전한다는 것이다.

아리스토텔레스는 이러한 자연적 지성과 함께 인격의 자연적 성질을 상정하면서 자기통제, 용감성 등을 이에 포함시키고 있으며 이러한 자연적 성질들이 실천적 지혜의 도움을 받음으로써 엄밀한 의미에서의 도덕적인 덕의 단초가 마련된다고 한다(*EN*, Book6, 13장). 그리고 궁극적으로 습관에 의해 도덕적인 덕이 완성을 보게 된다고 한다. 즉 도덕적인 덕의 경우에는 우리가 먼저 실천함으로써 비로소 얻게 된다는 것이다(*EN*, Book2, 1장).

이런 점에서 볼 때 아리스토텔레스에 있어서 도덕적인 덕은 처음부터 끝까지 우리의 정서와 밀접히 연관되고 있음을 알 수 있다. 발전의 과정에서 도움을 주는 실천적 지혜도 부분적으로는 정서가 포함되어 있는 것이며 완성의 전단계로서 가장 중요한 습관도 정서적 성향에 기초한 반복적 행동이라고 할 수 있는 것이다. 그리고 완성의 상태로서의 도덕적인 덕도 정서적 상태를 가리킨다는 점에서 그러하다. 이같이 정서는 생활의 윤리적 행위에 있어서 결정적인 역할을 하는 것[27]이다. 따라서 쿠퍼(J. M. Cooper)가 아리스토텔레스에 있어서 "인격의 덕은 일정한 환경에서 덕을 가진 사람이 느끼고 행동하는 것과 같이 엄밀하게(혹은 가능한 한 그렇게) 반복적으로 느끼고 행동함에 의해 존재하게 되는 것"[28]이라고 정리하고 있는 것은 적절하다고 할 수 있다.

여기서 아리스토텔레스의 도덕적인 덕과 관련하여 두 가지에 대해 좀 더 부연할 필요가 있다. 그 하나는 덕은 올바른 이치를 따르는 상태일 뿐 아니라 올바른 이치를 머금고 있는 상태이며 여기서 올바른 이치란 실천적 지혜를 따르는 이치라고(*EN*, Book6, 13장, 1144b26-8) 말하고 있는 점이다. 이는 도덕적인 덕 내부에 이미 실천적 지혜의 요소가 부분적으로 내포되어 있다는 것을 뜻하며 이런 점에서 도덕적인 덕이 늘 그때그때마다 외적인 실천적 지혜에 따라 형성되는 것이 아니며 부분적으로 영향을 받는 것에 불과하다는 것을 말해 준다.

두 번째는 도덕적인 덕과 관련한 습관에 대한 강조이다. 이는 일정한 상황에서 제아무리 훌륭한 실천적 지혜와 도덕적인 정서에 의해 선한 행동들을 한다 할지라도 그것들의 연속성이 없는 한 그것은 일회적인 선행으로 그칠 뿐 진정한 도덕적인 덕의 소유에로 나아가지는 못한다는 것이다. 따라서 진정한 도덕적인 덕의 소유는 덕스러운 행동을 반복적으로 행함으로써 그러한 행동을 언제 어디서나 늘 행할 수 있는 품성을 소지함으로써 제2의 천성으로 이루어졌을 때라고 할 수 있을 것이다.

이런 점은 아리스토텔레스의 정서관에 대한 셔먼의 연구에서 보다 명료히 드러난다. 셔먼에 의하면 아리스토텔레스가 『수사학』에서 신념이 정서의 한 부분이라고 말하고 있다는 데서 정서에 대한 인지적(cognitive) 설명을 제공해주고 있다고 한다.[29] 따라서 아리스토텔레스에 있어서 정서는 우리가 사유에서 표현하는 어떤 것 즉 의도적 상태(intentional state)라는 것이다.[30]

아리스토텔레스적 관점에서 정서는, 일반적으로, 실천적 지혜와 조화를 이룰 수 있도록 개발될 수 있는 것이다. 영혼의 낮은 부분들은 반합리적인 것은 아니나 비합리적인 것으로서, 그것들 자신의 권위적 합리성의 소스를 결핍하고 있다. 따라서 적합한 훈련을 통해 변형된 형태 즉 실천적 지혜의 판단을 지지하도록 개발된 형태가 이상적인 것이다.[31]

이런 점은 아리스토텔레스에 있어서 정서가 선택과 연관되어 있음을 말해 준다. 그리고 이것은 선한 인격의 습관화에 대한 그의 이해에 근본적이다. 우리는 일정한 정서들이 점차 믿을만한 동기와 자세가 되도록 인격의 상태를 발전시키고 형성하기를 선택할 수 있다는 것이다. 이런 의미에서, 인격의 상태로서의 정서는 다듬어지지 않은 충동이나 능력이 아니라 사회화된 반응 양식인 것이다. 따라서 정서는 어떤 순간에서의 선택의 문제는 아닐지라도, 시간에 걸쳐 선택의 영향을 받는다. 올바른 방식으로 올바른 환경에서 올바른 이유들로 특수한 정서들을 느끼는 상태는 개발된 정서적 경향들을 덕에 구성적인 것으로 특징짓도록 하는 것이다.[32]

이같이 아리스토텔레스에 있어서 도덕적인 덕은 궁극적으로 정서적 성향이다. 우리로 하여금 진리를 알도록 가능케 하는 마음의 성향들은 지적인 덕들이라고 불리어지며, 이것들은 우리로 하여금 실제적 상황들에 정확히 반응하도록 돕는 우리의 정서들의 성향들 즉 도덕적인 덕들과 구별된다는[33] 점에서 그러하다. 그러나 우리의 정서들은 기본적으로 역시 통제할 수 없는 상태가 될 가능성을 늘 내포하고 있기 마련이다.[34] 이런 점이 정서에 대한 신뢰를 가로막는 가장 큰 장애물이라고 할 수 있다.

그러나 우리가 우리의 정서에 보다 적은 책임성을 갖고 있다는 것을 인정하는 것이 바로 정서가 지적 활동보다 더 적은 도덕적 가치를 갖고 있다는 것을 의미하는 것은 아니다. 어느 정도의 엄격한 정서적 구조들이 신축적인 지적 추론에 의해 발생되는 활동들보다 더 큰 도덕적 가치를 갖는다는 것이 바로 그 경우일 수도 있다.[35] 따라서 아리스토텔레스에 있어서 도덕적 인격은 바로 습관에 의해 개발된 정서라고 할 수 있는 것이며, 이것이 곧 제2의 천성으로서의 인간의 정서인 것이다.

V. 결 론

도덕교육에 있어서 정서의 개발 내지 습관이 중요한 것인지 아니면 도덕판단능력의 고양이 중요한 것인가에 대한 논쟁은 도덕교육적 차원에 그치는 것이 아니라 윤리학 전체의 성격 규정에 까지 연관되는 사안으로 간주되어 왔다. 1960년대 말 서구에서 인지발달론과 가치명료화론이 등장하면서 학생들이 보다 높은 도덕적 추론을 통한 도덕판단능력을 소지하도록 교육시켜야 한다는 목소리가 커지게 되었다. 그러나 1980년대 들어서면서 그러한 인지발달론과 가치명료화론에 대한 비판이 거세

지면서 새로이 덕 윤리학이 도덕교육의 새로운 패러다임으로 자리 잡아 오늘에 이르고 있음은 주지하는 바와 같다.[36]

이러한 상황에서 최근 우리나라 학계 일부에서 비판적 사고를 중심으로 하는 도덕판단능력을 고양하는 것을 도덕교육의 성격이자 목표로 설정하고자 하는 시도가 있어 왔다. 아직까지 덕 교육의 중요성에 대한 학문적·실제적 요청이 의문시되고 있지 않은 상황에서 비록 일부이긴 하지만 우리 학계에서 그 반대 방향으로 나아가려 하는 것은 납득이 가지 않는 일이다. 본 장은 이러한 시도의 문제점을 지적하려는 의도에서 쓰인 것으로서 아리스토텔레스의 윤리학을 통해서 덕 교육의 중요성을 강조하려는 것이다.

아리스토텔레스는 서양에 있어서 덕 윤리학의 토대를 구축하였다고 할 수 있으며 또한 현대 덕 교육의 성립에 지대한 영향을 준 사람이다. 그러나 보는 관점에 따라서는 그의 도덕 이론이 도덕판단능력을 강조하고 있다고 해석될 여지가 있으며 이는 특히 그의 실천적 지혜 이론과 관련이 있다. 왜냐하면 그는 명시적으로는 도덕적인 덕의 형성에 영향을 주는 실천적 지혜를 지적인 덕에 포함시키고 있으며 실천적 지혜의 요소인 실천적 지각을 이성적 작용이라고 하면서(*EN*, Book6, 11장, 1143b1-6) 사려의 형식을 실천적 삼단논법의 형식과 결합시킴으로써[37] 그의 입장이 기본적으로 소크라테스를 이어받는 주지주의라고 생각될 소지가 있기 때문이다. 그러나 앞에서 살펴본 바와 같이 그의 윤리학은 전반적으로 볼 때 이성 못지않게 인간의 자연적 성질 및 정서에 중요성을 부여한 것으로 나타난다.

아리스토텔레스의 윤리학에 있어서 핵심 개념인 도덕적인 덕은 처음부터 끝까지 우리의 정서와 밀접히 연관되어 있다. 도덕적인 덕의 일차 단계인 자연적인 덕은 물론이고 도덕적인 덕의 발전 과정에서 도움을 주는 실천적 지혜도 부분적으로는 정서가 포함되어 있으며 완성의 전단계로서의 가장 중요한 습관도 정서적 성향에 기초한 반복적 행동인 것이다. 그리고 완성의 상태인 도덕적인 덕도 결국은 정서적 상태를 가리킨다는 점이 또한 그러하다. 그러면서도 그는 인간의 정서가 잘못 작용할 수 있다는 점을 간과하지 않고 있으며 이에 대한 보완으로서 이성적 숙고와 선택을 명료히 부가함으로써 자신의 입장이 잘못 해석될 수도 있음을 경계할 만큼 주의 깊었다고 할 수 있다. 따라서 아리스토텔레스에 있어서 도덕교육은 본질적으로 정서교육에 있음이 명백하다고[38] 할 수 있는 것이다.

이러한 아리스토텔레스의 윤리학이 주는 의의는 오늘날에도 결코 사라지지 않고 있으며 어떻게 보면 오늘날 그 적실성이 더욱 큰 것으로 보인다. 오늘날 도덕을 포함한 모든 면에 있어서 사람들의 지식과 합리적 판단능력이 과거와는 비교가 될 수 없을 정도로 향상되었음은 누구나 인정할 수 있는 사실이다. 그렇다면 이와 함께 도덕적인 덕도 같이 향상되어야 하나 실제에 있어서는 그러하지가 않은 데에 문제가 있다. 아리스토텔레스가 소크라테스를 비판했던 것도 이런 연유에서였을 것이다. 즉 지식과 판단 능력의 향상이 곧 사람들의 도덕성 향상으로 이어지지는 않는다는 것이다. 이런 점에서 볼 때 오늘날에 와서 도덕성 향상을 위해서는 정서와 습관이 중요하다는 점이 보다 확실히 입증되고 있다고 할 수 있다.

이런 점은 1980년대 초 이래 구미에서 크게 부각되어 온 공동체에 대한 강조와 무관하지 않으며 우리 사회에 있어서도 같은 경우라고 할 수 있다. 공동체에 대한 강조의 밑바탕에는 현대 사회에 있어서 도덕적 무질서에 대한 반성이 깔려 있으며[39] 이를 해결하는 데는 사람들에게 있어서 애착적인 정서의 고양이 절실하다는 생각에서 비롯된 것이라고 할 수 있으며 많은 사람들이 이에 공감하는 것도 바로 그러한 주장의 설득력 때문일 것이다. 대표적인 공동체주의자들 중의 하나인 에치오니(A. Etzioni)는 도덕적 추론(moral reasoning) 중심의 도덕 교육을 비판하면서 가치 내재화(value internalization)를 위한 교육의 중요성을 강조하고 있다. 그러면서 그는 도덕적 헌신(commitments)은 젊은 사람들로 하여금 그들이 가지고 있는 (혹은 학교에서 획득한) 가치들에 대해 보다 강하게 느끼도록 도울 것을 요구한다고 말한다.[40]

이러한 에치오니의 주장은 바로 아리스토텔레스의 윤리학의 핵심을 현대에 와서 다시 강조하고 있음에 다름 아니다. 전통 윤리가 전통 사회에 존재했다는 이유만으로 그 가치를 격하시키려는 경향이 근대 이래 학문적·실제적 양면에 걸쳐 주류를 이루어 왔음은 주지의 사실이다. 다행스럽게도 오늘날 그러한 경향에 대한 반성과 함께 전통 윤리의 가치를 재평가하려는 조류가 동서양에 걸쳐 폭넓게 전개되고 있다. 우리는 서양에서의 전통 윤리 중에서 특히 아리스토텔레스 윤리학의 가치가 가장 뛰어나다는 평가를 서슴지 않고 내릴 수 있다. 이는 무엇보다도 그의 윤리학이 현대 사회에서 더욱 크게 그 적실성이 인정될 수 있기 때문이다.

그러나 이러한 아리스토텔레스의 윤리학이 현대 사회의 도덕 교육에 바람직하게 적용되기 위해서는 무엇보다도 학생들의 정서가 잘 형성될 수 있는 사회적 여건이 마련되어야 하고 바람직한 도덕적 습관의 형성을 위한 사회적 모범이 있어야 한다는 것이다. 이러한 것들이 구비되지 않고 단순히 이론적인 면에서만 정서와 습관을 강조하는 것은 오히려 부정적인 결과를 낳을 수도 있음을 인식해야 할 것이다.

주

1 Aristotle, *Ethica Nicomachea*, trans. by W. D. Ross, M.A., *The Works of Aristotle*, Vol. 9 (Oxford University Press, 1954), Book1, 13장, 1103a5-7. 이후 본 장에서 *Ethica Nicomachea*는 *EN*으로 표기하기로 함.

2 Sir David Ross, *Aristotle* (London: Methuen & Co. Ltd., 1964), pp. 216-7. 로스는 당초의 번역에서는 각각 art, scientific knowledge, practical wisdom, philosophic wisdom, intuitive reason 이라고 하고 있는바 나열 순서도 바뀌고 용어 번역에서도 다르며(*EN*, Book6, 3장, 1139b17-8), 엄슨은 이를 다시 art, knowledge, practical wisdom, philosophic wisdom, comprehension 으로 표현하고 있다. Aristotle, *Nicomachean Ethics*, trans. by W. D. Ross, revised by J. O. Urmson, *The Complete Works of Aristotle*, Vol. 2, ed. by Jonathan Barnes (Princeton University Press, 1984), p. 1799.

3 Aristotle, *The Nicomachean Ethics*, trans., by David Ross, revised by J. L. Akrill and J. O. Urmson (Oxford University Press, 1998), p. 138.

4 *EN*, Book6, 2장, 1139a17-b13; Sir David Ross, *Aristotle* (London: Methuen & Co. Ltd., 1964), p. 216.

5 아리스토텔레스는 잘 숙고했다는 것이 실천적 지혜가 있는 사람의 특징이라고 하면서 숙고에 있어서 탁월성은 실천적 지혜가 참되게 파악하는 목적에 공헌하는 것과 관련한 정확성이라고 하고 있다. *EN*, Book6, 9장, 1142b33-34.

6 *EN*, Book7, 3장, 1147b17; John M. Cooper, *Reason and Human Good in Aristotle* (Indianapolis: Hackett Publishing Company, 1986), pp. 51, 57.

7 *Ibid.*, pp. 43, 46, 51.

8 *Ibid.*, pp. 46-7.

9 Aaron Ben-Ze'ev, "Emotion, Responsibility and Morality", ed., by Ton van den Beld, *Moral and Ontology, Library of Ethics and Applied Philosophy*, Vol. 7(Dordrecht: Kluger Academic Publishers, 2000), p. 223.

10 William S. Sahakian, *Ethics : An Introduction to Theories and Problems* (Barnes & Noble Books, 1974), p. 173.

11 윌슨은 직관을 정서라고 부르기를 좋아한다. 제임스 Q. 윌슨, 『도덕 감성』, 안재욱,

이은영 역(서울: 자유기업센터, 1997), p. 360.

12 여기서의 '자연적 정서'는 뒤에 논의할 '사회화된 정서'와 구별하는 의미에서 아리스토텔레스에 있어서 자연적인 덕으로서의 정서를 뜻하는 것이다.

13 Aristotle, *Magna Moralia*, trans., by W. D. Ross, M.A., *The Works of Aristotle*, Vol. 9 (Oxford University Press, 1954), Book1, 1장, 1182a20-6. 이후 *Magna Moralia*는 *MM*으로 표기.

14 *EN*, Book6, 12장, 1144a17-21; W. K. C. Guthrie, *A History of Greek Philosophy*, Vol. 3, *The Fifth-Century Enlightenment* (Cambridge University Press, 1969), p. 452.

15 W. K. C. Guthrie, *A History of Greek Philosophy*, Vol. 4, *Aristotle: An Encounter* (Cambridge University Press, 1981), p. 349.

16 Aristotle, *Rhetoric*, Jonathan Barnes, ed., *op. cit.*, Book1, 1장, 1378a21-3.

17 John M. Cooper, *Reason and Emotion : Essays on Ancient Moral Psychology and Ethical Theory* (Princeton, New Jersey : Princeton University Press, 1999), p. 406.

18 Daniel M. Weinstock, "Book Review about Nancy Sherman, Making a Necessity of Virtue: Aristotle and Kant on Virtue", *Mind,* Vol. 3, No. 443, July 2002, pp. 707-8.

19 Nancy Sherman, *Making a Necessity of Virtue* (Cambridge University Press, 1997), pp. 49, 66-7, 97.

20 Ronald de Sousa, *The Rationality of Emotion* (Cambridge, Massachusetts: The MIT Press, 1987), p. 314-8 참조.

21 W. K. Guthrie, *op. cit.*, (1981), p. 351; 『니코마코스 윤리학』에서 아리스토텔레스는, 선택은 우리 자신의 힘 안에 있는 일들에 대한 숙고적 욕구라고 하고 있다. *EN*, Book3, 3장, 1113a11-2.

22 John M. Cooper(1999), *op. cit.*, pp. 240-1.

23 *Ibid.*, p. 243.

24 이런 점이 『에우데모스 윤리학』(*Eudemian Ethics*)에서와는 달리 『니코마코스 윤리학』에서는 명료히 제시되고 있지 않더라도 『니코마코스 윤리학』을 통해서도 이러한 해석이 가능하다고 할 수 있다. *Ibid.*, p. 242.

25 *Ibid.*, p. 250.

26 D. S. Hutchinson, "Ethics", in Jonathan Barnes, ed., *The Cambridge Companion* *to aristotle* (Cambridge University Press, 1995), p. 205.

27 Ronald de Sousa, *op. cit.*, p. 305.

28 John M. Cooper(1999), *op. cit.*, p. 251.

29 Nancy Sherman, "The Role of Emotions in Aristotelian Virtue", ed., by Lloyd P. Gerson, *Aristotle: Critical Assessments*, Vol. 3, *Psychology and Ethics* (London; Routledge, 1999), p. 317.

30 *Ibid.*, p. 318.

31 *Ibid.*, p. 316.

32 *Ibid.*, pp. 328-9.

33 D. S. Hutchinson, *op. cit.*, pp. 205-6.

34 *Ibid.*, p. 316.

35 Aaron Ben-Ze'ev, *op. cit.*, p. 231.

36 김태훈,『덕교육론』(서울: 양서원, 1999), pp. 32-4 참조.

37 A. 매킨타이어,『윤리의 역사, 도덕의 이론』, 김민철 역(서울: 철학과 현실사, 2004), pp. 145-7 참조.

38 Ronald de Sousa, *op. cit.*, p. 305.

39 본서, 제1장, p. 15 참조.

40 Amitai Etzioni, *The Spirit of Community* (Fontana Press, 1993), pp. 97-8.

제6장

Hume과 Kant의 상상 개념

최근 도덕이론 및 도덕교육에 대한 연구에 있어서 정서적인(emotional) 면에 대한 관심이 확산되어 왔다. 이는 그동안의 도덕이론이 지나치게 인지 중심으로 전개되어 온 것에 대한 반성에 무엇보다도 기인하고 있다고 할 수 있다. 정서적인 면에 대한 이 같은 관심의 고조와 병행하여 또한 상상(imagination)의 역할에 대한 논의가 다양하게 진척되고 있다.[1] 이러한 조류에 접하면서 상상에 대하여 좀 더 면밀히 살펴보는 것이 도덕이론 및 도덕교육을 위해 필요할 것이라는 생각에서 본 논문을 시도하게 되었다.

상상 개념과 관련된 논의는 오늘날 도덕, 철학, 미학 등에서 폭넓게 이루어지고 있으며 각기의 학문 분야에 따라 상상 개념이 제각기 다양하게 적용되고 있기 때문에 이 개념을 일관되게 이해하는 데는 많은 곤란이 따른다. 번역에 있어서도 도덕과 미학 등의 분야에서는 'imagination' 이 '상상' 으로 대개 번역되고 있는 반면 철학 분야에서는 대체로 '구상력' 으로 번역되고 있는 것도 그러한 경우라고 할 수 있다.[2]

본 장에서는 서구 근대 지성사에 있어서 대표적인 두 사상가인 흄(David Hume)과 칸트(Immanuel Kant)의 상상 개념을 비교·검토해 보기로 한다. 그들 두 사람은 당시 그 어느 누구보다도 상상개념에 대해 폭넓은 논의를 전개하였다는 데서 상상개념에 접근하기 위해서는 그들의 관점을 살펴보는 것이 무엇보다도 긴요하다. 또 한 가지 전제하여야 할 것은 그들의 상상개념을 비교·검토하는데 있어서 그들 사이의 차이점 보다는 그들의 공통점 내지 유사점을 찾아보는 것이 본 논문의 주요 목적이라는 것이다. 사실상 그들 사이의 차이점에 대해서는 그동안 헤아릴 수 없을 만큼 많은 사람들에 의해 논의가 진행되어 왔다. 따라서 각각 영국경험론과 독일관념론을 대변하는 두 사람은 도덕이론에 있어서도 일반적으로 각각 도덕감학파로서의 흄과 의무론자로서의 칸트로 각인되어 그 차이점이 부각되어 왔다. 그러나 학자들이 그동안 두 사람 사이의 공통점을 찾으려는 데는 상당히 인색했던 것이 사실이다(이는 다른 사람들 사이의 관점에 대한 비교연구의 경우에도 대체로 유사하다.) 여기서 굳이 공통점을 찾으려는 것은 서로 크게 대립되는 것으로 인식되어온 그들 사이의 공통점이야말로 어찌보면 상상개념을 정확히 이해하는데 있어서 매우 적합한 방법이 될 수 있다고 생각했기 때문이다.

흄과 칸트의 상상 개념을 살펴보는데 있어서는 그들이 상상 개념을 인식, 감성, 오성, 그리고 판단과 어떻게 연관지어 생각했는가에 대해 중점적으로 논의할 것이다.

I. 상상과 인식

죤슨(Mark Johnson)에 따르면 서구의 지성사를 통해 드러나는 상상력에 관한 두 갈래의 큰 흐름이 있다고 한다. 그 하나는 플라톤적 전통인데, 여기에서 상상력은 예술과 환상, 창조성과 결합됨으로써 참된 인식과는 분리된, 가장 낮은 형태의 인식으로 간주된다. 이와는 달리 '아리스토텔레스적' 이라고 불리는 전통에서 상상력은 감각과 사유를 매개하는 기능으로 간주된다.[3] 이러한 전통은 근대에 이르러 흄과 칸트 등에 의해서 경험론과 관념론에서 새롭게 재구성된다. 여기서 큰 틀에서 보면 흄이 아리스토텔레스적 전통을 이어받고 있다면 칸트는 플라톤적 전통에 가깝다고 할 수 있다. 그러나 세부적으로 접근하면 차이점들이 드러난다.

흄에 있어서 인식은 지각(perception)으로부터 출발한다. 여기서 지각은 두 종류 즉 인상(impressions)과 관념(ideas)으로 나누어진다. 이들 중에서 인상은 보다 강력하고 생동적이며 또한 인과적으로 우선한다. 관념은 보완적인 것으로서 인상들의 어렴풋한 이미지들이며 인과적으로 인상에 의존하는 것으로 말해진다. 이에 보태서 흄은 영혼에서 처음 나타날 때의 모든 우리의 감각(sensation), 정열(passion), 그리고 정서(emotion)를 인상에 속하는 것으로 분류하면서, 다시 인상을 감각인상(impressions of sensation)과 반성인상(impressions of reflection)으로 하위분류한다. 여기서 후자의 부류 즉 반성인상은 대체로 우리의 관념들로부터 연유되며, 감각인상은 근원적으로 영혼에서, 즉 알려지지 않은 원인들로부터 생겨난다고 한다.[4] 그렇다면 이러한 지각작용 중에서 상상의 역할은 어떠한 것인가? 흄은 인상이 마음에 나타날 때 인상은 그것의 현상(appearance)을 다시 관념으로 만드는데 이렇게 하는 데는 두 가지 다른 방식이 있다고 한다. 그 하나는 상상의 새로운 현상에서 상상이 그것의 첫 번째의 생생함을 상당한 정도로 보유하는 것이고 다른 하나는 인상과 관념 사이의 다소 중간에 있는 것이다. 인상이 그것의 생생함을 전적으로 상실하면 그것은 완전한 관념이 된다는 것이다. 여기서 우리가 첫 번째 방식으로 우리의 인상을 반복하는 능력이 기억(memory)이며 다른 하나가 상상(imagination)이라고 한다.[5] 그렇다면 상상은 기억과 함께 인상을 반복하는 역할을 한다는 것임을 알 수 있다. 그리고 이러한 반복이야말로 흄에게 있어서는 대상에 대한 인식의 길을 여는 열쇠가 되고 있는 것이다.

흄은, 기억은 변형의 힘이 없는 상태에서 결합되나, 상상은 원초적인 인상과 똑같은 형식을 갖도록 억제되지 않으며, 관념들을 바꾸고 변화시킬 자유를 지니고 있다는 데서 양자의 차이가 있다고 한다.[6] 이는 상상이 폭넓은 지각을 가능케 하는 힘을 가지고 있음을 뜻하는 것이다. 흄에게 있어서 상상하는 것은 종합적으로 그리고 구성적으로 사유하는 것으로서, 상상에는 공상(fancy), 논증적 추론(demonstrative reasoning), 자연적 상상(natural imagination)이 포함된다[7]고 한다. 우리는 상상의 종합적 작용에 의해 우리의 지각을 많은 확인 가능한, 인과적으로 관련된 계열에로 연결시키며, 모든 이들 계열들을 하나의 인과적으로 관련된 도식에로 연결시킨다는 것이다. 이것이 바로 우리가 인식하는 방법인데 많은 학자들이 이 같은 상상의 종합적 작용을 무시해 왔다는 것이다.[8] 따라서 훠롱(E. J. Furlong)은 흄에게 있어서 상상은 외부세계에 대한 우리의 지각에 있어서 핵심부분의 역할을 하고 있다고 말한다.[9]

버어크(E. Burke)는 영국의 지적 전통을 이어받은 사람으로서 칸트에게도 영향을 미쳤다는 데서 그의 관점을 살펴보는 것은 흄과 칸트를 이해하는데 여러 가지로 도움을 줄 수 있다. 그는 그의 저서 『숭고함과 아름다움의 관념의 기원에 관한 철학적 탐구』(*A Philisophical Enquiry into the Origin of Our Ideas of the Sublime and Beautiful*)에서 상상개념에 대해 집중적으로 논의하고 있다. 버어크의 이 초기 저술은 칸트의 『아름다움과 숭고함의 감정에 관한 고찰』(*Bemerkungen zu den Beobachtungen über das Gefühl des Schönen und Erhabenen*)에 많은 영향을 미쳤다는 데서 칸트의 상상개념에 접근하기 위한 중요한 자료가 될 수 있다.

버어크는 우리 인간의 취미(taste)를 설명하는 가운데[10] 상상의 역할에 대해 논의하고 있다. 그는 취미의 문제를 곧 상상의 문제로 간주하고 있다.[11] 그는 인간에 있어서 외적인 대상들에 관련되어 있는 모든 자연적인 힘들은 감각(senses), 상상, 그리고 판단이라고 한다.[12] 인간의 마음은 감각에 의해 받아들여진 사물들의 이미지들을 질서와 격식에 맞게 자기 뜻대로 표상하거나 혹은 하나의 새로운 방식으로 그리고 하나의 다른 질서에 따라 그들 이미지들을 결합시키는데 있어서 그 자신의 일종의 창조적인 힘을 소유하고 있는 바, 이러한 힘을 상상이라고 하며 이에는 기지(wit), 공상(fancy), 그리고 고안(invention)등과 같은 것들이 속한다고 한다.[13] 그런데 이러한 상상에 있어서는, 자연적 대상의 속성들로부터 생기는 즐거움과 고통 이외에 유사성(resemblance)으로부터 지각되는 즐거움이 있으며, 상상은 이러한 원인들로부터 결과하는 것 이외에는 어떠한 즐거움도 가질 수 없고 이러한 원인들은 그것들이 자연에 있어서의 원칙들에 의해 작용하기 때문에 모든 사람에게 아주 한결같이 작용한다고 말한다. 따라서 기지와 같이 상상에 속하는 것은 유사성에 주로 관련되어지는 반면 판단의 업무는 차라리 차이들을 발견하는데 있다는 것이다.[14]

칸트의 상상 개념이 제시되고 있는 곳은 주로 『순수이성비판』(*Kritik der Reinen Vernunft*)과 『판단력비판』(*Kritik der Urteilskraft*)에서이다. 여기서는 상상 개념에 대해 비교적 상세하고도 비중 있게 다루고 있는 『순수이성비판』 제1판의 경우를 우선 살펴보기로 한다. 칸트는 대상들의 선험적 구성에 있어서 경험가능성의 선험적 근거를 형성하는 주관적 원천들을 검토하는 가운데 모든 인식에서 필연적으로 발견되어야 하는 3중의 종합 즉 직관을 통한 마음의 변용으로서의 표상들의 각지(Apprehension), 상상을 통한 표상들의 재생산 그리고 개념을 통한 표상들의 인식에 대해 논의하고 있다. 여기서 수용성(Rezeptivität)은 단지 자발성과 결합될 때만이 인식을 가능케 할 수 있다고 하면서 이러한 자발성이 그 3중의 종합의 기반이라고 하고 있다. 그러면서 그는 오성 자체를 가능하게 만드는 것이 바로 이 세 가지의 주관적 원천들이라고 말한다.[15] 여기서 먼저 모든 직관은 다양을 포함하고 있는데 그러한 다양에 대한 직관의 통일을 각지의 종합이라고 하면서 칸트는 이러한 각지의 종합이 역시 경험적이지 않은 표상들과 관련해서 선천적으로 실행되고 있음에 틀림없다고 한다.[16]

이어서 칸트는 현상들의 종합적 통일을 위하여 현상들의 재생산을 가능하게 하는 것이 바로 상상이라고 하면서 상상의 종합은 모든 경험에 앞서 선천적 원칙에 기초를 두고 있으며 이런 점에서 우리는 상상의 순수한 선험적 종합이 모든 경험의 가능성을 바로 조건화시키는 것이라고 추정해야만 한다고 한다.[17] 그러면서 그는 각지의 종합은 재생산의 종합과 불가분으로 밀접한 관계가 있다고 한다. 말하자면 전자 즉 각지의 종합이 모든 인식 양태들의 가능성의 선험적 근거를 구성한다면, 후자 즉 상상의 재생적 종합은 마음의 선험적 행위들 사이에 있는 것으로 간주되어야 한다는 것이다.[18]

그런데 칸트에게 있어서 대상에 대한 인식은 종합의 통일로서의 의식 즉 개념 없이는 불가능한 것이며 이러한 개념은 필연성과 보편성의 요소를 함유하는 것이었다. 그리고 모든 필연성은 선험적 조건에 기초해 있는 것이며, 이러한 원천적이고 선험적인 조건이 바로 선험적 통각(Apperzeption)이다. 경험적 통각이 우리의 내적 감각에 따르는 자아의식이기 때문에 단순히 경험적이고 항상 변화하는 것이라면, 선험적 통각은 순수한 원천적이고 변화할 수 없는 순수의식인 것이다. 이러한 통각의 수적(numerisch) 통일이 모든 개념들의 선천적 근거가 되는 것이다.[19] 그런데 경험적 개념들에 따른 종합의 통일은 모두 우연적인 것이며 개념들이 통일의 선험적 근거에 기초해 있을 때만이 순수오성개념 즉 범주가 되어, 선천적인 객관적 타당성을 확보하는 것이다. 그리고 범주들의 가능성과 필연성은 우리의 전적인 감성과 모든 가능한 현상들이 원천적인 통각에 관계하는 정도에 의존하는 것이다. 말하자면 원천적인 통각에서는 모든 것은 필연적으로 자기의식의 전적인 통일의 조건에, 즉 종합의 보편적 기능들에 일치하지 않으면 안 되는 것이다.[20]

이상에서 언급된 것을 요약한다면, 인식의 세 가지 주관적인 원천들 즉 감각, 상상 그리고 통각의 각각은 일정한 현상들에 적용하는데 있어서 경험적으로 관찰될 수도 있고, 또한 경험적 사용 자체를 가능케 하는 근거들의 선천적 요소들이기도 하다는 것이다.[21]

이상을 통해서 볼 때 흄, 버어크 그리고 칸트 세 사람 모두 우리의 인식에 있어서 상상이 필수적인 역할을 수행하고 있다는 것을 인정하는데 있어서는 공통점이 있다, 그러나 상상의 구체적 기능과 관련해서는 차이점들이 드러난다. 흄에게 있어서 상상은 우리의 인식을 가능케 하는 종합적 작용이라는 것을 경험론적 입장에서 주장하고 있으며, 버어크 또한 흄과 같이 경험론적 전통을 이어받아 상상을 외적 대상들의 인식을 위해 우리 인간들에게 공통적으로 작용하고 있는 기본적인 힘이라고 하고 있다. 반면 칸트의 상상은 현상들의 종합적 통일을 위하여 현상들의 재생산을 가능케 하는 것이라고 하면서 상상의 선험적 종합이 경험의 가능성을 조건화시키는 것이라고 함으로써 상상 개념을 선험적 인식의 주요 원천으로 규정하고 있음을 알 수 있다. 상상에 대한 흄과 칸트의 견해는 상상, 감성 그리고 오성의 관계에 대한 입장을 통해 보다 분명해진다.

II. 상상과 감성

흄은 우리의 마음의 지각에는 두 종류 즉 인상과 관념이 있다고 하면서 인상에는 영혼에서 첫 번째로 출현하는 우리의 모든 감각, 정열 그리고 정서가 속하며 관념은 사유의 추론에서의 희미한 이미지들이라고 한다. 여기서 그는 인상은 다시 감각과 반성으로 구성된다고 한다. 감각이 복사된 것이 관념이며 관념으로부터 새로운 인상 즉 반성의 인상이 나타나고 이것이 다시 복사되어 기억, 상상 그리고 관념이 되며 이로부터 다른 인상과 관념이 나타나게 된다는 것이다.[22] 이러한 흄의 논지를 통해 우선 먼저 확인할 수 있는 것은 관념을 거치기 이전의 인상과 관념을 거친 인상의 구별이다. 전자가 원천적 인상이라면 후자는 반성적 인상이라고 할 수 있을 것이다. 흄은 인상과 관념은 강렬함(force)과 생생함(vivicity)의 정도를 제외하고는 닮은 점들이 많이 있다고 한다. 즉 단순한 인상과 관념은 서로 유사하며 복잡한 경우에만 다르다는 것이다.[23] 그렇다면 인상이 원천적이든 반성적이든 간에 그것은 관념보다는 좀 더 강력하고 생생한 것임을 뜻한다. 즉 일차적 인상은 일차적 관념보다 더 생생하며 이차적 인상은 이차적 관념보다 더 생생하다는 것이다.

흄은 인상이 마음에 나타날 때 인상은 다시 관념을 출현케 하며 이같이 인상들을 반복하는 능력을 기억과 상상이라고 한다.[24] 그렇다면 흄에게 있어서 상상은 감성과 어떤 관계에 있는 것인가? 흄은 관념들이 인상들의 이미지들인 것과 같이 이차적 관념들은 일차적 관념들의 이미지들에 의해 형성될 수 있다고 한다. 즉 이차적 관념들은 일차적 관념들의 이미지들과 관련한 추론에서 나타난다는 것이다. 이같이 관념들이 그들 자체의 이미지들을 새로운 관념에로 생산하나, 첫 번째 관념은 인상으로부터 연유된다고 한다.[25] 여기서 보면 추론은 관념들로부터 관념들이 형성되는 과정을 말하는 것임을 알 수 있다. 그렇다면 사유는 어떠한 것인가?

흄은 인상과 관념을 감정(feeling)과 사유(thinking)의 차이와 대비시키고 있다.[26] 여기서 감정이 인상이라면 사유는 관념이라는 것을 알 수 있는데 그렇다면 관념을 거친 인상 즉 반성적 인상은 감정인가 아니면 사유인가? 흄의 글을 액면 그대로 해석한다면 반성적 인상도 관념 즉 사유와는 구별되는 것으로서 감성에 속한다고 해야 할 것이고 다만 그것은 원초적 감정이 아닌 관념 즉 사유를 통해 좀 더 조율된 감성이라고 할 수 있을 것이다.

그렇다면 상상의 위상은 어떠한 것인가? 앞서 언급한 바와 같이 관념을 통한 새로운 인상 즉 반성적 인상은 다시 복사되어 기억, 상상 그리고 관념으로 나타난다고 흄은 말한다. 그런데 그는 기억은 상상보다 더 생생하고 강력한 반면 상상에서의 지각은 희미한 것이라고[27] 한다. 또한 인상이 생생함을 전적으로 상실할 때 그것은 완전한 관념이 된다고 한다.[28] 그렇다면 반성적 인상이 복사되면서 그 인상의 생생하고 강력함이 가장 많이 유지된 것이 기억이며 그 다음이 상상이라면 관념은 그 생생함이 사라진 경우라고 할 수 있을 것이다. 이렇게 볼 때 흄에 있어서 상상은 큰 틀에서 보면 감성의 영역에 속하는 것이라고 할 수 있을 것이다.

칸트는 상상을 두 가지 즉 재생적 상상과 생산적 상상으로 구분하고 있다. 재생적 상상은 경험적 조건들에 의존하는 것으로서, 규칙에 따르는 재생산의 주관적·경험적 근거는 표상들의 연합(Assoziation)이라고 한다. 반면 상상의 생산적 종합은 선천적으로 일어날 수 있는 것으로서, 이와 같이 상상의 순수한 종합적 통일이 통각에 앞서서 모든 인식가능성의 근거인 것이다. 통각의 선험적 통일은 우리의 인식에 있어서 다양의 모든 결합가능성의 한 선험적 조건으로서, 상상의 순수한 종합에 관련된다는 것이다. 이와 같이 다양의 선천적 결합에로만 오로지 정향될 때 상상에 있어서 다양의 종합을 선험적이라고 명명한다는 것이다.[29]

이와 같이 칸트는 상상의 종합에 관련한 통각의 통일이 오성이라고 한다. 그리고 오성에 있어서는 모든 가능한 현상들과 관련해서 상상의 순수한 종합의 필연적 통일을 포함하는, 선천적으로 순수한 인식들이 있는 바, 이들이 범주 즉 순수오성개념이라고 한다.[30] 칸트는 그 행동이 직접적으로 지각들 위에서 발휘될 때 이를 가리켜 각지(Apprehension)라고 한다. 그런데 다른 지각들이 마음속에서 분리해서 따로 따로 나타나기 때문에 감각 자체에서는 가질 수 없는 그것들의 결합이 요구된다고 한다. 그러므로 이러한 다양의 종합을 위한 하나의 적극적인 능력이 우리 안에 존재하지 않으면 안되며 이러한 능력이야말로 바로 상상이라는 것이다.

이상을 통해서 볼 때 칸트는 각지와 상상을 오성에 이르는 과정에 있어서 필수적인 전제 요소로 설정하고 있음을 알 수 있으며 특히 상상을 하나의 능력으로 규정하고 있음을 알 수 있다. 그렇다면 칸트에 있어서 상상은 오성의 영역에 포함되는 것인가 아니면 감성의 영역에 포함되는 것인가?

칸트는 상상의 종합은 직관에서 나타나는 것으로서의 다양을 단지 연결시키는 것이기 때문에, 상상의 종합은 비록 선천적으로 발휘되더라도 항상 그 자체로 감각적(sinnlich)이라고 한다.[31] 이를 통해 우리는 칸트가 상상력을 감성의 영역에 포함시키고 있음을 알 수 있다. 칸트는 순수한 상상의 기능에게 지적인 것을 부여하기 위해서 순수한 상상에 통각이 보태어져야만 한다고 말한다. 즉 오성에 속하는 개념들이 감각적인 직관에 대한 관계에로 진척되는 것은 단지 상상의 수단에 의해서라는 것이다. 따라서 모든 선천적인 지식을 조건지우는 순수한 상상은 인간 영혼의 근본적인 능력들 중의 하나이며 두 개의 극단들 즉 감성과 오성은 이러한 상상의 선험적 기능의 매개를 통하여 서로 필연적인 연결에 있게 된다는 것이다.[32] 여기서 칸트는 상상이 인간의 단순한 하나의 능력이 아니라 감성과 오성을 중개하는 보다 근본적인 능력이라고 함으로써 상상의 중요성과 역할을 뚜렷하게 강조하고 있음을 볼 수 있는 것이다.

칸트는 감성은 우리에게 직관의 형식들을 주고, 오성은 우리에게 규칙들을 준다고 말한다.[33] 그렇다면 칸트에게 있어서 감성과 오성을 중개하는 상상은 우리의 직관형식들을 규칙에 맞도록 하는 한편 우리의 규칙들을 형식에 맞도록 해 준다는 데서 감성과 오성을 서로 연결시켜 주면서 양쪽을 보다 적합하게 고양시키는 근본적인 역할을 하고 있는 것으로 이해되고 있음을 알 수 있다. 칸트는 오성은 항상 현상들을 조사하여 그 현상들 내에서 어떤 규칙을 발견하려 몰두한다고[34] 말하고 있는 바, 오성이 그러한 역할을 온전히 수행하기 위해서는 직관형식들의 도움이 반드시 요청되는 바, 이를 제공해주는 것이 바로 상상이라고 할 수 있는 것이다.

이상을 통해서 볼 때 흄은 상상을 인상들을 반복하는 능력이라고 함으로써 그에게 있어서 상상이 반복적 능력임을 알 수 있다. 그러나 상상은 관념들을 바꾸고 변화시킬 자유를 지니고 있다는 데서 단순한 반복으로서의 기억과 다르다. 이에 비해 칸트는 상상력을 재생적 상상력과 생산적 상상력으로 구분하면서 전자를 경험적 조건에 의존하는 것으로, 그리고 후자를 통각에 앞선 모든 인식가능성의 선천적 근거로 이해하고 있다. 여기서 칸트의 재생적 상상력은 흄의 상상의 반복적 능력과 유사하다면, 칸트의 생산적 상상력은 흄에게 있어서 자유로운 상상력과 유사하다고 할 수 있다. 차이가 있다면 흄에게 있어서는 자유로운 상상력도 경험적인 것이라면, 칸트에 있어서 생산적 상상력은 선천적인 것이라는 데 있다고 하겠다. 이런 점에서 흄과 칸트 사이의 공통점이 적지 않다는 것을 우리는 알게 된다. 더욱이 그들은, 칸트가 『순수이성비판』 제2판에서는 관점이 부분적으로 달라지기는 하지만, 양쪽 다 상상을 감성의 영역에 포함시키려 했다는 데서 그들의 공통점을 읽을 수 있다.

III. 상상과 오성

상상과 오성 사이의 관계에 대해 흄이 언급한 것 중에서 가장 많은 관심을 끄는 부분은 "오성은 상상의 일반적이고 보다 확립된 속성들"[35]이라고 말한 구절이다. 이는 정상적이고 안정적인 상상이 바로 오성이라는 것을 말해주는 것이다. 이러한 상상과 오성 사이의 관계에 대한 흄의 관점에 접근하기 위해서는 관계(relation) 개념과 연합(association) 개념에 대해 먼저 살펴볼 필요가 있다.

'관계'에 대한 흄의 이론을 이해하기 위한 핵심 요소는 흄이 지각들은 그 자체로는 관계를 결여하고 있다고 생각했다는 점이다. 지각들은 파악할 수 없을 만큼 급속하게 잇따라 일어나며 영속적인 유동과 운동 속에 있다는 것이다. 그래서 의식에 의해 우리에게 직접적으로 존재하는 대상들인 지각들은 닥치는 대로의 혼잡이며 바로 질서 및 관계의 반정립인 것이다. 따라서 지각들은 의식의 중개를 경유해서만이 서로 관련지어지며 특히 상상에서의 관념들의 통일을 통해 관련지어진다는 것이다. 흄에 있어서 닮음(resemblance), 연속성(contiguity), 그리고 동일성(identity)은 상상의 관계들이다. 흄은 우리가 그것에 관해 하나의 관념을 갖는 관계가 상상 밖에서 존재할 수 있다는 것을 부인하고 있는 것이다.[36] 이렇게 볼 때 감각이건 관념이건 간에 지각은 단선적이며 그러한 단선적인 것들의 관계를 인식·종합·통일시키는 작업을 하는 것이 상상이라는 것이다. 흄에게 있어서 모든 복합체들은 관계의 체계이다. 우리가 숙고적이 아니라 자동적으로 생각할 때도 우리의 사유는 무질서한 것이 아니라 연합의 일정한 원칙을 따른다.[37] 즉 모든 단순관념들은 상상에 의해 분리되거나 통일될 수 있는데 이는 어떤 보편적 원칙들에 의해 인도되지 않는다면 단지 우연만이 관념들을 연결할 것이기 때문에 규칙적으로 복잡한 관념에 이르지 못한다. 관념들 사이의 이러한 통합의 원칙 즉 연합의 원칙을 발생시키는 일정한 성질들이 있는 바, 이러한 성질들이 바로 닮음, 시간과 장소의 연속성, 그리고 원인과 결과라는 것이다.[38] 이러한 세 가지 성질들은 곧 관계의 원천이다.[39] 따라서 관계는 그러한 세 가지 성질에서부터 연유된 상태이며 그러한 관계를 인식하고 통일시키는 능력이 연합이라는 것이다. 결국 상상에서 두 개의 관념들이 연결되는 것은 이러한 과정에 의해 이루어지는 것이다. 따라서 통일을 이루는 그와 같은 상상은 바로 "연합적 상상"[40]인 것이다.

흄은 복합관념들(complex ideas)은 관념들의 통일 혹은 연합의 결과이며 이러한 복합관념들은 우리의 사유와 추론의 공통 주제들이라고 한다. 그리고 이러한 복합관념들은 관계, 양태(modes), 그리고 본질(substance)로 나누어질 수 있다고 한다.[41] 그렇다면 관계는 연합적 상상 즉 연합에 따른 상상의 결과라는 말이 된다. 그런데 흄은 관념들의 결합의 양식에 따라 관계의 의미를 두 가지로 나누고 있다. 즉 성질(qualities)에 따른 것과 특수한 환경에 따른 것이 그것이다. 전자는 성질에 따라 관념들이 상상에서 함께 결합되는 것으로서 이는 하나의 관념이 자연적으로 다른 관념을 이끄는 것이다. 반면 후자의 경우는 특수한 환경에 따른 것으로서, 공상(fancy)에 있어서 두 관념들의 자의적인(arbitrary) 통일에서 조차도 해당된다고 한다. 그리고 다시 전자는 항상 감각(sense)인 것으로서 여기서 우리는 관계라는 말을 사용하게 된다고 한다. 반면 우리가 어떤 결합원칙 없이 비교의 어떠한 특수한 주제를 의미하기 위해 관계를 확장하는 것은 단지 철학에 있어서 뿐이라고 한다.[42] 이 같은 흄의 기술을 분석해보면 다음과 같은 점을 발견할 수 있게 된다. 첫째로 복합관념으로서의 관계가 두 가지 즉 자연적 관계와 철학적 관계로 나누어진다는 것이다. 두 번째로는 엄밀한 의미에서의 관계는 자연적인 것에 해당되는 것이며 이는 감각과 관련된 것이라는 점이다.

앞서 언급된 복합관념의 일종인 본질의 관념도 반성의 인상에서 연유되는 것으로서, 결국은 상상에 의해 통일되는 단순관념들의 수집 이외의 다른 것이 아닌 것이다.[43] 이같이 사유와 추론의 주제들인 복합관념들로서의 관계와 본질이 모두 상상으로부터 연유된다는 데서 우리는 흄이 오성은 상상의 일반적이고 보다 확립된 속성들이라고 한 말을 이해할 수 있게 된다.

흄은 추상적 관념들에 있어서도 그것들이 개별적·특수적인 것들로부터 연유됨을 밝히고 있다. 관념들이 그 본성에 있어서 특수적이고 동시에 그 수에 있어서 유한하다면 관념들이 그것들의 표상에 있어서 일반적이 될 수 있는 것은 단지 관습(custom)에 의한 것이라고 말하고 있는 것이다.[44] 즉 특수한 관념은 일반적인 용어에 연결됨에 의해 일반적이 되는 것이며, 이러한 일반적인 용어는 관습적인 결합에 의해 많은 다른 특수한 관념들에 대한 하나의 관계를 가지며 그러한 특수한 관념들을 상상에서 상기한다는 것이다.[45] 이는 단순한 사유뿐 아니라 추상적 관념에 있어서도 그것들이 기본적으로 상상으로부터 연유되고 있음을 밝히는 것이라고 할 수 있다.

이제 흄에 있어서 감성과 오성의 차이점을 통해 오성에 대한 그의 관점을 살펴보기로 하자. 흄에 있어서 감성과 오성 사이의 관계는 감정과 사유에 대한 그의 관점을 통해서 읽을 수 있다. 흄에게 있어서 인상을 갖는 것과 관념을 갖는 것 사이의 차이는 바로 감정과 사유 사이의 차이이다. 이는 전자를 밝히기 위해 후자의 구별을 사용하는 것이지 후자를 밝히기 위해 전자를 사용하는 것이 아니다. 왜냐하면 감정과 사유의 구별은, 모든 사람이 그 차이를 쉽사리 지각할 것이기 때문에 구태여 설명할 필요가 없기 때문인 것이다.[46] 따라서 흄에 있어서 인상과 관념의 차이는 바로 감성과 오성 사이의 차이라는 것이다.

그런데 흄에 있어서 자연적 관계만이 신념을 발생시킬 힘을 소유하고 있기 때문에 철학적 관계는 자연적 관계에 의존한다. 따라서 상상이 관념들을 연속적으로 숙고하는데 있어서 용이한 전이를 느끼지 않고 또한 인상으로부터 관념에로의 전이에서 상당한 유사성을 관념에서 느끼지 않는다면, 인간 오성 즉 관념들의 관계에 있어서 어떠한 중요성도 존재하지 않는다는 것이다.[47] 이는 바로 감성의 도움을 받을 때만이 오성이 성립됨을 말해주는 것이다. 따라서 오성은 그것이 홀로 작용할 때는 전적으로 그 자체를 파괴시킨다고 흄이 말할 때 그가 의미하는 것은, 우리의 감성적 본성의 중요한 특성들을 결핍한 이성적 창조물은 『인성론』(*A Treatise of Human Nature*) 제1권 제4부 제1절의 회의적 논거들에 희생될 위험에 처하게 되리라는 것이다.[48]

칸트는 『순수이성비판』 제2판에서 "순수오성개념의 선험적 연역" 부분을 대폭 수정하면서 오성과 상상의 관계에 대해 새로이 설명하고 있다. 여기서 보면 우선 제1판에서보다도 감성 내지 상상에 대한 오성의 역할을 더욱 부각시키고 있음을 볼 수 있다.

칸트는 표상들의 다양은 수용성에 불과한 순수하게 감성적인 직관에서 주어질 수 있으며 이러한 직관의 형식은 우리의 표상능력 안에 선천적으로 놓여질 수 있다고 말한다. 그러나 다양 일반의 결합은 감각을 통해 올 수 없고 감성적 직관의 순수 형식에는 포함될 수 없다고 한다. 왜냐하면 결합은 표상 능력의 자발성의 행위이므로 결국 모든 결합은 오성의 행위라는 것이다.[49] 이 같은 칸트의 말을 통해서 볼 때 그가 감성의 활동 영역을 매우 한정시키고 있으며 우리가 통상 생각하는 감성 영역을 오성에 포함시키려 함을 알 수 있다. 여기서 보면 흄이 상상에 포함시킨 활동을 칸트는 오성에 포함시키고 있음이 나타난다. 칸트는 이어서 좀 더 상세히 오성과 상상과의 관계에 대해 다음과 같이 언급하고 있다.

칸트는 선천적으로 가능하며 필연적인 감성적 직관의 다양의 종합은 형상적 종합(figürliche Synthesis)이라고 명명될 수 있으며, 이와 구별하여 직관 일반의 다양과 관련해서 단지 범주에서 생각되는 종합을 오성적 결합(Verstandesverbindung)이라고 한다.[50] 혼란을 피하기 위해 칸트가 종합, 결합, 통일 등의 개념에 대해 어떻게 이해했는지를 살펴 볼 필요가 있다. 그는 모든 결합이 오성의 행위라고 할 때, 이러한 행위를 일반적으로 종합이라고 부를 수 있으며, 모든 표상들 중에서 결합만이 대상을 통해 주어질 수 없는 유일한 것이라고 하고 있다. 그리고 그는 결합의 개념은 다양의 개념과 그 다양의 종합의 개념 외에도 또한 다양의 통일의 개념도 포함한다고 한다. 즉 결합은 다양의 종합적 통일이라는 것이다. 따라서 이러한 통일의 표상이 결합으로부터 생겨날 수 없으며 반대로 다양의 표상에 통일을 첨가함으로써 결합의 개념을 가능케 한다고 하면서 범주는 이미 결합을 전제로 하고 있다고 말한다.[51] 칸트가 많은 양의 글을 쓰면서 개념들을 혼용하는 경우가 많았고 결합, 종합, 통일의 개념도 그 가운데 하나의 경우라고 할 수 있다. 그러나 바로 위의 언급에서 볼 때 칸트는 결합 개념을 적어도 종합 및 통일을 포괄하는 개념으로 사용했음은 분명한 것으로 보인다. 『순수이성비판』의 제1판과 제2판에 공통적으로 들어있는 내용으로서 칸트가 종합과 통일에 대해 설명한 부분을 좀 더 살펴보기로 하자.

칸트는 순수오성개념 즉 범주에 대해 기술하는 과정에서 다음과 같이 말하고 있다. 그는 종합이란, 그 가장 일반적인 의미에서, 다른 표상들을 함께 놓는 그래서 그것들에 있어서 다양인 것을 하나의 인식으로 파악하는 행위라고 하고 있다. 그러면서 그는 종합 일반은 단지 상상력의 결과이며 그것 없이는 어떠한 인식도 가질 수 없다고 한다. 그리고 이러한 종합을 개념들에로 가져오는 것은 오성의 기능이며 우리가 소위 적합하게 처음으로 인식을 획득하는 것은 바로 이러한 오성의 기능을 통해서라고 한다. 또한 그는 분석의 수단에 의해서 다른 표상들이 하나의 개념 아래로 가져오게 된다고 한다. 따라서 모든 대상들을 선천적으로 인식하기 위해서는 먼저 순수직관의 다양이 주어져야 하고, 관련된 두 번째 요소는 상상의 수단에 의한 이러한 다양의 종합, 세 번째로는 이러한 순수종합에 통일을 주는, 이러한 필연적인 종합적 통일의 표상에서 만이 존립하는 개념들이라고 한다. 그러면서 그는 이러한 통일을 가장 일반적인 표현으로 순수오성개념이라고 칭한다고 한다.[52] 이를 정리하자면 직관에 의해 표상의 다양이 주어지고, 이어서 상상에 의해 직관의 다양이 종합되며, 오성에 의한 분석을 거쳐, 그로부터 개념을 통한 통일이 이루어지는 바, 이때에 이르러 적합한 인식이 나타난다는 것이다. 여기서 보면 종합을 상상의 능력으로 그리고 통일을 오성의 능력으로 설정하고 있음을 알 수 있으며 이런 점에서 상상력의 근본적 성격을 기술하고 있는 것으로 보인다. 그런데 앞서 언급한 제2판 부분에서 보면 제1판에서는 사용하지 않은 결합이라는 개념을 새로이 도입하여 결합에 종합과 통일을 함께 포함시키면서 모든 결합이 오성의 행위라고 함으로써 결국 상상을 오성의 영역에 포함시키려 하고 있음을 우리는 감지할 수 있다.

칸트는 계속해서 제2판 부분에서, 모든 우리의 직관은 감성적이고, 상상은 그것이 주관적 조건 아래서만 오성 개념에 상응하는 직관을 줄 수 있기 때문에 감성에 속한다고 한다. 여기서 형상적 종합은, 그것이 단지 통각의 원천적인 종합적 통일 즉 범주들에서 사유되는 선험적 통일에로 정향된다면, 단순한 지적 결합과 구별되기 위해서 상상의 선험적 종합이라고 불리어져야 한다고 말한다.[53] 이는 상상이 기본적으로 주관적 조건 아래서 작용하면서 감성적 성격의 직관을 종합하는 한에 있어서는 그러한 상상은 경험적인 것을 넘어설 수 없다는 것을 뜻한다. 따라서 상상이 주관적인 조건에 머물지 않고 통각의 종합적 통일에 관계할 때만이 그 선험성을 획득한다는 것이다. 이렇게 볼 때에 칸트는 상상을 단순한 경험적 차원과 이를 뛰어넘는 선험적 차원의 두 가지로 구분하고 있음을 알 수 있다.

그러면서 그는 상상이 자발성의 표현인 한에 있어서는, 그것은 감성을 선험적으로 규정하는 능력이라고 하면서 직관에 대한 상상의 종합이 범주들에 따를 경우 그것은 상상의 선험적 종합임에 틀림없다고 한다. 따라서 형상적인 종합으로서의 종합은 상상의 도움 없이 단지 오성만에 의해 수행되는 지적인 종합과 구별된다는 것이다.[54] 여기서 칸트는 자발성을 함유한 상상만이 감성을 선험적으로 규정할 수 있으며 단순한 지적인 종합은 이러한 능력을 소지할 수 없다는 것을 말하고 있는 것이며, 그러한 자발성을 함유한 상상은 이미 오성적 성격에 접근하고 있는 것으로 이해하고 있음을 알 수 있다. 또한 그는 상상이 이와 같이 자발성인 한에 있어서는, 경험적인 법칙 즉 연합의 법칙에 전적으로 종속하는 종합인 재생적 상상과 구별하기 위해서, 그것을 생산적 상상이라고 칭한다고[55] 말한다. 이는 바로 자발성을 소지한 상상의 선험적 종합만이 생산적임을 밝히면서 단순한 연합작용으로서의 재생적 상상과 구별하고 있는 것이다. 따라서 칸트가 스스로 명백히 기술하고 있는 것처럼 상상의 선험적 종합이라는 명칭 아래서 작용하는 오성의 일정한 영역[56]이 바로 선험적 통일로 정향되는 형상적 종합으로서의 생산적 상상이라고 할 수 있는 것이다.

이상에서 볼 때, 제2판에서는 재생적 생산은 단순히 경험적인 것으로서 감성의 영역에 속하는 반면, 생산적 상상은 선험적인 것으로서 오성의 영역에 속하는 것으로 규정되고 있음을 알 수 있다. 제2판의 이러한 입장에 대해 많은 학자들이 다양한 해석을 하고 있다. 특히 하이데거(M. Heidegger)의 경우 칸트가 제2판에서는 제1판에서와는 달리 상상력이 감성과 오성 양쪽의 근원적 뿌리로서의 능력임을 부인하고 상상력을 오성의 영역에 포함시키려 하고 있다고[57] 비판한다. 그러나 이러한 비판은 부분적으로는 타당한 점이 있으나 전체적으로 논점을 너무 비약시킨 것으로 보인다. 즉 상상력을 포함하는 감성의 중요성을 크게 부각시키려는 하이데거 자신의 입장에 칸트가 미치지 못하고 있다는 데서 칸트의 제2판에서의 변화를 지나치게 과장하여 비판하고 있는 것으로 보인다는 것이다. 물론 칸트가 제2판에서는 제1판에서처럼 상상력(상상의 순수한 생산적 종합의 필연적 통일의 원칙)이 모든 인식의 근거라고[58]까지는 언명하고 있지 않다는데서 명시적으로는 상상이 감성과 오성 양쪽의 근본적 뿌리라는 생각에서 후퇴한 것으로 보이나, 제2판에서도 역시 상상은 감성과 오성 양면에 걸쳐 중요한 역할을 하는 것으로 인정하고 있다는 것은 위에서 살펴본 바와 같다. 칸트가 상상의 도움 없이 오성 만에 의해 수행되는 지적 종합과 달리 선험적 통일에로 정향되는 형상적 종합은 상상의 선험적 종합이라고 하면서 이러한 능력을 강조하고 있는 것은 바로 상상이 올바른 오성작용을 위한 기초임을 인정하고 있는 것에 다름 아니며, 이런 점에서 상상을 결한 단순한 지적 종합은 공허한 것이라는 점을 밝힌 것이라고 할 수 있다. 따라서 우리의 참다운 인식은 상상을 통해 가능하며 물론 직관적 종합도 상상 없이는 불가능한 것이다.

물론 칸트는 제1판보다 제2판에서 상대적으로 상상의 위상을 오성의 영역에로 많이 편입시키고 있기는 하나 그러나 이것은 달리 생각해보면 순수오성의 한계의 전제하에 상상에다 그러한 한계를 보충하는 즉 오성적 기능을 하는 능력을 부여하였다고 할 수 있으며, 이는 상상을 오성의 영역에 포함시켰다기보다는 상상의 기능을 오성에로까지 확장시켰다고 생각할 수도 있는 것이다. 따라서 칸트가 제2판에서 상상력에 대한 견해를 변경함으로써 감성을 폄훼하였다기보다는, 그가 기본적으로 이성론자였음에도 불구하고 누구보다도 감성의 중요성을 깊이 인식하였다고 할 수 있으며, 이런 점에서 "칸트가 흄의 진정한 후계자"[59]라고 한 말의 의미를 알 수 있다. 다만 칸트 이후 칸트 추종자 내지 연구자들 중에서 이성론자들의 경우 칸트의 입장을 지나치게 이성편향적으로 해석하거나, 다른 한편 감성론자들의 경우에는 이성론자들의 칸트 해석에 기초하여 칸트가 지나치게 감성을 폄훼하였다고 비판함으로써 양쪽 다 칸트의 진정한 의도로부터 많이 벗어나게 되었다고 할 수 있는 것이다.

이상을 요약하면 다음과 같다. 흄은 관념적 관계는 상상적 관계 밖에서는 존재할 수 없으며, 사유와 추론의 주제들인 복합관념들로서의 본질도 모두 상상에서 연유된다고 함으로써 상상이 모든 인식의 기초임을 분명히 하고 있다. 반면 칸트는 선천적으로 가능하며 필연적인 감성적 직관의 다양의 종합은 형상적 종합이며 직관 일반의 다양과 관련해서 단지 범주에서 생각되는 종합을 오성적 결합이라고 함으로써 인식의 단계를 설명하고 있다. 즉 형상적 종합을 거쳐 오성적 결합에 이르러 비로소 적합한 인식이 나타난다는 것이다. 그러면서도 칸트는 종합 일반은 단지 상상력의 결과이며 그것 없이는 어떠한 인식도 우리가 가질 수 없다고 함으로써, 흄에 있어서와 같이, 인식에 있어서 상상의 기초적 성격을 인정하고 있다.

흄은 오성은 상상의 일반적이고 확립된 속성들이며, 감성의 도움을 받을 때만이 오성이 성립한다고 한다. 이는 바로 감성이 오성의 기초임을 말해주는 것이다. 칸트는 『순수이성비판』 제1판과는 달리 제2판에서는 상상 활동을 상당한 정도로 오성 활동에로 전이시키고 있다 할지라도 역시 제2판에서도 상상이 감성과 오성 양면에 걸쳐 중요한 역할을 하는 것을 인정하고 있다. 즉 상상이 올바른 오성작용을 위한 기초이며, 상상을 결한 단순한 지적 종합은 공허하다는 것이다. 이런 점에서 흄과 칸트 두 사람은 그 정도는 다를지라도 상상을 오성작용을 위한 기초로서 이해했음을 알 수 있는 것이다.

IV. 상상과 판단

흄은 보고, 듣고, 판단하고, 사랑하고, 미워하고, 생각하는 모든 행동들은 다 지각의 부류에 들어간다고 한다. 그래서 우리가 지각이라는 용어 아래 포함할 수 없는 어떤 행동에서도 마음은 결코 스스로를 발휘할 수 없으며, 결과적으로 지각이라는 용어는 마음의 모든 다른 작용에 있어서와 마찬가지로 우리가 도덕적인 선과 악을 구별하는 판단들에도 적용될 수 있다고 한다.[60] 이를 통해서 보면 우리의 판단도 지각의 일종이며 다만 판단은 도덕적인 것을 비롯하여 일정한 것들을 구별하는 마음의 작용이라고 흄이 규정하고 있음을 알 수 있다. 이같이 흄에게 있어서 판단의 역할이 구별하는 것이기 때문에 구별하는 마음의 양식과 대상의 종류에 따라 다양한 판단을 내리게 된다. 흄은 그중에서도 특히 다음과 같은 대조적인 판단들에 주목하고 있다.

그 중 첫 번째가 자연적 판단과 인위적 판단이다. 흄은 우리가 지식에 관련해서 뿐 아니라 개연성에 관련해서도 형성할 수 있는 모든 판단에 있어서, 우리는 대상의 본성으로부터 연유되는 첫 번째 판단을 오성의 본성으로부터 연유되는 다른 판단에 의해 항상 교정해야 한다고 말한다.[61] 즉 오성의 일반적 규칙들에 따라서 우리가 판단해야 하는 방식이 인위적인 판단인 반면, 상상의 경향들에 따라서 우리가 판단해야 하는 방식은 보다 자연적이라는 것이다.[62] 따라서 자연적 판단은 상상적 판단에 해당되며 인위적 판단은 오성적 판단에 해당되는 것이다. 여기서 우리가 주목해야 할 것은 판단의 교정 문제, 즉 첫 번째 판단이 오성적 판단에 의해 교정되어야 한다는 논지와 관련된 문제이다. 흄은 판단의 첫 번째 행위를 구성하는 것은 단지 지각의 힘과 생생함이며, 이것이 우

리가 인과관계를 추적할 때 그 위에 세우는 그러한 추론의 기초를 놓는다고 말한다.[63]

흄이 오성은 단순히 상상의 일반적이고 보다 확립된 속성들이라고 말하는 것은 이중적 의미를 갖는다. 그 하나는 오성도 결국 넓은 의미에서 상상의 일종이라는 데서 오성과 상상의 구별을 제거하려는 것이다.[64] 다른 하나는 상상의 원칙들이 변화가능하고, 허약하며, 불규칙하다는 데서[65] 상상을 오성과 대조시키고 있는 것이다. 판단의 교정 문제는 이러한 후자의 입장 즉 상상과 오성의 구별의 전제하에 상상에 기초한 판단의 오류가능성의 교정이 요청된다는 것이다. 흄은 우리의 신념이 종종 잘못되어 간다는 것을 인식할 때, 우리는 우리의 첫 번째 판단에 억제를 부여하며 이를 교정·규율하게 되는 바, 일반 규칙들이 그러한 작용을 한다고 말한다. 그리고 이러한 일반 규칙들은 오성의 본성위에서 그리고 우리가 대상과 관련하여 형성하는 판단들에 있어서 그 오성 작용의 경험위에서 형성된다고 한다.[66] 그렇다면 상상적 판단은 오성적 판단에 비해 늘 하위의 열등한 판단인가? 이성은 정열의 노예라는 흄의 언명은 어떻게 되는 것인가?

이 문제와 관련하여 많은 연구자들은 켐프 스미스(Norman Kemp Smith)의 해석과 연관된 논쟁을 전개해 왔다. 켐프 스미스는 판단에 대한 그와 같은 흄의 관점에 비추어 볼 때 흄에 있어서는 "관습은 전연 왕이 되지 못한다"[67]고 주장한 것이다. 즉 정열, 상상, 관습의 연계로 특징지어지는 그것들의 우선성은 더 이상 흄에게서 존립할 수 없다는 것이다.[68] 그러나 반성적 사유가 관습의 직접적 요구들을 지배한다는 스미스의 이 같은 독해에 반해, 패스모어(John Passmore)는 심리학이 인과적 추론보다 우세하다고 결론 맺고 있다.[69] 여기서 브랜드(W. Brand)는, 많은 텍스트가 그와 같은 양쪽 입장들을 지지하는데 인용될 수 있음을 우리가 보아왔으나, 어느 한 쪽에 배타적으로 귀착하는 것은 『인성론』 제1권의 끝머리에서 이성과 정열의 상시적인 변증법을 확립하려는 흄의 의도를 무시하는 것이라고 주장한다. 흄은 우리가 어떤 규칙을 따라야 하는가를 결정하지 않았다는 것이다.[70] 물론 우리가 흄의 '노예' 문구에 너무 많은 강조를 둠에 의해 이성과 감정의 관계에 대한 흄의 보다 건설적인 견해가 마땅한 주의를 끌지 못하였다는[71] 켐프 스미스의 주장에도 일리가 있기는 하다. 그런 점에서 우리는 켐프 스미스의 오성중심적 독해까지는 나아가지 않더라도 적어도 브랜드의 변증법적 해석은 어느 정도 눈여겨 볼 필요가 있다. 그러나 흄이 정열에 부여한 강조를 가벼이 다루어서는 안될 것이다. 흄은 우리의 판단에 있어서 환경들에 대한 반성에 의하여 이를 교정할 수도 있으나 어디까지나 관습이 판단의 출발점으로서, 관습이 상상에 선입관을 제공하는 것이 확실하다고[72] 말하는 데서도 그런 점이 여실히 드러나고 있는 것이다. 다음은 상상과 판단에 대한 칸트의 견해를 살펴보기로 한다.

칸트는 판단력 일반은 특수를 보편 아래 포함된 것으로서 사유하는 능력이라고 하고 있다. 그런데 보편이 주어져 있는 경우에는 특수를 이 보편 아래 포섭하는 판단력은 규정적이나, 오직 특수만이 주어져 있고 판단력이 특수에 대하여 보편을 찾아내야 할 경우에는 판단력은 단지 반성적이라고 한다.[73] 즉 연역 판단과 귀납 판단이 그것이다. 그런데 이러한 사유능력에서의 판단력은 상급 인식능력들인 오성과 이성 사이의 중간항인 것이며, 비록 그것이 하나의 고유한 입법을 포유하고 있지는 않을지라도 오성이나 이성과 마찬가지로 법칙을 탐구하기 위한 자기의 고유한 원리를 선천적으로 포유하고 있다고 추정할 수 있다고[74] 한다. 따라서 『판단력 비판』은 바로 판단력의 이러한 고유한 선천적 원리에 대한 비판인 것이다.

그런데 규정적 판단력은 오성이 부여하는 보편적인 선천적 법칙들 아래서 포섭만을 할 뿐이다. 그러나 순수오성이 선천적으로 부여하는 법칙들에 의해서는 규정되지 않은 채 남아있는 자연의 다양한 형식과 변양을 위해서도 또한 법칙들이 있지 않으면 안 된다. 그런데 이러한 법칙들도 법칙이라고 불리어져야 하는 이상, 그 법칙들도 다양한 통일의 원리에서 나온 필연적인 것이라고 간주되어야 한다. 즉 자연에 있어서의 특수로부터 보편에로 거슬러 올라가야 할 임무를 띄고 있는 반성적 판단력은 경험으로부터 이끌어낼 수 없는 하나의 원리를 필요로 하는 바, 왜냐하면 경험적 원리를 보다 고차적인 원리 아래에 통일하고 이 경험적 원리들 상호간에 체계적 종속관계를 가능케 하는 기초로서의 원리가 필요하기 때문이라는 것이다. 이러한 반성적 판단력은 그러한 선험적 원리를 오직 자기 자신에게만 법칙으로서 부여할 수 있을 뿐, 이것을 딴 곳에서 도출할 수도 없고 또 이것을 자연에 대하여 규정할 수도 없다고 한다. 왜냐하면 자연의 법칙들에 대한 반성이 자연에 따르는 것이지, 자연이 조건들에 따르는 것이 아니기 때문이라는 것이다.[75]

칸트는 이러한 반성적 판단력의 근원을 하나의 특수한 선천적 개념으로서의 자연의 합목적성에서 찾고 있다. 그는 하나의 객체에 관한 개념은, 그 개념이 동시에 이 객체에 현실성의 근거를 포유하고 있는 한에 있어서 목적이라고 일컬어지며, 또한 하나의 사물이 목적에 따라서만 가능한 사물들의 성질과 합치하면 그것은 그 사물들의 형식의 합목적성이라고 일컬어진다고 한다. 여기서 판단력의 원리는, 경험적 법칙들 일반 아래에 있는 자연의 사물들의 형식과 관련해서, 자연의 다양에 있어서 자연의 합목적성이라는 것이다.[76] 칸트는 이 같은 반성적 판단력에 미감적 판단과 목적론적 판단을 귀속시키고 있다. 여기서 미감적 판단력은 쾌·불쾌의 감정을 통하여 주관적인 형식적 합목적성을 판정하는 능력인 반면, 목적론적 판단력은 오성과 이성을 통하여 자연의 객관적인 실재적 합목적성을 판정하는 능력이라고 한다.[77] 그런데 칸트는 판단력 비판에 본질적으로 속하는 것은 바로 미감적 판단을 다루는 부문이라고 한다. 왜냐하면 미감적 판단 만이 철저히 선천적인 판단에 의해 도입된 원리를 자연에 대한 반성의 기초로서 포함하고 있기 때문이라는 것이다. 이 원리야말로 자연의 특수한 (경험적)법칙들에 있어서 우리의 인식능력들을 위한 자연의 형식적 합목적성의 원리이며 그러한 원리 없이는 오성은 자연을 이해할 수 없다는 것이다.[78] 칸트는 이러한 미감적 판단에 아름다운 것에 관계하는 취미판단과 숭고한 것에 관계하는 일종의 정신적 감정에서 나온 판단을 함께 귀속시키고 있다.[79]

그렇다면 이러한 미감적 판단력과 상상력은 어떤 관계를 갖고 있는가? 칸트는 상상력에 있어서 형식들의 파악은, 직관들을 개념들에 관련시키는 반성적 판단 자신의 능력과 그 상상력에 있어서의 형식들을 비교하는, 그러한 반성적 판단 없이는 결코 자리를 잡을 수 없다고 한다. 그리고 이러한 비교에서 상상력이 주어진 표상의 수단에 의해 무의도적으로 오성과 일치하게 되고, 그로 인해 즐거움의 느낌이 일어나게 된다면, 이때에 그 대상은 반성적 판단을 위하여 합목적적인 것으로 간주되어야 하며, 이러한 종류의 판단이 대상의 합목적성에 관한 미감적 판단이라는 것이다. 반성에 있어서 대상의 표상이, 선천적으로 보편타당한 조건을 충족시키면서, 조화를 이루는 것은 주관에 있어서 판단 일반의 경험적 사용에서의 합법칙성에 있으며 이것이 바로 상상력과 오성의 통일이라고 한다. 그런데 주관의 능력들과 대상의 이러한 합치는 주관적이기 때문에, 그러한 합치는 주관의 인식능력들과 관련하여 대상 부분에서의 합목적성의 표상을 낳는다는 것이다.[80] 따라서 미감적 판단력은 오성과 이성 사이의 중간에 있으면서 주관적인 면에서 상상력과 오성의 통일을 이루게 하는 능력이라는 것을 알 수 있다. 그렇다면 이러한 판단력과 관련한 칸트의 설명에서 상상력은 감성 및 오성과 어떠한 관계를 갖고 있으며 그 위상은 어떠한 것인가? 미감적 판단과 관련해서 볼 때, 상상력은 판단력을 통해 오성에 순응되어야 할 능력이면서도 또한 상상력은 오성을 활동시켜서 다양을 개념에 있어서 통일하도록 하는 능력이라고 하고 있다.[81] 이는 오성에 대한 상상력의 능동성을 말해주는 것으로서 『순수이성비판』에서의 관점과는 차이가 있음을 알 수 있다. 이것은 칸트가 객관적 인식에서의 상상력의 위상과 주관적인 미감 판정에서의 상상력의 위상을 근본적으로 다르게 위치시키고 있다는 데서 기인한다. 즉 『판단력 비판』에서는 칸트는 상상력을 감성의 영역에로 귀속시키는 것을 당연시 하면서 그와 같은 오성으로부터의 상상력의 자유로운 유동의 가치를 승인하고 있는 것이다.

앞에서도 언급한 바와 같이 칸트는 상상력이 인식을 위해 사용되는 경우에는 오성의 구속과 제한을 받아야 하는 것이지만 미감적 관점에서는 상상력이 자유로워서 오히려 주관적 인식능력의 활성화를 위한 풍부한 소재를 제공해 주며, 오성은 상상력이 제공하는 그러한 소재를 객관적 인식을 위해서도 간접적으로 사용한다는 것이다. 여기서 '간접적'이라는 표현에 주의를 기울일 필요가 있다. 그 의미 자체와 함께 그것이 긍정적인 면에 기운 표현인지 아니면 부정적인 면에 기운 표현인지도 검토해 볼 필요가 있다. 상상력이 미감적 관점에서는 적극적 역할을 수행하지만 인식적인 면에서는 정반대로 적극적인 역할을 하지 못한다면 그것은 상반된, 모순된 입장을 갖게 된다는 데서 칸트는 상상력이 인식적인 면에서는 단지 간접적인 제한적인 역할만 한다고 말하고 있는 것으로 보인다. 그리고 여기서 우리가 놓치지 말아야 할 것은 칸트가 참다운 학 즉 진리의 추구와 관련된 부문은 주관적 인식이 아닌 객관적 인식이라고 생각한 점이다. 칸트는 아름다운 것에 대한 학이란 있지도 않고 있을 수도 없으며, 따라서 취미판단은 원리에 의해 규정될 수 있는 것이 아니라고[82] 하고 있으며, 감정의 모든 규정은 단지 주관적 의미밖에는 가지지 못한다고 하는 바로 이 이유 때문에 마치 인식능력의 감성론이 성립하는 것처럼 감정의 미감론이 학으로서 성립할 수 없다고[83] 말하고 있는 것이다. 한 마디로 칸트는 주관적 인식을 심리학으로 폄훼하고 있는 것이다.

이상을 통해서 볼 때 흄은 판단에 있어서 상상의 역할을 포괄적으로 이해한 반면, 칸트는 판단에 있어서 상상의 역할을 주로 미감적 판단에 한정시키려 했다는 데서 무엇보다도 두 사람 사이의 차이가 있다. 그럼에도 불구하고 두 사람 사이에는 다음과 같은 공통점이 발견된다. 흄은 상상에 의한 자연적 판단의 중요성을 강조하면서도 오성에 의한 인위적 판단에 의해 자연적 판단이 교정될 필요가 있다고 한다. 이것은 흄이 일방적으로 감성 위주의 판단 이론을 전개하지는 않았다는 것을 보여준다. 칸트는 미감적 판단에 있어서는 상상력이 자유롭고 주관적인 인식능력의 활성화를 위한 풍부한 소재를 제공해 준다는 데서 적극적인 역할을 한다고 한다. 즉 상상력은 판단력을 통해 오성에 순응되어야 할 능력이면서도 또한 상상력은 오성을 활동시켜서 다양을 개념에 있어서 통일하도록 하는 능력이라는 것이다. 이같이 미감적 판단력은 오성과 이성 사이의 중간에 있으면서 주관적인 면에서 상상력과 오성의 통일을 이루는 능력인 것이다. 이런 점에서 흄에 있어서 상상력에 의한 자연적 판단은 칸트에 있어서의 상상력에 의한 미감적 판단의 자유롭고 주관적인 인식 능력의 활성화와 같은 맥락이라고 할 수 있다. 그리고 흄에 있어서, 자연적 판단을 교정하는, 오성에 의한 인위적 판단은 칸트에 있어서, 상상력에 의한 판단의 간접성과 제한성을 보완하는, 오성에 의한 판단과 같은 맥락임을 알 수 있다.

V. 결 론

이상의 논의를 통하여 우리는 흄과 칸트의 상상 개념과 관련하여 다음과 같은 공통점 내지 유사점을 발견할 수 있다.

첫째로 우리의 인식에 있어서 상상이 필수적인 역할을 수행하고 있다는 것을 흄과 칸트가 공통적으로 인정하고 있다는 점이다.

둘째로 상상력의 구분과 관련하여 흄에 있어서 상상의 반복적 능력과 자유로운 상상력의 구분이 칸트에 있어서 재생적 상상력과 생산적 상상력의 구분과 유사함을 발견할 수 있다.

셋째로 흄과 칸트 두 사람은 그 정도는 다를지라도 상상을 오성작용을 위한 기초로서 이해했다는 점이다.

넷째로 흄에 있어서 상상력에 의한 자연적 판단과 인위적 판단의 구별은 칸트에 있어서 상상력에 의한 미감적 판단의 자유롭고 주관적인 인식능력의 활성화와 상상력에 의해 판단의 간접성과 제한성을 보완하는 오성적 판단의 구분과 상당한 정도로 유사하다는 것이다.

끝으로 감성론자로서의 흄이 오성의 역할을 도외시하지 않은 것과 마찬가지로, 이성론자로서의 칸트 또한 감성의 중요성을 깊이 인식하였다는 점이다.

본 장은 서두에서 언급한 바와 같이 상상개념과 관련하여 흄의 관점과 칸트의 관점을 비교하는데 있어서 그들의 차이점보다는 공통점을 찾고자 하는 시도에서 출발하였다. 각기 주관을 가지고 있는 학자로서 다른 학자와 처음부터 끝까지 모든 면에서 똑같은 이론을 전개한다는 것은 있을 수 없는 일이다. 이런 점에서 각기의 학자들마다 이론상에 있어서 차이는 늘 존재하기 마련이며 문제는 그 차이가 어느 정도이며 또한 그러한 차이를 우리가 어떻게 이해하고 접근해야 하는가이다. 이런 점에서 학자들 사이의 관점의 차이에만 골몰하다 보면 그 내용은 무한정할 수밖에 없을 것이다. 물론 그러한 차이들을 통해 보다 나은 관점에 접근할 수 있다는 긍정적인 면을 도외시할 수는 없으나 다른 한편으로 보자면 그 경우 무한정한 다른 수많은 관점들의 대해 속에 파묻혀 방향 감각을 잃게 될 가능성도 있는 것이다. 따라서 우리는 이론적 관점들 간의 차이점을 발견하여 이론을 개선하는 일도 중요하지만 이론들 간의 공통점 내지 유사점을 찾아내어 이를 보다 명료히 하면서 더욱 발전시키는 일 또한 그에 못지않게 중요하다는 것이다.

우리는 위에서 흄과 칸트의 상상 개념을 살펴보면서 그들 사이의 여러 가지 공통점 내지 유사점이 있다는 것을 확인하였다. 이는 바로 칸트가 많은 것을 흄이 닦아놓은 기초에 의존하면서 이를 선험적인 차원에까지 확장하려 시도했다는 것을 말해주는 것이다. 이러한 점은 왜 "칸트가 흄의 진정한 후계자"라고 했는가를 여실히 설명해주는 것이다. 흄이 과연 올바른 기초를 닦아놓았는지, 그리고 칸트가 그것을 선험적 영역에 이르기까지 확장시키는데 있어서 얼마나 성공적이었는지는 지금까지의 수많은 연구에도 불구하고 앞으로도 계속 우리가 연구해나가지 않으면 안 될 긴요한 과제일 것이다.

여기서는 다만 오늘날 도덕, 철학, 미학, 심리학 등 많은 영역에서 상상 개념에 대한 연구가 진행되고 있는 상황에서 특히 도덕영역과 연관된 상상 개념과 관련하여 흄과 칸트에 대한 연구가 앞으로 많이 수행되어야 할 필요가 있다는 점을 강조하고 싶다.

주

1 보르지스는 정서를 일깨우는 상상의 역할에 대해 칸트가 주목했음을 기술하고 있다. Maria Borges, "What Can Kant Teach Us about Emotions?", *The Journal of Philosophy*, Vol. 101, No. 3, March 2004, pp. 155–6 참조.

2 본 장에서는 'imagination'은 '상상'으로 번역하기로 하고 필요한 경우나 인용문의 경우에만 '구상력'으로 번역하기로 한다.

3 M. 존슨, 『마음속의 몸: 의미, 상상력, 이성의 신체적 근거』, 노양진 역(서울 : 철학과 현실사, 2001), pp. 272–6 참조. : 노양진·김양현, "존슨의 칸트 해석: 상상력 이론을 중심으로", 『칸트연구』, 제8집, 2001.10월, p. 180에서 재인용.

4 David Hume, *A Treatise of Human Nature*, L. A. Selby-Bigge, ed. and P. H. Nidditch, revised(2nd ed.)(Oxford University Press, 1978)(1980 reprinted), pp. 1–8. ; David Fate Norton, "An Introduction to Hume's Thought", David Fate Norton, ed., *The Cambridge Companion to Hume* (Cambridge University Press, 1993), p. 6.

5 David Hume, *A Treatise of Human Nature*, pp. 8–9.

6 *Ibid.*, pp. 9–10.

7 John B. Stewart, *The Moral and Political Philosophy of David Hume* (New York : Columbia University Press, 1963), pp. 38–41.

8 *Ibid.*, p. 53.

9 E. J. Furlong, "Imagination in Hume's Treatise and Enquiry Concerning Human Understanding", Stanley Tweyman, ed., *David Hume : Critical Assessments* (Routledge, 1995), p. 219.

10 버어크는, 'taste'라는 말은 상상작용 및 고상한 예술에 감명받거나 혹은 그것들에 대한 판단을 형성하는 마음의 능력을 뜻한다고 말한다. Edmund Burke, *The Works of the Right Honourable Edmund Burke*, 16vols. (London: the Rivingston edition, 1803–1827), Vol. 1, p. 96.

11 *Ibid.*

12 *Ibid.*, p. 99.

13 *Ibid.*, pp. 104–5.

14 *Ibid.*, pp. 105–6.

15 Immanuel Kant, *Kritik der Reinen Vernunft,* herausgegeben von Raymund Schmidt (Hamburg: Felix Meiner, 1956). A 97. 본 저서의 제1판은 'A'로 그리고 제2판에서 개정된 부분은 'B'로 표기함.

16 *Ibid.*, A 99.

17 *Ibid.*, A 100–1.

18 *Ibid.*, A 102.

19 *Ibid.*, A 103–7.

20 *Ibid.*, A 111–2.

21 *Ibid.*, A 115.

22 David Hume, *A Treatise of Human Nature*, pp. 1, 7, 8.

23 *Ibid.*, pp. 2–4.

24 *Ibid.*, p. 8.

25 *Ibid*,, pp. 6–7.

26 *Ibid.*, pp. 1–2.

27 *Ibid.*, pp. 8–9.

28 *Ibid.*, p. 8.

29 Immanuel Kant, *Kritik der Reinen Vernunft*, A 118, 121. 여기서 칸트의 재생적 상상과 생산적 상상의 구별은 흄의 기억과 상상의 구별과 대비된다고 할 수 있다.

30 Immanuel Kant, *Kritik der Reinen Vernunft*, A 118–9, 121.

31 *Ibid.*, A 124.

32 *Ibid.*

33 *Ibid.*, A 126.

34 *Ibid.*

35 David Hume, *A Treatise of Human Nature*, p. 267.

36 Wayne Waxman, *Hume's Theory of Consciousness* (Cambridge University Press, 1994), p. 78.

37 John B. Stewart, *op. cit.,* p. 325.

38 David Hume, *A Treatise of Human Nature*, pp. 10–11.

39 *Ibid.*, pp. 11–2.

40 Wayne Waxman, *op. cit.*, p. 77 참조.

41 David Hume, *A Treatise of Human Nature*, p. 13.

42 *Ibid.*, pp. 13–4.

43 *Ibid.*, p. 16.

44 *Ibid.*, p. 24.

45 *Ibid.*, p. 22.

46 S. Everson, "The Difference between Feeling and Thinking", Stanley Tweyman, ed., *David Hume : Critical Assessments*, Vol. 1 (Routledge, 1995), pp. 16–7.

47 Wayne Waxman, *op. cit.*, p. 82.

48 David Owen, *Hume's Reason* (Oxford : Oxford University Press, 1999), pp. 200 –1.

49 Immanuel Ka*nt, Kritik der Reinen Vernuft*, B 129–30.

50 *Ibid.*, B 151.

51 *Ibid.*, B 130–1.

52 *Ibid.*, A 77–9 / B 103–5.

53 *Ibid.*, B 151.

54 *Ibid.*, B 151–2.

55 *Ibid.*, B 152.

56 I*bid.*, 153.,

57 Martin Heidegger, *Kant and the Problem of Metaphysics*, trans. by Richard Taft (Bloomington: Indiana University Press, 1997), pp. 44–5, 170–1. ; Jane Kneller, *Kant and the Power of Imagination* (Cambridge: Cambridge University Press, 2007), pp. 16, 95–7.

58 Immanuel Kant, *Kritik der Reinen Vernunft*, A 118.

59 David Hume, *The Philosophical Works*, 4 Vols. T. H. Green and T. H. Grose, eds. (London, 1882–1886; Scientia Verlag Aalen reprinted, 1964) Vol. 1, editor's general introduction, p. 2.

60 David Hume, *A Treatise of Human Nature*, p. 456.

61 *Ibid.*, p. 181–2.

62 Walter Brand, *Hume,s Theory of Moral Judgement : A Study in the Unity of <A Treatise of Human Nature>* (Dordrecht : Kluwer Academic Publishers, 1992), p. 97.

63 David Hume, *A Treatise of Human Nature*, p. 86.

64 브랜드는 이런 점에서 흄이 종종 오성과 상상 사이의 구별을 전적으로 붕괴시키고

있다고 말한다. Walter Brand, *op. cit.*, p. 54.

65 David Hume, *A Treatise of Human Nature*, p. 225.

66 *Ibid.*, pp. 182. 149.

67 Norman Kemp Smith, *The Philosophy of David Hume* (London : Mamillan and Co., 1949), p. 386.

68 흄은 원인과 결과에 관련한 우리의 모든 판단은 습관과 경험에서 연유되며, 그래서 우리가 하나의 대상을 다른 것에 통일된 것으로 보도록 익숙해 졌을 때 우리의 상상은 반성에 앞서는 자연적 전이에 의해서 첫 번째 것으로부터 두 번째 것에로 나아간다고 한다. 그러나 이와 같이 관습이 모든 우리의 판단의 기초일지라도, 종종 관습은 판단에 대립하는 방향으로 상상에 영향을 미치면서 똑같은 주제에 관련하는 우리의 감정에 하나의 불일치를 낳곤 한다고 말한다. David Hume, *A Treatise of Human Nature*, pp. 147-8.

69 Walter Brand, *op. cit.*, p. 64.

70 *Ibid.*

71 Norman Kemp Smith, *op. cit.*, p. 128.

72 David Hume, *A Treatise of Human Nature*, p. 148.

73 Immanuel Kant, *Kritik der Urteilskraft*, herausgegeben von Karl Vorländer (Hamburg : Felix Meiner, 1974), p. 15.

74 *Ibid.*, pp. 12-3.

75 *Ibid.*, pp. 15-6.

76 *Ibld.*, p. 17.

77 *Ibid.*, p. 31.

78 *Ibid.*, p. 31.

79 *Ibid.*, p. 29.

80 *Ibid.*, pp. 27-8.

81 *Ibid.*, pp. 175, 80.

82 *Ibid.*, p. 215.

83 I. 칸트, 『판단력 비판-부(附) 판단력 비판 제1서론』, 이석윤 역 (서울: 박영사, 2005), 부록: 판단력 비판 제1서론, 제8절, p. 434.

제7장

Hume의 이론에 있어서 정서와 도덕

일반적으로 흄(David Hume)은 도덕이론에 있어서 초기 주관주의자(subjectivist)로 인식되어 왔다. 왜냐하면 무엇보다도 그가 도덕을 인간의 주관적 감성에 기초하여 설명하려 했다고 생각되어 왔기 때문이다. 이런 점에서 그는 비인지주의자(non-cognitivist)의 전형으로 각인되어 왔다. 사실에 대한 객관적인 이성적 인지에 기초한 도덕이론으로부터 멀리 떨어져 인간의 감정을 강조하는 도덕이론을 전개했다는 점에서이다.

흄에 대한 이러한 단정적 해석은 흄의 도덕이론을 올바로 이해하는데 부정적으로 작용한 면이 적지 않으며 그 영향은 오늘날 까지도 이어지고 있는 것이 사실이다. 오늘날 과거 그 어느 때 보다도 도덕에 있어서 정서의 중요성이 강조되고 있는 상황에서 인간의 감성의 중요성을 일찍부터 감지한 흄의 입장을 어떻게 적용시킬 것인가에 대한 논의가 매우 부족한 것이 이를 말해 준다.

본 장은 이런 점에 착안하여 흄의 정서(emotion)개념을 그의 도덕이론과 연관시켜 새로이 고찰함으로써 그의 관점이 오늘날에 주는 의의를 검토해 보고자 한다. 여기서 논의의 초점은 첫째로 흄의 정서 개념이 어떠한 것이며, 그것이 정열 및 감정 그리고 더 나아가 도덕감(moral sentiment)과는 어떤 관계를 갖고 있는가이며, 둘째로는 흄의 정서 개념이 그의 이론의 핵심 개념 중의 하나인 공감(sympathy)과 어떤 연관을 맺고 있는가이며, 셋째로는 이를 통하여 그의 정서 개념의 도덕적 성격을 재평가해 보는 것이다.

I. 정열, 감정 그리고 정서

흄의 저술에서 감성과 직접적으로 관련되는 용어들에는 정열(passion), 감정(sentiment), 느낌(feeling), 감관(sense), 정감(affection), 그리고 정서(emotion) 등이 있다. 이 중에서 정열이라는 용어가 가장 대표적으로 많이 논의되고 있으며 이에 따라 그 개념에 대해서는 우리가 이해하기가 용이하다. 반면 정서라는 용어는 비교적 많이 나타나고는 있으나 그 개념적 특성을 명확히 기술하고 있지 않기 때문에 이해하기가 쉽지 않다. 특히 흄이 사용하고 있는 정서라는 용어가 오늘날 우리가 이해하고 있는 정서 개념과 같은 것인지도 명료하지가 않다. 이 점이 바로 흄연구자들이 그의 정서 개념에 접근하기 곤란했던 가장 큰 이유가 될 것이며 그동안 흄에 대한 다양한 많은 연구가 진척되어 오면서도 그의 정서 개념과 관련된 연구가 비교적 희소했던 것도 바로 이 때문일 것이다. 또한 흄에 있어서도 그렇지만 구미의 다른 많은 저술들에서 정감(affection)과 정서(emotion)개념이 큰 구별없이 사용되곤 해 왔다는 데서 이 두 개념 사이의 관계 역시 우리를 혼란스럽게 하는 경우라고 할 수 있다. 이런 점들을 염두에 두면서 흄의 용어들 중 정열, 감정 그리고 정서에 대해 검토해 보기로 한다.

흄에게 있어서 정열이라는 용어의 의미는 이차적인 인상(impression) 내지 반성적 인상을 가리키는 것으로서, 이는 직접적이거나 혹은 감각(sensation)의 관념에 의해서건 간에, 감각의 어떤 근원적 인상으로부터 기인되는 것이다.[1] 이러한 정열은 두 가지 부류로 나누어지는데 그 하나는 욕구, 혐오, 슬픔, 기쁨, 두려움, 절망, 안심(security)과 같은 직접적 정열로서 이는 직접적으로 선이나 악 즉 고통이나 즐거움으로부터 일어나며, 다른 하나는 긍지, 소심, 야망, 허영심, 사랑, 증오, 동정, 시기(envy), 적의(malice), 관대와 같은 간접적 정열로서 이는 다른 성질들의 결합에 의해서이긴 하나 직접적 정열에서와 같은 원리로부터 진행된다고 한다(*T*,276). 따라서 정열이란 즐거움과 고통에서 비롯되는 대표적인 감성적 심상이라고 할 수 있다.

다음은 흄에 있어서 감정 개념이다. 그에게 있어서 감정 개념에 해당하는 것이 'feeling'과 'sentiment'이다. 그는 이 두 용어를 거의 같은 의미로 큰 구별없이 사용하고 있으며, 오늘날 우리가 사용하는 감정 개념과 유사한 것으로 보인다.

그러나 흄에 있어서 정서 개념은 정열과 감정 개념에 비해 접근하기가 용이하지 않다. 그 이유는 우선 먼저 그가 정서 개념에 대해 명확한 것은 고사하고 이렇다 할 정의나 설명을 제공하고 있지 않다는 점이다. 그의 저서에서 보면 많은 곳에서 산발적으로 'emotion'이란 용어가 사용되고 있지만 그 개념적 특성이 분명히 드러나지 않고 있다. 더욱이 그는 'affection' 이란 용어도 'emotion' 과 뚜렷한 구별 없이 병행하여 사용하고 있기 때문에 우리를 혼란케 하고 있다. 접근의 이러한 어려움을 전제하면서 흄의 정서 개념에 대해 살펴보기로 한다. 때문에 흄의 정서 개념을 이해하기 위해서는 우선 먼저 오늘날의 정서 개념을 규정한 다음 이를 거꾸로 흄에 적용하여 흄이 사용한 'emotion' 이란 용어가 오늘날의 'emotion' 개념과 같은 것인지 그렇지 않다면 흄의 어떤 용어가 오늘날의 정서 개념과 유사한지 그 양쪽이 다 아니라면 흄이 오늘날의 정서 개념에 비할만한 개념을 사용하지 않았는지를 검토해보는 일이다. 또 하나는 흄이 외양상 거의 구별 없이 사용한 것으로 보이는 'emotion' 과 'affection' 이 과연 같은 개념으로 사용한 것인지 아니면 특별한 구별을 발견할 수 있는지에 관한 것이다.

이러한 일련의 작업을 위해 우선 먼저 오늘날의 정서 개념을 살펴보아야 하는데 이것 자체가 용이하지가 않다. 왜냐하면 오늘날 너무나 많은 사람들에 의해 철학적, 윤리적, 미학적, 심리적, 그리고 생리적·의학적으로 다양한 정서 개념이 제시되고 있기 때문이다. 따라서 그 중에서 대표적인 경우를 살펴보고 난 다음 필자가 상정하는 개념을 제시하는 것으로 대신하고자 한다.

철학적·윤리적으로 정서 개념에 접근하고 있는 솔로몬(R. C. Solomon)은 평가적 판단이 정서에 있어서 본질적인 것이라고 하면서 정서는 단순히 자기폐쇄적 느낌(self-enclosed feeling)이 아니라 세계와의 연관상태(engagement with the world)라고 한다. 그러나 솔로몬은 여기서 정서에 있어서 평가적 판단은 반드시 명제적(propositional) 것은 아니며 따라서 숙고적(deliberative)인 판단이라기보다는 좀 더 육체적인 운동감각적(bodily kinesthetic) 판단과 같은 것이라고 하고 있다.[2] 즉 정서 개념을 지나치게 인지적인 것으로 몰아가게 되면 결국 정서와 오성 사이의 경계가 모호하게 될 것이라는 점을 염두에 두고 있는 것이다. 그런데 우리 인간에 있어서 정서는 단순한 일순간의 감정이 아니라 오랜 동안의 경험에 의해 축적된 마음의 감성적 표출이라는 데서 사회화된 감성이라고 보아야 한다. 즉 정서는 기본적으로 감성적인 면에서 사회화된 것으로서, 사람에게 축적된 마음의 표출로서의 평가적 판단이라고 할 수 있는 것이다.[3] 따라서 본 장에서는 흄의 정서 개념에서 이러한 점들을 발견할 수 있는지 혹은 그것이 다른 의미를 갖고 있는지를 검토하게 될 것이다.

다음은 'emotion'과 'affection' 두 개념 사이의 관계이다. 오늘날에 있어서도 이 두 개념은 많은 경우 유사하게 동의어적으로 사용되고 있다. 그러나 문제는 흄이 이 두 개념을 어떻게 이해하고 사용했는가이다. 그러나 앞에서 말한 대로 그는 이 두 개념과 관련하여 어떠한 일정한 개념 정의나 설명을 구체적으로 하지 않았기 때문에 차선으로 채택할 수 있는 방법은 그의 시대에 다른 사람들이 이 개념들을 어떻게 사용했는가를 살펴봄으로써 이를 통해 간접적으로 흄의 개념 사용의 성격에 접근하는 것이다. 이런 점에서 영국의 도덕감학파의 건설자라고 할 수 있으며 나아가 흄에게도 많은 영향을 미친 허치슨(F. Hutcheson)의 입장을 살펴보는 것은 매우 유용할 것이며, 특히 허치슨이 'Affection' 개념에 대해 매우 상세한 연구를 했다는 점에서 더욱 그러하다.

허치슨의 저서들 중에서 'Affection' 개념이 집중적으로 논의되고 있는 곳은 『정열과 정감의 성질 및 행위에 관한 소론』(*An Essay on the Nature and Conduct of the Passions and Affections, with Illustrations on the Moral Sense*)이다. 그런데 또한 이 저서에서 특이한 점은 'emotion'이라는 용어가 어디에서도 발견되고 있지 않다는 것이다.[4] 허치슨은 『소론』(*An Essay*)에서 감각(sensation), 정열(passion), 그리고 'affection'을 비교하면서 이들에 대해 명료히 개념규정을 하고 있다. 그는 감각은 현존하는 대상 혹은 사건으로부터 오는 즐거움과 고통의 직접적이고 즉각적인 지각(direct immediate perception)이며, 'affection' 이나 정열(passion)은 즐거움과 고통이 현존하거나 혹은 확실하게 장래에 실존할 것이라는 우리의 반성이나 파악에 의해 나타나는 마음의 변용이라고 하고 있다. 이어서 그는 다시 정열이라는 단어는 그것이 어떤 육체적으로 격렬한 운동들에 의해 발생되거나 수반되는 즐거움과 고통의 혼란스러운 감각을 포함하고 있다는 데서 'affection' 과 다르다고 한다.[5] 즉 보다 격렬하고 혼란스러운 감각들이 'affection' 과 함께 일어나고 또한 육체적 운동들이 수반되거나 장기적이 될 때 이를 정열이라고 부르며 특히 어떤 자연적 성향들이 동반될 때를 말한다고 한다. 따라서 반드시 선과 악의 이성적 파악으로부터 일어나는 것으로 보이는 정신적 혹은 순수한 'affections' 은 정열로 명명되는 'affections' 과 구별된다는 것이다.[6] 이런 점에서 볼 때 허치슨은 'affection' 개념을 정열 개념이 포함되는 넓은 의미와 정신적이고 순수하여 정열과는 구별되는 감성인 좁은 의미의 두 가지를 병행하여 사용하고 있음을 알 수 있다.

이러한 허치슨의 'affection' 개념의 의미를 '애착' 이라고 생각해 볼 수도 있다. 그러나 허치슨이 욕구, 혐오, 기쁨, 슬픔이 'affection' 에 속한다고[7] 하는데서 그러한 의미 부여가 적절하지 않다는 것을 알게 된다. 왜냐하면 '혐오에 대한 애착', '슬픔에 대한 애착' 이라는 표현이 적절한 것이 아니기 때문이다. 따라서 우리는 여기서 허치슨이 사용하는 'affection' 이라는 개념은 '정서' 의 의미로 이해할 때 가장 적절할 것이라는 것을 알게 된다. 즉 허치슨은 'emotion' 대신 'affection' 을 정서 개념으로 사용하였으며, 이러한 정서에 정열을 포함시킨 넓은 의미와 함께 순수한 정신적인 것으로서의 좁은 의미의 정서 개념을 함께 사용하였다는 것이다. 그렇다면 흄은 어떻게 해서 'emotion' 과 'affection' 을 유사한 의미로 병행하게 되었는가?

흄의 저서에서 보면 'emotion'과 'affection'을 거의 구별없이 사용하고 있는 것을 볼 수 있다. 그렇다면 더 많은 문헌을 조사하여 이들 개념들의 사용의 역사적 경과를 엄밀히 검토하지 못하는 상황에서는 현재로서는 막연하나마 흄이 『인성론』(*A Treatise of Human Nature*)를 집필한 당시부터 영국에서 'emotion' 개념을 본격적으로 사용하기 시작한 것으로 추정할 수밖에 없다. 그리고 흄의 저서에서 그들 개념들의 차이를 정확히 확인하기는 어려우나 그의 저서의 일부분에서 흐릿하나마 약간의 차이를 보여주는 곳이 있다. 그의 저서에서 보면 다음과 같은 구절이 나온다.

> (……) So that as the understanding, in all probable questions, is divided betwixt the contrary points of view, the affections must in the same manner be divided betwixt opposite emotions(T.440).

이 구절에서 보면 관점들 사이에서 오성이 나누어지고 'emotions' 사이에서 'affections'가 나누어진다고 말하고 있는 것을 볼 수 있다. 그리고 이를 통해서만 보면 'emotion'이 일차적이고 'affection'이 이차적이라는 의미로 사용되고 있음을 알 수 있으며, 이런 점에서 보면 'emotion'은 본원적이면서도 느슨하여 정리되지 않은 정서라면 'affection'은 보다 엄밀하고 복합적인 정리된 정서라고 생각했음을 알 수 있다. 이런 점은 흄의 저서에서 "(……) the compound affections, which arise from the mixture of love and hatred with other emotions"(T.347)라는 표현에서도 알 수 있다. 사랑 및 증오가 다른 'emotions'와 혼합한 것으로부터 나타나는 것이 복합적인 'affections'이라는 것이다. 이런 점에 기초하여 앞으로는 흄에 있어서, 특별하고 필요한 경우에 'emotion'과 'affection'을 구별하는 것을 제외하고는 이 두 용어를 함께 정서 개념으로 기술하고자 한다.[8]

흄의 저서에서 보면 대체로 허치슨에서와 같이 정열을 정서의 일종으로 간주하고 있는 것으로 보인다.[9] 그렇다면 흄에게 있어서 정서와 정열은 감정과는 어떻게 다른가? 이 문제는 추후에 다시 논의하기로 하고 우선 먼저 도덕감과 정열 사이의 관계에 대해서 살펴보기로 한다.

II. 도덕감과 정열

본 절에서는 흄에 있어서 정열 특히 고요한 정열(calm passions)과 도덕감 사이의 관계를 중점적으로 살피면서 논의를 전개할 것이다. 논의를 시작하기 전에 우선 우리를 곤란하게 하는 것은 흄이 고요한 정서(calm emotions)라는 표현을 사용하지 않았음에도 불구하고 연구자들이 흄과 관련하여 그러한 표현을 사용하고 있다는 점, 그리고 또 다른 하나는 그가 직접 많은 곳에서 표현하고 있는 '고요한 정열'이라는 용어가 논리적으로 모순적인 표현이기 때문에 이해하기 어렵다는 점이다. 이런 점들을 감안하면서 도덕감과 정열 사이의 관계에 대해 가치 있는 논의를 전개한 로엡(L. A. Loeb)의 논문[10] 내용을 검토하면서 그 문제점도 거론해 볼 것이다.

1. Hume에 있어서 지각의 분류

『인성론』의 Book 2, 'Of the Passions' 의 시작 부분에서 흄은 우리의 지각(perception)을 다음과 같이 분류하고 있다. 제1부 제1절에서 보면 그는 우선 우리 마음의 모든 지각은 인상(impressions)과 관념(ideas)으로 나누어지며 다시 인상은 근원적인(original) 것으로서의 감각 인상(impressions of sensation))과 이차적인(secondary) 것으로서의 반성 인상(impressions of reflexion)으로 구분된다고 한다. 이 중에서 반성 인상은 다시 고요한(calm) 반성 인상과 격렬한(violent) 반성 인상으로 나누어진다. 여기서 격렬한 반성 인상이 바로 정열(passions)이며, 이러한 정열은 다시 직접적(direct) 정열과 간접적(indirect) 정열로 나누어진다(*T.*275-7).

흄은 반성 인상의 경우, 직접적으로 근원적 인상에 의해서건 혹은 그러한 근원적 인상의 관념이 개입함에 의해서건 간에, 그것이 어떤 근원적 인상으로부터 진행한다고 한다, 그러면서 흄이 두 번째 것(반성적 인상)에 속하는 것은 정열 및 이와 닮은 다른 정서들이라고 말한 데서, 명확하지는 않지만 문맥상 반성 인상 전반을 정서(emotions)와 동일시했다고 볼 수 있다. 또한 흄은 고요한 반성 인상에 속하는 것은 행동, 구성(composition), 그리고 외적 대상들에서 느끼는 미(beauty)와 흉(deformity)의 감각이라고 하면서, 일반적으로 (격렬한 반성 인상인) 정열이 미와 흉으로부터 생기는 정서들보다 더 격렬하다고 한 점에서, 우리는 흄에 있어서 고요한 반성 인상을 고요한 정서(calm emotions)라고 표현할 수 있을 것이다.[11] 이같이 우리가 흄이 사용한 용어의 의미를 추정하는 것은 그가 용어의 개념 정의를 명료히 하지 않으면서 저술한데서 비롯되는 어쩔 수 없는 선택이다.

2. 고요한 반성 인상, 고요한 정열, 그리고 직접적/간접적 정열의 분류와 개념 사용 문제

다음은 흄이 사용한 용어들인 고요한 반성 인상과 고요한 정열이 모순 없는 적합한 개념 사용인지 그리고 그것들의 사용이 적합하다고 할 때에 그 의미가 무엇인지의 문제, 그리고 고요한/격렬한 정열의 분류와 직접적/간접적 정열의 분류 사이의 관계에 대한 문제를 살펴보기로 한다.

먼저 격렬한 반성 인상과 고요한 반성 인상(즉 고요한 정서)의 분류에 있어서는 만일 문제가 있다면 사실상 고요한 반성 인상 보다는 격렬한 반성 인상 개념에 초점을 두어야 할 것이다. 왜냐하면 반성 인상이라고 할 때는 격렬함 보다는 고요함을 연상하기 때문이다. 그러나 우리의 정서가 격렬할 때가 있는가 하면 다른 한편 온화한 정서도 있다는 점에서 반성 인상이 바로 정서라면 고요한 반성 인상은 물론이고 격렬한 반성 인상 개념도 용인될 수 있다.

따라서 정작 더 어려운 문제는 격렬한 반성 인상(즉 정열)을 다시 격렬한 정열과 고요한 정열로 구분하고 있는 점이다. 여기서는 격렬한 정열 보다는 고요한 정열이라는 개념이 문제가 된다. 즉 격렬한 반성 인상 개념이 별 문제없이 정열로 받아들여진다면 격렬한 정열을 그 아래에 두는 것은 크게 문제될 것이 없다. 왜냐하면 정열은 본래 격렬한 것이라고 할 수 있기 때문이다. 그런데 고요한 정열이라고 할 때는 그렇지가 않다. 왜냐하면 본래 격렬하다고 할 수 있는 정열 밑에 다시 고요한 정열이라는 것을 상정하고 있기 때문이다. 이는 본래 감각 인상에 비해 고요하다고 할 수 있는 반성 인상 아래에 격렬한 반성 인상을 설정하고 있는 것의 거꾸로 된 형상이다.[12] 이에 대해 자세히 검토할 필요가 있으나 일단 본래부터 격렬한 성격을 띠고 있는 '정열'이라는 것들 중에서도 상대적으로 더 격렬한 것과 비교적 온화한 것이 있을 수 있다는 점, 그리고 미와 흄에 대한 감각에 관련한 것은 본래부터 기본적으로 온화한 면과 결합(왜냐하면 미감 문제는 객관성을 두기가 용이하기 때문)되는데 반해 예를 들어 도덕적인 것에 관련한 것은 본래는 보다 격렬한 감정과 결부되지만 객관성을 확보하기 위해 온화성을 요청하게 되는 바 그러한 요청에 부합되는 것이 바로 고요한 정열(calm passion) 개념인 것으로 해석될 수도 있다는 점 등을 통해 '고요한 정열' 개념이 무리 없이 수용될 수 있다는 전제 하에 다음 논의를 계속할 수 있을 것이다.

이런 점에서 우선 고요한/격렬한 정열의 분류와 직접적/간접적 정열의 분류 사이의 관계에 대한 논의부터 먼저 진행시켜 볼 것이다. 이것들의 관계에 대한 이해는 도덕감과 정열 사이의 관계에 접근하기 위해 필요한 전제이다. 고요한/격렬한 정열의 분류와 직접적/간접적 정열의 분류 사이의 관계에 대해 논의하기 위해 로엡의 논문을 통해 아르달(P. S. Ardal), 허른(T. K. Hearn)과 켐프 스미스(Norman Kemp Smith), 그리고 로엡 자신의 관점을 비교하고 이에 대한 필자의 평가와 대안을 제시해 보고자 한다. 이 두 가지 분류 사이의 관계와 관련한 가장 핵심적인 쟁점은 고요한/격렬한 정열의 분류와 직접적/간접적 정열의 분류가 교차 가능한 가의 문제이다.

흄의 분류에서는 직접성/간접성의 구별은 격렬한 반성 인상 내에서 작성되고 있으며, 이런 점에서는 고요한 반성 인상은 직접적인 것도 아니고 간접적인 것도 아니다. 그런데 아르달은 이로부터 벗어나서, 직접성/간접성의 구별과 고요함/격렬함 구별이 서로 교차된다고 한다.[13] 로엡은 이러한 아르달의 관점이 잘못된 것이라고 비판한다. 즉 흄의 원리들에서 볼 때에 어떠한 정열도, 그것이 간접적이든 직접적이든 간에, 일반적으로 고요할 수 없으며, 결과적으로 고요함/격렬함의 구별은 부분적으로 조차도 직접성/간접성 구별과 교차하지 않는다는 것이다.[14] 이러한 로엡의 주장은 고요함/격렬함과 직접성/간접성이 교차하지 않는다는 점에 대한 것에 있어서는 문제가 없으나, 흄에 있어서 어떠한 정열도 고요할 수 없다고 말한 것은 위에서 타당하지가 않다. 이미 앞에서 살펴보았듯이 정열에도 고요한 정열이 있기 때문이다.

3. 정열과 도덕감 사이의 관계

이 문제 역시 로엡의 논문을 중심으로 해서 아르달, 허른과 켐프 스미스, 그리고 로엡의 관점들을 비교해 보기로 한다. 요약하자면, 허른과 켐프 스미스는 흄이 도덕감을 간접적 정열로 분류했다고 하고, 아르달은 흄이 사람들의 승인과 불승인에 대한 기본적 도덕감을 간접적 정열로 분류했다고 하며, 로엡 자신은 흄이 도덕감을 직접적 정열도 아니고 간접적 정열도 아닌 고요한 반성 인상(즉 고요한 정서)으로 분류했다고 함으로써 각기 다른 주장을 펼치고 있는 것을 볼 수 있다.[15] 각기의 입장을 살펴보면 다음과 같다.

먼저 아르달은 반성 인상을 격렬한 반성 인상과 고요한 반성 인상으로 구분하고 전자를 다시 욕구, 혐오, 슬픔, 기쁨, 희망, 그리고 두려움 등의 직접적인 것과 긍지, 소심, 사랑, 증오 등의 간접적인 것으로 나누는 한편 그리고 후자(고요한 반성 인상)을 역시 선에 대한 일반적 욕구와 악에 대한 혐오(general appetite to good and aversion to evil)인 직접적인 것과 사람들에 대한 승인과 불승인(approval and disapproval of persons)인 간접적인 것으로 나눈다.[16] 이러한 아르달의 해석의 특징은 첫째로 격렬한 반성 인상 아래의 한 단계인 격렬한 정열과 고요한 정열의 구분을 배제하고 있다는 것, 그리고 두 번째로는 앞에서 아르달의 입장을 설명한 바 대로 직접성/간접성 분류와 고요함/격렬함 분류가 교차 가능하다는 전제하에 고요한 반성 인상과 격렬한 반성 인상 양쪽의 아래의 하위분류에 모두 직접성/간접성 분류방식을 적용시키고 있다는 것, 그리고 세 번째로는 도덕감을 고요한 반성 인상 아래의 간접적인 것인, 사람들에 대한 승인과 불승인(approval and disapproval of persons)으로 상정하고 있다는 점이다.

다음은 허른과 켐프 스미스의 관점이다. 허른은 흄에 있어서 도덕감은 간접적 정열의 원인이라는 데서 직접적이라고 한다. 그리고 켐프 스미스는, 덕은 즐거움에 의해 그리고 악덕은 고통에 의해 특징지어 지는데, 어떠한 행동이나 감정 혹은 성격이 단순한 관점과 관조에 의해 우리에게 그러한 즐거움과 고통을 준다고 말한 흄의 기술에 의거하여, 이와 같이 즉각적으로 관조 행위로부터 일어나는 도덕감은 직접적 정열로 분류되어야 한다고 말한다.[17] 이러한 허른과 켐프 스미스의 관점의 특징은 첫 번째로 도덕감을 정열 아래에 포함시키고 있다는 점, 두 번째는 행동이나 감정에 있어서 원인적이거나 단순한 것은 직접적이라고 생각하고 있다는 점이다.

다음은 로엡의 관점이다. 로엡은 흄에 있어서의 도덕감을 『인성론』의 구조와 연관시켜 설명하고 있다. 즉 그는 관념이 『인성론』의 Book 1의 주제이고, 격렬한 반성 인상이 Book 2의 주제이며, 고요한 반성 인상이 Book 3의 주제(즉 도덕에 관한 주제)라는 것이다. 따라서 도덕감은 직접적이거나 간접적인 정열의 특수한 경우가 아니며, 정열과는 다른 고요한 반성 인상에 속한다는 것이다.[18] 이러한 로엡의 관점의 특징은 첫째로 추정에 의하지 않고 가능한 한 흄이 직접 기술한 원래대로의 표현에 기초하여 그의 관점에 접근하려 하고 있다는 점, 두 번째로는 그러면서도 아르달에서와 같이 격렬한 반성 인상 아래의 한 단계인 격렬한 정열과 고요한 정열의 구분을 배제하고 있다는 점, 세 번째로 도덕감을 정열과는 무관한 것으로 해석하고 있다는 점이다.

이상의 세 가지 관점을 비교하면서 그 문제점을 검토해 보기로 한다. 우선 먼저 흄이 도덕감을 논의하는 과정에서, 그것이 정열에 속하든 아니하든 간에, '직접적' 혹은 '간접적' 이란 표현을 한 곳이 없다는 점에서 원전에 충실하려 한다면 도덕감이 직접적이라거나 간접적이라고 규정하는 것은 적절하지 못하며 이런 점에서는 흄에 있어서의 도덕감은 직접적이거나 간접적이지 않다는 로엡의 관점이 보다 적절한 것으로 보인다. 두 번째로 세 가지 관점 모두(허른과 켐프 스미스의 경우에는 명료하지 않지만) 격렬한 반성 인상 아래에 격렬한 정열과 고요한 정열의 구분을 배제하고 있는 바, 이는 흄의 원전에 충실하다고 볼 수 없기 때문에 문제가 된다. 흄의 『인성론』에서는 격렬한 정열과 고요한 정열에 대해 분명히 기술되어 있기 때문이다. 세 번째로 로엡이 도덕감을 고요한 반성 인상에 속하는 것으로 분류하고 있는 점, 그리고 허른과 켐프 스미스가 도덕감을 정열의 일종이라고 하면서 그것을 고요한 정열에 속하는 것으로 파악하고 있지 않은 점은 모두 일면만을 바라보고 그에 기초해서 결론을 이끌어내고 있다는 데서 문제가 있다. 네 번째로 아르달이 도덕감을 격렬한 반성 인상이 아닌 고요한 반성 인상 아래에 둔 것과 또한 도덕감을 직접적인 것으로서의 선에 대한 일반적 욕구와 악에 대한 혐오(general appitite to good and averison to evil)와 간접적인 것으로서의 사람들에 대한 승인과 불승인(approval and disapproval of persons)으로 분류하여 직접성/간접성을 적용한 것은 문제가 있으나, 일반적 욕구(general appitite)와 승인(approval)의 구분 자체는 의미가 있다고 할 수 있다.

여기서 일반적 욕구(general appetite)와 승인(apporval)의 구분과 관련한 로엡의 비판을 살펴보기로 한다. 로엡은, 흄이 근원적인 본능에 의한 마음은 그 자체를 선과 통일시키고 악을 피하도록 하는 경향이 있다고 말한 데서 알 수 있듯이 흄은 일반적 욕구가 근원적인 것이라고 주장하였다고 한다. 그리고 근원적인 인상은 알려지지 않은 원인들로부터 어떤 선행하는 지각없이 영혼이나 몸에서 일어나는 감각 인상이라고 흄이 생각했다는 것이다. 따라서 흄에 있어서 일반적 욕구는 반성 인상이 아니라 감각 인상이라는 것이다.[19] 그렇다면 이와 같이 일반적 욕구가 반성 인상이 아닌 감각 인상에 속한 것이라면 로엡이 반성 인상 아래의 고요한 반성 인상(즉 고요한 정서)에 속하는 것으로 본 도덕감은 구체적으로 어떠한 것인가?

이제 이상의 논의를 기초로 해서 필자의 관점을 정리해 보기로 한다. 흄에 있어서 도덕감에 관한 위의 아르달, 허른과 켐프 스미스, 그리고 로엡의 견해들이 모두 문제가 있는 것은 무엇보다도 흄이 도덕감을 자연적 도덕감과 인위적 도덕감으로 구분하면서 이론을 전개하고 있다는 점을 간과한데서 비롯되고 있다고 할 수 있다. 이에 대해서는 좀더 자세히 논의할 필요가 있다.

흄은 『인성론』의 Book 3, Part 3, 1에서 인위적 도덕감과 자연적 도덕감에 대해 논의하고 있다. 여기서 흄은 공감(sympathy)의 원리는 미감(sentiments of beauty)과 마찬가지로 우리의 도덕감(sentiments of morals)을 생산한다고 한다. 즉 공감은 인간본성의 한 강력한 원리이며, 우리의 미감에 커다란 영향력을 갖고 있으며, 모든 인위적인 덕들에 있어서 우리의 도덕감을 생산한다는 것이다. 따라서 공감이야말로 우리가 모든 인위적인 도덕감에 표하는 존중의 원천이라는 것이다. 여기서 인위적인 덕은 사회의 선에로 나아가는 성질들을 갖는 경향이 우리의 승인의 유일한 원인이 되는 덕을 말한다. 즉 인위적인 덕들은 그것의 성질들이 인류의 선에로 나아가는 경향 때문에 우리의 승인을 획득한다는 것이다(*T*,577-8).

인위적인 덕에 대한 이 같은 흄의 기술을 통해 우리는 위에서 논의한 도덕감에 대한 세 가지 견해들과 관련하여 다음과 같은 점들을 발견할 수 있다. 첫 번째로 인위적인 덕이라도 그 원천은 인간의 본성에 내재되어 있는 공감의 원리라는 것이다. 두 번째로 인위적인 덕과 관련한 도덕감은 미감과 마찬가지로 공감의 원리에 기초한다는 데서 이러한 도덕감은 정열이 배제된 고요한 반성 인상의 영역에 포함된다는 것이다. 세 번째로 경향성에 관한 흄의 입장이다. 즉 공감에 있어서도 단순한 일회적 공감이 아니라 일정한 지속성을 지닌 공감의 연속에서 나타나는 것이 바로 도덕감이라는 것이다. 네 번째로는 이런 의미에서 공감이 곧 도덕적 승인이 아니라 공감의 지속성으로서의 경향성에서 비롯된 존중감이 바로 도덕적 승인이라는 것이다.

다음은 흄에 있어서 자연적인 덕과 관련된 것이다. 흄은 많은 자연적인 덕들이 사회의 선을 위한 경향을 갖고 있음은 의심의 여지가 있을 수 없다고 한다. 그러나 모든 도덕적 특징들을 숙련된 정치인들의 노력에 의한 인위와 교육의 결과로 설명하는 체계는 경험과 일치하지 않는다고 한다. 왜냐하면 공공적 이익과 손실에 대해 이러한 경향을 갖는 것들 이외에 다른 덕들과 악덕들이 있기 때문에, 그리고 사람들이 승인과 불승인의 자연적 감정을 갖지 않는다면 그러한 경향은 정치인들에 의해 결코 일으켜질 수 없기 때문이라는 것이다. 그러나 이러한 체계가 잘못될 가능성이 있다 할지라도, 그것은 도덕적 특징들이, 커다란 정도로, 사회의 이익을 지향하는 성질들과 인격들의 경향으로부터 일어난다는 것을 우리에게 가르칠 수 있다고 한다(*T*,578-9). 그러면서 자연적인 덕과 정의(인위적인 덕) 사이의 유일한 차이는, 전자로부터 결과하는 선은 모든 단일한 행위로부터 일어나며 어떤 자연적 정열의 대상이라는 것, 그리고 정의의 단일한 행위는, 그 자체로서 고려될 때, 종종 공공선에 반대될 수 있으나, 정의의 유익한 점은 단지, 행위의 일반적 구도나 혹은 체계에 있어서, 인류의 동반성이라는 것이다(*T*,579). 여기서 우리는 흄에 있어서 자연적인 덕이 무엇인지를 읽을 수 있다. 무엇보다도 우리는 먼저 자연적인 덕이 승인과 불승인의 자연적 감정으로서 자연적 정열의 대상이라는 것을 알 수 있다(*T*,579-80). 그렇다면 흄에 있어서 자연적인 덕은 구체적으로 무엇인가? 흄은 선과 악으로부터 가장 자연적으로 그리고 가장 적은 준비로 일어나는 인상들은 의지작용(volition)과 함께 욕구와 혐오, 슬픔과 기쁨, 희망과 두려움과 같은 직접적 정열들이라고 한다. 이때에 원천적인 본능에 의한 마음은, 선과 악이 단순히 관념으로 받아들여지고 어떤 장래의 기간에 존재하는 것으로 고려될지라도, 그 자체를 선과 통일시키고 악을 피하도록 하는 경향이 있다고 한다. 고통과 즐거움의 직접적인 인상이 있다고 상정할 때, 이러한 인상은 그 결과적인 정서들을 가진 경향이나 혐오를 방해하지 않으며, 인간의 마음의 일정한 잠복하는 원리와 일치하여 긍지나 소심, 사랑이나 증오(간접적 정열들)를 불러일으킨다고 한다. 우리를 대상에 통일시키거나 분리시키는 그러한 경향은 인상과 관념의 이중적 관계로부터 일어나는 직접적 정열과 결합하여 계속 작용한다는 것이다. 그리고 항상 마음에 들거나 불편한 성질의 것인 이러한 간접적 정열들은 다시 되돌려 직접적인 정열들에 추가적인 힘을 준다는 것이다(*T*,438-9).

위의 흄의 기술을 통해 자연적 덕에 대한 그의 입장을 읽을 수 있다. 우선 자연적인 덕은 인간의 본성에서 비롯되는 덕으로서 직접적인 정열의 소산이기는 하나 직접적 정열 자체는 아니라는 것을 알 수 있다. 즉 자연적인 덕은 직접적인 정열로서의 원천적인 정열이 작용할 때 일정한 심적 경향을 형성하면서 그 결과 나타나는 정서가 바로 자연적인 덕이라는 것이다. 우리는 이미 앞서 인위적인 덕에 관해 논의할 때도 경향성에 대해 언급한 바가 있다. 그 경우는 자연적인 덕에 대해서도 마찬가지로 적용될 수 있는 것이다. 그리고 흄의 기술에서 알 수 있듯이 간접적인 정열이 곧 자연적인 덕도 아니라는 것이다. 왜냐하면 간접적인 정열은 도덕감을 낳는 경향성이 계속 작용하도록 돕는 역할을 하는데 지나지 않기 때문이다. 따라서 흄에게 있어서 자연적인 덕으로서의 도덕감은 직접적인 정열도 아니고 또한 간접적인 정열도 아니며, 직접적인 정열로부터 비롯되어 간접적인 정열로부터 도움을 받는 일정한 경향성에서 나타나는 결과로서의 정서인 것이다.

그렇다면 이러한 자연적인 덕으로서의 정서는 격렬한 정열에 속하는 것인가 아니면 고요한 정열에 속하는 것인가? 이 두 가지 경우가 다 아니라면 정열이 아닌 고요한 반성 인상에 속하는 것인가? 흄은 이성은 어떠한 민감한 정서를 생산함이 없이도 작용한다고 한다. 따라서 최초의 시선과 외관으로부터 사물을 판단하는 모든 사람들은 똑같은 고요함과 평온 속에 작용하는 모든 마음의 활동을 이성과 혼동한다고 한다. 그러나 실제적으로는 정열임에도 불구하고 마음속에서 약한 정서를 생산하는, 그리고 즉각적인 느낌이나 감각에 의해서보다도 그것들의 결과에 의해 더 많이 알려지는 일정하게 고요한 욕구와 경향이 있다고 한다. 이러한 욕구에는 두 가지 종류가 있는데 그 하나는 자비와 분개, 생명에 대한 사랑, 어린이에 대한 친절과 같이 우리의 본성에 원천적으로 심어진 일정한 본능이며, 다른 하나는 선 자체에 대한 일반적 욕구와 악 자체에 대한 혐오라고 한다. 그리고 이러한 정열들 중의 어떤 것이 고요하여 영혼 속에서 어떠한 무질서도 야기시키지 않을 때는 그것들이 이성의 결정으로 간주되고 참과 거짓에 대해 판단하는 능력과 똑같은 것으로부터 진행되는 것으로 가정된다고 한다(*T*,417).

이상과 같은 흄의 기술을 통해 우리는 다음과 같은 것을 알 수 있다. 우선 첫째로 이성과 같이 고요하고 평온한 가운데 작용한다 할지라도, 이성과는 달리 정열에 속하는 욕구와 경향이 우리의 마음속에 있다는 것이다. 둘째로 이같이 고요하고 평온한 가운데 작용할 수 있는 성질의 욕구가 두 가지 있다는 것이다. 세 번째로는 이러한 두 가지 성질의 정열이 고요한 상황이 될 때, 그것은 (이성의 작용에 비견되는) 자연적인 덕 즉 자연적인 도덕감의 기초가 된다는 것이다. 네 번째로는 명시적으로 기술되고 있지는 않지만 문맥상으로 볼 때, 인성에 원천적으로 심어진 본능을 정열상의 욕구로, 그리고 선에 대한 일반적 욕구를 경향으로 간주할 수 있다는 것이다. 이같이 정리할 때 위에서 논의한 바 있는 경향성 개념과 같은 맥락에서 도덕감을 파악할 수 있다는 것이다. 다섯 번째로 결과적으로 흄에 있어서의 자연적인 덕, 즉 자연적인 도덕감은 인위적인 도덕감에서의 고요한 반성 인상(즉 고요한 정서)와는 달리 고요한 정열과 연관된다는 것이다.

여기서 짚고 넘어가야 할 것은 도덕감과 이성 사이의 관계이다. 즉 고요한 정열이 이성과 혼동될 수 있으며, 그러한 고요한 정열이 우리의 영혼 속에서 어떠한 무질서도 야기하지 않을 때는 이성의 결정으로 간주될 수 있다는 흄의 기술을 어떻게 이해해야 하는가이다. 이 점과 관련해서는 『인성론』의 다른 곳에서도 언급되고 있다. 여기서 흄은 보다 명료히 정열과 이성 사이의 관계에 대해 기술하고 있다. 흄은 우리가 공통적으로 이해하고 있는 정열은 선이나 악이 제공될 때에 마음의 격렬하고 민감한 정서(emotions)라고 하면서, 이성에 있어서도 우리는 정열과 똑같은 종류의 정서(affections)를 의미한다고 말한다. 다만 이성에 있어서는 보다 고요하게 작용하며 기질에 있어서 어떠한 무질서도 야기하지 않는다는 점에서 다를 뿐이라는 것이다(T,437). 이 같은 흄의 기술로 보면 고요한 정열과 이성은 별 차이가 없는 것으로 나타난다. 흄의 기술을 좀 더 계속해 보자. 그는 이러한 평온은 정서들(affections)과 관련하여 우리를 잘못에로 이끌고, 또한 우리로 하여금 정서들을 단지 우리의 지적 능력들의 결론으로 간주하도록 하게 한다고 말한다. 그러면서 고요한 정서들이 가장 맹렬하게 움직이는 격렬한 정열들을 반성과 결심에 의해 통제할 수 있다는 것이 발견될지라도, 일반적으로 말하면 격렬한 정열들이 의지에 보다 큰 영향력을 행사한다고 한다(*T*,437-8). 여기서도 우리는 흄에 있어서 고요한 정열의 결과로서의 도덕감과 이성 사이의 관계는 명확한 이분법적인 것이 아니라 하나의 연속선상에서의 차이로 이해되었음을 알 수 있다는 것이다. 즉 하나의 연속선상에서 이성은 도덕감보다 더 고요하면서 기질에 있어서도 무질서를 더 적게 야기하는 마음의 성질이라는 것이다.

이제 다시 인위적인 덕과 자연적인 덕 사이의 관계에 대해 살펴보기로 하자. 위에서 살펴본 바에 의할 것 같으면 인위적인 덕은 정열이 배제된 고요한 반성 인상에 속하고 자연적인 덕은 격렬한 반성 인상 아래의 고요한 정열에 속하는 것임을 알 수 있다. 흄은 도덕적인 선은 우리의 이성에 의해서가 아니라 우리의 감정에 의해 확실히 구별된다고 하면서 그러나 이러한 감정은 인격과 정열의 단순한 종류나 외양으로부터 혹은 그러한 인격과 정열에 있어서 인류 내지 특수한 개인들의 행복에로의 경향에 대한 반성으로부터 생길 수 있다고 한다(*T*,589). 여기서 전자가 자연적인 덕의 원인이라면, 후자는 인위적인 덕의 원인이 될 것이며 그 구분의 기준은 타인들의 행복(즉 공공선)에 대한 관심 여부와 반성을 거치는가의 여부라는 것이다. 그런데 흄은 인습을 통해 확립된 정의 즉 인위적인 덕은 자연적으로 강한 도덕감을 수반하게 되는 바, 이는 사회의 이익과 관련한 우리의 공감 이외에 아무 것으로부터도 진행될 수 없는 것이라고 한다(*T*,579-80). 즉 인위적인 덕은 공감에 의해 형성된다는 것이다. 그러면서 그는 우리는 공공선에로의 경향을 갖는 것과 같이, 자연적인 덕의 그러한 경향을 수반하는 이러한 존중에 대해 어떤 다른 설명을 필요로 하지 않는다고 한다(*T*,580). 이는 공공선의 경향을 갖는 자연적인 덕이 있으며 이러한 경우를 가능케 하는 것이 바로 공감이라는 것을 의미한다. 따라서 공공선의 경향을 갖는 덕에 있어서도 인위적인 덕과 자연적인 덕이 있다는 것이다.

흄은 즉각적인 감정이 우리의 승인을 낳는 행위의 성질들에 대해 다음과 같이 말하고 있다. 즉 공공이익에로의 경향 없이 다른 사람들에게 즉각적으로 동의 가능한 성질들이 있으며, 또한 그러한 성질들을 소유한 개인 자신에게 즉각적으로 동의 가능한 성질들이 있다는 것이다. 이러한 성질들이 글자 그대로 자연적인 덕에 속할 것이다. 그런데 흄은 이와 같이 즉각적으로 즐거움이나 불편함을 가져오는 것 외에, 공감의 원칙에 의존하는 경우가 있다고 한다. 즉 어떤 교섭을 갖고 있는 사람들에게 즉각적으로 동의할 수 있는 성질들(우리 자신들이 그것으로부터 어떤 즐거움을 얻지 못할지라도)을 소유한 사람을 우리는 승인하며, 또한 그 자신에게 즉각적으로 동의 가능한 성질들(그것들이 사람들에게 어떠한 봉사를 하지 않더라도)을 소유한 사람을 역시 승인한다는 것이다(*T*,590). 즉 즉각적인 공감을 통한 자연적인 덕을 말하는 것이다. 그렇다면 공감을 통한 자연적인 덕에 있어서 두 가지 종류가 있다는 것을 알게 된다. 그 하나는 앞서 말한 반성을 통하며 공공선의 경향을 갖되 공감에 의해 나타나는 자연적인 덕이고 다른 하나는 공공선의 경향과 무관하며 즉각적인 공감에 의해 나타나는 자연적인 덕이 그것이다. 이렇게 볼 때, 우리는 흄에게 있어서 덕은 네 가지의 부류로 구분되고 있음을 알게 된다. 반성적 공감에 의한 인위적인 덕, 반성적 공감에 의한 자연적인 덕, 즉각적 공감에 의한 자연적인 덕, 즉각적 감정에 의한 자연적인 덕이 그것이다.

흄은 덕스럽고 사악한 것과 관련한 우리의 즐거움과 고통은 다음 네 가지 원천으로부터 발생한다고 한다. 그 첫째가 다른 사람들에게 유용하도록 자연적으로 적합한 인격의 관점, 두 번째로 그 개인 자신에게 유용하도록 자연적으로 적합한 성격의 관점, 세 번째로 다른 사람들에게 동의될 수 있는 성격의 관점, 그리고 네 번째로 그 개인 자신에게 동의될 수 있는 성격의 관점이 그것이다(*T*, 591). 여기서 첫 번째와 두 번째에는 반성적 공감에 의한 인위적인 덕과 반성적 공감에 의한 자연적인 덕이 속하며, 세 번째와 네 번째에는 즉각적인 공감에 의한 자연적인 덕과 즉각적인 감정에 의한 자연적인 덕이 속할 것이다.

흄은 인위적인 덕과 자연적인 덕이라는 두 가지 원인들이 우리의 도덕판단에 있어서 혼합된다고 한다. 그러면서 그는 행동의 경향에 대한 반성이 지금까지 가장 큰 영향력을 갖고 있으며, 우리의 의무의 모든 큰 노선들을 결정한다고 말하면서도 덧붙여서 그러나 직접적인 감정들이 우리의 승인을 낳는 경우들이 적기는 하지만 존재한다고 하고 있다(*T*,590). 즉 일반적으로는 우리의 도덕판단은 인위적인 덕의 역할이 우세한 가운데 인위적인 덕과 자연적인 덕의 혼합으로 이루어지지만, 경우에 따라서는 자연적인 덕의 역할이 더 우세한 예들도 있다는 것이다.

III. 공감, 정서 그리고 도덕

흄의 『인성론』 Book2에서 공감 개념은 가장 중요한 주제이며 Book3

의 도덕철학은 마음의 철학 특히 Book2에 포함된 공감이론과의 관련 없이는 적절하게 이해될 수 없다. 그런데 흄이 『인성론』에서 공감에 부여하는 그러한 커다란 중요성에도 불구하고 이 책의 어느 곳에서도 공감의 정의라고 불리어질 수 있는 것이 발견되고 있지 않다. 공감의 발생에 대한 설명이 공감에 대한 정의에 이르는 가장 근접한 것이 되고 있다.[20] 정열과 도덕 이론에 대한 흄의 어떠한 설명도 그의 공감 이론에 대해 긴밀한 주의 없이는 적합하다고 할 수 없다. Book2의 시작부터 Book3의 결론에 이르기까지 공감은 정열과 도덕감의 발생에 있어서 근본적인 역할을 하고 있다. 공감은 그 용어의 현대적 사용이 시사하는 것처럼 단순히 동정심(pity or compassion)을 의미하는 것이 아니며, 또한 고통과 관련한 환경에 한정되는 것도 아니다. 차라리 그것은 한 사람이 다른 사람들의 느낌들이라고 믿는 것을 분담하는 경향이라고 생각되어질 수 있다.[21]

흄은 이러한 공감의 원인을 인간의 본성에서 찾고 있다. 그는 이러한 인간의 본성과 관련하여 두 가지를 언급하고 있다. 첫째는 소통의 경향이다. 우리 인간은 의사소통에 의해 다른 사람들의 성향과 감정들을 받아들이는 경향이 있는 바, 인간 본성의 성질 중에서 이 보다 더 현저한 것은 없다는 것이다(*T*,316). 한 개인은 그 자신의 기질과 성향으로부터 보다도 의사소통으로부터 정열을 더 많이 느낀다는(*T*,317) 흄의 언명에서 바로 이 의미를 읽을 수 있다. 둘째는 인간들 사이에 있어서의 닮음의 성질이다. 자연은 인간들 사이에서 커다란 닮음을 유지해 왔다는 데서 우리 인간의 몸과 마음은 부분들에 있어서 형태나 크기가 다를지라도 그 구조와 구성에 있어서는 일반적으로 같다는 것이다. 따라서 모든 다양성 사이에서도 자체를 보전하는 매우 현저한 닮음이 있으며 이러한 닮음이 우리로 하여금 다른 사람들의 감정에로 들어가도록 만드는데 매우 많이 기여한다는 것이다(*T*,318).

다음은 공감의 형성과정에 관한 것이다. 이에 대해서는 흄이 매우 명료히 설명을 하고 있으며 그의 공감이론의 핵심 부분이라고 할 수 있다. 흄은 어느 한 사람의 정서가 공감에 의해 다른 사람에게 주입되는 상황의 첫 단계는 그 정서의 결과 즉 그 정서의 관념을 전달하는 외적인 기호들에 의해서라고 한다. 이어서 다른 사람의 정서에 대한 관념이 곧 하나의 인상으로 전환되어, 바로 정열 그 자체로 될 만큼의 힘과 생생함을 획득하면서 원천적 정감과 대등한 정서를 낳는다는 것이다(*T*,317). 따라서 공감은 상상력에 의한, 관념의 인상에로의 전환 이외의 아무 것도 아니라는 것이다(*T*,427). 그런데 관념의 인상에로의 이러한 변화가 아무리 순간적이라 할지라도 그것은 일정한 관점들과 반성들로부터 진행된다는(*T*,317) 데서, 공감은 반성을 거친 정서라고 흄이 생각했음을 알 수 있다. 이로부터 흄이 공감은 정확하게 오성작용에 상응하는 것이며, 공감이 모든 인위적인 덕에 부여하는 우리의 존중의 원천이라고 한 그의 생각을 읽을 수 있다(*T*,320, 577).

그렇다면 공감 자체는 정열인가 아니면 오성인가? 이와 관련하여 몇 가지 관점을 살펴보기로 하자. 먼저 공감이 정열에 속한다고 하는 관점으로서 이는 맥나브(D. G. C. MacNabb)와 같은 사람에 의해 주장되고 있다.[22]

다음은 켐프 스미스의 관점이다. 그에 의하면 흄에 있어서 공감은 간접적 정열의 발생에 있어서 보충적 기능을 하는 것으로 이해하고 있다. 즉 간접적 정열의 근원적 원인 이외에 그러한 정열에 동등한 영향을 주는 이차적 원인이 있는 바 이것이 다른 사람들의 의견이며 이는 근원적 원인이 충분한 힘을 갖고 작용할 때조차도 좀처럼 사라지지 않는다고 흄이 말하고 있다는 것이다.[23] 이러한 켐프 스미스의 관점은 공감이 정열인지 아닌지에 대한 판단을 유보하고 공감을 단지 간접적 정열의 이차적 원인으로만 규정하고 있음을 알 수 있다.

다음은 공감을 정열로 간주하지 않는 관점으로서 이에는 머서(P. Mercer)와 왠드(B. Wand)같은 사람들이 있다. 먼저 머서는 흄이 공감을 정열이나 정서로 간주하지 않았다고 한다. 공감이 정열의 의사소통이라고 할 때, 공감 그 자체는 욕구나 감정과 같은 정열의 속성을 지닐 수 없기 때문이라는 것이다.[24] 다음은 왠드의 관점으로서 그도 역시 흄에게 있어서 공감 그 자체는 정열이 아니라고 한다. 왜냐하면 공감은 단지 다른 사람의 정열에 대한 관념이 정열 그 자체로 전환하는 것이기 때문이라는 것이다. 이러한 전환이 공감하는 사람에 있어서 일정한 느낌을 유발시킬 수도 있으나, 이는 공감 때문인 것이지 공감과 동일시될 수는 없다는 것이다.[25]

이상의 몇 가지 관점에서 알 수 있듯이 흄의 『인성론』에서의 공감 개념이 정열에 속하는 것인지 아닌지에 대한 문제는 접근하기가 쉽지 않으며 이는 또한 그의 『도덕원리에 관한 연구』(*Enquiries Concerning the Principles of Morals*)에서의 공감 개념과 대비될 때는 더욱 그러하다. 이미 앞에서 살펴보았듯이 『인성론』에서의 공감은 덕으로서의 정의의 확인의 중요한 역할을 하는 반면, 『도덕원리에 관한 연구』에서의 공감은 가족적·우정적 결속을 위한 제한적 본능의 역할을 하는 것으로 기술되고 있는 가운데 정의의 사회적 덕의 보다 넓은 충성은 단지 공공적 유용성에서 찾고 있는 것이다.[26]

그러나 적어도 『인성론』에서의 공감 개념은 정서의 일종으로 간주되어야 할 것이다. 흄의 『인성론』의 공감이론에서 가장 주목해야 할 것은 공감은 다른 사람의 정서에 대한 나의 관념이 인상으로 전환하는 것이라고 한 점이다. 이때의 관념은 물론 생생한 관념이다. 여기서 보면 대상 스스로의 지각과 주체의 지각이 함께 작용하고 있는 것이 바로 공감이다. 그리고 대상의 정서와 주체의 정서 사이에 주체의 관념이 놓여 있다. 즉 대상 차원의 정서와 주체 차원의 정서를 연결시켜 주는 것이 바로 주체의 관념인 것이며 이것이 바로 공감 이해의 열쇠인 것이다. 이는 흄이 공감이란 인상에로 전환된 생동적인 관념 이외의 아무것도 아니라고(*T*,385) 한 것과 공감은 정확하게 우리의 오성작용에 상응한다는(*T*,320) 말에서 여실히 드러난다. 우리는 또한 흄이 모든 생동적 관념은 일종의 정열이 된다는 말을 상기할 필요가 있다. 즉 생동적 관념은 정열과 유사하다는 것이다. 이러한 공감개념에서도 우리는 흄에 있어서 관념과 정열 사이에 있어서 연장선상에서의 중간지역을 설정하고 있음을 알 수 있다.

우리는 앞서 자연적인 덕은 격렬한 반성인상(즉 정열) 아래의 고요한 정열과 연관되는 것이고 인위적인 덕은 고요한 반성인상과 연관되며 공감에 의해 형성된다는 것을 살펴보았다. 그런데 여기서 공감에 의해 형성되는 고요한 반성인상은 정열 즉 격렬한 반성인상이 아니라는 것이다. 그렇다면 위에서 공감의 원인으로서의 생동적 관념은 엄밀히 말해서 정열(즉 격렬한 반성인상)이 아니라 고요한 정서(즉 고요한 반성인상)으로 전환되는 것이다. 그러나 이것도 역시 절대적인 것은 아니다. 왜냐하면 역시 앞에서 살펴본 바와 같이 덕에는 1) 반성적 공감에 의한 인위적인 덕, 2) 반성적 공감에 의한 자연적인 덕, 3) 즉각적 공감에 의한 자연적인 덕, 4) 즉각적 감정에 의한 자연적인 덕의 네 가지가 있다는 점이다. 그렇다면 생동적 관념이 고요한 반성인상으로 전환하는 것은 1)과 연관되고, 생동적 관념이 정열(즉 격렬한 반성인상)으로 전환하는 것은 2)와 3)과 연관된다고 할 수 있다. 즉 생동적 관념이 인상으로 전환되어 나타나는 대표적인 도덕감이 1)이라면, 2)와 3)은 일반적인 것이 아니라 예외적인 경우라고 흄이 생각했다고 볼 수 있다. 그러나 이와 같이 대표적인 경우든 예외적인 경우든 모두 반성인상과 연관되는 만큼 이는 모두 우리 인간의 정서와 연관되고 있음을 알 수 있다. 공감은 감정을 소통케 하는 기제로서 이는 단순한 감정이 아니라 좀 더 여러 단계의 복잡한 반성 과정을 거친 특히 타의 감정에 대한 반성을 거친 감정이라는 데서 매우 섬세한 정서의 일종이라고 할 수 있다.

다음은 공감의 교정에 관한 문제이다. 흄에게 있어서 도덕판단의 성격을 이해하는 열쇠는 바로 공감적 판단의 교정에 관한 것이다. 흄은 사람들이 감정과 판단에 있어서 일치를 볼 수 있으려면 그들이 어떤 공통적인 관점을 택함으로써 이로부터 그들이 대상을 조사하고 그 대상이 그들 모두에게 똑같이 나타나도록 할 수 있다고 한다. 그런데 인격을 판단하는데 있어서, 모든 관망자에게 똑같이 나타나는 관심이나 즐거움은 인격이 시험되는 개인 그 자신의 것이나 그와 관계를 맺고 있는 사람들의 것이라고 한다. 여기서 그와 같은 관심들이나 즐거움들이 우리 자신의 것 보다 희미하게 우리에게 영향을 줄지라도, 그것들은, 보다 일관되고 보편적일 경우, 실제에서 조차 우리 자신의 것과 형평을 이루고 그것들만이 덕과 도덕성의 표준으로 사변에서 받아들여진다고 한다. 따라서 그러한 것들만이 도덕적 특징들이 의존하는 특수한 느낌이나 감정을 산출한다는 것이다(*T*, 591). 이와 같이 우리 자신의 것과 다른 사람들의 것 사이의 형평을 이루는 것은 감정의 교정을 통해서라고 한다. 흄은, 경험은 완고한 우리의 감정을 교정하는 방법을 우리에게 가르쳐 준다고 하면서 그러한 교정은 모든 우리의 감관에 공통적이라고 한다. 그러면서 그는 우리가 반성에 의해서 우리에게 자연스럽게 반대 방향으로 생기는 비난의 감정들도 허용의 감정에로 교정하게 된다는 것이다(*T*,582).

그러나 흄은 이러한 교정 역할을 이성으로 규정하고 있지는 않다. 이성이 불편부당한 행위를 요구하지만 우리가 우리 자신을 이성에 적용할 수 있는 것이 좀처럼 가능하지 않으며 우리의 정열이 우리의 판단의 결정을 쉽사리 따르지 않는다는 것이다. 이런 점에서 공감도 우리의 고요하고 일반적인 원칙들에 동등하게 적합하므로 우리의 이성에 대하여 대등한 권위를 가지며 우리의 판단과 의견을 지배하는 것으로 생각된다는 것이다(*T*,583-4). 이렇게 볼 때에 흄은 교정이 단순히 이성에 의해서만이 이루어진다는 것을 부인하고 있음이 명백하다. 즉 교정은 감성과 오성 양쪽에서 함께 진행된다고 흄은 생각한 것으로 보인다. 이것은 그가 교정의 역할을 반성에서 구하고 있다는 데서 명백히 알 수 있다. 우리는 앞에서 이미 흄에게 있어서 감성에 속하는 인상을 감각인상과 반성인상으로 나누고 있음을 살펴보았다. 그렇다면 오성적 작용인 관념이 순수반성이라면 반성인상은 감성적 반성이라고 할 수 있다는 데서 반성이 감성과 오성 양면에 걸쳐서 작용하고 있다고 흄이 생각했음을 알 수 있는 것이다.

흄은 이러한 교정 역할을 다음과 같이 공감과 연결시키고 있다. 흄은 우리의 감관에로의 대상들의 출현이 근원적 표준이며 그것에 의해 우리가 대상들에 대해 판단하지만 그것들이 거리에 의해 실제적으로 감소하지는 않으며 반성에 의해 현상을 교정하면서 그것들에 관한 보다 일관되고 확립된 판단에 이르게 된다고 한다. 그리고 이와 유사한 방식으로, 공감이 우리 자신에 관한 우리의 관심보다 훨씬 더 희미하다 할지라도 그리고 우리로부터 거리가 먼 사람들과의 공감이 가깝고 인접한 사람들과의 공감보다 훨씬 더 희미하다 할지라도 우리는 사람들의 인격과 관련한 우리의 고요한 판단들에 있어서 모든 이러한 차이들을 무시한다고 한다. 그러므로 사회와 대화에 있어서 감정들의 교섭은 우리로 하여금 어떤 일반적이고 변경할 수 없는 표준을 형성하도록 하고 이에 의해 우리는 인격과 예법에 대해 승인하고 불승인할 수 있다는 것이다(*T*,603).

이런 점에서 공감의 교정이 역시 반성에 의해 이루어지고 있다고 흄이 생각했음을 알 수 있다. 즉 흄은 근원적인 일차적 공감과 함께 교정적인 이차적인 공감이 있다고 생각했다는 것[27]이다.

인상과 관념의 이중적 결합 이론이 Book2의 중심에 놓여 있다. 이러한 이중적 결합으로부터 간접적 정열이 생기는 바, 관념들이 닮음, 연속성, 인과관계에 의해서 결합되는 것과 인상들이 단지 닮음에 의해서 결합되는 것의 두 가지가 그것이다(*T*,283). 그러나 흄은 그러한 이중적 관계가 필요한 반면 그것이 간접적 정열을 생산하기에 충분한 것은 아니라고 곧바로 주장한다(*T*,287,292). 우리가 우리의 순전한 소유로부터 받는 즐거움은 다른 사람들의 의견에 의해 뒷받침되지 않는 한 지속적인 즐거움이 될 수 없다는 것이다(*T*,316,349). 예를 들어, 부자는 그들이 그들의 소유로부터 받는 자부심의 당초의 즐거움에 더하여, 그들과 공감하는 사람들과 공감함에 의해 이차적 만족을 역시 받는다는 것이다. 부자에 대한 관망자의 사랑이나 존중은 마찬가지로 소유자의 즐거움과의 당초의 공감에 의해서 그리고 소유자의 공감적 즐거움과의 공감 즉 이차적 즐거움에 의해서 설명된다는 것이다(*T*,365). 흄은 이러한 이차적 만족이 진실로 간접적 정열의 환기를 위하여 일차적 중요성을 갖는다는 점을 제시하고 있는 것이다. 그는 이제 공감 즉 감정의 소통이 모든 정열의 생산을 위해 필요한 것으로 주장한다(*T*,363).

흄에 있어서 이러한 이차적 공감은 바로 그의 공감 개념의 사회성을 보다 명료히 설명해주는 것이라고 할 수 있다. 『인성론』에서 보면, 공감이라는 하나의 자연적 원칙에 의해 다른 입장들 및 이해관계들이 사회화된다고 말하고 있는 바,[28] 이러한 공감 개념의 사회성은 바로 위에서 언급한 이차적인 공감에 의해서 가장 명료히 드러난다고 할 수 있다.

Ⅳ. 결 론

이상의 논의를 통하여 우리는 흄에 있어서 정서와 도덕 사이의 관계와 관련하여 다음과 같은 점을 발견할 수 있다.

우선 먼저 흄에 있어서 감정, 정열 그리고 정서 개념은 다음과 같은 차이가 있다. 감정은 그에게 있어서 원초적 감정과 반성적 인상을 모두 포괄하는 우리의 지각 능력인 것이며,[29] 정서는 우리의 감정 중에서 반성 인상에 해당하는 부분을 가리키는 것이라면, 정열은 우리의 정서 중에서 보다 격렬한 부분 즉 격렬한 반성 인상을 가리킨다고 할 수 있다.

다음은 도덕감과 정열 사이의 관계이다. 흄은 도덕적 판단은 도덕감에서 비롯되며, 이러한 인간의 도덕감에는 자연적인 덕과 인위적인 덕이 있다고 한다. 여기서 인위적인 덕은 정열이 배제된 고요한 반성 인상에 속하면서 인간의 공감에 의해 형성되는데 반해, 자연적인 덕은 격렬한 반성 인상 즉 정열 중에서 고요한 정열에 속하며 즉각적인 감정에 의해 형성되는 것이라고 한다. 흄에 있어서 이러한 덕은 더 나아가 네 가지로 세분된다. 1) 반성적 공감에 의한 인위적인 덕, 2) 반성적 공감에 의한 자연적인 덕, 3) 즉각적 공감에 의한 자연적인 덕, 4)즉각적 감정에 의한 자연적인 덕이 그것이다. 여기서 2)와 3)은 1)과 4) 사이의 연장선상의 중간 단계에 위치하는 성질의 것이라 할 수 있다. 그리고 흄은 일반적으로 우리의 도덕 판단은 인위적인 덕의 역할이 우세한 가운데 그 두 가지의 혼합으로 이루어지며, 예외적으로 자연적인 덕의 역할이 더 우세한 경우도 있다고 한다.

따라서 흄에 있어서 도덕감은 정열의 일부분인 고요한 정열과 정열이 아닌 고요한 반성 인상의 혼합에 의해 이루어진다는 데서, 결국 인간의 도덕감은 우리의 고요한 정서로부터 비롯된다는 것을 알 수 있다. 그리고 정서 중에서 특히 인위적인 덕을 형성케 하는 공감 능력이 도덕감에 있어서 가장 중요한 요소임을 알 수 있다.

이런 점에서 공감의 교정에 관한 흄의 이론은 도덕감으로서의 정서가 사회화의 성질을 가진 것임을 명료히 밝혀준다. 흄에 있어서 공감은 생동적인 관념이 인상에로 전환된 반성 인상으로서 정서의 한 종류인 것이다. 그런데 우리 인간은 삶의 과정에서 끊임없이 공감을 교정해 나간다고 한다. 인간은 나와 타인 사이의 형평을 추구하는데 이는 바로 공감을 통해서라고 한다. 즉 인간은 오성에서 뿐 아니라 감성에서도 교정을 해 나간다는 것이다. 여기서 우리 인간은 다른 사람과의 대화 내지 사회와의 소통 등의 교섭에 있어서 자연 일정한 표준을 형성하게 되고 이에 따라 인격적인 내지 예의적인 면에서의 승인과 불승인이 있게 된다는 것이다. 즉 우리 인간은 끊임없이 타인 내지 사회와의 교섭을 통하여 공감을 포함한 우리의 정서를 교정해 나가면서 이에 기초하여 도덕적인 승인과 불승인을 형성한다는 데서 이는 바로 정서의 사회화에 다름 아니라고 할 수 있는 것이다. 이러한 흄의 이론을 통하여 우리는 도덕은 역시 정서의 문제임을 다시 한 번 확인할 수 있게 된다.

흄의 이론에 관해 살펴보는 가운데 특히 새롭게 발견하게 된 것은 그가 일정한 것들을 분리 내지 구분하는 가운데서도 그 중간 단계를 설정하고 있다는 점이다. 즉 그는 차이와 닮음 사이를 분명히 가르려는 것보다는 그 양쪽 사이의 연장선상의 어느 중간 단계의 유의미성을 찾으려 했다는 것이다. 이는 감성과 이성 사이, 인상과 관념 사이 그리고 앞에서 살펴본 자연적인 덕과 인위적인 덕 사이 등에서 각기 일정한 중간 단계를 설정하고 있는데서 여실히 나타난다. 여기서 각기의 중간 단계는 양쪽 끝의 요소들을 함유하고 있다는 데서, 일정한 정도로 상반되는 요소들이 선분적 연속성 안에 중간 단계들로서 존재하며 그와 같이 존재하는 중간 단계들이 인간 생활에서 피할 수 없이 존재한다는 점을 흄이 보여주려 했다고 할 수 있다.

주

1 David Hume, *A Treatise of Human Nature*, ed., L. A. Selby-Bigge, secondly ed., P. H. Nidditch (Oxford: Oxford University Press, 1980), p. 275. 본 장에서 이 문헌의 본문 주는 (*T*, 페이지)로 표기하기로 한다.

2 Robert C. Solomon, *True to Our Feelings* (Oxford University Press, 2007), pp. 204-5.

3 본서, 제5장, p. 178 참조.

4 Francis Hutcheson, *An Essay on the nature and Conduct of the Passions and Affections , with Illustrations on the Moral Sense*, edited by Aaron Garrett (Indianapolis: Liberty Fund, Inc., 2002) 참조.

5 *Ibid.*, pp. 30-1.

6 *Ibid.*, pp. 50-1.

7 *Ibid.*

8 흄의 『인성론』(*A Treatise of Human Nature*) 보다 17년 늦게 발간된 버어크의 저술인 『숭고함과 아름다움의 관념의 기원에 관한 철학적 탐구』(*A Philosophical Inquiry into the Origin of Our Ideas of the Sublime and Beautiful*) 에서도 'emotion'과 'affection' 두 용어가 같은 의미로 사용되고 있음이 발견된다. Edmund Burke, *The Works of the Right Honourable Edmund*, 16vols. (London: the Rivingston edition, 1803-1827), Vol. 1, pp. 121-2 참조.

9 흄은 정열이 마음의 격렬하고 민감한 정서(emotion)라고 말한다. David Hume, *op. cit.*, p. 437.

10 L. E. Loeb, "Hume's Moral Sentiments and the Structure of the 〈Treatise〉", Stanley Tweyman, ed., *David Hume: Critical Assessments* (Routledge, 1995), Vol. 4, pp. 99-109.

11 David Hume, *op. cit*, pp. 275-7. 로엡도 흄에 있어서 반성 인상을 정서와 동일시하고 있다. 그리고 계속해서 로엡은 흄이 미와 흉의 감정을 "emotions"로 간주하고 있다는 데서 반성 인상으로서의 정서는 고요한 정서(calm emotions)와 격렬한 정서(violent emotions, 즉 정열)로 나누어진다고 한다. L. A. Loeb, *op. cit.*, pp. 100-1.

12 이런 점에서 스트라우드(Barry Stroud)나 나겔(Thomas Nagel)과 같은 이론가들은 '고요한 정열'에 대한 흄의 설명이 그 자신의 잘못된 이론을 지키기 위한 것이라고 비판하는데 대하여 쇼는, 충분하지는 않지만, 이성과 정열이 같이 행동을 유발시킬 수 있다는 동기이론(the theory of motivation)을 통하여 흄의 입장을 옹호하고 있다. Daniel Shaw, *Reason and Feeling in Hume; Action Theory and Moral Philosophy: Hume's Reasonable Passion* (Lewiston: The Edwin Mellen Press, 1988) 참조.

13 L. A. Loeb, *op. cit.*, p. 101.

14 *Ibid.*, p. 103.

15 *Ibid.*, pp. 99–100.

16 *Ibid.*, p. 101, Figure 2 참조.

17 David Hume, *op. cit.*, p. 475; L. A. Leob, *op. cit.*, pp. 104–5.

18 L. A. Loeb, *op. cit.*, pp. 100, 106.

19 David Hume, *op. cit.*, pp. 7, 275; L. A. Loeb, *op. cit.*, p. 104.

20 P. Mercer, "Hume's Concept", Stanley Tweyman, ed., *op. cit.*, p. 437.

21 Walter Brand, *Hume's Theory of Moral Judgement: A Study in the Unity of A Treatise of Human Nature* (Dordrecht: Kluwer Academic Pulishers, 1992), p. 66; David Hume, *op. cit.*, p. 358.

22 D. G. C. MacNabb, *David Hume: His theory of knowledge and morality* (Oxford: Blackwell, 1966), p. 166.

23 Norman Kemp Smith, "The indirect Passions of Pride and Humility, Love and Hatred; and in Connexion therewith Hume's First Statement and Application of the Principle of Association", Stanley Tweyman, ed., *op. cit.*, p. 233.

24 P. Mercer, "Hume's Concept of Sympathy", Stanley Tweyman, ed., *op. cit.*, p. 457.

25 B. Wand, "A Note on Sympathy in Hume's Moral Theory", Stanley Tweyman, ed., *op. cit.*, p. 478.

26 David Hume, *Enquiries Concerning Human Understanding and Concerning the Principles of Morals*, ed., L. A. Selby-Bigge, 3rd ed., revised P. H. Nidditch (Oxford, Clarendon Press, 1975), pp. 302–4. 그리고 John Mullan, *Sentiment and Sociability: The Language of Feeling in the Eighteenth Century* (Oxford: Clarendon Press, 2002), p. 38 참조.

27 Walter Brand, *op. cit.*, p. 67 참조.

28 John Mullan, *op. cit.*, p. 30.

29 본서, 제6장, p. 198 참조.

제8장

정의주의에 대한 MacIntyre의 관점과 문제점

매킨타이어(Alasdair MacIntyre)는 주지하는 바와 같이 현대공동체주의(contemporary communitarianism)를 대표하는 학자 중의 하나로서 그의 저서는 우리나라에서도 그동안 많이 읽혀져 왔다. 그러나 우리에게는 대체로 그의 공동체주의에 대한 소개 정도에 머물러 있을 뿐 그의 이론에 대한 본격적인 연구는 아직 미미한 수준에 그치고 있는 것이 사실이다. 이런 점을 감안하여 여기서는 매킨타이어의 이론 중 특히 정의주의(emotivism)[1]와 관련한 그의 관점에 대해 검토하고 그 문제점을 밝혀 보고자 한다. 따라서 정의주의 자체에 대한 논의는 최소한에 그치고 매킨타이어가 정의주의와 연관시켜 전개하고 있는 이론적 입장에 중점을 두어 논의를 전개해 나가려 한다.

도덕이론으로서의 정의주의는 여러 가지 문제점을 안고 있다. 우선적으로는, 매킨타이어도 문제 삼고 있는 것으로서, 두 가지 즉 도덕판단은 우리의 느낌과 자세로서의 일시적인 정서적 표현 이상이 아니며 또한 이러한 표현은 상대방에 대한 영향력을 행사하기 위한 언명이라고 주장하고 있다는 점이다.[2] 따라서 애링턴((Robert L. Arrington)도 정의주의는 도덕판단들이 정의적(emotive) 의미를 갖고 있다는 관점에 입각한 비인지주의적(non-cognitivist) 메타윤리이론으로서, 이들 판단들은 발화자 자신의 자세들을 표현하고 복잡한 과정을 통하여 그러한 판단들을 듣거나 읽는 사람들에게 유사한 자세들을 유발시키는 것으로 인식되고 있다고 말한다.[3] 이같이 많은 경우 정의주의는 도덕판단을 일시적인 충동에 의한 표현에 지나지 않는 것으로 그러면서도 상대방이 자신과 유사한 견해를 갖도록 하는 경향을 갖는 비인지적 이론으로 간주하려 하는 이론이라고 하면서, 이를 통해서는 어떤 판단이 옳고 그른지 구별하기가 곤란하다고 비판해 왔다.

정의주의의 또 다른 중요한 문제점은 그 주창자들이 우리의 정서를 지나치게 비인지적으로 접근하고 있다는 점이다. 우리의 정서를 전적으로 인지적인 것으로 인정하게 된다면 정서와 이성 사이의 구분이 모호해진다는 점에서 문제가 있다. 그러나 그렇다고 해서 우리의 정서에 인지적인 면이 전적으로 결여되어 있다고 간주하는 것 또한 적합한 관점이라고 할 수 없다. 일찍이 아리스토텔레스도 신념이 정서의 한 부분이라고 말하면서 정서에 대한 인지적 설명을 제공한 경우[4]가 있다. 에이어(A. J. Ayer)와 같은 정의주의 주창자까지도 후에 자신의 관점을 어느 정도 완화하는 입장으로 나아가게 되었다는 점이 무엇보다도 이러한 면을 잘 대변해준다.[5]

이러한 정의주의에 있어서 가장 근본적인 문제는 무엇보다도 도덕판단 내지 도덕적 언명 자체가 경험적으로 논증가능하지 못하다는 데서 사실에 관한 실증적 지식으로 나아가지 못하고 기껏해야 도덕판단은 느낌이나 자세의 표현에 불과한 언명에 불과하다는 것을 정의주의자들이 주장하고 있다는 사실이다. 따라서 그들에 의하면 도덕판단은 엄밀한 실증적 과학으로서의 지위를 획득할 수 없고 단지 이차적인 학문분야로 족해야 하며 이 때 중요한 역할을 하는 것이 바로 느낌 내지 자세의 표현과 관련된 연구라는 것이다.[6]

이런 점들은 바로 오늘날 정의주의에 대해 보다 많은 논구가 필요함을 말해 주는 것이라고 할 수 있다 그러나 앞에서도 언급했듯이 여기서는 정의주의 자체에 대한 논구가 핵심이 아니기 때문에 이에 대해서는 다음 기회로 미루고 여기서는 정의주의와 관련한 매킨타이어의 관점을 중점적으로 검토해 보려 한다. 따라서 본 장은 매킨타이어가 정의주의와 연관시켜 전개하고 있는 논의와 그 문제점들에 대해 검토하는 가운데 다음 몇 가지 문제를 밝혀내고자 한다.

첫 번째로는 매킨타이어가 정의주의에 대해 올바르게 접근하고 있는가 이고, 두 번째는 현대 사회에 대한 그의 정의주의적 해석이 적합한 것인가 이며, 세 번째는 그가 사용하고 있는 도덕문화 개념과 그에 따라 전개되는 도덕문화 현상에 대한 그의 설명이 얼마나 적절한 것인가 이고, 다음 네 번째는 그가 제시하고 있는 대안이 그가 추구하고 있는 공동체적 이상과 적합하게 결합될 수 있는가 이며, 이와 함께 이들과 연관된 다른 몇 가지 문제 또한 검토의 대상이 될 것이다.

이러한 문제들에 답하기 위해 여기서는 주로 정의주의적 자아와 그 사회적 구현 및 역사적 전개 그리고 정의주의적 도덕문화에 관한 매킨타이어의 기술을 검토하는데 중점을 둘 것이다.

I. 정의주의와 정의주의적 자아의 등장 문제

매킨타이어는 그의 저서 『덕의 상실』(*After Virtue: a study of moral theory*)[7]의 서두에서 오늘날 우리가 살고 있는 실제적 세계에서 도덕성의 언어가 거대한 무질서 상태에 처해 있다고 하면서 논의를 시작하고 있다. 말하자면 우리가 소유하고 있는 것은, 바로 그 의미가 연유되는 맥락들을 결핍한 부분들로서의 개념적 구도의 파편들에 지나지 않는다는 것이다(*AV*, 2). 그러면서 그는 분석철학이나 현상학적 철학과는 다른 헤겔(G. W. F. Hegel) 및 콜링우드(R. G. Collingwood)같은 학자들에 의해 제시된 철학과 역사의 유형을 따를 것을 피력한다. 이는 성취와 실패 즉 질서와 무질서의 표준을 전제하면서 단계들로 나누어 기술하는 서사(narrative)의 형식으로서 헤겔의 철학사와 콜링우드의 역사서술이 그러했다는 것이다(*AV*, 3).

따라서 오늘날의 도덕적 언명의 특징은 그것의 대부분이 불일치를 표현하기 위해 사용되고 있으며, 우리의 문화에서 도덕적 일치를 확보하는 어떤 합리적 방법도 없는 것처럼 보인다는 것이다(*AV*, 6). 따라서 우리는 이론적·실천적 양면에서 도덕성에 대한 이해를 상실해 왔다는 것이다(*AV*, 2). 매킨타이어가 우리 문화에서 이 같은 도덕적 무질서 내지 불일치를 가져온 주요 요인들 중 하나로 지목하고 있는 것이 바로 정의주의이며, 따라서 『덕의 상실』에서 그가 다루고 있는 주제 중에서 가장 중요한 것 중의 하나가 바로 이러한 정의주의에 대한 비판이라고 할 수 있다. 이런 점에서 우선 매킨타이어가 정의주의를 어떻게 이해하고 있는가부터 살펴보는 것이 중요하다.

매킨타이어는 정의주의는 모든 평가적 판단 그리고 보다 특수하게 모든 도덕적 판단이 선호의 표현들 즉 자세와 느낌의 표현들 이외의 아무것도 아니라는 독트린이라고 하면서(*AV*, 11), 이러한 정의주의는 18세기 흄(David Hume)의 도덕이론으로부터 19세기 초 무어(G. E. Moore)의 직관주의를 거쳐 현대 정의주의의 건설자들인 램지(F. P. Ramsey), 던캔-존스(Austin Duncan-Jones) 그리고 스티븐슨(C. L. Stevenson)으로 이어지고 있다고 말한다(*AV*, 14, 16). 매킨타이어는 정의주의는 도덕 판단을 만들기 위해 사용되는 문장들의 의미에 대한 이론으로 지금까지 그 주창자들에 의해 제시되어온 것이라고 하면서, 그 대표자로 스티븐슨을 지목하고 이를 비판하고 있다(*AV*, 12).

매킨타이어는 '이것이 좋다'라는 문장은 '나는 이것을 승인한다. 그러니 그렇게 하라'는 말과 대체로 같은 것을 의미한다는 스티븐슨의 구절을 인용하면서 이는 바로 발화자의 자세의 표현으로서의 도덕 판단의 기능과 청자의 자세에 영향을 미치기 위해 기도되는 것으로서의 도덕 판단의 기능 양쪽을 포괄하기를 시도하는 것이라고 한다. 그러면서 그는 문장의 일정한 유형에 관한 의미의 이론으로서의 이러한 정의주의는 적어도 세 가지 이유들 때문에 실패하고 말 것이라고 한다. 그 세 가지는 첫째로 정의주의 이론이 느낌이나 자세를 표현하는 기능을 언급함에 의해 일정한 부류의 문장의 의미를 밝히려는 것이라면, 그 이론의 본질적인 부분이 문제되는 느낌이나 자세를 확인하고 성격규정하기 위해 채워져야 하는데 정의주의 이론의 옹호자들은 일반적으로 이에 대해 침묵하고 있다는 것이다. 두 번째는 문장의 일정한 유형의 의미에 관한 이론으로서의 정의주의는, 그것이 두 종류의 표현 즉 개인적 선호의 표현(expressions of personal preference)과 평가적(도덕적인 것을 포함하는) 표현(evaluative expressions)을 의미하는데 있어서 동일한 것으로 특징짓는데 전념하기 때문에, 시작부터 불가능한 업무에 종사하고 있다는 것이다. 세 번째로는 정의주의적 이론이 문장들의 의미에 대한 이론이라 칭하나, 느낌이나 자세의 표현은 특징상 문장들의 의미의 한 기능이 아니라 특수한 경우들에 있어서 그것들의 사용의 한 기능이라는 것이다(*AV*, 12-3).

이러한 정의주의로부터 비롯되는 자아를 매킨타이어는 정의주의적 자아(emotivist self)라고 부른다. 그런데 매킨타이어에 있어서 정의주의적 자아는 다음과 같은 두 가지 특징을 갖는 것으로 이해되고 있다. 정의주의적 자아는 한편으로는 사회적 구현들(social embodiments)로부터 전적으로 구별되고 다른 한편으로는 그것 자신의 어떠한 합리적 역사도 결핍되어 있다는 것이다. 왜냐하면 정의주의적 자아는 무엇보다도 판단에 있어서 어떠한 궁극적 표준도 없기 때문이라는 것이다(*AV*, 30-1). 이에 대해서는 다음 절에서 보다 구체적으로 살펴보기로 한다.

정의주의에 대한 이러한 매킨타이어의 이해에는 다음과 같은 문제점들이 있다. 첫째로는 매킨타이어가 정의주의적 이론가들의 범위를 지나치게 넓게 규정하고 있다는 점이다. 즉 정의주의를 에이어나 스티븐슨과 같은 20세기 초의 논리실증주의적인 이론가들의 입장을 넘어 소박하게 도덕에 있어서 정서의 중요성을 인정하려는 사람들 까지도 정의주의에 포함시키려 함으로써 그들 사이의 구별을 없애려고 할 뿐 아니라 더 나아가 칸트와 같은 사람까지도 정의주의와 일정 부분 연관시키려는 면이 드러나고 있다는 점이다.

둘째로는 매킨타이어는 흄, 무어 그리고 스티븐슨에 이르는 학자들을 모두 정의주의자로 규정하면서도 막상 정의주의에 대한 설명에서는 스티븐슨의 입장만을 나열하고 있다는 점이다. 앞에서 밝힌 정의주의에 대한 정의를 구태여 감안하지 않더라도 이 모든 사람들을 정의주의자로 규정할 경우에는 정의주의의 성격을 기술하는데 있어서 적어도 최소한 그들 모두의 공통된 주장들을 선택하여 설명하는 것이 올바른 접근 방향이라고 할 수 있는 것인데 그렇지가 않다는 것이다.

셋째로는 정의주의는 도덕판단을 위해 사용되는 문장들의 의미에 관한 이론이라는 매킨타이어의 주장은 정의주의를 에이어와 스티븐슨의 입장을 중심으로 이해한다면 그릇된 것이라고 할 수 없다. 그런데 사정이 이와 같다 할지라도 매킨타이어가 제시하고 있는 정의주의 비판은 언어학적 입장에서 '랑그'(la langue)적인 면을 도외시하고 오로지 언어를 '파롤'(la Parole)적인 입장 즉 발화자 개인의 입장만을 중심으로 접근하고 있다는 데서 지나치게 근시안적이고 편협한 이론이 될 수 있다는 것[8]이다. 더 나아가 좁은 정의주의에서의 정서를 넘어 보다 폭넓은 면에서의 정서의 역할에서 보면 윤리와 관련한 정서의 사회성이 보다 명확히 드러나고 있다[9]는 것이다.

넷째로는 매킨타이어는 정의주의적 자아가 자신의 어떠한 합리적 역사도 가지고 있지 않다고 함으로써 자아에 대한 평가의 기준으로 오직 합리성만 가지고 객관적 표준을 설정하고 있다는 점이다.

다음은 매킨타이어의 정의주의 이론의 핵심 부분이라고 할 수 있는 정의주의의 사회적 구현에 대한 그의 관점에 대해 검토해 보기로 한다.

II. 정의주의에 있어서 자아와 사회적 구현 사이의 분리 문제

매킨타이어는 정의주의에 의해 제시되는 자아는 단순하거나 무조건적으로 어떤 특수한 도덕적 자세나 관점(정의주의를 사회적으로 구현하는 성격들의 그것을 포함하여)과 동일시하지 말아야 한다고 말한다. 그 이유는 바로 그러한 자아의 판단들은 궁극적으로 표준이 없다는 사실 때문이라는 것이다(*AV*, 30). 매킨타이어는 이로부터 정의주의적 자아의 가장 중요한 문제점으로 다음 두 가지를 들고 있다. 그 하나는 정의주의적 자아가 그것의 사회적 구현과 전적으로 다르다는 것이고, 다른 하나는 정의주의적 자아가 그 자체의 어떠한 합리적 역사도 결여되어 있다는 것이다(*AV*, 31).

여기서 우선 정의주의적 자아가 그것의 사회적 구현과 분리되어 있다고 하는 부분의 의미부터 살펴보기로 하자. 매킨타이어에 있어서 정의주의적 자아는 도덕적 동인을 한 사람 개인의 느낌과 자세의 표현에서 찾는 자아를 뜻한다고 할 수 있다. 따라서 이러한 자아는 개인주의적 자유에 기초하고 있는 자아로 이해되고 있다(*AV*, 32-3). 그런데 이러한 정의주의적 자아의 사회적 구현을 매킨타이어는 정의주의의 사회적 내용 및 사회적 맥락을 통해 설명하고 있다.

여기서 정의주의의 사회적 내용은 바로 정의주의가 조작적인(manipulative) 사회적 관계들과 비조작적인(non-manipulative) 사회적 관계들 사이의 어떤 순전한 구별의 제거를 수반하는 것이라고 한다(*AV*, 22). 그리고 사회적 맥락을 일정한 사회에서 살아가는 사람들의 성격에서 찾으려 하면서, 매킨타이어는 정의주의의 사회적 맥락을 현대의 부유한 탐미가(Rich Aesthete), 관리자(Manager), 그리고 치료사(Therapist)의 성격으로 규정하려 하고 있다(*AV*, 23-9). 즉 탐미가, 관리자, 그리고 치료사와 같은 사람들로 대변되는 현대인의 성격들은 바로 조작적인 사회적 관계와 비조작적인 사회적 관계 사이의 구별을 제거하려는 사람들의 전형이라는 것이다.

1. 사회적 내용

매킨타이어가 설명하고 있는 이러한 정의주의의 사회적 구현들 중에 우선 먼저 사회적 내용부터 검토해 보기로 하자.

그는 정의주의의 사회적 내용의 핵심은 정의주의가 조작적 사회관계들과 비조작적 사회관계들 사이의 어떤 순전한 구별의 제거를 수반한다는 사실에 있다고 한다. 그 이유로서 매킨타이어는 칸트 윤리학과 정의주의를 대비시킨다. 타인을 일차적으로 자신의 목적을 위한 수단으로 다루는 인간관계와 타인을 목적으로 다루는 인간관계 사이의 차이와 같은 것이다. 어떤 다른 사람을 수단으로 대한다는 것은, 그 영향력과 동기가 무엇이든 간에 이러저러한 경우에 실제로 효과적일 수 있는 것을 제시함으로써 그를 나의 목적의 도구로 만들기를 추구함을 뜻한다는 것이다. 여기서 어떤 사람을 목적으로 대한다는 것은 어떤 방식의 행위가 좋다고 내가 생각하는 이유를 상대방에게 제시하기는 하지만 그 이유에 대해서는 상대방이 평가하도록 내버려 두는 것이다. 이것은 바로 비개인적(impersonal) 기준에 호소하는 것으로서, 그것의 타당성에 대해서는 각각의 합리적 행위자가 스스로의 재판관이 되어야 한다는 것이다(*AV*, 22-3).

여기서 우리는 매킨타이어가 말하는 비조작적 사회관계의 특징으로서 우선 다음 두 가지를 알 수 있다. 그 하나는 사회적 행위가 합리적 행위자에 의해 이루어지는 경우이고, 다른 하나는 상대방에게 의견은 제시하지만 강요적 영향력을 행사하지는 않는 경우이다. 그렇다면 당연히 조작적 사회관계는 그 반대의 경우라고 할 것이다.

매킨타이어는 이러한 조작적 사회관계와 비조작적 사회관계의 순전한 구별을 폐기하는 것이 정의주의의 사회적 내용이라고 한다. 즉 조작적인 사회관계가 너무나 당연시되고 있는 것이 바로 정의주의적 사회라는 것이다.

우리는 앞에서 정의주의 일반의 특징을 논하는 가운데 도덕적 판단에 있어서 정서적 표현 그리고 이를 통한 상대방에의 강요적 영향의 두 가지를 언급하였고 이에 대해서는 매킨타이어 자신도 일치하는 부분이었다.

이와 관련하여 우리가 눈여겨보아야 할 것은 위에서 언급한 정의주의의 사회적 내용 즉 조작적 사회관계의 특징이 행위자의 합리적이지 않은 행위와 상대방에 대한 강요적 영향이라고 할 때 이는 정의주의 일반의 특징과 거리가 있다는 것이다. 즉 정의주의의 사회적 내용에는 정의주의의 일반의 특징으로서 타인에 강요적 영향을 미치는 의미는 포함되어 있지만 다른 것과 구별되는 정서적 표현 특유의 의미는 포함되어 있지 않다는 것이다. 그렇다면 합리적이지 않은 행위를 정서적 표현으로 간주하면 될 것이 아닌가 하는 생각도 들 것이다. 그러나 합리적이지 않은 행위에는 정서적 표현도 있지만 숙고적인 표현에서도 합리적이지 않은 행위는 얼마든지 가능하기 때문에 문제가 있다. 이렇게 볼 때는 매킨타이어는 이제 사회적 내용에 대해서 논의할 때는 정의주의적 성격을 정서적인 면에 국한시키지 않고 이를 보다 폭넓게 적용시키려 한다는 의심을 받을 수 있는 것이다. 따라서 매킨타이어가 경우에 따라 정의주의를 달리 적용시킨다는 비판을 모면할 수가 없게 되는 것이다. 이런 문제점은 정의주의의 사회적 맥락에 대한 그의 설명과 관련해서 더 명료히 드러난다.

2. 사회적 맥락

다음은 사회적 맥락에 대한 매킨타이어의 기술에 관한 것이다. 그는 앞에서 언급한 정의주의의 사회적 내용이 정의주의의 사회적 맥락으로부터 비롯되는 것으로 기술하고 있다. 그는 정의주의의 사회적 맥락을 정의주의적인 사회적 내용을 지녔다고 생각되는 즉 조작적 사회관계와 비조작적 사회관계를 구분하지 않는 성향을 지닌 사람들의 성격에서 찾고 있으며, 이에 해당하는 것이 앞에서 언급한 부유한 탐미가, 관리자 그리고 치료사의 성격이라고 한다. 여기서 특히 관심을 끄는 것은 관리자의 성격에 관한 매킨타이어의 설명 부분이다. 왜냐하면 이 부분이야말로 정의주의에 대한 매킨타이어의 설명의 문제점을 가장 여실하게 보여주는 대목이기 때문이다.

매킨타이어는 현대의 관료제 조직의 특징과 이에 대한 베버(Max Weber)의 관점을 통해 관리자의 성격을 설명하려 하고 있다. 매킨타이어는 조직은 미리 정해진 목적들에 봉사하도록 희소자원을 위한 경쟁적 투쟁에 특징적으로 종사하게 된다고 한다. 그리고 모든 관료제 조직은 비용과 이익의 어떤 명시적 혹은 함축적 정의(定義)를 구현하며, 이러한 정의로부터 효율성의 기준이 도출된다고 한다. 관료제적 합리성이 경제적이고도 효율적으로 수단을 목적에 부합시키는 합리성이라는 것이 우리에게 잘 알려져 있는 베버의 관점이지만 그 이면에는 정의주의적 요소들이 함축되어 있다는 것이다(*AV*, 24-5).

그렇다면 매킨타이어는 보다 구체적으로 어떤 점에서 베버의 입장을 정의주의적이라고 이해하고 있는 것인가?[10]

매킨타이어는 정의주의가 조작적 사회관계를 통하여 수단-목적의 이분법을 구현하고 있는 것으로 파악하고 있다. 즉 자신의 선호를 성취하려는 목적 하에 타인을 수단화하는 것이 은폐되어 있다는 것이다. 그러면서 그는 이러한 정의주의의 이분법을 베버의 사상이 역시 구현하고 있다고 하면서 또한 정의주의가 보지 못하는 구별 즉 조작적 사회관계와 비조작적 사회관계의 구별을 마찬가지로 폐기하고 있다고 말한다(*AV*, 24-5).

매킨타이어는 여기서 베버의 입장을 합리성의 두가지 측면과 연관시켜 거론하고 있는 것으로 보인다. 즉 가치합리성 개념과 목적합리성 개념이 그것이다. 베버는 인간의 사회적 행위의 유형을 크게 네 가지로 구분하고 있다. 목적합리적(zweckrational) 행위, 가치합리적(wertrational) 행위, 정감적(affektuell) 행위, 그리고 전통적(traditional) 행위가 그것이다. 여기서 목적 합리적 행위는 환경의 대상들과 인간들의 행위에 대한 기대에 의해 결정되는 것으로서, 이러한 기대는 행위자 자신에 의해 합리적으로 추구되고 계산된 목적들의 달성을 위한 조건들 혹은 수단들로 이용된다고 한다. 다음 가치합리적 행위는 성공에 대한 전망과는 독립해서, 어떤 윤리적, 심미적, 종교적 혹은 다른 형태의 행위 그 자체를 위한 가치에 대한 의식적 신념에 의해 결정되는 것이라고 한다. 그리고 정감적 행위 특히 그 중에서도 정서적(emotional) 행위는 행위자의 특수한 정감과 느낌의 상태에 의해 결정되는 것이고, 끝으로 전통적 행위는 깊이 스며든 습성화에 의해 결정되는 것이라고 한다.[11] 베버는 이러한 사회적 행위의 네 가지 유형 중 정감적 행위와 전통적 행위보다 목적합리적 행위와 가치합리적 행위가 더 합리적이라는 데서 이 두 가지에 더 큰 비중을 두고 있는 것이 사실이다.[12] 그런데 매킨타이어는 베버가 이렇게 합리적이라고 생각하는 두 가지 행위개념 마저 합리성과 거리가 먼 개념이라고 비판하고 있는 것이다.

매킨타이어는 베버에 있어서 목적의 문제는 가치의 문제이고 따라서 경쟁하는 가치들 사이의 갈등은 합리적으로 해결될 수 없으며, 때문에 가치의 문제에는 선택이 따를 수밖에 없고 이러한 선택과 관련된 모든 신념과 평가는 비합리적이고 감정과 느낌이 결부되는 주관적인 정향들이라는 것이다. 이런 점에서 결국 베버는 매킨타이어가 이해하는 바로는 넓은 의미에서 정의주의자라는 것이다(*AV*, 25). 이는 특히 베버의 가치합리적 행위 개념을 정의주의와 연관시키려는 시도로 보인다. 왜냐하면 가치합리적 행위의 정향은 궁극적 가치들의 자의식적인 공식화에 의한 것이며, 대안적이고 갈등하는 목적들 사이의 선택은 바로 가치합리적 방식에서 결정될 수 있는 것[13]이라는 베버의 기술에서 가치문제가 주관적 선택의 문제일 수밖에 없다는 베버의 입장을 확인할 수 있다는 것이다.

다음은 매킨타이어가 베버의 정의주의의 결과로 지목하고 있는 부분으로서 이는 베버의 목적합리적 행위와 관련된 문제를 다룬 것으로 보인다. 베버가 일견 보기에는 권력과 권위를 구별하는 자세를 취하고 있는 것으로 나타나지만 베버의 사유에서 조작적 사회관계와 비조작적 사회관계의 대조의 폐기와 같이, 권력과 권위 사이의 대조가 효과적으로 폐기되고 있다고 매킨타이어는 말한다. 즉 베버는 권위가 목적들에 봉사하기 때문에 권력을 권위로부터 구별하는 자세를 취하고는 있지만 결국 그에 있어서 목적들은 행동의 수단들이라는 데서 그것들은 권력에의 봉사를 피할 수 없다는 것이다. 베버의 관점에서는 권위의 어떤 유형도 관료적 권위의 유형으로부터 벗어날 수 없으며 이 관료적 권위는 바로 성공적 권력 이외의 다른 것이 아니라는 것이다(*AV*, 25). 여기서 매킨타이어가 말하고자 하는 것은 베버의 목적합리적 행위 개념에는 매킨타이어 자신이 언급한 정의주의의 일반적 특징 중의 하나인 타인에 대한 강요적 영향력을 용인하는 부분이 내포되어 있다는 것이다. 즉 비조작적 사회관계와 조작적 사회관계 사이의 구분의 포기 그리고 권위와 권력 사이의 구분의 포기는 결국 조작적 사회관계와 권력 양쪽에서 공히 강요적 영향력을 용인하는 자세로 귀결된다는 것이다.

이와 같이 매킨타이어는 베버의 가치합리적 행위 개념과 목적합리적 행위 개념 양쪽이 다 정의주의적인 면을 내포하고 있다는 점을 상정하는 가운데 베버를 정의주의자로 규정하고 있는 것이다. 그렇다면 이러한 매킨타이어의 입장을 우리는 어떻게 이해하여야 할 것인가?

여기서 가장 중요하게 지적해야 할 것은 매킨타이어 자신이 직접 규정하고 있는 정의주의의 두 가지 일반적 특징 즉 선호적 표현 그리고 강요적 영향력을 한꺼번에 모두 소지하고 있는 사람들의 성격을 기술하고 있지 않고 그 중 하나만을 소지하고 있는 사람들도 정의주의에 억지로 귀속시키려 하고 있다는 점이다. 위에서 우리가 살펴본 베버의 가치합리적 행위 개념을 선호적 표현과 연관시킬 수 있다 해도 그것은 강요적 영향력과는 거리가 먼 경우이다. 또한 베버의 목적합리적 행위 개념에 있어서는 거꾸로 강요적 영향력과는 접근이 될 수 있지만 선호적 표현과는 거리가 먼 것이라고 할 수 있다. 이렇게 그 특성들 중 하나만 소지하고 있는 경우까지 모두 정의주의에 귀속시킨다면 거기에 속하지 않는 경우가 과연 얼마나 될 수 있겠는가? 이는 매킨타이어가 정의주의의 사회적 맥락으로 제시하는 대표적 성격으로서의 부유한 탐미가와 관리자에도 적용될 수 있다.

매킨타이어는 수단들을 과다하게 소유하고 있는 부유한 탐미가는 끊임없이 목적들을 추구하면서 수단들을 이용할 수 있다고 한다(*AV*, 24). 이는 바로 매킨타이어가 주장하는 정의주의의 한 특징인 선호의 표현과 관련된 성격이다. 다른 한편 매킨타이어는 미리 정해진 목적들에 봉사하기 위해 희소자원을 위한 경쟁적 투쟁에 종사하는 조직으로 관료제조직에 대해 말하고 있다. 모든 관료제조직은 효율성의 기준이 작용하고 여기서 관리자의 중심적 책임은 목적을 향하여 가능한 한 효과적으로 조직이 자원을 획득하도록 이끌어야 한다는 것이다(*AV*, 24). 그런데 이러한 관료제를 대변하는 관리자의 성격은 수단-목적 관계에서 나타나는 강요적 영향력과 연관된다. 그렇다면 여기서도 매킨타이어는 정의주의의 사회적 맥락을 대표하는 두 성격 즉 부유한 탐미가와 관리자가 각각 정의주의의 일반적 특징 중 한가지씩만 소지하고 있다는 것을 기술하고 있다는 것이다. 즉 어느 것도 정의주의의 일반적인 특징이라고 매킨타이어가 규정하는 두 가지를 한꺼번에 소지하고 있지 않다는 것이다. 이런 점은 바로 매킨타이어가 사회를 정의주의적으로 해석하기 위해 부분적인 면만 소지한 경우도 이를 모두 일반화시켜 비논리적으로 이론을 전개했다는 비판으로부터 벗어나기가 어렵다고 할 수 있는 것이다.

3. 자아와 사회적 구현사이의 분리

지금까지 살펴본 것을 토대로 하여 정의주의적 자아와 그 사회적 구현 사이의 분리 문제를 제기하고 있는 매킨타이어의 입장의 문제점을 검토해 보기로 한다.

매킨타이어에 있어서 정의주의적 자아는 판단들에 있어서 궁극적으로 기준이 없는 자아라고 하고 있다. 따라서 이러한 정의주의적 자아는 어떤 도덕적 태도 및 관점과 단순히 동일시될 수 없다는 것이며 이런 점에서 보면 누구나 다 도덕적 행위자가 될 수 있다는 결론이 나온다고 한다. 왜냐하면 정의주의에 있어서의 도덕적 행위는 사회적 역할 또는 실천 속에 있는 것이 아니라 자아 그 자체 속에 위치하고 있기 때문이라는 것이다(*AV*, 30). 여기서 정의주의적 자아와 그 사회적 구현 사이의 분리 문제가 나타난다는 것이다. 즉 도덕적 행위의 민주화와 전문가로서의 관리자적 내지 치료사적 전문가의 엘리트적 독점 사이의 명확한 대비(*AV*, 30)가 그것이다. 여기서 도덕적 행위의 민주화는 정의주의적 자아에 해당하는 것으로서 뚜렷한 기준이 없이 자신의 선호에 따라 움직이는 것을 도덕이라고 생각하는 자아의 부분을 뜻한다면 엘리트적 독점은 정의주의의 사회적 구현에 해당하는 것으로서 강요적 영향력을 행사하는 사회적 맥락인 관리자와 치료사의 부분을 뜻하는 것이다.

매킨타이어는 관리자와 치료사의 성격은 둘 다 목표를 자신의 범위 밖에 있는, 즉 주어진 것으로서 취급하면서 관심이 효율성에 있다는 것 그리고 도덕적 논쟁에 간여하지도 않고 또 간여할 수도 없다는 점에서 조작적 사회관계와 비조작적 사회관계 사이의 구분의 폐기를 대변하며, 치료사가 개인적 삶의 영역에서 그러한 폐기를 대변한다는 데서 차이가 있을 뿐이라고 한다(*AV*, 29).

우리는 일정한 사조의 정신이 깃든 자아와 그러한 사조에 영향받아 사회적 행위를 하는 사회인 사이에서 어떤 공통점을 발견할 수도 있으나 그렇다고 모든 것이 일치한다고 말 할 수는 없을 것이다. 그만큼 인간사회는 복잡다단하기 때문이다. 여기에는 물론 매킨타이어가 바람직하게 생각하는 형태 즉 사회로부터 영향을 받아 일정한 정체성을 형성하는 자아도 포함될 것이다. 따라서 여기서의 문제는 현대에 있어서의 자아가 얼마나 사람들의 사회적 역할과 다르거나 혹은 유사한가를 검토하는 것보다는 그 각각의 항목을 얼마나 정확히 설명하고 있는가가 더 중요하다. 왜냐하면 그러한 설명 자체가 미흡하면서 항목 사이의 관계를 설명하려는 것은 당초부터 곤란하기 때문이다. 위에서 검토한 바에 따르면 바로 매킨타이어의 경우가 이에 해당되는 것으로 보인다. 그는 정의주의의 사회적 구현이라고 하는 항목 내의 사회적 내용과 사회적 맥락에 대한 설명 자체에 있어서 정합성이 상당한 정도로 결여되었기 때문이다.

이런 점과 관련한 매킨타이어의 문제점 중에서 첫 번째는 정의주의의 사회적 내용이라고 하는 조작적 사회관계와 비조작적 사회관계의 구분의 폐기를 대변하는 사회적 맥락으로서 매킨타이어가 제시하는 세 가지 성격 중 관리자와 치료사는 해당될 수 있겠으나 부유한 탐미가는 해당되기에 미흡하다는 것이다. 부유한 탐미가에 대한 매킨타이어의 설명 중 탐미가는 자신의 선 이외에는 어떤 선에 대한 관심도 없이 자신의 욕구의 성취를 추구하는 사람, 세계를 단지 자신의 만족의 성취를 위한 무대로 이해하는 사람으로 묘사하고 있으나 이는 매킨타이어 스스로 생각하기에도 조작적 사회관계와 비조작적 사회관계의 구분의 폐기를 명료히 대변할만한 예가 되기에 충분치 못하다고 판단되어 보다 나은 예로서 관리자를 제시하는 것으로 보인다는 것이다(*AV*, 23-4).

두 번째로 매킨타이어가 정의주의적 자아와 그 사회적 구현 사이의 분리와 관련하여 제시하고 있는 개인주의와 집합주의의 대립에 대한 그의 설명에 있어서 일관성이 결여되어 있다는 것이다. 즉 여기서 관리자의 성격은 집합주의에 속한다고 할 수 있겠지만(이 부분도 관료제와 관리자 사이의 관계를 고려할 때는 달리 생각할 수도 있음), 부유한 탐미가와 치료사의 경우는 매킨타이어가 스스로 언급하는 바와 같이 개인적 측면이 강하다는 것이다(《*AV*》, 29, 33).

이와 같이 기본 항목 자체에 대한 설명의 미흡함 때문에 자연히 항목들 사이의 관계에 대한 설명도 자연 문제가 될 수밖에 없게 되는 것이다.

III. 정의주의적 자아의 역사적 비합리성 문제

매킨타이어가 유효성에 기초한 합리성 개념이 조작적 사회관계와 비조작적 사회관계의 구분의 폐기를 가져오는 정의주의의 사회적 맥락과 궤를 같이 한다는 관점아래 이를 비판하고 있다는 것은 위에서 살펴본 바와 같다. 이렇게 볼 때에는 매킨타이어는 정의주의를 비판하는 것 같지만 실제로 가장 강력하게 비판을 하고 있는 대상이 다름아닌 기존의 합리주의라는 점에서 아이러니컬하다고 할 수 있다. 그렇다면 이렇게 기존의 합리주의를 정의주의의 이름 아래 비판하고 있는 매킨타이어가 대안으로 제시하고 있는 합리성 개념은 어떠한 것인가? 이 점을 살펴보기 위해 우리는 매킨타이어가 규정하고 있는 정의주의적 자아의 두 번째 성격 즉 정의주의적 자아가 자신의 어떠한 합리적 역사도 결핍하고 있다는 점과 관련한 문제를 검토해 보아야 할 것이다.

매킨타이어는 정의주의적 자아에게는 자세, 선호 그리고 선택의 표현들이 기준, 원칙 혹은 가치에 대한 모든 충실에 선행하기 때문에 결국 이러한 자아는 한 도덕적 헌신의 상태로부터 다른 상태로의 전이과정에서 어떠한 역사도 가질 수 없다고 한다(*AV*, 31).

그렇다면 매킨타이어에 있어서 합리적 역사를 가지고 있다고 생각되는 자아는 어떤 자아인가? 그리고 그에게 있어서 합리성이란 무엇인가? 매킨타이어가 이에 대해 명확히 언명은 하지 않았지만 그가 위에서 언급한 것을 통해서 짐작해 본다면 다음 두 가지를 상정해 볼 수 있을 것이다. 그 하나는 기준, 원칙 혹은 가치에 충실한 자아이고, 다른 하나는 전이과정에서 단절되지 않는 연속성 있는 자아가 될 것이다.

이렇게 본다면 합리적 역사를 가지고 있는 자아는 기준, 원칙 혹은 가치에 충실한 연속성 있는 역사를 가지고 있는 자아가 될 것이다. 우리는 미흡하기는 하지만 여기서 매킨타이어의 "규범적 합리성의 표준들"[14]을 이끌어낼 수밖에 없다. 즉 그에게 있어서 규범적 합리성의 표준은 바로 기준, 원칙 혹은 가치에 충실한 연속성이라는 것이다.

이같이 매킨타이어가 『덕의 상실』에서 합리성을 계속 강조는 하면서도 막상 합리성 개념 자체에 대해서는 이렇다 할 설명이나 정의를 구체적으로 내리지 않고 있기 때문에 우리가 그의 합리성 개념에 접근하는 것을 곤란하게 하고 있다. 호튼(John Horton)과 맨더스(Susan Mandus)도 『덕의 상실』에서의 합리성 개념에 대한 이해가 쉽지 않음을 밝히고 있다. 매킨타이어는 다만 지난 300년 동안 철학을 지배한 계몽주의 기획이 역사적 사회적 맥락에서 독립한 그리고 인간의 본성이나 목적에 대한 어떠한 이해로부터도 독립한 합리성을 기약했으나 결국 실패하고 말았다고 하면서, 이제 아리스토텔레스적 목적론과 그에 기초한 실천이성만이 우리를 혼란으로부터 구제할 수 있다고 『덕의 상실』에서 말하고 있다는 것이다.[15] 여기서 우리가 확인할 수 있는 것은 매킨타이어가 규범적 합리성의 대표적인 예로서 목적론적 접근을 제시하고 있다는 사실이다.

이상을 종합하면 매킨타이어의 주장은 결국 기준, 원칙, 혹은 가치에 충실한 연속성을 견지하는 가운데 목적론적 실천이성을 발휘하는 자아는 합리적 역사를 가지고 있는 자아가 될 수 있다는 논지로 귀결된다. 그렇다면 이러한 논지가 함축하고 있는 것은 무엇인가? 우선 글자 그대로라면 다음 몇 가지로 정리할 수 있을 것이다. 첫째로 기준에의 충실, 둘째로 연속성, 세 번째로 목적론, 네 번째로 실천이성이 그것이다. 여기서 첫 번째인 기준에의 충실은 바로 그 기준이 어떠한 것이든 간에 일정한 기준에 충실을 기하는 것 즉 일관성을 뜻한다고 할 수 있다. 두 번째인 연속성은 시간적인 면에서의 지속적인 연결을 유지하는 것이라고 할 수 있으며 이는 바로 단절의 역사가 아닌 연속의 역사를 가리키는 것이라 할 수 있다. 세 번째인 목적론은 다른 것보다 목적의 설정 및 그 추구가 가장 중요하다는 것을 뜻한다. 그리고 끝으로 실천이성은 우리 인간에 있어서 규범의 문제는 이론적인 것보다는 실천적인 것이 더 중요하다는 것을 말하는 것이며 여기서 이성은 매킨타이어가 궁극적으로 여전히 합리성을 소중히 여기는 사람이니만큼 이에 따라 이성을 강조하지 않을 수 없는 것이라고 할 수 있을 것이다.

그런데 이상의 네 가지를 유심히 살펴보면 기이한 점을 발견하게 된다는 것이다. 그것은 바로 그가 그렇게도 비판의 대상으로 삼아 오던 정서적 요소들이 그의 새로운 합리성을 구성하는 주요한 요소들로 뒤바뀌는 그야말로 역설적인 현상이 나타나고 있다는 것이다.

매킨타이어가 이러한 역설적인 현상을 스스로 주의 깊게 인식하지는 않은 것 같다. 이보다는 차라리 매킨타이어는 자신이 『덕의 상실』에서 제시한 합리성 개념이 명료하지 않다는 점을 스스로 인식한 것으로 보이며 그 결과 나타난 것이 몇 년 후의 새로운 저작인 『누구의 정의? 어떤 합리성?』(*Whose Justice? Which Rationality?*)[16]이다.

그런데 이 저작에서는 합리성과 관련한 두 가지 특징이 나타난다. 첫 번째는 그가 미흡하다고 생각했던 합리성 개념에 대한 보완치고는 여전히 미흡한 점이 많다는 것이다. 두 번째는 호튼과 맨더스도 지적하고 있듯이 매킨타이어 자신은 애써 그 차이를 최소화시키려고 하고 있지만 주인공이 아리스토텔레스로부터 옮겨갔다는 것이다. 즉 당초에 있어서 아리스토텔레스적 전통으로부터 벗어나 아리스토텔레스적 전통과 아우구스티누스적 전통의 종합이라고 할 토마스 아퀴나스적 전통으로 합리성 개념이 전이되었다는 것이다.[17] 이에 대해 좀 더 구체적으로 살펴보기로 한다.

먼저 합리성 개념에 대한 설명 부분이다. 그런데 여기서도 그는 실천적 합리성의 탐색이라는 이름 아래 사실상 합리성의 종류 즉 합리성의 전통들에 대해서만 장황하게 나열하고 있을 뿐 정작 가장 중요한 합리성 개념 자체에 대해서는 역시 이렇다 할 설명이나 정의를 제시하지 않고 있다는 것이다. 그럼에도 불구하고 억지로라도 매킨타이어가 사용하고 있는 합리성 개념의 의미를 이 저서를 통해 추정해 본다면 다음과 같을 것이다.

매킨타이어는 합리적 탐색의 어떤 성숙한 전통 이전의 단계의 특징을 비정합성(incoherence)의 상태로 규정하고 있다. 그는 비정합성을 특징으로 하는 개인이 합리적 탐색의 성숙한 전통과의 논쟁적 대화에 관계하기 위해서 배워야 할 것은 각각의 경쟁적인 전통에 의해 제시되는 주제들을 변증법적으로 테스트하는 것이라고 한다(*WJWR*, 398). 이는 바로 탐색 및 논쟁의 합리적 전개는 바로 정합성(coherence)과 직결되는 것이라는 점을 은연중 밝히고 있는 것이라고 하겠다.

또한 매킨타이어는 그의 저서의 말미에서 실천적 합리성과 관련한 탐색에 있어서 전통들의 경쟁적인 진리주장은 그 지지자들이 쓸 수 있는 역사의 적합성(adequacy)과 설명력(explanatory power)에 의존한다고 말하고 있다(*WJWR*, 402-3). 이는 역사에 있어서 합리성은 바로 연속성에 있어서 실제적 적합성과 설명적 논거의 정합성을 갖춘 것임을 뜻하는 것으로서, 이를 통해서 볼 때 매킨타이어에 있어서 합리성 개념은 적합성과 정합성의 결합임을 알 수 있다는 것이다. 이와 함께 매킨타이어는 경쟁하는 전통들이 어떤 표준들을 분담하고 있는 바, 즉 이론과 실제에 있어서의 논리성(logic)에 권위를 부여하는 것이 그것이라고 한다(*WJWR*, 351). 그렇다면 매킨타이어의 합리성 개념은 실천적 적합성과 논리적 정합성이 결합된 변증법적 연속성이라고 할 수 있을 것이다.

매킨타이어는 『누구의 정의? 어떤 합리성?』에서 실천적 합리성이 다양성을 전제하고 있다고 하면서 그것의 탐색에 있어서 서구의 대표적인 네 가지 전통에 대해 기술하고 있다. 그 네 가지 전통은 아리토텔레스적 전통, 아우구스티누스적 전통에 있어서의 초기 형태와 토마스 아퀴나스적 형태, 칼빈주의적 아우구스티누스주의와 르네상스적 아리스토텔레스주의의 혼합으로서의 스코틀랜드적 전통, 그리고 자유주의적 전통이다(*WJWR*, 349). 여기서 매킨타이어는 실천적 합리성과 관련한 각 전통들의 우열을 비교할 수 없다고 말한다. 각각의 전통은 그 발전단계에 있어서 스스로를 규정하는 개념들과 표준들을 채용하면서 그것의 중심적인 주제들을 위해 그것 자체의 용어들로 합리적 정당화를 제공하나, 그 경쟁하는 전통들 사이의 쟁점들이 결정될 수 있는 합리적 정당화를 위한 어떤 일련의 독립적인 표준들도 없다는 것이다. 우리는 실천적 합리성 및 정의에 대한 우리의 이해와 관련하여 많은 전통들이 우리의 충성을 경쟁적으로 요구하는데 직면해 있으며, 그러한 전통들의 요구 사이에서 우리는 다른 것보다 어느 하나에 유리하게 결정한 어떤 훌륭한 이유를 가질 수 없다는 것이다(*WJWR*, 351-2). 이렇게 함으로써 이제 매킨타이어는 당초에 자신 있게 출발했던 합리성 문제의 해결에 있어서 흐릿한 태도를 취하게 된 것이다.

그러나 이와 같이 실천적 합리성의 탐색 전통과 관련하여 어떠한 전통도 보편적인 정당성을 획득하기 어렵다고 하면서도 매킨타이어는 스스로의 입장에서 토마스 아퀴나스적인 전통의 합리성을 가장 설득력 있는 것으로 결론 맺고 있다(*WJWR*, 402-3). 이제 아리스토텔레스로부터 아퀴나스에게로 초점이 바뀌게 된 것이다. 이와 같이 초점이 바뀌게 된 것은 무엇보다도 목적론에 대한 이해의 전환 때문이다. 그러나 이 또한 오히려 합리성의 정립을 추구하는 매킨타이어 자신의 입장에 역행하는 결과를 초래하게 되었다는 점에서 문제가 되며 이에 대해서는 다음 장에서 보다 상세히 언급하고자 한다.

IV. 정의주의적 도덕문화

1. 도덕문화 개념

매킨타이어가 『덕의 상실』에서 빈번히 사용하고 있는 개념 중의 하나가 도덕문화(moral culture)개념이다. 그는 정의주의적인 사회의 특징을 정의주의적 도덕문화(emotivistic moral culture)로 상정하고 있는 것이다. 그렇다면 이같이 그가 사용하고 있는 도덕문화 개념은 어떤 것인가? 그가 도덕문화 개념을 빈번히 사용하고 있으면서도 이 개념에 대해 상세히 설명한 곳은 없다. 그래서 우리는 그가 도덕문화 개념을 사용하고 있는 문장의 내용과 전후 맥락을 통해 그 개념을 이해하는 수밖에 없다. 그의 도덕문화 개념의 의미를 부분적으로나마 엿볼 수 있는 곳이 바로 아래의 구절이다.

> 이러한 문제에 대한 대답은 연기되지 않으면 안 된다. 왜냐하면 '도덕적'(moral)이라는 단어의 역사는 그 역사적 기간-말하자면 1630년부터 1850년까지의 기간-에 도덕성을 위한 합리적 정당화를 제공하려는 시도로부터 분리해서는 적합하게 말해질 수 없다. 그 때에 그 단어는 일반적이고 특수한 의미를 획득했던 것이다. 그 기간에 '도덕성'(moral-

ity)은 신학적이지도 않고 법적이지도 않으며 미학적이지도 않은 행위 규칙들이 그들 자체의 한 문화 영역으로 허용되도록 그 특수한 영역을 위한 이름이 되었다. 도덕성에 대한 하나의 독립적인 합리적 정당화의 기획이 개별 사상가들의 관심 뿐 아니라 북유럽 문화에 중심적이 된 것은, 신학적, 법적, 그리고 미학적인 것으로부터 도덕적인 것의 구별이 하나의 용인되는 독트린이 된 17세기 후반과 18세기에 이르러서였다(*AV*, 37–8).

이 구절을 통해서 우리는 우선 그가 사용하고 있는 도덕문화 개념은 문화에서 도덕에 관련된 부분을 뜻하는 것으로 이해할 수 있을 것이다. 위의 말대로라면 북유럽에서 도덕문화는 17세기 이래 도덕이 신학, 법학, 그리고 미학 등의 영역으로부터 분리되면서 타 분야와 독립해서 이루어져 온 그 도덕에 특수한 문화가 바로 도덕문화라는 것이다. 그의 도덕문화 개념을 이와 같이 우리가 이해한다면 그것은 필자가 연구해 온 윤리문화(ethical culture)개념과 일정 부분 유사하다고 할 수 있다. 필자는 문화 중에서 특히 윤리와 관련된 부분을 윤리문화로 상정하면서 연구를 진척시켜 왔기 때문이다.[18] 즉 도덕문화나 윤리문화 양쪽 다 문화 중에서 도덕 내지 윤리와 관련된 부분을 도덕문화 내지 윤리문화로 설정하고 있다는 점에서이다.[19]

그런데 매킨타이어는 다른 데서도 그렇지만 문화 개념에서도 뚜렷하고 분명한 개념설명을 하지 않으면서 이를 폭넓게 사용하고 있다. 그런 가운데서도 그가 유독 문화 개념과 관련해서 간단하지만 명료히 언급한 부분이 있다. 그것은 그가 "지금까지 우리 문화에 있어서 역사는 학문적(academic) 역사를 의미하며, 학문적 역사는 두 세기를 넘지 않았다." (*AV*, 3)라고 언급하고 있는 부분이다. 그러면서 계속해서 그는 그러한 학문적 역사의 건설 이전에 있었던 파국이 일으킨 무질서의 형태들로부터 그 학문적 역사의 도덕적 및 다른 평가적 전제조건들이 연유되었다고 (AV, 3-4) 말한다. 매킨타이어의 이 같은 언급에서 우리는 세 가지 면을 발견하게 된다. 그 하나는 문화가 사람들 일반의 생활 전반을 총칭하는 것이 아니라 하나의 특수한 부분 즉 학문과 관련한 결실 및 생활을 가리키고 있다는 점이다. 다른 하나는 이러한 학문 활동으로서의 문화가 본격적으로 시작된 것이 18세기말에 이르러서라는 것이며, 세 번째로는 그러한 문화가 시작되기 이전 즉 17세기에서 18세기에 이르는 기간의 파국은 바로 도덕이 여타 분야로부터 분리·독립하면서 비롯되었다는 것이다. 이 세 가지는 매킨타이어의 이론을 이해하는데 있어서 매우 중요한 의미를 갖고 있다.

그 첫 번째는 문화가 오늘날 우리가 이해하고 있는 것처럼 일정한 시대 일정한 사람들이 일반적으로 갖고 있는 삶의 양식이 아니라 매킨타이어에 있어서는 문화를 대체로 학문세계현상 만을 연관시켜 접근하려는 것으로 보인다는 점에서 다르다는 것이다. 이런 점은 그의 저서의 여러 부분에서 발견된다. 그는 특히 철학을 문화 자체 혹은 적어도 그 중심적인 부분으로 간주하려 했다는 점에서(AV, 38.48) 고급문화 개념 중에서도 가장 엘리트적인 면모를 드러내고 있다.[20]

두 번째로 학문활동으로서의 문화가 시작된 것이 18세기말이라고 함으로써 사실상 그 이전에는 문화가 존재하지 않았다는 논리를 전개하고 있으며, 이는 문화 개념을 너무 좁히고 있는데다가 지나치게 문화 개념을 엘리트적·현대적으로 접근하고 있다고 보아야 할 것이다.

세 번째로는 도덕이 여타 학문분야로부터 분리·독립하면서 도덕문화가 형성되기 시작하였다는 앞의 설명에 더하여 그러한 분리·독립이 하나의 축복이 아닌 파국으로 이해함으로써 매킨타이어가 근본적으로 도덕의 독자적 독립이 사회에 부정적으로 작용했다는 생각을 견지하고 있다는 점이다. 그는 『덕의 상실』의 중심적 주제는 도덕성의 독립적인 합리적 정당화를 위한 그러한 기획의 와해야말로 우리 자신의 문화의 곤궁을 이해할 수 있도록 해주는 역사적 배경을 제공해 준다는 점이라고 한다(*AV*, 38). 그가 이 문제에 얼마나 큰 의미를 부여했는가는 독립적이고 고립적인 탐구 영역으로서의 도덕철학의 이해에 대한 그의 불만족을 『덕의 상실』의 서문에서까지 노골적으로 언급하고 있는 데서도 여실히 드러나고 있다.[21] 그러나 그가 이 문제에 얼마나 근본적으로 잘못 접근하고 있는가는 구태여 깊이 생각하지 않아도 분명히 드러난다. 근대초의 서구 사회의 변화를 가져오는데 가장 결정적인 역할을 한 것 중의 하나는 종교개혁이었다고 할 수 있다. 종교개혁의 사조를 통하여 근대 서구인들은 종전의 교회적 구속으로부터 벗어날 수 있는 계기가 마련될 수 있었고 이로부터 개인의 소중함과 존엄성에 대한 인식이 확산되게 되었으며 이는 철학과 정치사상에로 접목되고 종국에는 개인의 소중함에 입각한 윤리와 도덕이론의 정립에도 영향을 미치게 되는 것이다. 이에서 우리가 알게 되는 것은 매킨타이어가 상정하는 것처럼 도덕의 분리·독립으로부터 근대적인 사조가 형성된 것이라기보다는 그 반대로 근대적인 종교적·철학적 사조의 새로운 형성이 바로 도덕의 새로운 형성을 가져오는 계기가 되었다고 보는 것이 더 정확한 이해라고 할 수 있다는 것이다.

2. 정의주의적 도덕문화

1) 정의주의적 도덕문화의 의미

정의주의적 도덕문화란 글자 그대로는 정의주의적 성격을 지닌 도덕문화를 가리키는 것이라고 할 수 있으나, 매킨타이어에 있어서는 그가 이 개념을 어떻게 사용하고 있는가 하는 점을 고려해야 하기 때문에 단순하지가 않다. 엄밀한 의미에서는 정의주의적 도덕문화란 정의주의가 생긴 후 이 이론에 기초해 형성된 도덕문화를 가리키는 것으로 되어야 한다. 그러나 좀 더 유연하게 이 개념을 확장시켜 사용하려 한다면 정의주의가 생기기 전에라도 그러한 정의주의적 성향을 일정 정도 소지한 도덕문화가 있었다고 생각하여 이것까지도 폭넓게 정의주의적 도덕문화에 포함시킬 수도 있다. 이런 점은 우리가 앞에서 검토한 바와 같이 무엇보다도 정의주의에 대한 매킨타이어의 정의가 혼란스럽고 거기에다 이것이 도덕문화 및 정의주의적 도덕문화의 발생 시기 등의 문제와 결부되면 더욱 혼란스러워지기 때문이다.

이 문제는 매킨타이어에 있어서 정의주의의 의미이론과 사용이론의 대비와 연관시켜 살펴볼 필요가 있다. 매킨타이어는 정의주의 이론은 문장들의 의미에 대한 이론이 되고자 하는 의도를 갖고 있으나, 정의주의가 말하는 도덕성으로서의 느낌이나 자세의 표현은 특징적으로 문장들의 의미가 아닌 특수한 경우들에 있어서 그것들의 사용의 기능을 특징적으로 갖고 있다고 말한다(*AV*, 13). 이는 그가 정의주의 이론 자체는 합리성이 결여되어 있지만 특수한 경우 느낌이나 자세의 표현이 도덕적인 언명에 사용되는 경향이 있다는 것을 말하는 것이다. 따라서 매킨타이어에 있어서 정의주의의 의미이론적인 면은 도덕적 언명이 느낌 및 자세의 표현이라고 주장하는 사람들의 이론적 입장으로서 기본적으로 잘못된 이론이다. 반면 정의주의의 사용이론적인 면은 느낌 및 자세를 통해 도덕적 언명을 하는 사람들에게 적용되는 입장으로서, 다른 말로 도덕의 합리적 정당화에 실패한 사람들을 지칭하는데 사용되는 경우라고 해야 할 것이다. 이런 점에서 이는 매킨타이어가 말하는 오늘날의 도덕문화에서 사용되는 도덕적 언명들에 대한 이론으로 이해될 수 있으며,[22] 더 나아가 이와 유사한 역사상의 다른 경우에도 적용될 수 있다는 것이다. 따라서 정의주의적 도덕문화는 가깝게는 오늘날을 포함하여 멀게는 근대 초의 철학사의 사건들이 나타난 파국 시 이래 도덕의 합리적 정당화에 실패한 사람들의 경우에 모두 해당된다는 것이다.

매킨타이어는 근대초의 철학사의 사건들이 나타난 파국시의 문화에 대해 다음과 같이 말한다. 그는 이 문화의 주된 요소는, 그가 기술하고 있는 것을 간추린다면 당시 프랑스에서 비교적 미흡했던 세속화된 프로테스탄트적 배경, 정부관료, 성직자 그리고 평범한 사상가들을 단일한 독서 공중으로 연결시켰던 교육받은 계층, 그리고 동쪽의 쾨니스부르그로부터 서쪽의 에딘버러와 글래스고에 이르기까지 새롭게 활기찬 대학 유형이었다고 한다(*AV*, 36). 그리고 이러한 당시의 문화는 주로 북유럽에 해당되었고, 프로테스탄트적 음악의 성행으로 이어지고 신념의 변화에 따라 신념의 정당화 특히 도덕적 신념의 정당화의 문제제기로 나아갔다는 것이다(*AV*, 36-7)그리고 그 결과, 앞에서 이미 논의한 바와 같이 여타 분야로부터 도덕이 분리되었으나 그러한 도덕의 합리적 정당화를 위한 기획이 실패하고 말았다는 것이다(*AV*, 37-8).

이런 점을 감안할 때 우리는 여기서 적어도 매킨타이어의 정의주의적 도덕문화 개념은 정의주의가 나타나기 이전(즉 에이어나 스티븐슨 등의 이론이 나타나기 이전)에라도 그러한 정의주의적 성향을 어느 정도 가졌다면 이를 정의주의적 도덕문화로 간주하고 있다고 보아야 한다는 것이다. 그렇지 않으면 시작부터 그의 정의주의적 도덕문화 개념을 폐기해야 할 것이기 때문이다. 이 점은 그가 정의주의적 도덕문화 현상을 비판하는 가운데 정의주의적 도덕문화의 형성을 근대 초(17세기 초)까지 거슬러 올라가는 것으로 생각하고 있기 때문이다. 우리는 앞에서 이미 스코틀랜드 도덕감학파 특히 그 중에서도 흄과 정의주의 사이의 차이점을 분명히 하려 하면서 흄을 정의주의와 구별하는 것이 바람직함에 대해 언급하였다. 그러나 매킨타이어가 상정하는 대로 흄 등을 정의주의에 폭넓게 포함시킨다고 할지라도 문제는 여전히 남는다. 왜냐하면 매킨타이어는 근대 계몽주의적 기획을 포함하여 도덕이 여타 분야로부터 독립·분리되는 시기부터를 정의주의적 도덕문화와 연관시켜 접근하고 있기 때문이다.

여기서 나타나는 매킨타이어의 가장 결정적인 문제점은 바로 근대 이후의 서구를 지배한 문화를 정의주의적 도덕문화로 규정하고 있다는 점이다. 이는 다음의 두 가지 면에서 무엇보다도 문제가 있다. 그 하나는 근대 이후의 서구 문화를 단순히 정의주의적 도덕문화가 지배해 온 것으로 규정하는 것은 너무 일방적인 단순화라는 것이다. 이는 무엇보다도 같은 공동체주의자인 테일러(Charles Taylor)의 관점을 통해서도 분명해진다.

테일러는 현대 도덕문화의 위태로운 붕괴 상황을 매킨타이어가 생각하는 것과 같은 단일 요인에서 찾는 것이 아니라 여러 복합적인 갈등 요인들에서 찾고 있다는 점에서 매킨타이어의 관점과는 다르다. 테일러는 현대 도덕문화의 긴장과 위협적인 붕괴에 지속적으로 영향을 미친 세 영역에 대해 다음과 같이 언명하고 있다. 그 하나는 도덕적 표준들의 일치 아래에 본질적인 선들에 관한 불확실성과 분열이 놓여있다는 것이다. 두 번째로는 탈구속적 도구주의(disengaged instrumentalism)와 이에 대한 낭만적 및 현대주의적(modernist) 이의(protest) 사이의 갈등을 포함하는 영역이다. 세 번째로는 잠재적 갈등의 영역으로서, 도덕적 표준들이 그것의 실현과 양립 가능할 것인가의 문제 즉 도덕성이 전체성과 관련하여 우리로부터 하나의 높은 대가를 요구할 것인가의 문제이며, 이는 오늘날의 일정한 포스트모던적 저자들과 함께 전면에 등장한 문제들이라고 한다.[23] 우리는 이러한 테일러의 관점을 통해서 현대 도덕문화가 오로지 정의주의적 경향의 문제점으로부터 기인되고 있다고 주장하는 매킨타이어의 관점이 지나치게 편향적인 단순화라는 것을 익히 알 수 있다.

매킨타이어의 문제점으로서 다른 하나는 그가 정의주의적 도덕문화에 대한 설명에서 핵심적으로 제시하고 있는 특징은 엄밀히 살펴 볼 때에 정의주의적 성격이라기보다는 차라리 개인주의적 성격을 뜻하고 있다는 것이다. 이는 세이어스(Swan Sayers)의 관점을 통해서 잘 알 수 있다. 세이어스는, 테일러와 그 내용에 있어서는 다르지만, 역시 매킨타이어가 현대성의 복합적인 성격을 지나치게 단순화시키고 있음을 비판하고 있다. 세이어스는 매킨타이어에 있어서 현대성 개념은 바로 자유주의적 현대성임을 분명히 하고 있다.[24] 세이어스의 논의에서는 매킨타이어의 근대성 개념과 관련하여 매킨타이어의 정의주의적인 측면은 전혀 언급되지 않은 채 도구적 사유양식에 대한 매킨타이어의 비판에 전반적으로 맞추어져 있다.

이렇게 볼 때에 우리는 매킨타이어가 사용하는 정의주의적 도덕문화는 그가 이것을 억지로 엄밀한 정의주의자들인 에이어와 스티븐슨을 포함하여 정서의 중요성을 강조한 사람들에 기인시키려하고 있지만 그가 비판하는 대상 및 관점을 통해 볼 때에는 근대 초 이래 지속되어온 개인주의적 조류 전반을 지칭하는 것으로 이해하는 것이 비교적 올바른 것이라고 할 수 있을 것이다. 즉 개인주의에로 향할 비판의 표적을 정의주의에로 돌림으로써 정의주의에 대한 부정적 시각의 확산을 은연중 시도한 것으로 보일 수 있는 것이다.

2) 정의주의적 도덕문화의 형성과 진전

매킨타이어는 오늘날의 도덕적 언명들의 가장 현저한 특징은 그 언명이 대부분 불일치를 표현하기 위해 사용되고 있다는 점이라고 하면서 우리의 문화에는 도덕적 일치를 확보할 어떠한 합리적 방법도 없는 것으로 보인다고 말한다(*AV*, 6). 이는 매킨타이어가 오늘날의 정의주의적 도덕문화의 기본 성격을 어떻게 규정하고 있는가를 말해주는 것이라고 할 수 있다. 우리는 이미 앞에서 매킨타이어에 있어서 정의주의가 무엇을 뜻하는지 살펴보았다. 그것은 한마디로 도덕판단을 개인의 자의적 선호 및 자세에 기초하는 것으로 생각하는 이론을 뜻하는 것이다. 그렇다면 결국 매킨타이어에 있어서 정의주의적 도덕문화는 도덕판단이 개인의 자의적 선호 및 자세에 기초하는 것으로 생각하기 때문에 결국 어떠한 도덕적 일치도 이룰 수 없도록 되어 있는 문화를 가리키는 것이라고 할 수 있다.

그렇다면 이러한 정의주의적 도덕문화는 어떻게 형성된 것인가? 매킨타이어는 하나의 파국이 일으킨 무질서의 형식들로부터 학문적인 역사의 도덕적 및 다른 평가적 전제조건들이 연유되었다고 한다(*AV*, 4). 또한 그는 도덕성을 변형시키고 파편화시키고 대체시킨, 그래서 그 특징적 관계형식과 언명양식을 지닌 정의주의적 자아의 가능성을 창조한, 사회사의 주요 사건들이 바로 철학사의 사건들이었다고 한다(*AV*, 35). 그렇다면 이 철학사의 사건들은 무엇인가?

매킨타이어는 우리의 일반적 문화와 우리의 학문적 철학 양쪽은 그

중심 부분에 있어서 한 문화의 소산이며, 그 문화에서는 철학이 사회적 활동의 중심적인 형식을 구성하였으며, 이런 점에서 철학의 역할과 기능이 오늘날의 우리에게 갖고 있는 것과는 아주 달랐다는 것이다. 그리고 우리의 학문적인 철학적 문제들과 우리의 실제적인 사회적 문제들 양쪽의 형식을 결정하는데 있어서 작용하여왔던 하나의, 아마도 주요한 요인은 바로 실제적이고 철학적인 면에서 문제들을 해결하는데 있어서 그 문화가 실패했던 점이라고 한다. 우리는 여기서 매킨타이어의 문화 개념을 이해하는데 있어서 어려웠던 부분을 푸는 실마리를 찾을 수가 있다. 그동안 그의 저서에서 사용된 문화 개념을 살펴보는 가운데 우리는 그 개념이 대체로 엘리트적 내지 고급문화관적인 면모를 지니고 있으면서도 또한 간혹 일반적인 사람들의 삶의 양식으로서의 문화를 표현하는 것으로 보이는 곳도 있었기 때문이다. 이러한 의문은 위의 구절을 통해 어느 정도 해소될 수 있을 것으로 보인다. 우선 위의 구절에서 보면 매킨타이어는 오늘날의 사회와 관련해서는 일반적인 문화를 즉 일반적인 사람들의 삶의 양식을 언급하고 있는 것으로 보인다. 그러나 매킨타이어가 말하는 근대의 소위 철학사의 사건들이 있었던 파국시의 문화는 그의 표현대로 철학이 중심적인 역할을 한 문화로서 이는 다름 아닌 엘리트적인 고급문화적인 개념 인식인 것이다. 따라서 그의 문화 개념은 그러한 철학 중심 문화가 실패를 하는 과정을 기술하는데 있어서는 고급문화관적 문화 개념을 그리고 오늘날의 일반적인 사람들의 삶을 기술하는 데는 일반적인 문화관에 입각한 문화 개념을 사용하고 있는 것으로 보인다. 본래의 논지로 돌아가서 정의주의적 도덕문화의 형성과 관련해서 위의 구절을 살펴볼 때에 우리는 그것이 바로 그 철학사의 사건들이 있었던 파국시의 문화와 그것의 실패에서 연유되었다고 매킨타이어가 생각하고 있음을 알 수 있다. 그렇다면 그 파국시의 문화는 어떤 것이었는가?

매킨타이어는 정의주의적 문화를 탄생시키는데 주요한 역할을 한 것이 바로 개인이라는 고안이었다고 한다. 위계와 목적론으로부터 해방된 개별적인 도덕적 행위자는 스스로를 그의 도덕적 권위에 있어서 주권자로 받아들였고 또한 도덕철학자들에 의해서도 그렇게 받아들여졌다는 것이다(*AV*, 59-60). 이것은 바로 철학사의 사건들이 있었던 파국시의 문화가 개인주의적 성향을 강력하게 소지하였으며 이로부터 정의주의적 도덕문화가 형성되게 되었다고 매킨타이어가 상정하고 있음을 말해주는 것이다. 이어서 매킨타이어는 다른 한편 부분적으로 변형되면서도 계승된 도덕성의 규칙들이 그것들의 오래된 목적론적 성격과 하나의 궁극적으로 신성한 법의 표현으로서의 훨씬 더 오래된 범주적 성격이 박탈된 채 어떤 새로운 지위를 발견해야 하는 상황이 되었다고 말한다. 여기서 이에 대한 대처로서 등장한 첫 번째 기획이 공리주의이고 두 번째가 칸트를 추종하려는 시도들이었으며 이것들 모두 결국 실패하고 말았다는 것이다(*AV*, 60).

매킨타이어는 현대의 정의주의적 도덕문화 현상을 무엇보다도 근대 이후 목적론의 폐기와 밀접히 연관시켜 이해하고 있다. 즉 현대의 정의주의적 도덕문화에서는 목적 부분에서 이성의 역할을 인정하지 않으려 하고 이에 따라 결국에 가서는 목적 부분의 가치 자체를 폐기하기에 이르렀고 대신 수단 내지 도구만을 강조하게 되었다는 것이다. 이같이 수단만을 강조하면서 이성이 이와 연관된 역할에만 한정되고 목적 부분에는 이성이 아무런 역할을 하지 못하는 상황이 노정된 것이 다름 아닌 정의주의적 도덕문화라는 것이다. 따라서 매킨타이어는 이러한 정의주의적 도덕문화로부터 벗어나기 위해서는 무엇보다도 우선적으로 아리스토텔레스적 목적론이 다시 부활되어야 하며 이와 함께 목적 부분에 이성의 역할이 새로이 부여되어야 하는 즉 목적론적인 합리적 도덕문화의 건설이 요청된다는 것이다.

그러면 이러한 매킨타이어의 관점의 문제점들을 검토해 보기로 한다. 우선 정의주의적 도덕문화에 대한 매킨타이어의 설명의 문제점을 살펴 볼 때에 먼저 지적해야 할 것은 근대 이래 도덕의 분리·독립이 바로 정의주의적 도덕문화를 발생시키는 원인을 제공했다는 주장이라고 할 수 있으며, 이에 대해서는 이미 앞에서 언급했기 때문에 여기서는 생략하기로 한다. 다음 두 번째로는 아리스토텔레스적 목적론의 부활에 대한 주장과 관련한 문제점이다. 일견 매킨타이어에 있어서 목적론에 대한 강력한 주장은 설득력이 있는 것으로 보일 수 있다. 문제는 목적론 자체보다는 목적론을 합리성과 연결시키려는 매킨타이어의 시도이다. 매킨타이어는 아리스토텔레스적 목적론을 현대적으로 부활시켜 현대 사회에서 실천적 합리성의 기초를 마련하려는데 전력을 기울이고 있는 것이다.

여기서 잠시 아리스토텔리스의 목적론에 대한 매킨타이어의 이해에 대해 살펴보면서 논의를 이어 가기로 하자. 아리스토텔레스에 있어서는 우리 인간의 행동과 추구는 모두 어떤 선을 목표로 하고 있으며 인간에 있어서 선은 바로 행복이라고 생각했다고 한다. 그런데 행복을 성취할 수 있게 해주는 역할을 하는 덕은 그것이 인간에게 선인 것을 달성하려는 목적에 대한 단순한 수단으로만 이해되어서는 안 된다고 한다. 왜냐하면 인간에게 선인 것을 구성한다는 것은 최선의 상태로 살아가는 완전한 인간적 삶을 구성한다는 것이며, 이런 점에서 덕의 발휘는 그러한 삶에서 필수적이고 핵심적인 요소에 해당되기 때문이라는 것이다. 즉 우리는 덕에 관련함이 없이는 인간에게 선한 것의 성격을 적절하게 규정할 수 없는 것이며 이 때문에 인간에게 선한 것을 성취하기 위한 수단 역시 덕의 발휘가 없이는 아무런 의미가 없게 된다는 것이다.[25] 이렇게 본다면 아리스토텔레스에 있어서 덕은 목적을 위한 수단 내지 방법으로서 뿐 아니라 목적 그 자체의 성격도 포함되어있는 것으로 간주된다는 것이다. 실제로 아리스토텔레스에 있어서 덕 특히 그 중에서도 도덕적인 덕에서는 실천이 도덕의 목적을 위한 수단임과 동시에 목적 그 자체일 수 있다는 점이 강조되고 있다는 점에서 매킨타이어가 『덕의 상실』에서 목적론과 함께 덕을 강조한 배경이 여기에 있다 하겠다.

그러나 매킨타이어가 궁극적으로 조작적·비조작적 사회관계의 분리를 폐기하려는 정의주의를 극복하면서 사회적 합리성을 확보하기 위해서는 목적과 수단의 구분이 보다 명료한 가운데 목적을 중심으로 하는 합리성을 정초시킬 필요가 있다는 데서 결국 아리스토텔레스적 목적론으로부터 벗어나 토마스 아퀴나스적 목적론으로 전환하게 된다고 할 수 있다. 이 점은 매킨타이어가 『누구의 정의? 어떤 합리성?』에서 다음과 같이 말하고 있는 데서도 잘 드러나고 있다. 매킨타이어는 여기서 아리스토텔레스가 다양한 특수한 선들은, 하나 혹은 다른 이유 때문에, 인간 삶의 목적(telos) 자체일 수 없음을 주장했다고 하면서 이런 점에서 도덕적인 덕의 삶도 목적일 수 없다고 말하고 있는 것이다(*WJWR*, 192). 이 저서에서 보면 이제 매킨타이어는 『덕의 상실』에서와는 달리 덕을 더 이상 목적부분에 포함시키지 않고 단순히 목적을 위한 수단으로 규정하려 한다는 것을 알 수 있다.

아리스토텔레스에 있어서와 같은 폴리스에서 살게 되는 공민적 덕의 삶이나 혹은 이론이 제공하는 영속적인 것에 대한 관조 그 어느 것도 아퀴나스의 관점에서는 불완전한 행복 이외의 다른 것이 아니라는 것이다. 아퀴나스에게는 인간존재의 궁극적 목적은 완전한 행복을 제외하고는 그 어느 것도 될 수 없는 것으로서, 이 때문에 인간존재의 궁극적인 목적은 현세적 삶을 넘어서는 것을 의미한다는 것이다(*WJWR*, 192-

3). 이는 바로 궁극적 목적을 종교적으로 접근하려는 것에 다름 아니다. 『덕의 상실』에서는 아리스토텔레스적 목적론에 충실하려 하면서도 트로츠키적인 목적에의 향수를 은연중 드러내는데 그쳤으나 이제 『누구의 정의? 어떤 합리성?』에서는 보다 명시적으로 종교적 색채를 드러내고 있는 것이다. 이는 바로 매킨타이어가 추구하는 합리성이 결국 그가 그렇게도 꺼리는 비합리적인 방향으로 귀결되고 있음을 말해주는 것이다.

이런 점은 매킨타이어가 합리성의 탐색 방식으로 변증법을 도입하고 있는 데서도 재차 드러나고 있다. 매킨타이어는 제일원칙들 자체는 변증법적으로 정당화될 수밖에 없다는 점에서 인간존재의 참된 목적에 관한 진리는 변증법적 구성의 작업이라고 한다(*WJWR*, 173-4). 즉 변증법이야말로 궁극적 목적을 합리적으로 탐색하는 방식 중 가장 적합한 방법이라는 것이다. 그런데 여기서 매킨타이어는 변증법적 방법의 적절성을 언급은 하면서도 막상 변증법 자체에 대해서는 명확한 정의를 내리지 않고 여기저기서 제각기 다른 의미로 변증법을 언명하고 있어 우리를 혼란스럽게 하고 있다. 이런 점을 감안하지 않더라도 전반적으로 변증법에 대한 매킨타이어의 언급은 역시 기존의 형식논리적인 방식으로는 합리성을 확보할 수 없다는 점에서 궁여지책으로 변증법을 도입하는 인상으로부터 벗어나지 못하고 있다고 할 수 있다. 변증법 또한 기존의 합리성의 기준을 대변하는 형식논리의 입장에서 보면 명확히 비합리적인 방식을 대변하는 것이기 때문이다.

이와 같이 매킨타이어가 자가당착적 문제에 봉착하게되는 가장 근본적인 원인은 바로 목적론을 일방적으로 합리성과 연관시키려는 시도에서 기인되는 것이라고 할 수 있다. 따라서 제아무리 합리성을 정당화시키려고 해도 베버의 가치적 합리성의 범위를 뛰어 넘지 못하는 것이 바로 합리성의 한계라고 할 때 이러한 베버적인 가치적 합리성에 의거해서는 개인주의와 개인적 선택을 넘어서지 못할 뿐 아니라 매킨타이어가 바라는 공동체성 및 사회적 정당성을 확보하기가 근본적으로 불가능하게 되는 것이다. 따라서 도덕의 사회적인 실천적 정당성을 확보하기 위해서는 정의주의적 차원이 아닌 사회적 정서와 논리적 정합성이 결합된 실천적 윤리문화에로의 지향이 무엇보다도 요청된다고 할 수 있다.

매킨타이어의 이와 같은 정의주의적 도덕문화에 대한 이해는 많은 문제점을 안고 있다. 이는 무엇보다도 그가 정의주의적 도덕문화의 담지자들에 대해 잘못 접근하고 있다는 점에서 드러난다. 그는 정의주의적 도덕문화는 도덕성의 합리적 정당화에 실패한 사람들에 의한 문화이며 이것이 느낌과 자세의 표현을 도덕적 언명으로 인식한 사람들에서 기인되고 있음을 주장하려 하고 있다. 그런데 그의 논지에서 전반적으로 발견되는 것은 정의주의적 도덕문화의 기본적 배경으로 자리 잡고 있는 것은 근대 이후에 나타난 개인주의적 사고라는 것이다. 이런 점에서 보면 개인주의적 사고는 기본적으로 느낌과 자세의 표현을 도덕적 언명으로 인식한 사람들에게서 기인된 도덕성의 합리적 정당화의 실패 때문이라는 논지로 귀결된다. 과연 그러한가? 언뜻 보아도 이는 논지가 잘못 전개된 것임을 알 수 있다. 개인주의적 사고는 무엇보다도 근대 이후 이성적 합리성을 주장하거나 이를 추종해온 사람들에게서 나타난 주된 조류라는 점에서이다. 매킨타이어는 현대 사회의 도덕적 혼란의 책임과 관련한 희생양을 찾는데 있어서 적지 아니 자가당착을 드러내고 있다. 즉 그가 말하는 합리화의 실패는 처음부터 끝까지 근대 이후의 합리주의자들의 책임이라고 할 수 있는데 그러한 책임을 오히려 합리주의자들의 반대편에 서있다고 생각되는 사람들에게 돌리려 함으로써 그들을 희생양으로 삼고자 하고 있는 것이다. 여기에 그의 공동체주의의 치명적인 문제점이 노출된다. 개인주의의 문제점과 함께 공동체의 중요성이 요청된다는 그의 주장에 있어서는 학문적·실제적인 면에서 오늘날의 많은 사람들이 인식을 같이하고 있는 것으로 보인다. 하지만 그러한 개인주의적 폐단의 문제점의 타깃을 부적절하게 선정함으로써 학문적 한계를 드러내고 있으며 이 때문에 그가 제시하는 대안으로서의 공동체론도 바람직한 방향으로 전개되기에 한계가 있게 되는 것이다.

V. 결 론

이상에서 정의주의와 관련된 매킨타이어의 관점들을 살펴 보면서 문제점들에 대해 검토하여 보았다. 내용이 많은 관계로 그의 관점을 요약하는 것은 생략하기로 하고 그의 이론 중 주요한 문제점들만 아래와 같이 정리해 보고자 한다.

그 첫 번째는 매킨타이어가 정의주의에 대해 올바르게 접근하고 있는가의 문제이다. 이와 관련해 지적할 수 있는 것은 정의주의에 대한 정의(定義)에 있어서 모호한 입장이 나타나고 있는데다가 정의주의를 대표하는 사람들의 범위를 지나치게 넓게 확장시키는 경향이 있다는 점이다. 즉 정의주의를 에이어나 스티븐슨과 같은 20세기 초의 논리실증주의적인 이론가들의 입장을 넘어 도덕에 있어서 소박하게 정서의 중요성을 인정하려는 사람들의 입장 까지도 정의주의에 포함시키려 함으로써 그들 사이의 구별을 제거하려 할 뿐만 아니라 더 나아가 칸트까지도 일정 부분 정의주의와 연관시키려는 면이 나타나고 있다는 점이다. 이런 점이 무엇보다도 정의주의 자체에 대한 매킨타이어의 정의를 이해하는데 커다란 장애요인이 되고 있다.

다음 두 번째로 정의주의적 자아는 판단에 있어서 어떤 궁극적 표준을 결한 자아라고 매킨타이어는 말한다. 왜냐하면 정의주의적 자아는 사회적 구현들로부터 전적으로 구별되고 또한 그것 자신의 어떠한 합리적 역사도 결핍되어 있기 때문이라는 것이다. 그러나 여기서 매킨타이어가 규정하는 정의주의적 자아는 그가 설명하는 점을 통해서 볼 때 사실상 개인주의적 자아로 명명하는 것이 더 적절하게 보인다는 것이다.

다음 세 번째로 현대 사회에 대한 그의 정의주의적 해석이 적절한가의 문제이다. 그는 근대 이후 오늘날까지의 서구 사회를 정의주의적 경향이 지배하고 있는 것으로 상정하면서 『덕의 상실』 전반을 통해 이에 대해 비판하고 있다. 이와 관련하여 우선 문제가 되는 것으로 정의주의의 사회적 구현 중 사회적 내용의 특징으로 매킨타이어는 조작적 사회관계와 비조작적 사회관계의 구별의 폐기를 지적하고 있는데 이것이 왜 정의주의에만 해당되고 숙고적인 면에는 해당되지 않는지를 명료히 말하고 있지 않다는 것이다. 그리고 정의주의의 사회적 구현 중 사회적 맥락을 대변한다는 부유한 탐미가, 관리자, 그리고 치료사에 대한 설명에 있어서 매킨타이어는 일관성을 결여하고 있을 뿐 아니라 혼선을 일으키고 있다는 점이다. 그리고 이 때문에 매킨타이어가 정의주의적 자아와 그 사회적 구현 사이의 분리에 관해 제기하고 있는 문제들이 설득력을 상실하고 있다는 것이다.

다음 네 번째로 매킨타이어가 정의주의에 대한 대안으로서 합리성 개념을 바람직하게 제시하고 있는가의 문제이다. 매킨타이어는 유효성에 기초한 합리성은 정의주의의 연장에 불과하다는 견지에서, 보다 설득력 있는 합리성 개념을 창출하려고 다양하게 시도하고는 있으나 그다지 성공적이었던 것 같지가 않다. 오히려 합리성 자체의 근본적인 태생적 결함만을 스스로 노정시키는 결과를 초래한 것으로 보인다.

다음 다섯 번째로 도덕의 분리·독립 그리고 이에 따른 도덕문화의 전개에 대한 매킨타이어의 관점이 적절한 것인가이다. 매킨타이어는 도덕의 분리·독립이 정의주의를 낳는 주된 요인으로 작용했다고 단정하고 있는 바 이 또한 적절하지 못한 판단인 것으로 보인다. 매킨타이어가 인식하는 정의주의의 개인주의적 성격은 오히려 근대의 종교적·철학적 사유로부터 영향을 받아 형성된 것으로 간주될 수 있다는 점에서 근대 이후에 도덕이 분리·독립되었다기보다는 오히려 과거보다 더 종교·철학에 종속되면서 이전보다 더 큰 영향을 받아 왔다고 할 수 있으며 더 나아가 그 때문에 전통적인 공동체적 도덕 특유의 성격이 손상되는 부정적 결과가 초래되었다고 보는 것이 더 적절할 것이다.

다음 여섯 번째로 도덕문화에 관한 매킨타이어의 입장과 관련된 문제이다. 매킨타이어가 도덕문화 개념과 그 현상에 대해 중요성을 인식하고 있다는 것은 의미 있는 일이라 아니할 수 없다, 그러나 그는 여러 면에서 도덕문화와 관련하여 역시 미흡한 관점을 드러내고 있다. 그는 도덕문화를 근대 초에 있어서는 도덕과 관련한 학문적인 현상을 가리키는 것으로 기술하다가 현대와 관련해서는 일반적인 도덕 현상을 가리키는 것으로 기술함으로써 개념 사용에 있어서 일관성을 가하지 못한 것으로 보인다. 또한 그는 근대 이후의 서구의 도덕문화를 일관되게 정의주의적인 것으로 규정함으로써 사회의 복합적이고 다양한 성격을 도외시하고 있는 반면 지나치게 획일적인 단정적 결론을 내리고 있다는 점이 문제가 된다. 그리고 매킨타이어가 정의주의적 도덕문화라고 지칭하는 현상은 오히려 개인주의적 도덕문화라고 지칭하는 것이 더 적합한 명명이라고 보아야 할 것이다.

다음 일곱 번째로 매킨타이어가 제시하는 목적론이 그가 추구하는 공동체론과 적합하게 결합될 수 있는가의 문제이다. 정의주의적 사유의 대안으로서 매킨타이어가 도입한 아리스토텔레스적 목적론과 그에 따른 덕론에 대한 강조는 그가 추구하는 공동체적 이상과 원만히 결합될 수 있는 방안으로 보이며 이런 점에서 많은 사람들의 관심을 끌기에 충분했다고 본다. 그런데 매킨타이어가 그와 같은 목적론을 합리성과만 무리하게 연관시키려 함으로써 설득력있는 결과를 이끌어내지 못하게 되었다는 것이다. 즉 합리성을 지나치게 강조하다 보면 자연 이익추구적 효율성이 뒤따르게 되며 이는 공동체성에 반하는 방향으로 나아가게 되는 경향을 동반하게 된다는 것이다. 아리스토텔레스가 이런 점을 감안하여 목적론을 설정하면서 공동체적 덕성에 기초한 선의 함양을 추구한 것도 바로 이 때문이라고 할 수 있다.

매킨타이어도 이런 점을 나중에 어느 정도 인식한 것으로 보인다. 그러나 그럼에도 불구하고 그는 당초부터 그가 무엇보다도 강조해 왔던 합리성에 대한 지나친 의존을 포기하지 못하고 그 대신 아리스토텔레스로부터 새로이 토마스 아퀴나스에로 방향 전환을 하게 된다고 할 수 있다. 그러나 이러한 전환은 결국에 가서 매킨타이어의 합리성 개념을 고양시키기 보다는 오히려 거꾸로 그것을 더 궁색하게 만드는 결과를 초래하도록 만들게 되는 것이다. 왜냐하면 그렇게 함으로서 그는 새로이 다시금 종교적 신념에 의존하게 됨으로써 그가 그렇게도 벗어나고 싶어 했던 비합리성의 영역으로 회귀하는 입장을 취하게 되고 말았기 때문이다.

이러한 여러 가지 문제점이 있기는 하지만 어떠한 이론에도 비판을 받을 만한 부분은 존재하기 마련이라는 점을 염두에 두어야 하며 따라서 이런 점들 때문에 현대공동체주의의 발전에 기여한 매킨타이어의 공로가 훼손될 수는 없다. 여기서는 다만 그가 그렇게도 발전시키기를 추구했던 공동체론을 위해 추가로 고려할 점들이 무엇인가를 검토해 보고자 한 것일 뿐이다.

주

1 'emotivism'을 우리말로 번역하는 것은 많은 난점이 있다. 김태길은 이런 점을 고려하여 발음 그대로 '이모우티비즘'으로 번역하였는가 하면 이진우는 정의주의로, 그리고 다른 경우 감정주의로도 번역하는 사람이 있다. 필자는 'emotivism'이란 용어가 기본적으로 정서적 표현의 의미를 분석하려는 사람들의 입장을 대변하고 있다는 점에서 정의주의(情意主義)라고 번역하고자 한다. 김태길, 『윤리학』(서울: 박영사, 2009), p. 57; 알래스데어 매킨타이어, 『덕의 상실』, 이진우역(서울: 문예출판사, 1997 참조).

2 이는 정도의 차이가 있기는 하나 대표적인 정의주의자인 에이어(A. J. Ayer)와 스티븐슨(Charles L. Stevenson)이 공통적으로 소지하고 있는 관점이라고 할 수 있다. A. J. Ayer, *Philosophical Essays* (London: Macmillan & Co. Ltd., 1954), p. 246과 Charles L. Stevenson, *Ethics and Language* (New Haven: Yale University Press, 1944), p. 21 참조.

3 Robert L. Arrington, *Western Ethics: An Historical Introduction* (Massachusetts: Blackwell Publishers, Inc., 1998), p. 383.

4 Nancy Sherman, "The Role of Emotions in Aristotelian Virtue", ed., by Lloyd P. Gerson, *Aristotle: Critical Assessments*, Vol. 3, *Psychology and Ethics* (London: Routledge, 1999), p. 317 참조.

5 William S. Sahakian, *Ethics: An Introduction to Theories and Problems* (New York: Barnes & Noble Books, 1974), pp. 214-5 참조.

6 솔로몬은 스티븐슨이 윤리를 비인지적인 것으로 그리고 정서와 자세의 문제로 이해하는 가운데 윤리를 비하하려 했다는 점을 비판하고 있다. 솔로몬은 윤리가 주로 정서의 문제라고 하면서, 이같이 윤리가 정서의 문제라고 말하는 것은 윤리를 비하하는 것이 아니라 차라리 우리가 정서의 지혜를 높이 평가함을 뜻한다는 것이다. 즉 윤리적 판단들은 곧 정서적 판단들이라는 것이다. Robert C. Solomon, *True to Our Feelings: What Our Emotions Are Really Telling Us* (Oxford University Press, 2007), p. 205.

7 Alasdair MacIntyre, *After Virtue: a study of moral theory* (London: Gerald Duckworth & Co. Ltd., 1981). 이 문헌은 본 장에서 (*AV*, 페이지)로 표기함.

8 '랑그'와 '파롤'에 관한 소쉬르(Ferdinand de Saussure)의 구조주의 언어학에 대해서는 조수동 외,『문화의 이해』(이문출판사, 2003), pp. 96-7 참조.

9 Shinobu Kitayama and Hazel Rose Markus, "Introduction to Cultural Psychology and Emotion Research", eds. by Shinobu Kitayama and Hazel Rose Markus, *Emotion and Culture* (Washington, DC: American Psychological Association, 1997), p. 4 와 본서, 제5장, p. 182 참조.

10 테스터는 베버의 강연인 '직업으로서의 정치'를 통해서 볼 때 베버가 정의주의적 입장을 추구하였다기보다는 오히려 정의주의를 반박하였음을 알 수 있다고 하면서 매킨타이어의 논지를 비판하고 있다. 그러나 여기서는 다른 측면에서 정의주의에 대한 매킨타이어의 입장에 대해 검토하고자 한다. 테스터의 관점에 대해서는 Keith Tester, "Weber's alleged emotivism", *The British Journal of Sociology*, Vol. 50, No. 4, 1999, pp. 567–8 참조.

11 Max Weber, *Wirtschaft und Gesellschaft: Grundriss der Verstehenden Soziologie*, heraus. von Johannes Winckelmann(Köln: Kiepenheuer & Witsch, 1964), p. 17. 여기서 목적합리적 행위는 베버가 표현은 그렇게 했지만 사실상 수단을 강조하는 행위라는 데서 도구합리적(instrumentally rational) 행위로 번역하여 이해하고 있는 것이 일반적이다. Max Weber, *Economy and Society: An Outline of Interpretive Sociology*, eds., by Guenther Roth and Claus Wittich(Berkeley: University of California Press, 1978), p. 24 참조.

12 베버는 정감적 행위와 전통적 행위 유형은 어떤 의식적 성찰에 기초되어 있지 않고 세계를 변화시키기 위해 작용하지도 않는다는 데서 목적합리적 행위와 가치합리적 행위 유형보다 낮은 수준에 위치시키고 있다고 콜린스(Randall Collins)는 말한다. Randall Collins, *Max Weber: A Skeleton Key* (Newbury Park, California: Sage Publications, Inc., 1986), pp. 42–3.

13 Max Weber(1978), p. 18.

14 매킨타이어는 이러한 표현만 하고 있을 뿐 그 표준들이 구체적으로 무엇인가에 대해서는 말하고 있지 않다(*AV*, 23참조).

15 John Horton and Susan Mandus, "Alasdair MacIntyre: After Virtue and After", eds., by John Horton and Susan Mandus, *After MacIntyre: Critical Perspectives on the Work of Alasdair MacIntyre* (Polity Press, 1994), p. 3.

16 Alasdair MacIntyre, *Whose Justice? Which Rationality?* (Notre Dame, Indiana: University of Notre Mame Press, 1988). 이후에 이 저서는 본 장에서 (*WJWR*,페

이지) 로 표기하기로 함.

17 John Horton and Susan Mandus(1994), pp. 3–4.

18 박종훈, 『윤리문화학이란 무엇인가』(서진북스, 2012), pp. 11-3 참조.

19 이런 점은 레드너에게서도 발견된다. 그는 윤리문화로서의 윤리적 삶은 윤리적 실제들(practices)의 영역을 위한 포괄적인 용어라고 말한다. Harry Redner, *Ethical Life: The Past and Present of Ethical Cultures* (Lanham, Maryland: Rowman & Littlefield Publishers, Inc., 2001), Preface 참조.

20 고급문화개념에 관해서는 박종훈, *op. cit.*, pp. 42–8 참조.

21 *AV*, preface 참조.

22 Stephen Mulhall & Adam Swift, *Liberals & Communitarians* (Oxford: Blackwell Publishers, Ltd.,1992), p. 74.

23 Charles Taylor, *Sources of the Self: The Making of the Modern Identity* (Cambridge, Massachusetts: Harvard University Press, 1989), pp. 498–9.

24 Sean Sayers, "MacIntyre and Modernity", eds., by Paul Blackledge and Kelvin Knight, *Virtue and Politics: Alasdair MacIntyre's Revolutionary Aristotelianism* (Notre Dame, Indiana: University of Notre Dame Press, 2011), pp. 81–3 참조.

25 *AV*, 139–40과 홍성우, 『자유주의와 공동체주의 윤리학』(서울: 선학사, 2005), pp. 344–6 참조.

제9장

합리성 이론의 한계 : Habermas의 경우

하버마스(Jürgen Habermas)는 학문 활동을 시작한 이래 오늘에 이르기까지 수십 년간 정열적으로 저술활동을 해오는 동안 수많은 사람들의 이론을 차용하여 자신의 이론에 적용하여 왔으며 그 과정에서 그의 이론은 많은 변화를 거쳐 왔다. 따라서 그의 이론에 접근하기 용이치 않은 것은 그의 저작들과 주제들이 방대하다는 점과 함께 또한 그의 이론을 일목요연하게 정리하기가 쉽지 않기 때문이라고 할 수 있다.

그런데 이와 같이 긴 기간 동안 변함없이 그가 견지해온 입장이 하나 있으니 그것은 바로 이성에 대한 그의 입장이다. 다시 말해 그는 초기부터 오늘에 이르기까지 변함없이 이성의 중요성을 강조해 왔으며 이에 따라 합리성을 계속 옹호해 왔다는 것이다. 이같이 그가 스스로 일관되게 지켜온 이성 내지 합리성에 대한 옹호의 결정판이라고 할 수 있는 것이 바로 그의 『의사소통행위이론』(*Theorie des kommunikativen Handelns*) 이다.

이런 점에서 본 장에서는 하버마스의 『의사소통행위이론』을 중심으로 합리성에 대한 그의 관점을 검토해 보려 한다. 이러한 그의 합리성 개념은 도구적 이성 그리고 더 나아가 생활세계 및 체계 이론과 긴밀히 연관되어 있다는 점에서 이들과 관련시켜 그의 합리성 개념을 살펴본 후 그 문제점들을 논의할 것이다. 이러한 논의 과정에서 그의 의사소통행위이론이 역설적이게도 그가 그렇게도 옹호하고자 했던 합리성 개념을 오히려 손상시키는 결과를 초래하고 있다는 점을 밝히려 한다.

I. 합리성 개념

하버마스의 합리성 개념은 멀리는 베버(Max Weber) 그리고 가깝게는 그의 프랑크푸르트학파 선배들 특히 호르크하이머(Max Horkheimer)와 아도르노(Theodor Adorno)에 있어서 이성 및 합리성에 대한 논의들과 관련을 맺으면서 전개되어 왔다.

근대 이래 서구 사회에서 점점 더 확고해지던 이성의 지위가 결정적으로 도전받게 되는 것은 20세기 중반에 들어와서 프랑크푸르트학파에 의해서였다. 물론 그 이전에 낭만주의적 조류에 의해 도전받기는 하였지만 이번에는 그 도전이 폭넓게 합리주의진영 자체 내에서부터의 비판이라는 데서 더욱 파장이 컸다고 할 수 있다. 프랑크푸르트학파 제1세대를 대표하는 호르크하이머와 아도르노가 공동으로 저술한 『계몽의 변증법』(*Dialektik der Aufklärung*)에서 그들은 지금까지 의심의 여지가 없는 것으로 여겨져 오던 이성에 대해 신랄한 비판을 제기한 것이다.

호르크하이머와 아도르노는 『계몽의 변증법』에서 비판이론에 근거하여 '계몽의 자멸'(the self-destruction of the Enlightenment)을 그들의 주제로 설정하면서 이와 같이 계몽의 자멸을 초래하게 된 주된 요인으로 '이성'을 지목한 것이다. 그들은 이성을 두 가지로 구분하고 있다. 그 중 하나는 외부적 제약과 강제로부터 인간을 해방시키기 위한 수단의 발견과 관련된 것이다. 다른 하나는 도구적(instrumental) 이성으로서 자연에 대한 기술적 통제를 그 기능으로 하며, 계몽사상으로부터 그 추진력을 물려받은 것이었다.[1] 즉 윤리적 목적과는 상관없이 기술적인 수단만을 요구하는 이성은 도구적 이성 이외에 아무 것도 아니며, 따라서 이성의 도구화는 윤리적 이성의 몰락을 의미한다는 것이다.[2]

이성과 합리성에 대한 하버마스의 끊임없는 옹호의 기나긴 장정은 바로 이러한 그의 프랑크푸르트학파 선배 학자들의 입장에 대한 비판으로부터 시작된다.

이차대전 후 독일에서의 성장은 하버마스에게 그의 선배들인 초기 비판이론가들 이상으로 비합리성(irrationality)에 대한 본능적인 공포를 주입시켰던 것으로 보인다. 초기 비판이론가들이 자연지배와의 나쁜 결합 때문에 도구적 이성을 비난했고 이 때문에 때때로 그들이 과학 자체를 비난하는 것으로 보였던 반면, 하버마스는 도구적 이성이 그것의 적합한 영역을 넘어 부적합하게 확장시키는데 그의 비판을 신중하게 제한시켰다. 그는 참된 실천(praxis)은 기술(*techne*)과 구별되어야 한다고 주장했다. 그러나 그는 '타락된 자연의 회생'에로 이끌 하나의 새롭고 완벽하게 비지배적인 과학(science)의 가능성을 의문시했다. 그러면서 그는 기술적 이성은, 그것이 이성 그 자체를 구현하기를 주장하지 않는 한 정당하다고 시사한 것이다.[3]

그런데 이러한 도구적 이성에 대한 하버마스의 입장을 좀 더 자세히 살펴보기 위해서는 그의 관점과 베버의 이론을 비교하는 것이 유용하다. 왜냐하면 하버마스의 이론과 그가 비판하고 있는 프랑크푸르트학파 선배이론가들의 이론이 서로 상반된 입장이지만 양쪽 다 그 주장의 이론적 기반을 베버에 두고 있기 때문이다. 이를테면 도구적 이성에 대한 비판은 종종 베버, 루카치(G. Lukacs) 그리고 프랑크푸르트학파 제1세대의 비판이론과 결합되고 있다는[4] 데서 우리는 베버와 프랑크푸르트학파 제1세대와의 관계를 읽을 수 있다. 다른 한편 하버마스의 『의사소통행위이론』은 베버의 합리성이론의 적합성을 인정하고 있으며, 하버마스는 합리화에 대한 루카치와 프랑크푸르트학파 이론가들의 비판과 결합된 비관론을 비판하면서 물화(Verdinglichung)에 대한 대안적 이론을 제시하는데 있어서 베버에 빚지고 있다는[5] 점에서 또한 베버와 하버마스의 관계를 읽을 수 있다는 것이다.

이같이 도구적 이성에 대한 비판이건 혹은 옹호이건 간에 이들 모두가 베버와 밀접히 연관되어 있다는 데서 하버마스의 이론에 대한 접근에 있어서 베버의 중요성을 미루어 짐작할 수 있다. 하버마스와 베버의 관계와 관련하여 우선적으로 살펴보아야 할 것은 합리성 개념에 대한 그들의 이해이다.

1. 사회적 행위와 합리성 : 베버와 하버마스의 비교

베버가 '합리적'(rational)이라는 말을 다양하게 사용했으며[6] 또한 합리성에 있어서도 여러 가지 유형을 복잡하게 제시하고 있기 때문에 그의 합리성 개념을 간단히 정의하기가 쉽지 않다. 그러나 우리는 그가 설명하고 있는 행위의 유형을 비교하는 가운데 그의 합리성 개념의 의미를 읽을 수가 있다.

베버는 사람들의 행위가 결정되는 방식을 네 가지로 유형화하고 그 중 두 가지를 비합리적인 것으로 그리고 다른 두 가지를 합리적인 것으로 설정하고 있다. 그리고 여기서 습관이나 느낌에 의한 행위가 비합리적이라면, 자의식적이고 숙고적인 행위는 합리적이라고 한다.[7] 따라서 베버에 있어서 합리성이란 바로 자의식적이고 숙고적인 것과 결합된 개인의 성향임을 알 수 있다.

하버마스는 합리성 개념을 대체로 사람들의 표현(expression)과 연관시켜 설명하면서 합리성에 대해 다양하게 논의하고 있기는 하지만 그가 합리성에 대한 일반론적인 개념 설명을 제시하지는 않고 있다. 그럼에도 불구하고 억지로 이를 찾아내려 한다면 그의 『의사소통행위이론』의 도입부분을 참고하는 것이 적절할 것이다. 여기서 보면 그는 합리성에 대해 다음과 같이 기술하고 있다.

> 우리는 합리성을 언어능력과 행위능력이 있는 주체들의 성향으로 이해한다. 이는 좋은 근거들이 뒷받침된 행동양식으로 표현된다. 이는 적어도 함축적으로는 타당성주장들과 연계되어 있는 모든 상징적 표현들에 해당되는 것이다.[8]

위의 구절을 통해서 하버마스의 합리성 개념은 근거를 구비한 타당성주장과 연결된 표현을 하는 사람들의 성향을 말하고 있음을 우리는 알 수 있다.

우선 이상을 통해서 베버와 하버마스의 합리성 개념을 비교해보면 다음과 같은 점이 발견된다. 베버에 있어서 합리성은 숙고성을 뜻하며 이는 개인의 사회적 활동에 있어서 사고 및 행동과 관련된 것이다. 반면에 하버마스에 있어서 합리성은 근거에 기초한 타당성주장을 뜻하며 이는 특히 대화하는 양자에 있어서 말과 표현과 관련된 것이다. 여기서 우리는 베버와 하버마스에 있어서 합리성 개념의 일반적 성격 뿐 아니라 이와 함께 합리성의 적용영역을 그들이 어떻게 설정하고 있는가를 알 수 있다. 그러나 이들이 합리성을 어떻게 평가하고 있는가를 알려면 그리고 이들이 제시하고 있는 것 중에서 어느 것이 올바른 개념정의인가는 그들의 입장을 좀 더 살펴본 후에나 비교 가능할 것이며 이를 위해서는 무엇보다도 베버에 있어서 행위 유형의 분류와 하버마스에 있어서 합리성의 뿌리들에 대한 분류를 살펴볼 필요가 있다.

베버는 그의 『경제와 사회』(*Wirtschaft und Gesellschaft*)의 도입부에서 모든 행위에서와 같이 사회적 행위에 있어서도 다음의 네가지 유형이 있다고 말한다. 그 첫 번째가 목적합리적(zweckrational,instrumentally rational) 행위로서 이는 행위자 자신이 추구하고 계산하는 목표들의 성취를 위한 수단들로 사용되는 기대들에 의해 결정되는 것이다. 두 번째인 가치합리적(wertrational, value-rational) 행위는, 성공에 대한 전망과는 독립해서, 어떤 윤리적, 미학적, 종교적 혹은 다른 형태의 행동 그 자체의 가치에 대한 의식적인 신념에 의해 결정되는 것이라고 한다. 다음 세 번째로는 행위자의 특수한 정감 및 느낌의 상태에 의해 결정되는 정감적(affektuell, affectual) 행위가 있으며, 끝으로 뿌리 깊은 습관화에 의해 결정되는 전통적(traditional) 행위가 있다는 것이다.[9] 이상의 행위 유형들 가운데 목적합리적 행위와 가치합리적 행위만이 합리적이고 정감적 행위와 전통적 행위는 비합리적인 것으로 베버에 의해서 규정되고 있다는 점은 이미 위에서 언급한 바 있으나, 이들 네 가지 유형들에 대한 베버의 설명은 그렇게 간단하지가 않다.

베버가 현대사회에서 점차 현저한 것으로 받아들이고 있는 것이 목적합리적 정향이다. 그러면서도 베버는 목적합리적 동기들에만 기초된 사회적 상호작용의 패턴은 장기적인 관습이나 책무의 느낌 특히 어떤 질서의 정통성에 대한 신념에 의해 야기되는 것들에 의존하는 것보다 일반적으로 훨씬 덜 안정적이라는 점을 주목하고 있다.[10] 그리고 그는 끊임없이 목적합리적 사회의 상황에 대해 염려했다. 또한 그에게 있어서 그러한 행위 유형들은 어디까지나 이념형이라는 데서 현실에서는 그것들 사이에 혼합적인 면이 다양하게 존재한다는 것이다. 그는 이러한 행위 양식들 중의 어느 하나 혹은 다른 하나에만 단지 정향되는 사회적 행위의 구체적인 예들을 발견하는 것은 매우 생소한 일일 것이라고 말한다. 그래서 근본적인 가치들에의 관련없이 전적으로 목적들의 합리적 성취에로 행위를 정향시키는 것은 확실히 본질적으로 단지 제한적인 경우라고 그는 말하고 있는[11] 것이다. 그러나 그렇다고 해서 베버의 이러한 기술이 바로 그가 분류하는 각기의 유형들의 차이를 무시해도 된다는 것을 뜻하는 것은 물론 아니다.

베버의 이러한 유형 분류에서 우리는 행위에 있어서 합리적인 것과 비합리적인 것에 대한 그의 입장 뿐 아니라 합리적인 행위들 중에서 어느 유형에 속하는 것이 더 합리적인가에 대한 그의 입장을 살펴볼 수 있다. 그런데 이에 대해서는 베버 자신이 분명히 말하고 있는 대목이 있다.

> 가치합리적 행위정향은 이와 같이 도구합리적 행위정향에 대해 다양한 관계들을 가질 수 있다. 그러나 목적합리성의 관점으로부터는 가치합리성은 항상 비합리적이다. 정말로 가치합리성이 점점 더 절대적인 가치의 지위로 고양될수록 그 가치합리성은 이런 의미에서 점점 더 비합리적이 된다. 왜냐하면 가치합리성을 위하여 그것의 고유한

> 가치(순수한 마음, 아름다움, 절대적 선, 절대적 책무)만이 점점 더 무조건적으로 고려될수록 가치합리성은 행위결과를 점점 더 적게 반영하기 때문이다.[12]

이 같은 베버의 언명을 통해서 볼 때 어느 것이 더 바람직한가를 떠나 일단 도구합리적 행위가 가치합리적 행위보다 더 합리적인 것으로 규정되고 있음을 우리는 알 수 있는 것이다.

베버의 이 같은 방식과는 달리 하버마스는 행위에 있어서 합리적인 것과 비합리적인 것 사이의 구별 내지 유형화보다는 합리적인 것의 기반이 무엇인가에 관심을 기울이면서 그것의 유형을 분석하고 있다.

하버마스는 행위자와 세계 사이의 관계들과 관련시켜 네 가지의 행위 개념들의 합리성의 의미들을 분석하려 한다. 그는 피아제(Jean Piaget)의 인지발달론으로부터 세 가지 세계 개념, 즉 객관적 세계, 사회적 세계 그리고 주관적 세계를 도입한다.[13] 그리고 자신의 관점에서 이러한 세 가지 세계 개념을 명료히 하려는 가운데 이것들을 행위자–세계 관계들과 관련시켜 행위 개념들을 설명하고 있다. 여기서 우선적으로 각기의 세계에 상응하여 설정되고 있는 행위 개념들이 바로 목적론적(teleologisch) 행위 개념, 규범규율적(normenreguliert) 행위 개념 그리고 연출적(dramaturgisch) 행위 개념이다(*TKH*, Vol. 1, 115).

먼저 목적론적 행위 모델은, 하버마스에 의하면, 행위자와 일들의 상태들의 세계 사이의 관계를 전제한다. 여기서 일들의 상태들의 세계는 현재 존재하거나 혹은 행위를 통해 생산 가능한 것을 뜻한다. 행위자는 이러한 세계에 양쪽으로, 즉 한 쪽으로는 그것에 대한 의견들을 통해 인지적으로, 그리고 또 다른 한 쪽으로는 그것에 개입하기 위한 의도들을 통하여 의지적으로 관련한다. 객관적 세계에 대한 이러한 두 가지의 가능한 관계들은 각각 진리와 효율성 혹은 성공의 표준에 따라 합리화될 수 있다. 전자의 표준은 인식적인 합리성을 경계설정하는 반면, 후자의 표준은 합목적적 의미에서의 실천적 합리성을 경계설정한다. 이러한 합목적적 의미는 사회적 행위와 그것의 상응하는 전략적 합리성과 마찬가지로 비사회적 행위와 그것의 상응하는 도구적 합리성 양쪽을 언급한다. 그런데 전략적 합리성의 경우에 있어서는, 물리적 대상 및 자연적으로 발생하는 사건들 뿐 아니라 다른 개인들의 의도, 전략, 결정 등을 포함하며, 여기에 행위자는 객관적인 방식으로 즉 일들의 상태들을 행위자가 조종하는데 있어서 성공과 실패에 대한 그들의 능력과 관련해서만이 관계한다는 것이다.[14]

다음은 규범규율적(규범안내적) 행위 모델이다. 이 모델은 역할을 수행하는 하나의 주체로서의 행위자가 속하는 사회적 세계가 있다는 것을 전제로 한다. 이러한 사회적 세계는 어떤 상호작용들이 개인 간의 정당한 관계들의 총체에 속하는 가를 규정하는 하나의 규범적인 맥락이라고 한다. 그래서 상응하는 규범들이 자신들에게 힘을 갖는 경우 그 모든 행위자들은 똑같은 사회적 세계에 속하게 되는 것이다(*TKH*, Vol. 1, 132). 말하자면 이 모델은 그들의 행위를 공통 가치들에로 정향시키는 한 사회적 집단의 구성원들을 전제로 한다. 여기서 개별적 행위자는 일정한 상황에서 규범이 적용될 수 있는 조건이 존재할 때에 한 규범을 따른다(*TKH*, Vol. 1, 127). 여기서 하버마스가 말하는 사회적 세계는 적합성의 방향에 따라 객관적인 평가에 열려있는 세계이다. 그런데 여기서는 두 가지의 방향이 문제가 된다. 하나의 방향에서 문제는 행위자의 동기와 행위가 현존하는 규범들과 일치하는가의 여부이며, 다른 하나의 방향에서의 문제는 현존하는 규범들 자체가 그것들과 관련되는 사람들의 일반화 가능한 관심들에 표현을 주는 가치들을 구현하는가의 여부이다

(*TKH*, Vol. 1, 133-4). 즉 첫 번째의 것은 정당한 규범적 맥락에 관련한 행위의 올바름을 그리고 두 번째의 것은 인정받을만한 것으로서의 규범의 정당성을 문제 삼고 있는 것이다. 따라서 이러한 규범적으로 규율되는 행위모델에서 하버마스가 생각하는 합리성의 기준은 정당성에 기초한 사회적 적합성이라고 할 수 있다.[15]

다음 세 번째로는 연출적 행위 모델이다. 이 행위 모델의 경우에는 행위자는, 자신에 대한 관점을 제시하는데 있어서, 그 자신의 주관적 세계에 대하여 태도를 취해야만 한다는 것이다. 하버마스는 이러한 주관적 세계를 타자들에 비해 행위자가 하나의 특권적인 접근을 갖는 주관적 경험들의 총체라고 규정하고 있다(*TKH*, Vol. 1, 137). 이는 바로 행위자가 표현한 것이 그 자신의 내적 세계와 얼마만큼 일치하느냐의 문제라고 할 수 있다. 이러한 행위를 연출적이라고 말하는 이유는 무엇보다도 여기서는 바로 행위자가 자신이 가지고 있는 것을 어떻게 연출하여 타자에게 보여주는가가 관심의 초점이기 때문인 것으로 보인다.

이런 점에서 하버마스는 행위자가 그의 공중 앞에서 그 자신의 주관적 세계에로 정향될 때에 오직 하나의 적합성의 방향이 있을 수 있다고 한다. 말하자면 하나의 자기표현과 관련하여 적합한 순간에 행위자가 그가 갖고 있는 경험들을 표현하고 있는가, 그가 말하고 있는 것을 그가 뜻하는가, 혹은 그가 표현하고 있는 경험들을 그가 단지 가장하고 있는가의 문제가 있다는 것이다. 그리고 표현의 정확성이 중요시되는 상황에서 이러한 문제는 바로 진실성(Wahrhaftigkeit)의 문제로서 이는 진정성(Authentizität)의 문제와 분리될 수 있는 성질의 것이 아니라고 하고 있다(*TKH*, Vol. 1, 139). 이런 점에서 하버마스에 있어서 연출적 행위의 합리성 여부는 바로 진실성에 있음을 알 수 있다. 하버마스는 이같이 행위자와 세계 사이의 관계와 관련시켜 합리화가 가능한 세 가지 행위 모델을 제시하는 가운데 이들의 합리성의 기준으로 각기 진리와 효율성, 사회적 정당성, 그리고 진실성을 설정하고 있다.

하버마스는 이와 같이 행위에 대한 세 가지 다른 이해들 그리고 그것들이 합리성을 위해 확립하는 상응하는 틀을 분석하면서 이러한 세 가지 이해들 각각이 그 자체로는 행위의 협동적 차원을 충분히 포괄하기 위한 하나의 틀로서 부적합하다는 주장을 위한 근거를 준비하고 있다. 여기서 그는 적합한 시각은 단지 그의 의사소통적 행위 모델 주위에서만이 구성될 수 있다고 주장하는 것이다.[16]

의사소통적 행위 모델에서는 행위자의 세계 관련 자체를 반영하는 언어학적 매개라는 추가적인 전제조건이 특징적으로 나타나며 이러한 개념 형성의 수준에서는, 지금까지 사회과학자에게만 단지 등장했던 합리성 문제가 행위자 자신의 시각에로 옮겨진다는 것이다(*TKH*, Vol. 1, 141). 앞의 세 가지 행위 모델에서는 언어는 기껏해야 각기 다른 점들에서 한쪽으로만 치우쳐서 받아들여지고 있다는 것이다. 단지 의사소통적 행위 모델만이 축소되지 않은 의사소통의 매개로서의 언어를 전제하고 있으며, 이에 의해 화자와 청자가, 그들의 전(前)해석적 생활세계의 지평으로부터, 공동의 상황 정의들을 설정하기 위해 객관적, 사회적, 주관적 세계에서의 일들에 동시적으로 관계한다는 것이다(*TKH*, Vol. 1, 142). 하버마스는 앞의 세 가지 행위 모델에 있어서 언어 개념의 편향성은 그것들 각각의 특징적인 의사소통 유형들이 의사소통행위의 제한적 사례들로 입증되고 있다는 사실에서 보여질 수 있다고 한다. 즉 목적론적 행위 모델의 경우에는 단지 그들 자신의 목적의 실현만을 관점으로 갖는 사람들의 간접적 이해이며, 규범규율적 행위 모델의 경우에는 이미 존재하는 규범적 동의만을 단순히 실현하는 사람들의 합의적 행위이며, 연출적 행위 모델의 경우에는 관객과 관련된 자기표현이라는 것이다. 이들과는 대조적으로 의사소통적 행위 모델은 모든 언어 기능들을 동등하게 고려한다는 점에서 다르다는 것이다(*TKH*, Vol. 1, 142-3). 다른 행위 모델들에서는 세계 개념들이 단일하거나 혹은 짝지어 나타나는데 반해 의사소통적 행위 모델에서는 세 가지의 형식적 세계 개념들이 한 체계로 통합되며, 또한 이러한 체계를 이해에 도달할 수 있는 해석의 한 틀로서 공통적으로 전제하고 있다는 것이다(*TKH*, Vol. 1, 148). 그래서 이러한 행위 모델과 관련해서는 우리는 상호작용하는 참여자들이 협동적으로 추구되는 이해의 목표를 위하여 이제 합리성의 잠재력을 명확히 동원할 수 있다는 것이다(*TKH*, Vol. 1, 149). 따라서 다른 행위 모델들의 경우 각기 언명들이나 혹은 실존적 전제들을 위한 진리 주장, 정당하게 규율되는 행위들과 그것들의 규범적 맥락을 위한 올바름, 그리고 주관적 경험들의 명시를 위한 진실성이라는 정당성 주장들이 분리되어 나타나지만, 의사소통적 행위 모델의 경우 이러한 정당성 주장들이 함께 결합되어 나타난다는 것이다.

그리고 또한 다른 행위 모델들의 경우 사회과학자에 의해 가정되는, 세계에 대한 행위자의 세 가지 관계들을 우리가 어렵지 않게 다시 인지할 수 있지만, 의사소통적 행위 개념에서는 세계에 대한 행위자의 관계들이 발화자들과 청자들 자신의 시각에 귀속된다는 것이다. 말하자면 합의를 추구하면서 또한 진리, 정당성 그리고 진실성에 대해 측정하는 것, 즉 한편으로 발화 행위 그리고 다른 한편으로 행위자가 그의 언명과 관련해서 관계를 취하고 있는 세 가지 세계들 사이의 적합성이나 부적합성에 대해 측정하는 것은 바로 행위자들 자신이라는 것이다(*TKH*, Vol. 1, 149).

이러한 하버마스의 의사소통적 행위 개념은 네 단계를 거쳐 완성된다. 첫 단계는 그가 의사소통적 행위 개념은 언어 및 행위능력이 있으면서 (발화든 발화 외의 수단이든) 서로 관계를 맺는 적어도 둘 이상의 주체 사이의 상호작용에 관련되며, 이때 행위자들은 그들의 행위계획과 행위를 일치된 의견아래 조정하기 위하여 행위상황에 관해 상호이해를 추구하며 여기서 언어가 중요한 위치를 차지한다고 말하고 있는 부분이다 (*TKH*, Vol. 1, 128).

두 번째 단계는 그가 의사소통적 행위 개념의 임시적 도입과 관련하여 특히 언급하고 있는 부분으로서 의사소통행위는 자립적 행위로서의 특징과 행위자들이 상호이해의 과정에서 성찰적 세계관계를 갖는다는 것이다(*TKH*, Vol. 1, 143).

세 번째 단계는 의사소통행위는 모든 참여자들이 -각각 개별적으로 추구되는 행위계획들에 있어서 합의적 조정의 기초를 제공할 동의에 도달하기 위하여- 유보 없이 발화수반적(illokutionär) 목표를 추구한다는 점에서 전략적 상호작용과 구별된다는 것이다(*TKH*, Vol. 1, 397-8).

네 번째 단계는 화자가 비판 가능한 타당성 주장을 결합시키는 화행만이 청자로 하여금 화행제안의 수용에로 움직이도록 하고 그와 함께 행위조정의 메커니즘으로 효력을 발휘하게 될 수 있다고 한 부분이다. 즉 모든 발화수반적 목표를 추구한다고 해서 다 의사소통적 행위가 되는 것이 아니라 화자가 비판 가능한 타당성 주장을 결합시키는 화행만이 의사소통적 행위에 해당된다는 것이다(*TKH*, Vol. 1, 409-10).

이러한 네 단계를 거쳐 완결되는 하버마스의 의사소통적 행위 개념을 종합하면 다소 길기는 하지만 다음과 같을 것이다. 의사소통행위란 언어 및 행위능력이 있으면서 서로 관계를 맺는 그리고 자립적이며 성찰적인 둘 이상의 주체 사이의 상호작용과 관련하여 그들의 행위계획과 행위를 일치된 의견 아래 조정하기 위하여 특히 언어를 매개로 하여 발화수반적 목표를 추구하는 가운데 비판 가능한 타당성 주장을 결합시키면서 행위상황에 관해 상호이해를 추구하는 행위라고 할 수 있을 것이다.

하버마스는 이상과 같이 합리성의 기반에 따른 합리적 행위의 유형을 제시하는 가운데 의사소통행위 유형의 수월성을 강조하고 있는 바, 이제 지금까지 살펴본 그의 합리성 개념의 특징을 정리해 볼 것이다.

2. 합리성 개념의 특징

하버마스의 합리성 개념의 구체적인 특징 중 중요한 것들을 몇 가지로 요약하면 다음과 같다.

우선 첫 번째는 그의 삼분법적 분류이다. 그는 앞에서도 언급한 바와 같이 세계관과 관련하여 세계를 세 가지 즉 객관적 세계, 사회적 세계, 그리고 주관적 세계로 구분하고 그 각각의 세계와 관련한 우리의 행위를 목적론적 행위, 규범규율적 행위, 그리고 연출적 행위로 구분한다. 그는 사람들에 있어서 이러한 구분의 소지 자체가 신화적 세계관으로부터 벗어난 합리화를 대변하는 것이라고 간주한다. 따라서 한 행위자의 행위에 있어서 가능한 합리성의 측면은 우리가 그에게 귀속시키는 세계관계에 달려 있다는(*TKH*, Vol. 1, 126) 것이다. 이러한 삼분법적 분류의 전개는, 나중에 좀 더 자세히 논의하겠지만, 생활세계의 구성요소로서 문화, 사회, 그리고 인격의 세 가지를 제시하는 데서도 마찬가지로 나타난다. 그는 사회분화가 사회적 합리화를 가져오는 것과 마찬가지로 세계관 및 행위 유형의 분화가 인간 행위의 합리화를 가져오는 것으로 생각하는 것처럼 보인다.

하버마스의 합리성 개념 전개에 있어서 두 번째 특징은 그가 합리성의 범위를 확대하고 있다는 점이다.[17] 그는 베버가 비합리적 행위 유형으로 분류하고 있는 전통적 행위 유형과 정감적 행위 유형에 속하는 것들 까지도 일정 부분 합리적인 유형에 포함시키려 하고 있다(*TKH*, Vol. 1, 35). 뿐만 아니라 그는 더 나아가 예술작품과 같은 개인적인 표현 행위에도 합리성을 연관시키고 있는 것이다. 연출적 행위 모델의 경우가 이에 해당한다.

이같이 하버마스는 통상 비합리적 영역에 포함되는 것으로 상정되는 행위 유형 뿐 아니라 더 나아가 전략적·기만적 행위 유형들까지도 넓은 의미에서 합리성의 범주에 포함시키려 한 것으로 보인다. 이미 언급한 바와 같이 그는 전략적 행위를 목적합리적 행위 속에 포함시키고 있으며(*TKH*, Vol. 1, 127) 더 나아가 이를 기만적 행위와 연관시키기도 한다(*TKH*, Vol. 1, 446). 또한 그는 연출적 행위에 있어서도 정도에 따라 잠재적으로 전략적 성격을 가질 수 있음을 언급하고 있다(*TKH*, Vol. 1, 140). 이런 점에서 보면 그는 우리 인간의 행위에 있어서 일정한 행위 근거를 가진 경우에는 어느 것이든지 합리성을 소지하고 있다고 생각하는 것으로 보이며 이 때문에 하버마스식으로 합리성 개념에 접근할 경우에는 그 개념의 사용에 있어서 특별한 주의가 요청된다고 해야 할 것이다. 즉 그의 합리성 개념에 의해서는 그것이 결코 바람직한 면만을 나타내는 개념은 아니라는 것을 명백히 인식해야 한다는 것이다.

다음 세 번째 특징으로 소망과 느낌이 연출적 행위의 전형적 위치를 차지하는 것(*TKH*, Vol. 1, 137)으로 간주함으로써 우리의 느낌을 순전히 주관적인 성질로서만 규정하려 하고 있다는 점이다.

의견 및 의도와 같은 인지적인 것들 그리고 수치나 죄책감과 같은 책임의 느낌도 양쪽 다 주관적인 세계에 속하기는 하나 전자의 경우는 객관세계와 내적 관계에 있고 후자의 경우는 사회세계와 내적 관계에 있다고 한다. 반면 일반적으로 느낌과 소망은 오직 주관적인 것으로서만 표현될 수 있으며 이 때문에 외부세계에 즉 객관세계에도 사회세계에도 관련을 맺을 수 없다는 것이다(*TKH*, Vol. 1, 137-8).

하버마스의 합리성 개념의 네 번째 특징이라고 할 수 있는 것은 도구적 합리성에 대한 그의 자세이며 이는 도구적 합리성에 대한 호르크하이머와 아도르노의 관점과 이에 대한 비판과 직결된다. 한마디로 말하자면 하버마스는 도구적 합리성에 대한 비판에 지극히 신중하다는 것이다.

호르크하이머와 아도르노는 인간이성의 도구화를 통한 자연의 지배가 특히 근대계몽주의의 기초를 형성하고 있으며, 계몽의 과정은 인간의 합리성을 기술적 합리성으로 축소시키고 있고 또 그 과정은 자연에만 국한되지 않고 동료인간과 인간의 내적 본성에 까지 파고 들어간다고 한다. 그들은 인류의 역사에 있어 노동을 통해 물질적인 생존을 확보해야 하는 인간의 존재방식에서 도구적 이성의 한 형태로 보는 기술의 근원을 찾는다는 데서 도구적 이성의 개념을 세계사적 문명과정 전체를 해명하는 범주로 확장시킨다.[18]

호르크하이머와 아도르노는 베버의 개념을 차용하여 계몽을 폭넓게 '탈주술화', '탈신화화', '합리화'와 동일시하고 있다.[19]

아도르노와 호르크하이머에서 본래의 계몽과정은 신화가 철학으로, 학문으로 발달하면서 시작된다. 아도르노와 호르크하이머는 학문의 기반을 이루는 추상적·개념적 사유의 특징을 1) 대상을 지배하기 위한 도구로 쓰인다는 것, 그리고 2) 동일성 또는 보편성을 지향한다는 것으로 본다.[20]

호르크하이머와 아도르노의 이러한 관점에 반해 하버마스는 노동을 통한 자연지배는 인간이 생존하기 위한 근원적 차원이기 때문에 자연지배에 정향된 과학의 근본구조는 변할 수 없는 것으로 파악한다. 과학과 기술의 근본적 논리구조는 목적-수단적 합리적 행위 자체의 고유성에 근거하고 있으며, 과학과 기술은 종으로서의 인간 유기체에 뿌리박고 있는 도구적 행위의 구조를 따르기 때문에 근본적으로 변할 수 없다는 것이다. 따라서 도구적 합리성이 제도화되고 생활화되는 과정과 병행되는 베버적 의미에서의 세계의 탈주술화를 아도르노와 호르크하이머와는 다르게, 물질적 진보와 인간해방의 필연적인 귀결로서 받아들이는 것이다. 하버마스에 있어서 진정한 문제는 기술적 이성 그 자체가 아니라 기술적 이성의 일방적인 보편화이다. 과학적·기술적 사유의 배타적 통용으로 실천의 영역이 기술의 영역으로 축소되고 수단적이고 전략적인 합리성 이상의 더 포괄적인 이성의 개념이 상실되고 있다는 것이다.[21] 따라서 하버마스의 비판의 주목표는 더 이상 도구적 합리성이 아닌 기능주의적 합리성에 맞춰져 있는 것이다. 여기서 하버마스에 있어서 기능주의적 합리성이란 바로 돈과 권력이라는 매체의 작용과 연관된 합리성으로서 현대 산업사회에서는 이러한 기능주의적 합리성이 도구적이고 전략적인 행위 합리성의 매체화를 강제한다고 본다.[22]

하버마스의 합리성 개념의 다섯 번째 특징은 하버마스가 베버와는 달리 전형적인 합리적 행위와 바람직한 합리적 행위를 구분하여 전개하고 있다는 점이다. 베버에 있어서는 전형적인 합리적 행위를 목적합리적 행위로 규정하고 있는 반면, 하버마스에 있어서는 전형적인 합리적 행위로는 베버와 유사하게 인지-도구적 행위를 들면서 이에 덧붙여 바람직한 합리적 행위로 의사소통적 행위를 제시하고 있는 것이다. 그리고 이러한 의사소통행위와 관련하여 하버마스는 대화를 강조하고 있는 바, 즉 그는 언어를 통한 대화적 의사소통이 상호적 이해에 합리적으로 도달하는 기초가 된다고 생각했다는 것이다.

의사소통적 행위 모델에서는 화자는 문장을 이해지향적으로 사용함으로써 세계관계를 다른 행위 모델들에서와 같은 직접적인 방식이 아니라 성찰적 방식으로 수용한다고 하버마스는 말한다. 화자들은 다른 행위 모델들에서는 하나 혹은 짝으로 등장하였던 세 가지 형식적 세계 개념들을 하나의 체계로 통합하며 이를 공통적으로 하나의 해석 틀로 전제한다는 것이다(*TKH*, Vol. 1, 148). 따라서 이러한 의사소통적 행위 모델에서는 상호작용의 참여자들이 협동적으로 추구되는 상호이해의 목표를 위하여 행위자의 세 가지 세계관계에 부착되어있는 합리적 잠재력을 동원할 수 있다는 것이다(*TKH*, Vol. 1, 149). 여기서 우리는 하버마스에 있어서 의사소통행위적 합리성은 여타의 세 가지 행위 모델들에서의 부분적이고 일면적인 합리성을 넘어서 통합적 합리성 즉 성찰성을 특징으로 한다는 것을 알 수 있다.

『의사소통행위이론』에서의 하버마스의 주요 타깃은 의식철학 내지 철학적 근본주의 그리고 개인주의적·목표중심적 행위 개념에 대한 것이었다고 할 수 있다.[23] 하버마스의 관점에서는, 합리성에 대한 전통적인 과학적 관점과 연관된 문제는 그것이 이성의 인지적 양상들을 일면적으로만 강조해 왔다는 점이라고 한다. 즉 데카르트적 패러다임에 의거한 의식철학에서는 개별적 주체가 변화하는 외부세계에 최적으로 관계하려는 시도에서 사건 및 사실들을 해석하기 위해 그의 합리적 능력을 사용한다고 하는데 이러한 접근에서는 합리성은 대상들을 구성하는 세계에 대한 정보를 받아들이면서 행위하고 사고하는 한 주체의 특징으로 간주된다는 것이다. 그리고 이러한 패러다임은 합리성에 대한 도구적 이해로 이끌었는바, 여기서는 합리성은 목표를 성취하기 위해 그의 지식을 사용할 개별 행위자의 능력과 관련해서 정의된다는 것이다.[24] 하버마스가 이러한 소위 이성에 대한 일면적 이해로부터 벗어나는 것으로 생각한 것이 바로 주체들 간의 간주관적 이해로서의 의사소통이며 이는 행위 주체가 대상에 대해 갖는 일방적 관계가 아니라 행위 주체들 간의 쌍방적 관계를 전제로 한다는 것이다.

3. 문제점 및 한계

이러한 하버마스의 합리성 개념의 특징들과 관련한 문제점들에 대해 차례로 검토해 보기로 한다.

우선 먼저 거론해야 할 것은 하버마스 특유의 삼분법적 분류 특히 합리성과 관련하여 세 가지 세계와 세 가지 행위유형의 분류에 관한 것이다. 앞에서도 언급하였듯이 그는 사회분화가 사회합리화를 가져온다는 관점에서 세계관 및 행위유형의 분화가 인간행위의 합리화를 가져오는 것으로 생각한 것으로 보인다. 따라서 그의 저서 전반이 분화의 진열장으로 보일 정도로 각종 분화를 나열하고 있다.

그런데 문제는 이러한 하버마스의 삼분법적 분류가 언뜻 보기에는 그럴듯해 보이지만 실제로는 그다지 설득력 있는 것으로 보이지 않는다는 점이다. 일례로 그가 세 가지 행위유형 중 하나로 제시하고 있는 연출적 행위유형은, 그 자신도 "아직까지 이론적으로 일반화될 수 있는 항목으로 발전되지 못했다"(*TKH*, Vol. 1, 128)고 말한 데서도 드러나듯이 대표적 행위유형으로 제시하기에는 불충분함에도 불구하고 이 행위 개념을 저서 전반에 걸쳐 일관되게 대표적 유형으로 자리매김 시키면서 활용하고 있다는 것이다.

사실상 여기서 하버마스가 제시하고 있는 연출적 행위는 상당한 정도로 목적론적 행위와 유사하다는 것이다. 즉 연출적 행위에 있어서 자기표현적 행위는 목적론적 행위에 있어서 성공지향적 행위, 연출적 행위에 있어서 조작적 행위는 목적론적 행위에 있어서 전략적 행위와 유사하다는 것이다(*TKH*, Vol. 1, 136, 139-40).

하버마스는 조작적 행위와 전략적 행위가 결코 같은 것이 아니라고 하지만, 이러한 그의 관점에는 문제가 있다. 관객이 전략적 성격을 알지 못하는 한 행위자의 조작적 산출 그 자체는 주관적 진정성을 표현하는 것이라는 그의 기술(*TKH*, Vol. 1, 141)은 기만과 조작을 용인하고 정당화하는 것으로서, 이는 그의 합리성 개념 자체를 무가치하게 만드는 잘못된 발상인 것이다.

그리고 더 나아가 하버마스는 감정과 소망을 연출적 행위의 중심 개념으로 설정하면서 주관적 표현으로 평가절하하고 있으며 나아가 선호, 평가적 언어, 가치판단 등의 개념들도 마찬가지로 평가절하하고 있다는 것이다(*TKH*, Vol. 1, 138-9). 이런 점에서 하버마스가 감정 및 소망 그리고 선호와 같은 것들을 합리성의 저급한 부류에 포함시키려 했음이 여실히 드러난다.

하버마스의 합리성 개념과 관련하여 다루어야 할 다음 문제는 그가 그의 저서에서 합리성의 범위에 욕구나 느낌 등과 같은 정감적 행위유형도 일정부분 포함된다고 기술하면서도(*TKH*, Vol. 1, 35) 정작 선언적으로는 정감적 요소의 중요성을 전적으로 배제하고 있다는 점이다. 이 때문에 그의 전반적 이론이 중요한 고비마다 정합성을 상실하고 있다고 할 수 있다. 그럼에도 불구하고 이러한 비일관성을 감수하면서까지 하버마스가 정감적 요소를 논지의 맥락에서 배제시키려 한 것은 바로 그가 이성 옹호자로서의 스스로의 위치에서 벗어나지 않기 위한 것이었다고 할 수 있다. 이런 점을 잘 기술하고 있는 사람이 바로 하버마스의 제자이자 프랑크푸르트학파 제3세대를 대표하고 있는 호네트(A. Honneth)이다.

호네트는 프랑크푸르트학파의 비판이론과 공동체주의를 비교하는 가운데 비판이론의 특징을 다음과 같이 기술하고 있다. 호르크하이머로부터 하버마스에 이르기까지의 비판이론에서 이성에 대한 다양한 파악들이 있을 수 있는 반면, 그것들은 모두 궁극적으로 똑같은 이념 즉 협동을 통한 해방적 실천에로의 전환이 애착적 유대들이나 멤버십 및 일치의 느낌들로부터가 아니라 차라리 합리적 통찰로부터 비롯되어야 한다는 생각에 이른다는 것이다.[25] 이는 바로 비판이론에 속하는 사람들의 이론 전개는 궁극적으로 합리성 옹호 범주에서 벗어날 수 없다는 것을 말해주는 것으로서 하버마스도 물론 이에 포함된다. 이런 점이 바로 비판이론가들이 벗어날 수 없는 한계로서, 하버마스 뿐 아니라 이러한 점을 지적한 호네트도 예외는 아니다. 호네트는 하버마스보다 훨씬 더 많이 정감적 요소들의 중요성을 거론하고 있으면서도 결국 합리성 옹호자로서의 입장에서 벗어나지 않으려 노력하고 있음을 엿볼 수 있다.

호네트가 새로이 강조하고 있는 개념 중의 하나가 인정(recognition)이라는 것이다. 그는 이 인정 개념을 공들이는 가운데 하버마스의 의사소통이론을 비판하면서 자신의 입장을 개진하고 있다.

호네트는 하버마스에 이르기까지의 비판이론의 사회비판 모델은 단지 인간의 합리성의 발전에 의해 도달되는 단계와 관련한 사회적 병리와 이상현상(anomalies)에 대한 일관된 측정이었다고 한다. 그러면서 그는 이상현상들의 측정을 위해 이용할 수 있는 유일한 표준이 인간의 합리성의 단계를 언급하는 것이라면, 상호적 인정의 구조적 조건과 연결된 사회생활의 병리적 진전들이 어떻게 확연해질 수 있는가를 묻는다. 즉 사회비판을 합리성이론에 국한시키는 것은 너무 좁은 접근이 된다는 것이다. 따라서 지배로부터 자유로운 이해에 도달하기 위한 합리적 조건들은 더 이상 사회생활의 무질서나 병리적 진전으로 간주되는 것을 위한 표준이 될 수 없으며, 이러한 표준은 이제 인간의 정체성의 발전의 간주관적인 전제조건들에 의해 제공된다는 것이다. 그리고 이러한 전제조건들은 개인이 성장하고, 사회적 정체성을 획득하며, 궁극적으로 사회의 동등하고 독특한 구성원으로 자신을 받아들이도록 배워야 하는 의사소통의 사회적 형태들에서 발견될 수 있다는 것이다.[26] 호네트는 모든 의사소통 행위의 규범적 전제조건은 사회적 인정의 획득에서 발견되는 것이라고 한다. 즉 관련된 사람들이 받을만하다고 느끼는 인정이 부인될 때는 언제나 그들은 도덕적으로 부당하다는 지각이 나타난다는 것이며, 이를 그는 사회적 무시의 느낌으로서의 도덕적 경험이라고 하고 있다.[27] 이같이 사회적 상호작용의 규범적 잠재력을 지배로부터 자유로운 이해에 도달하는 언어적 조건들과 동일시하려는 하버마스와는 달리, 호네트는 성공적인 정체성 형성의 의사소통적 전제조건들의 세 가지 형태들로서 사랑이나 우의와 같은 친밀한 사회적 관계에서의 정서적 관심, 도덕적으로 책임 있는 사회 성원으로서의 권리에 기초된 인정, 그리고 개별적 성취와 능력에 대한 사회적 존중을 들고 있다.[28]

이상과 같은 호네트의 입장을 통해 우리는 그가 사회 진단 및 그 처방에 있어서 얼마나 정감적 요소에 중요성을 부여했는가를 잘 알 수 있다. 그러나 그럼에도 불구하고 앞에서 이미 언급한대로 그도 비판이론가들에 속하고 있다는 한계 때문에 기본적으로는 합리성 옹호라는 구도에서 근본적으로 벗어나지 못하면서 다만 부분적으로 정감적 요소의 의의를 나열하고 있다는 점을 눈여겨 볼 필요가 있는 것이다.

필자는 여기서 사회 진단 및 처방과 관련하여 합리성의 요소보다 정감적 요소가 더 중요하다고 주장하려는 것이 아니다. 단지 그러한 문제들과 관련하여 우리가 정감적 요소들이 갖는 의의를 무시하지 말아야 할 것이라는 점을 밝히고자 할 뿐이다.

다음은 도구적 합리성에 대한 하버마스의 관점과 관련된 문제점이다. 아도르노는 도구적 이성을 일종의 총체적인 이성으로 해석하는 반면, 하버마스는 도구적 이성을 경험적 세계에 대한 하나의 객관적 자세를 수반하는 일종의 제한적 이성으로 해석한다.[29] 이와 같이 하버마스는 이성의 한계 내지 문제점을 최소화시키는 대신 인간생활에 있어서 그것의 적합성을 확대시키고 있으나 그 이론 전개에 있어서 적지 않은 문제점을 드러내고 있다. 앞에서도 이미 논의한 바와 같이 베버도 현대사회의 합리화를 가리켜 우리의 삶을 기술, 관료제 그리고 비인간적 계산의 쇠우리(iron cage) 안으로 훨씬 더 제한시키는 울타리로 이해한 사람들 중의 첫 번째 사람[30] 이었다. 또한 아도르노는 비목적적(nonpurposive)이거나 탈이익적인(disinterested) 의사소통의 모델을 심중에 두면서, 이를 위한 범례로서 그는 비이기적이고 순수한 베품(giving)이나 사랑을 들고 있다.[31] 이런 점들을 통해서 볼 때 하버마스는 그가 도구적 이성에 대해 지나치게 관대한 입장을 취하고 있다는 비판을 벗어날 수가 없을 것이다. 따라서 도구적 이성에 대한 아도르노의 입장을 넘어서려는 하버마스의 시도가 그리 성공적이지 못했다고 할 수 있으며 더 자세한 것은 뒤에서 다시 논의할 것이다. 다만 여기서 한 가지 덧붙일 것은 하버마스에 있어서와 같이 도구적 합리성을 광범위하게 무제한적으로 용인한다면, 그리고 여기서 더 나아가 전략적 행위마저 합리성이라는 구실 하에 마찬가지로 용인된다면 인간사회에서 자기 목적의 성취를 위해서는 수단과 방법을 가리지 않는 것이 너무나도 당연시되는 결과를 초래하고 이로 인해 사회는 전적으로 부도덕한 사회로 전락하고 말 것이라는 점이다.

다음은 의사소통적 합리성과 관련된 하버마스의 관점의 문제점이다.

하버마스가 이성에 대한 의식철학적인 일면적 이해로부터 벗어나는 것으로 생각한 것이 바로 주체들 간의 간주관적 이해로서의 의사소통이며 이는 행위 주체가 대상에 대해 갖는 일방적 관계가 아니라 행위 주체들 간의 쌍방적 관계를 전제로 한다는 것은 이미 앞에서 기술한 바와 같다. 그런데 하버마스는 이러한 간주관적 관계를 나름대로 공동체에로 까지 확대시켜 적용하려 하고 있는 것으로 보인다는 것이다. 한 공동체에 의해 분담된 문화적 전통은 개별구성원이 이미 내용에 있어서 해석된 채로 발견하는 생활세계에 대해 구성적이며, 이러한 간주관적으로 분담된 생활세계는 의사소통행위를 위한 배경을 형성한다고(*TKH*, Vol. 1, 123) 그가 말하고 있는 데서도 이러한 면을 읽을 수 있다.

그러나 이러한 그의 시도 또한 일견 그럴듯하지만 자세히 들여다보면 그다지 설득력 있는 전개가 되지를 못하고 있다. 왜냐하면 하바마스가 생각하는 것처럼 간주관적 관계가 공동체적 관계로 그렇게 용이하게 전환·연결될 수는 없기 때문이다. 상식적으로 국가 간의 관계를 보아도 쌍무적 관계와 다자간 관계는 그 성질부터 판이하게 다르다는 것을 금방 알 수 있다. 사람 사이의 관계에 있어서도 두 사람 사이의 양자간 관계와 더 많은 사람들 사이의 관계가 동일선상에서 다루어질 수는 없는 것이다. 더욱이 하버마스에서처럼 의사소통 관계를 이성일변도로 접근하려는 경우는 말할 것도 없다. 왜냐하면 우리가 공동체적 관계를 파악하기 위해서는 무엇보다도 우리 인간의 정서적인 면을 감안하지 않으면 안 되기 때문이다. 하버마스에 있어서 간주관적 의사소통의 전개는 시민사회적 접근을 전제로 하고 있는 것으로 보이며 이런 경우에 이성의 중요성은 인정된다고 할 수 있다. 그러나 이와 달리 공동체적 접근으로 나아갈 경우에는 하버마스적 이성의 역할 만으로는 한계가 있으며 정서의 역할이 있을 때만이 온전히 공동체적 의사소통이 원만히 이루어질 수 있다는 것이다.[32] 우리는 두 사람 사이의 대화 시에도 완벽히 동등한 자격으로 완전히 서로를 이해하기는 지극히 어렵다는 것을 알고 있다.

하물며 많은 사람들 사이의 경우는 두말할 나위도 없이 훨씬 더 어렵다는 것이 불문가지이다. 따라서 많은 사람들 사이에서의 의사소통이 하버마스가 상상하는 것처럼 그렇게 용이하게 상호이해에 도달하기란 불가능하다고 할 수 있는 것이다. 따라서 특히 공동체적 관계의 원만한 의사소통의 문제와 관련하여 이러한 곤란을 해결해주는 것이 바로 공감적 정서의 역할이라고 할 수 있는 것이다. 즉 우리는 구체적인 대화의 형식을 빌리지 않더라도 이심전심으로 일정한 집단이 공동체적 관심사를 공유하게 되는 경우 바로 그 주요한 가교역할을 하는 것이 바로 정서적 교감이라고 할 수 있는 것이다. 하버마스는 의사소통에서 이러한 정서적 요소의 중요성을 제대로 반영하지 않고 쌍방적 대화방식만을 강조하고 있다는 데서 그리고 이를 합리성이라는 이름 아래 정당화시키고 있다는 데서 문제가 있다고 할 수 있는 것이다.

하버마스는 1983년에 발간한 『도덕의식과 의사소통행위』(*Moralbewusstsein und kommunika*tives *Handeln*)에서는 이전과는 달리 좀 더 명시적으로 정서적인 면의 중요성에 대해 언급하고 있다. 그는 인지적 작용들은 동기들 그리고 감정이입(empathy)과 같은 정서적 성향들 및 자세들과 내적으로 연결되어 있다고 한다. 그는 담론 참가자들에게서 기대되는 인지적 작용들을 위해 필요한 것이 정서적 전제들이라고 한다. 그리고 규범들을 정당화하고 적용하는데 있어서 인지적 작용과 정서적 성향 및 자세의 이러한 통합은 도덕판단을 위한 성숙한 능력을 특징화하는 것이라고 한다.[33] 그러나 이같이 정서의 중요성에 대해 기술하면서도 그는 정서적 활동은 어디까지나 도덕에 있어서 중심적이라고 생각되는 인지적인 판단을 위해 필요한, 하나의 내적으로 부수적인 연관으로 간주하고 있는 것이다.

다음은 끝으로 하버마스의 의사소통적 행위 개념 전개에 있어서 적합성 문제이다. 일견 보면 그의 의사소통적 행위 개념이 세계에 대한 일면적 이해를 중심으로 접근하고 있는 다른 세 가지의 행위(목적론적, 규범규율적, 연출적) 개념에 비해 세 가지 세계(객관적, 사회적, 주관적) 개념들 및 이에 상응하는 타당성 주장들을 종합적으로 반영하여 접근하기 때문에 편파적이지 않고 보다 보편적이라고 추정될 수 있지만, 엄밀히 살펴보면 다음과 같은 문제점들이 드러난다.

첫째로 의사소통적 합리성은 그 안에 포함된 목적론적 행위와 연출적 행위의 부정적 측면들을 정당화시켜 면죄부를 주고 있다는 점이다.

다음 두 번째로는 다른 세 가지 행위유형과 달리 의사소통적 행위만이 행위자들이 상호이해의 과정에서 성찰적 세계관계를 갖는다고(*TKH*, Vol. 1, 143) 하버마스가 기술하고 있는 점이다. 여기서 우리는 그가 합리성보다 성찰성을 개념적 우위에 설정하고 있음을 확인할 수 있으며 이런 점에서 하버마스에 있어서 합리성 개념의 격하 현상을 명확히 목격할 수 있다는 것이다. 따라서 이같이 여지없이 격하된 합리성 개념을 옹호한다고 해서 무슨 의미가 있을 것인가라는 근본적인 문제가 나타나는 것이다.

II. 생활세계와 체계

1. 생활세계 개념 : 생활세계와 합리성

1) 생활세계 개념

하버마스는 그의 생활세계 개념이 자신의 의사소통행위 개념을 위한 제한적인 보충 개념임을 강조하고 있다(*TKH*, Vol. 2, 182). 그렇다면 이같이 굳이 강조하는 이유는 무엇인가?

하버마스 자신의 기술대로라면 이해지향적 행위의 개념적 시각으로부터 나타나는 생활세계 개념은 단지 하나의 제한된 사회이론적 범위만을 갖기 때문이라고 한다(*TKH*, Vol. 2, 180). 의사소통행위에서 하나의 맥락으로 존재하는 생활세계 개념 즉 이해사회학에서 통용되는 생활세계 개념은 무엇보다도 역사적 사건과 사회적 관계에 대한 서사적 묘사에나 단지 소용되는 일상적 개념들에 연결되어 있어서 더 나아가지 않고서는 경험적 분석을 위해 적합한 것이 되지는 못한다는 것이다(*TKH*, Vol. 2, 183).

화이트(Stephen K. White)는 하버마스가 생활세계 개념을 의사소통행위 이론에 통합시키려는 이유로 합리화에 대한 베버의 이해와 그 패러독스를 극복하기 위해서라고 말한다.[34] 즉 점점 더 관료화되는 사회에서의 자유의 상실 그리고 미몽에서 충분히 깨어난 세계에서의 의미 및 통일성의 상실과 같은 합리화의 대가에 대한 설명으로서의 베버의 이론적인 틀은 현상을 적합하게 파악하기 위해서는 너무 제한적이라는 것이다.[35]

이는 합리화에 대한 베버의 분석이 다음과 같은 세 가지의 다른 수준에서 이루어지고 있다는 하버마스의 시각에 의해 뒷받침되고 있다고 한다. 첫째로는 종교에 대한 그의 사회학적 연구에서 베버는 그가 세계 종교라고 부른 것들의 영향아래 신비적·신화적 세계관이 깨뜨려지는 환멸과정을 분석했으며, 이러한 보편적 합리화과정이 특히 경제와 행정과 같은 사회적 생활 영역들의 사회적 합리화과정을 발생시키게 된 데에는 기독교의 금욕적이고 규율바른 생활이 종교외적인 사회활동 영역에로 전환되게 된 프로테스탄트 윤리(Protestant ethic) 때문이라고 생각했다는 것이다. 그런데 여기서 베버의 설명적 흥미가 두 번째 수준인 합리화의 사회적 형태에 초점이 맞춰져 있었기 때문에 첫 번째 수준인 세계관들의 수준에서의 합리화에 대한 그의 논의는 비교적 덜 발전된 상태에 있었다는 것이며, 이 때문에 사회적 합리화에 대한 분석의 열쇠인 목적합리성(Zweckrationalität) 개념이 초기 합리화 과정을 설명하기에 충분히 복잡하지가 않다는 것이다.[36] 다음은 세계관들의 합리화가 세 번째 수준의 합리화 즉 다양한 문화적 가치 영역들(value spheres)의 분화를 초래했다는 것이다. 다른 내적 논리를 가진 이러한 다른 영역들의 출현은 다른 논리들이 조화할 수 없는 갈등으로 운명 지어진다는 것을 주로 강조하기 위해서 베버가 말한 어떤 것이며 따라서 이러한 분화와 갈등은 베버가 현대세계에서 의미의 통일성의 회복할 수 없는 상실을 본 것의 한 측면을 대변한다는 것이다.[37]

그렇다면 어떤 면에서 생활세계 개념이 이러한 베버적 결함을 보충할 수 있다는 것인가? 여기서 하버마스는 베버에 있어서 여전히 불명료하게 남아있다고 생각하는 세계관의 수준에서의 합리화에 다시 눈을 돌리고 있다. 즉 베버는 세계관들의 수준에서의 합리화의 다른 차원들을 부각시키지 못했다는 것이다. 여기서 하버마스는 그러한 부각의 역할을 위한 가장 강력한 후보자는 피아제의 발생적 구조주의를 의사소통 모델과 결합시킨 것이라고 주장하고 있다. 즉 그는 환멸의 경험을 어린이들에 있어서 자기중심적(egocentric) 의식으로부터 탈중심적(decentered) 의식에로의 전환과 구조적으로 유사하다고 보는 것이다. 환멸은 이와 같이 틈 없는 신비적·신화적 세계의 사회중심적(sociocentric) 의식의 붕괴 그리고 자연적, 사회적, 그리고 주관적 세계들 사이의 명료한 구획설정을 인정하는 탈중심적 의식의 건설을 의미한다는 것이다. 따라서 형식적 세계 개념들의 구획설정은 역시 그러한 세 가지 세계들에 상응하는 타당성 주장들의 분화된 체계의 점증하는 인식을 뜻한다는 것이다.[38]

이상을 통해서 베버에 있어서 불명료하게 남아있었던 세계관 수준의 합리화는 바로 형식적 세계 개념들의 구획설정 그리고 이에 상응하는 타당성 주장들의 분화된 체계의 점증하는 인식이며, 이러한 경향이 생활세계에 폭넓게 확산될 때 생활세계의 합리화가 이루어진다는 것을 하버마스가 주장하고 있음을 알 수 있다.

하버마스는 이와 같은 배경에서 생활세계 개념을 전개시키면서 그는 우선 먼저 이를 형식적 세계 개념과 대조시키는 가운데 그 특징을 설명하려 하고 있다. 여기서 형식적 세계 개념들은, 문제가 되는 상황들 즉 일치될 필요가 있는 상황들을 정돈하는데 도움을 주는 틀을 형성하는 반면, 생활세계는 이미 본질적으로 해석되어져 있는 것으로서의 세계이다. 하버마스는 형식적 세계 개념들에 있어서는 화자와 청자가 객관적, 규범적, 혹은 주관적인 어떤 것을 관련시킬 수 있도록 그들의 언어행위들의 가능한 대상들을 한정시킬 수 있다고 한다. 반면에 생활세계는 그와 유사한 할당들을 허용치 않으며, 따라서 화자와 청자는 생활세계를 통해서는 어떤 것을 간주관적인 어떤 것으로 관련시킬 수 없다는 것이다(*TKH*, Vol. 2, 191-2). 여기서 생활세계에서는 간주관적으로 관련시킬 수 없다는 것은 이미 간주관화되어 있기 때문에 더 이상 간주관의 대상이 되지 않는다는 의미인 것으로 이해된다(*TKH*, Vol. 2, 190). 의사소통 행위자들은 항상 그들의 생활세계의 지평 안에서 움직이고 있으며, 그들은 그 곳 밖으로 나갈 수 없다. 해석자로서 그들 자신은 그들의 언어 행위에 따라 생활세계에 속하기는 하나 그들은 그들이 사실들에 관계할 수 있는 똑같은 방식으로 생활세계에서의 어떤 것에 관계할 수는 없다는 것이다(*TKH*, Vol. 2, 192). 이와 같이 하버마스에 있어서 생활세계는 사람들이 이미 간주관적으로 소통되어 있는 상태인 반면 형식적 세계는 사람들이 앞으로 간주관적으로 소통해야 할 과제가 남아있는 상태를 뜻하는 것이라고 할 수 있다.

하버마스는 언어의 매개가 생활세계의 재생산을 위해 수행하는 기능과 같이 의사소통행위가 생활세계의 상징적 구조들의 재생산을 위해 기능한다는 전제하에 그러한 기능에 대해 다음과 같이 구분하여 설명하고 있다. 우선 상호 이해의 기능적 측면에서는 의사소통행위는 문화적 지식을 전달하고 새롭게 하는데 도움을 주며, 행위조절의 측면에서는 사회적 통합 및 유대의 확립에 도움을 주며, 사회화의 측면에서는 개인적 정체성의 형성에 도움을 준다는 것이다. 이와 같이 생활세계의 상징적 구조들은 타당한 지식의 지속성, 집단유대의 안정화 그리고 책임성 있는 행위자들의 양성의 방식으로 재생산된다고 한다(*TKH*,Vol. 2,208-9).

하버마스는 생활세계의 구조적 구성요소들이 문화적 재생산, 사회적 통합, 그리고 사회화의 이러한 과정들에 상응하고 있는 바, 그 요소들이 바로 문화, 사회, 그리고 인격이라고 하고 있다(*TKH*, Vol. 2, 209). 그렇다면 여기서의 구성요소들인 문화, 사회, 그리고 인격은 생활세계의 일반적 구성요소라기 보다는 엄밀히 말하여 의사소통행위와 관련한 생활세계의 상징적 구조상의 구성요소라고 하는 것이 적절할 것이다.

2) 생활세계와 합리성

하버마스는 의사소통행위와 생활세계의 합리화에 대해 다음과 같이 말하고 있다.

> "인지적, 규범적, 미학적인 타당성 주장들에 따라 특수화된 지식의 제도화된 생산이 일상생활의 의사소통의 수준에 침투하고 그것의 상호작용적 조종기능들에 있어서 전통적 지식을 대체하는 정도에 따라, 이해지향적 행위의 시각으로부터 만이 단지 해명 가능한 일상생활적 실천의 합리화(경제 및 국가와 같은 행위체계들의 합리화에 비해 베버가 소홀히 했던 생활세계의 합리화)가 존재하게 된다."(*TKH*, Vol. 1, 456).

여기서 보면 일단 하버마스가 의사소통행위의 일상화로부터 생활세계의 합리화의 일상화가 비롯되는 것으로 파악하고 있음을 알 수 있다. 따라서 하버마스가 생활세계 개념이 의사소통이론을 위한 제한적인 보충 개념이라고 한 것은 바로 생활세계의 합리화 현상이 현대인들의 의사소통행위의 합리적 전개과정을 명료히 밝혀주는 지표로 제시될 수 있다는 점 때문인 것으로 보인다.

우리는 앞에서 하버마스의 합리성 개념은 근거 즉 타당성 주장과 연결된 표현을 하는 사람들의 성향을 뜻한다고 기술한 바 있다. 그런데 이러한 그의 합리성 개념은 생활세계와 연관된 부분에서도 그대로 드러나고 있다. 그는 생활세계의 문화적 재생산이 전통의 연속성과 일상적 실천에 충분한 지식의 정합성을 확고히 해준다고 하면서 이러한 연속성과 정합성은 타당한 것으로 받아들여지는 지식의 합리성에 의해 측정된다고(*TKH*, Vol. 2, 212) 말한다. 이러한 그의 언명을 통해서도 그에 있어서 합리성은 바로 타당한 것으로 받아들여지는 성향을 뜻하고 있음을 알 수 있다. 여기서 우리가 주목해야 할 부분은 하버마스에 있어서 합리성은 지식의 타당성 여부가 아니라 지식의 타당성의 수용 여부에 의해 가려진다는 것이다. 바로 이 점이 하버마스가 의사소통의 중요성을 강조하는 가장 실질적인 이유가 될 것이다. 즉 그에 있어서 중요한 것은 사실의 진리가 아니라 의사소통상의 진리라는 것이다.

그렇다면 그의 생활세계 개념의 핵심내용이라고 할 수 있는 생활세계의 합리화는 어떻게 일어나는 것인가? 하버마스는 생활세계의 구조적 구성요소들 그리고 그것들을 유지하는데 기여하는 과정들이 더 많이 분화될수록, 상호작용적 연관들이 점점 더 합리적으로 동기 지워진 상호적 이해의 조건들 즉 궁극적으로 더 나은 논거의 권위에 의존하는 합의 형성의 조건들에 해당되게 된다고 한다. 그러면서 그는 미드(G. H. Mead)와 뒤르켐(Emile Durkheim)이 생활세계의 합리화를 옹호하는 가운데 인용하고 있는 역사적 참조점들은 세 가지 시각들 즉 생활세계의 구조적 분화, 형식과 내용의 분리, 그리고 상징적 재생산의 점증하는 성찰성으로 체계화될 수 있다고 한다(*TKH*, Vol. 2, 218-9).

하버마스는, 문화와 사회의 관계에 있어서는 구조적 분화는 세계관들로부터 제도적 체계의 점차적인 분리에서 발견될 수 있다고 하고, 인격과 사회의 관계에 있어서는 구조적 분화가 개인 간의 관계들을 확립하는데 있어서 우연성의 범위의 확대에서 입증되며, 문화와 인격의 관계에 있어서는 전통의 재생이 점점 더 비판하고 개혁할 개인들의 준비와 능력에 의존한다는 사실에서 구조적 분화가 명시된다고 한다. 그러면서 하버마스는 이러한 경향들은, 일상의 의사소통적 실제를 이끄는 예스/노우식 결정들이 더 이상 귀속적인 규범적 합의에로 되돌아가지 않고 참여자들 자신의 협동적인 해석 과정으로부터 발생되는 한에 있어서만이, 단지 자체들을 확고히 할 수 있다고 한다. 따라서 이러한 경향들은 의사소통행위에 고유한 합리성 잠재력(Rationalitätpotential)의 해방을 신호해 준다는 것이다(*TKH*, Vol. 2, 219-220).

문화, 사회, 그리고 인격의 이러한 분화에 상응해서, 형식과 내용 사이의 분화가 일어나고, 생활세계의 구조적 분화에 궁극적으로 다양한 재생산 과정들의 기능적 특수화가 상응한다고 한다(*TKH*, Vol. 2, 220).

그런데 이러한 생활세계의 진보적 합리화가 재생산과정들에 있어서 혼란으로부터의 자유를 전적으로 보장하지는 않는다는 점을 베버, 미드, 그리고 뒤르켐의 관점들을 통해 보여주고 있다. 베버의 경우 의미와 자유의 상실과 관련한 그의 주제들에서 보여지는 바와 같이 합리화에 대한 그의 이론을 엄밀하게는 부정적인 발전을 진단하는 데로 맞추었다는 것이다. 그리고 미드에 있어서는 의사소통이론에 대한 그의 연구들이 주로 동시대 사회들의 정향진화(Orthogenese)에 관련될지라도 도구적 이성에 대한 비판에의 공명을 우리는 발견한다는 것이다. 또한 이러한 그들의 병리발생론이 바로 뒤르켐의 노동분업이론의 정해진 표적이었다는 것이다(*TKH*, Vol. 2, 221).

2. 생활세계와 체계

1) 생활세계의 재생산

하버마스는 생활세계의 상징적 구조들을 떠맡는 재생산과정들을 생활세계의 물질적 기초와 구별해야 한다고 함으로써 생활세계에 있어서 상징적 재생산과 물질적 재생산을 구별하고 있다. 여기서 생활세계의 상징적 재생산이란 생활세계의 상징적 구조들이 타당한 지식의 지속화, 집단적 유대의 안정화, 그리고 책임 있는 행위자들의 육성에 의해 재생산되는 것을 뜻한다. 생활세계의 구성요소들 즉 문화, 사회 그리고 인격이 이러한 문화적 재생산, 사회적 통합, 그리고 사회화에 상응한다는 것이다. 하버마스는 언어라는 매개가 생활세계의 재생산을 위해 기본적 기능을 수행한다는 미드의 관점을 수용하는 가운데 이를 토대로 더 나아가 의사소통적 상호작용이 매개를 구성하고 이 매개를 통하여 문화, 사회 그리고 인격이 재생산된다고 하면서 이러한 재생산과정들은 생활세계의 상징적 구조들을 망라한다고 말한다. 반면 물질적 재생산은 사회화된 개인들이 그들의 목적들을 실현키 위해 세계에 개입하는 합목적적 활동의 매개를 통하여 이루어지는 것으로서, 이러한 생활세계의 물질적 토대의 유지는 상징적 구조들의 재생산과 구별되어야 한다고 기술하고 있다. 이런 점에서 생활세계의 유지의 관점에서 볼 때에, 상징적 재생산과 물질적 재생산은 바로 베버의 표현인 내적 필요와 외적 필요에 상응한다는 것이다(*TKH*, Vol. 2, 208-9).

이상을 통해서 하버마스가 생활세계의 재생산에 있어서 상징적 재생산과 물질적 재생산의 두 측면이 모두 필요함을 주장하고 있음을 알 수 있다.

하버마스는 물화현상 역시 생활세계적 기형들에 따라서 분석될 수 있다고 한다. 그는 프랑스혁명 직후 여러 갈래로 나뉘어져 현대성에 대한 비판을 전개했던 반계몽주의의 공통 특징은 부르주아 사회의 병리들인 의미의 상실, 아노미, 그리고 소외가 생활세계의 합리화 그 자체에로 추적될 수 있다는 확신이라고 하고 있다. 그리고 이는 본질적으로 부르주아 문화에 대한 비판이라는 것이다. 그런데 이와는 대조적으로 부르주아 사회에 대한 마르크스주의적 비판은 첫째로 생산관계들에 목표가 설정되어 있다고 한다. 왜냐하면 마르크스주의적 비판은 생활세계의 합리화를 수용하면서 물질적 재생산의 조건들에 의한 그것의 기형을 설명하기 때문이라는 것이다(*TKH*, Vol. 2, 222). 이러한 관점에 따른다면 결국 현대 부르주아 사회의 병리는 생활세계의 물질적 재생산의 조건들에 의해 생활세계가 기형적으로 진전됨에 따른 결과라고 진단하고 있음을 알 수 있다.

하버마스는 생활세계의 물질적 기초의 유지는 생활세계의 상징적 구조들의 유지를 위한 필수적 조건임을 강조하고 있다(*TKH*, Vol. 2, 226). 그러면서 그는 생활세계의 물질적 재생산의 범위를 일정하게 한정시키고 있다.

그는 물질적 재생산의 과정들은 목표지향적으로 상황을 다루는 행위주체들의 시각으로부터 만이 단지 시야에 들어오게 된다고 한다. 따라서 시야에서 흐릿해지는 것은 사회적 재생산 관계의 모든 반직관적인 측면들이라고 한다(*TKH*, Vol. 2, 226). 이는 바로 체계적 측면의 사회적 재생산 관계와 생활세계의 물질적 재생산 관계가 명확히 구별되어야 한다는 것을 주장하는 것으로 볼 수 있다. 왜냐하면 하버마스는 생활세계의 구조들은 구성원들의 직관적 지식에서 시작하는 재구성적 분석에게 만이 접근 가능하다고 하고 있기 때문(*TKH*, Vol. 2, 227)이다.

하버마스에 있어서 생활세계의 재생산에 대한 더 이상의 논의는 체계이론과의 연관 하에 진행되고 있기 때문에 이에 대한 이해를 위해서 우선 먼저 체계에 대한 하버마스의 관점부터 살펴보기로 한다.

2) 생활세계의 합리화와 체계

하버마스는 사회를 동시에 체계와 생활세계로 파악하려 한다(*TKH*,

Vol. 2, 180). 즉 그는 일정한 사회집단의 경우 그것이 어느 것이든 간에 생활세계와 체계로 이루어져 있다고 본다. 여기서 생활세계와 체계가 분화된 상태인가 아닌가는 그 집단의 상황에 따라 다르다는 것이다. 그렇다면 하버마스에 있어서 체계란 어떠한 것인가?

하버마스는 체계를 '자기통제 되는 기능 맥락들(selbstgestreuerte Funktionszusammenhänge)'로 뿐만 아니라 생활 세계의 질료적인 재생산의 기능 영역에 제한된 것으로 성격 짓는다.[39] 하버마스는 파슨스(T. Parsons)의 체계이론을 부분적으로 수용하여 그의 체계 개념을 전개하고 이를 통하여 생활세계와 체계 사이의 관계를 파악하려 하고 있다.

하버마스는 사회적 진화를 이차적 분화과정으로 이해한다. 체계와 생활세계는 전자의 복잡성과 후자의 합리성이 증가함에 따라 체계와 생활세계 각각이 자체로서 분화될 뿐 아니라 동시에 그것들이 서로로부터도 분화된다는 것이다(*TKH*, Vol. 2, 230). 여기서 생활세계로서의 사회는 의사소통적으로 매개된 협동의 망인 반면, 체계로서의 사회는 자기규율적 체계의 모델을 따르는 것으로 이해된다(*TKH*, Vol. 2, 223, 227).

그렇다면 하버마스에 있어서 생활세계는 체계와 어떤 관련을 맺고 있는 것인가?

하버마스는 생활세계와 연결된 행위이론적 개념전략과 체계와 연결된 체계이론적 개념전략을 각각 내재적 관점과 외재적 관점이라는 시각적 차이로 규정지으면서 이들 사이의 관계를 통하여 생활세계와 체계 사이의 관계를 설명하려 하고 있다(TKH, Vol. 2, 229). 즉 그는 행위이론적 생활세계를 강조하는 것과 체계이론적 체계를 강조하는 것을 각각 개념전략적 차원으로 규정하면서 논의를 전개하려 하고 있는 것이다.

하버마스는 우리가 체계적 시각과 생활세계적 시각의 각각을 서로 변환시키는 대신에 전자나 후자 중에서 어느 한 쪽을 고집한다면 체계와 생활세계의 분리는 이차적 분화로 파악될 수 없다고 한다. 따라서 그는 체계의 복잡성 증가와 생활세계의 합리화 사이에서 이루어지는 연관성들을 분석하려 한다고 말한다(*TKH*, Vol. 2, 232). 여기서 다시 주목해야 할 것은 체계와 생활세계의 분화를 수용하려면 사실로서의 체계와 생활세계 사이의 변형이 아니라 주장으로서의 체계적 시각과 생활세계적 시각 사이의 변형이 전제되어야 한다는 것이다.

그가 체계와 생활세계 사이의 연관성을 검토하는 과정에서 주목하고 있는 것 중의 하나는 생활세계의 합리화가 체계적 복잡성의 증가를 가능하게 한다는 것으로서, 이러한 체계적 복잡성의 과도한 증가가 체계명령들을 해방시키게 됨으로써 이러한 체계명령들이 결국에 가서는 그것들에 의해 도구화되고 있는 생활세계의 수용능력을 파열시켜 버리게 된다는 것이다(*TKH*, Vol. 2, 232-3).

하버마스는 생활세계와 체계의 관계에 대비되는 또 하나의 개념군으로 사회통합(Sozialintegration)과 체계통합(Systemintegration)을 제시하고 있다. 여기서 사회통합은 행위정향들에 중요성을 부여하는 반면, 체계통합은 그러한 행위정향들을 통하여 줄곧 제어하는데 중요성을 부여한다. 전자의 경우 행위체계는(규범적으로 보장되든지 혹은 의사소통적으로 성취되든지 간에) 합의를 통해 통합되는 반면, 후자의 경우 행위체계는 주관적으로 조율되지 않는 개별적 결정들에 대한 비규범적 조종을 통해 통합된다고 한다. 그러면서 그는 우리가 사회의 통합(Integration der Gesellschaft)을 오로지 사회통합으로 이해한다면 의사소통행위로부터 출발하면서 사회를 생활세계로 해석하는 개념전략을 우리가 선택하는 것이고, 다른 한편 우리가 사회의 통합을 오로지 체계통합으로 이해한다면 사회를 자기규율적 체계의 모델을 따라 설명하는 개념전략을 우리가 선택하는 것이라고 한다(*TKH*, Vol. 2, 226-7).

이러한 통합 개념과 관련하여 하버마스가 제시하고 있는 또 하나의 개념이 가치일반화(Wertgeneralisierung)라는 것이다. 하버마스는 행위자들에 있어서 점점 더 일반적이고 형식적이 되도록 제도적으로 요구되는 가치정향들의 경향에 '가치일반화'라는 문구를 적용한 파슨스로부터 이 개념을 차용하고 있다. 하버마스는 이러한 경향이 특히 법적·도덕적 발전에 있어서 구조적으로 필요한 결과라고 하면서 갈등의 경우에 합의의 확보를 점점 더 추상적 수준으로 옮기게 한다고 말한다(*TKH*, Vol. 2, 267).

그런데 하버마스는 이러한 가치일반화의 추세가 상호작용의 국면에서 두 가지의 상반된 경향을 유발시킨다고 한다. 그 하나는 동기와 가치의 일반화가 점점 더 진전될수록 의사소통행위는 점점 더 구체적이고 전통적인 규범적 행동패턴으로부터 유리됨으로써, 사회적 통합의 부담이 점점 더 종교적으로 정박된 합의로부터 언어적 합의형성 과정에로 옮겨가게 된다는 것이다. 다른 하나는 특수한 가치정향들로부터의 의사소통행위의 해방이 성공지향적 행위와 이해지향적 행위의 분리를 의미하고, 동기와 가치의 일반화와 함께 결국에 가서는 목적합리적 행위의 하부체계들을 위한 활동의 여지를 만든다는 것이다. 여기서 첫 번째 경향과 관련한 가치일반화는 의사소통행위에 부착된 합리성의 잠재력을 해방시키기 위한 필요한 조건이며, 이러한 사실이 가치일반화를 일으킨 법과 도덕의 발전을 생활세계의 합리화의 한 측면으로 이해하도록 해준다고 한다. 반면 두 번째 경향과 관련해서는 전략적 행위의 연관들이 분화될 때만이 행위의 조율이 탈언어화된 의사소통 매체에로 전환될 수 있는 바, 이 때문에 탈도덕화된 강제법이 정당화에 대한 유보를 강요하면서, 매체를 통한 사회적 행위의 조종이 가능하도록 만든다는 것이다(*TKH*, Vol. 2, 268-9).

이런 양극화는 체계통합과 사회통합의 분리를 반영하는 것이며, 이러한 분리는 성공지향적 행위와 이해지향적 행위 사이 뿐 아니라 상응하는 행위조율 매커니즘들 사이의 상호작용 국면에서의 분화를 전제한다고 한다(*TKH*, Vol. 2, 269).

하버마스는 특히 이러한 가치일반화에 있어서의 기술적 확장의 체계적 연관을 생활세계의 기술화라고 하면서 이를 생활세계의 합리화와 대비시키고 있다.

그는 의사소통의 비용과 의견불일치의 위험의 경감 문제는 신망과 영향력이 합의와 추종준비를 단순히 유인하기 보다는 신망과 영향력 자체가 일반화되는 수준 즉 조종매체의 형성에서 해결될 수 있다고 한다(*TKH*, Vol. 2, 271).

그런데 하버마스는 다른 유형의 매체의 형성조건은 영향력의 원천의 분화, 특히 합리적으로 동기부여된 여러 형태의 신뢰로부터 경험적으로 동기부여된 신뢰의 분리라고 말한다. 화폐 및 권력과 같은 매체는 경험적으로 동기부여된 구속에 부착되는 반면, 전문가적 평판이나 가치연루와 같은 일반화된 의사소통 행태들(예를 들면 도덕-실천적인 리더십)은 기본적으로 합리적으로 동기부여된 특수한 종류의 신뢰에 의존한다는 것이다(*TKH*, Vol. 2, 272).

하버마스는 일상적인 의사소통적 실천은 생활세계적 맥락에 깊이 새겨져 있으며, 여기서 언어적 상호이해의 합리성 잠재력은 가치일반화가 진척되는 정도에 따라 현실화된다고 한다. 그런데 생활세계가 상호이해의 기제에 대해 발휘하는 점증하는 합리성 압력이 결국 해석의 비용을 증대시키고 또한 비판가능성에 대한 요구와 함께 상승하는 의견불일치의 위험을 증대시키게 된다고 한다. 그는 의사소통 매체에 의해 억제될 수 있는 것이 바로 이러한 요구와 위험이라고 하면서 이러한 매체가 기능하는 방식은 그것들이 언어적 합의형성에 집중하는지의 여부에 따라 달라진다고 한다(*TKH*, Vol. 2, 272).

따라서 언어로부터 조종매체에로의 행위조율의 전환은 생활세계적 맥락으로부터 상호작용의 분리를 의미한다는 것이다. 즉 화폐 및 권력과 같은 매체는 합의형성 과정을 회피한다는 것이다. 그리고 이런 종류의 매체를 통해서 분화된 사회적 하위체계들은 체계환경으로 밀려진 생활세계에 대하여 자립적이 된다. 그리고 이로부터 행위에 있어서 조종매체에로의 전이가 의사소통의 비용과 위험을 경감시키는 동시에 또한 확장된 우연성의 영역에서 결정들을 조건화한다는 점에서 결국 생활세계의 기술화로 나타난다는 것이다(*TKH*, Vol. 2, 273).

하버마스는 이러한 생활세계의 기술화와 대조되는 상황을 생활세계의 합리화로 설정하고 있다. 그는 지식의 소유에 대해 합리적으로 동기부여된 신뢰에 부착하는 영향력의 일반화는 생활세계의 기술화와 똑같은 결과를 가질 수 없다고 한다. 즉 평판이나 도덕적 권위가 관계되는 곳에서는 행위조율은 언어적 합의형성에 친밀한 자원들의 도움으로 수행됨에 틀림이 없으며, 따라서 이런 종류의 매체는 상호작용을 생활세계적 맥락으로부터 분리시킬 수 없다는 것이다. 그리고 그러한 매체는 생활세계에 대한 어떤 특수한 제도적 재결합을 필요로 하지 않으며, 생활세계의 합리화에 의존한 채 머물러 있게 된다는 것이다(*TKH*, Vol. 2, 273).

3) 생활세계의 식민지화

이제 하버마스가 이론화하기를 가장 많이 고심했을 주제로 옮겨가려 한다. 생활세계의 식민지화가 바로 그것이다. 생활세계가 합리화되면서 그것이 또한 체계의 식민지로 전화하게 된다는 것인데, 이는 합리성의 정당성을 누구보다도 강조해온 이성론자인 그로서는 인정하고 싶지 않은 부분일 것이나 현대사회의 현실에서 여실히 나타나고 있는 현상이니만큼 어쩔 수 없었을 것이다. 그는 생활세계의 식민지화라는 개념에 앞서 먼저 생활세계의 병합화라는 개념으로부터 시작하고 있다.

그는 생활세계의 병합화(Mediatisierung der Lebenswelt)에 관한 가정은 체계와 생활세계가 서로로부터 분화될 때 그것들이 서로에 대해 상호적인 영향력을 발휘할 수 있는 정도에 따라 일어나는 간섭현상을 언급하는 것이라고 한다(*TKH*, Vol. 2, 277). 그렇다면 여기서 언명하고 있는 생활세계의 병합화는 특히 체계가 생활세계에 미치는 과대한 영향력에서 비롯되는 간섭현상을 뜻하는 것이 될 것이다.

현대화 과정에서 점차적으로 합리화되는 생활세계는, 경제 및 행정과 같은, 점점 더 복잡하고 형식적으로 조직되는 행위영역으로부터 분리되고 또한 이에 의존적이게 된다고 한다, 그리고 체계명령들에 의한 생활세계의 병합화로부터 연유되는 이러한 의존성은, 물질적 재생산에 있어서의 위태로운 불균형이 생활세계의 상징적 재생산에서의 장애라는 대가를 치르고서 만이 피해질 수 있는, 내부적 식민지화(innere Kolonialisierung)라는 사회병리적 형태를 띠게 된다는 것이다(*TKH*, Vol. 2, 452). 종국에 가서는 체계 메커니즘은 합의에 의존하는 행위조율이 대체될 수 없는 영역들, 즉 생활세계의 상징적 재생산이 문제되는 영역들에서조차도 사회통합의 형식들을 밀어내게 되는 바, 이때에 생활세계의 병합화는 바로 식민지화의 형태를 띠게 된다는 것이다(*TKH*, Vol. 2, 293).

이러한 생활세계의 식민지화는 하버마스적 물화(Verdinglichung) 개념과 연결된다. 생활세계의 병합화는, 화폐와 권력이라는 체계적 매체들이 세 가지 상징적 재생산 과정들(문화적 전이, 사회적 통합 그리고 사회화)이 자리 잡는 핵심적 행위영역들에서 의사소통적 사회화를 대신하기 시작할 때, 생활세계의 식민지화의 형태를 취하게 된다고 한다. 즉 물화는 체계 통합의 확장이 합리화된 생활세계의 재생산에 필수적인 기능들을 손상시키는 정도에 따라 발생한다는 것이다.[40]

그리고 이러한 생활세계의 식민지화는 물론 하버마스의 『의사소통행위이론』에서의 비판의 주 목표인 기능주의적 이성의 문제와도 연관된다. 하버마스가 기능주의적 이성에 대해 말할 때 그는 체계이론 내에서 개념화된 것으로서의 합리성에 대해 말하고 있는 것이다. 또한 기능주의적 이성에 대한 그의 비판은 체계론적 시각과 의사소통적 행위모델의 결합, 그리고 초과적인 체계작용에 따른 생활세계의 기형에서 비롯되는 물화현상과 긴밀히 연관되어 있다고 할 수 있으며,[41] 이런 점에서 우리는 호르크하이머와 아도르노의 도구적 이성 비판과 하버마스의 기능주의적 이성 비판의 차이를 구별을 읽을 수 있다. 즉 호르크하이머와 아도르노가 비판한 대상으로 삼은 이성이 도구적 지배 전반을 조장하는 이성이라면, 하버마스가 비판의 대상의 대상으로 삼은 이성은 생활세계를 식민지화하는데 국한된 이성인 것이다.

3. 문제점 및 한계

1) 생활세계 및 문화 개념 설정의 문제

앞에서 살펴본 바와 같이 하버마스는 생활세계의 구성요소로서 문화, 사회, 그리고 인격을 제시하고 있다. 이는 그의 세 가지 형식적 세계 개념 즉 객관적 세계, 사회적 세계, 주관적 세계라는 삼분법에 상응하는 생활세계에서의 삼분법이라고 할 수 있다. 다른 점보다 여기서 특히 문제가 되는 것은 생활세계의 구성요소 중 하나라는 문화에 대한 것이다.

여기서의 문화는 형식적 세계에서의 객관적 세계에 상응하는 것으로서, 하버마스는 이를 지식과 연관된 영역으로 이해하고 있다(*TKH*, Vol. 2, 209). 그러나 이러한 문화 개념은 적절하지 못한 것으로 보인다. 오늘날 이같이 지식의 전통이라는 좁은 영역으로 문화 개념을 설정하고 있는 사람이 거의 없다는 점만 보아도 이를 미루어 짐작할 수 있다.[42]

다음은 하버마스가 생활세계의 구성요소인 문화, 사회, 인격이라는 세 가지 개념을 설정하면서 이들을 그 구현 능력과 결부시키고 있다는 점이다. 하버마스가 설정하고 있는 생활세계의 구성요소 세 가지를 설혹 용인할 때조차도 우리는 이를 능력보다는 특성 내지 성격의 차원에서 접근하는 것이 더 적절할 것이다.

만일 생활세계를 합리화로 나아가는 단계들의 차원에서만 이해하고자 한다면 이를 능력과 연관지우는 것이 그렇게 부적절하지는 않을 것이다. 그러나 생활세계는 합리화로 나아가기 위해 존재하는 것이 아니라 그 자체로 일정한 시기, 일정한 집단의 삶의 현장이며 이는 합리화로 나아갈 수도 있고 그렇지 않을 수도 있으며, 또한 능력상이 아니라 그 특성상 빨리 합리화할 수도 있고 서서히 합리화할 수도 있는 것이다.

2) 생활세계와 체계 사이의 대비 문제

여기서는 우선 먼저 하버마스가 생활세계와 체계를 대비 내지 분리시키려는 의도부터 검토해 보기로 한다.

하버마스의 물화이론의 기본틀을 형성하는 것은 생활세계와 체계의 대비 내지 분리이다. 그는 체계와 생활세계의 분화를 환영한다. 생활세계로부터 경제와 관료 행정이라는 하위체계의 분리, 생활세계의 합리화, 체계의 복잡성 증대 등은 비가역적이고 바람직한 것이며, 오직 체계에 의한 '생활세계의 식민화'만이 물화에 해당한다는 것이다. 하버마스는 자본주의 사회의 총체적 물화라는 루카치의 진단을 포기하고 경제와 정치영역을 물화이론에서 제외시키고 있는 것이다.[43] 여기서 하버마스가 경제를 물화이론에서 제외시키고 있는 것은 마르크스주의의 후예로서 당연하다고 할 수 있다. 문제는 그가 정치영역까지 물화이론에서 제외시키고 있다는 점이다. 즉 경제와 정치영역 모두를 체계에 포함시키면서 이것들을 생활세계와 대비시키는 가운데 생활세계가 체계적 특성을 지닌 경제와 정치영역으로부터 상대적으로 자율성을 확보할 것을 주장하고 있는 것이다. 그리고 생활세계가 이러한 자율성을 확보하는 방법이 다름 아닌 의사소통이론에 기초한 담론사회의 담론권력의 확장이라고 상정하고 있는 것이다.

이같이 물화에 대한 염려의 대상에서 경제와 정치 영역을 배제하고 또한 생활세계의 물질적 재생산 영역도 마찬가지로 물화에 대한 염려 대상에서 제외됨으로써 이들 영역들은 모두 체계기능 영역에 포함되게 된다. 그렇다면 결국 생활세계의 상징적 재생산 영역만이 간신히 물화에 대한 염려의 대상인 비체계영역으로 남겨지게 되는데, 이렇게 왜소하게 남겨진 상징적 재생산 영역은 의사소통행위에 의해 합리화를 거치면서 유지된다는 것이다.

여기에는 두 가지 의미가 내포되어 있다. 그 하나는 물질적·체계적 권역이 이미 크게 확장된 데다가 나아가 생활세계의 합리화를 거치고 체계의 복잡성이 증가함에 따라 체계권역은 더욱 확장된다는 것이다. 다른 또 하나는 왜소하게 구석으로 몰린 생활세계의 상징적 재생산 영역이 체계로부터 자율성을 견지하기 위해서는 의사소통행위를 이끄는 담론의 힘이 필수적이라는 것이다.

그러나 여기서 담론의 세력화 역시 또 하나의 권력화라는 점을 간과해서는 안 된다는 점에서 담론의 유용성 및 담론의 세력화에 대한 지나친 강조 또한 주의 깊어야 한다. 하버마스에 의해 해석된 담론윤리학은 상대적으로 좁게 이해된, 규범에 대한 근거제시의 언어놀이에 고정되어 있다는[44] 레제-쉐퍼(W. Reese-Schäfer)의 언명은 바로 담론이 이에 능숙한 사람들만의 놀이로 귀착되어 그들 자신의 권력강화의 도구로 쉽사리 활용될 기능성이 있다는 것을 말해주는 것이다.

여기서 의사소통행위이론 및 담론권력에 대한 이러한 비판적 접근은 결코 대화를 통한 사태 해결의 장점을 무조건 부인하거나 폄훼하려는 것이 아니라 다만 고대 그리스의 소피스트들처럼 대화술만을 익혀 사실 여부와 관계없이 상대방에 대한 설득과 회유만을 이끌어내는데 전념하는 경우를 문제 삼고 있는 것이다. 그런데 담론권력에 목숨을 내맡긴 채 거대한 물질적 체계로 휩쓸려가는 정신박약적 현대인의 모습이 바로 하버마스가 제시하는 이론의 귀결이 되는데도, 막상 하버마스 자신은 생활세계가 식민지화되지만 않으면 된다는 식으로 가볍게 생각하고 있는 것이다.

앞에서도 언급하였거니와 하버마스에 있어서 합리성은 지식의 타당성 여부가 아니라 지식의 타당성의 수용 여부에 의해 가려진다는 것이다. 이 점이 하버마스가 의사소통의 중요성을 강조하는 이유가 되며 여기서 그에게 중요한 것은 사실의 진리가 아니라 의사소통상의 진리인 것이다. 이런 상황에서는 결국 상대방이 타당성 주장을 수용하도록 하기 위해 온갖 수단과 방법이 동원될 수밖에 없게 될 것이다. 때문에 하버마스가 의사소통행위의 바람직한 전개를 위해 설정해 놓은 발화수반적 행위[45]라는 방파제도 별다른 역할을 할 수 없게 된다는 것이다.

다음은 하버마스에 있어서 생활세계와 체계의 대비 내지 분리의 방식이 인간사회의 성격을 올바로 반영하고 있는가 하는 점이다.

하버마스는 생활세계와 세계의 개념적 구분이 지니는 의의를 강조한다. 여기서 세계란 실제로 존재하는 사태들의 총체로서의 객관적 세계, 정당하게 규정된 사회적 관계들의 총체, 그리고 사적으로만 특권적으로 접근할 수 있는 체험들의 총체로서의 주관적 세계를 뜻한다. 그런데 구체적이고 실질적인 내용을 포함하는 생활세계에 비해 체계는 기본적으로 형식적이다. 그러나 바로 그러한 형식성이 의사소통적 행위에 내재하는 합리성의 근거가 된다. 형식적 세계는 합리성의 영역이다. 형식적 세계는 상황의 요소들로서의 사실, 규범, 체험과 연관된다. 규범과 체험은 생활세계의 요소로서 자원의 역할을 하기도 하지만 또한 형식적 세계에 근거해서 그 타당성이 검토될 수 있는 가능성을 배제하지 않는다. 생활세계와 형식적 세계 사이의 하버마스적 구별은 사회적 행위에 내재하는 합리성을 확보하기 위한 이론적 전략이다.[46]

하버마스는 생활세계 개념을 무엇보다도 먼저 이해과정에로의 상관자로 도입한다고 한다. 그리고 의사소통적으로 행위하는 주체들은 항상 생활세계적 지평에서 이해에 도달한다고 한다. 또한 생활세계적 배경은 참여자들에 의해서 문제없는 것으로 여겨지는 상황규정들의 원천으로서 기여한다고 하고 있다. 해석을 수행할 때에 하나의 의사소통적 공동체의 구성원들은 하나의 객관적 세계와 그들의 간주관적으로 분담된 사회적 세계를 개개인들 및 다른 집단들의 주관적 세계들과 구별한다. 세계 개념들과 이에 상응하는 타당성 주장들은 형식적 발판을 형성하는데, 의사소통적으로 행위하는 사람들이 문제가 없는 것으로 여겨지는 생활세계에서 문제가 있어서 합의를 필요로 하는 상황맥락들을 이러한 발판을 통해 정돈하게 된다는 것이다(*TKH*, Vol. 1, 107). 그런데 하버마스는 이러한 발판이 다름 아닌 합리성이라고 한다. 그는 이해를 위한 필요가 참여자 자신들의 해석적 수행 즉 위험을 동반한 일치(합리적으로 동기부여 되기 때문에)에 의해 충족될수록, 우리는 보다 빈번히 합리적 행위정향들을 기대할 수 있다는 것이다(*TKH*, Vol. 1, 108).

여기서 우리는 우선 하버마스의 생활세계 개념이 그럴듯하기는 하지만 기실은 아주 애매한 개념이라는 것을 느끼게 된다. 이해를 쉽게 하기 위하여 다시 하버마스의 생활세계 개념의 특징을 열거해 보기로 하자. 우선 생활세계는 이해도달 과정의 상관자이다. 그리고 생활세계는 문제없는 상황규정의 원천으로 작용한다. 그러면서 또한 생활세계는 문제 있는 상황맥락들을 정돈하게 되는 시작점이기도 하다. 나아가 생활세계는 분화된 세계 개념들의 작용을 통해 합리화됨으로써 의사소통적으로 성취된 이해로 진전된다. 이러한 개념 설명에서 주목해야 할 것은 생활세계가 이해를 위한 발판이라면 합리화는 문제있는 상황 맥락을 정돈하는 발판에 해당된다고 말하고 있는 점, 그리고 이 생활세계와 합리화 양쪽의 기저에는 모두 의사소통이 작용한다고 말하고 있다는 점이다. 여기서 의사소통은 두말할 필요도 없이 바로 대화적 의사소통이라고 할 수 있다.

그러나 하버마스의 이러한 개념 전개가 설득력을 얻기 위해서는 좀 더 그 전개에 있어서 정합성이 요구된다. 우선 먼저 제기되어야 할 것은 생활세계와 합리화에 있어서 의사소통의 질적인 차이를 간과하지 말아야 한다는 점이다. 우리의 통상의 생활세계 즉 다른 말로 우리의 문화는 대개 대화적으로 합의 내지 일치를 보기보다는 은연중 정서적으로 일치되는 느낌에서 상황을 규정하기 마련이라는 것이다. 반면 새로이 나타나는 문제 있는 상황맥락에 있어서는 이를 정돈 내지 합의에 이르기 위해서는 일정한 대화적 논의과정을 거치는 이해가 필요할 것이다. 따라서 생활세계에 있어서 전제가 되는 이해는 정서적 소통의 이해라고 할 수 있으며, 합리화 과정에서의 이해는 대화적 소통의 이해라고 해야 적절할 것이다. 그리고 이렇게 할 때만이 하버마스가 말하는 생활세계와 합리화 사이의 관계가 무리 없이 성립될 수 있을 것이다. 왜냐하면 하버마스가 상정하고 있는 관점대로라면 합리화를 거친 후의 생활세계의 상태를 적절하게 규정하기 어려울 것이기 때문이다. 그가 언명하고 있는 바와 같이 근대적 세계 이해에 특징적인 합리성 구조들을 일반적으로 타당한 것으로 가정함이 없이 그것들을 역사적 시각에서 고찰해야 한다면 (*TKH*, Vol. 1, 73) 우리는 계속해서 전개될 합리화와 함께 또한 합리화된 이후의 생활세계의 모습을 염두에 두어야 할 것이다. 그렇다면 합리화된 이후의 생활세계는 하버마스의 원래의 설명대로라면 글자 그대로 합리화된 생활세계이며 그것이 또다시 합리화를 거쳐 합리화된 생활세계가 나타난다는 것인데 이는 기본적으로 생활세계와 합리화 사이의 관계를 모호하게 할 뿐만 아니라 더 나아가 합리화된 것이 어떻게 문제없는 상황규정의 원천으로 작용할 수 있는가의 의문이 제기된다. 왜냐하면 합리화는 하버마스에 있어서는 기본적으로 문제 있는 상황맥락을 정돈하는 발판으로서 역할을 한다고 되어 있기 때문이다. 그런데 필자가 제시하고 있는 바와 같이 생활세계를 정서적 소통의 이해 상태라고 상정한다면 곤란은 사라질 것이다. 이와 같이 할 때는 일정한 단계의 합리화 후 생활세계는 일정한 정서적 정착의 단계를 거치는 과정에서 정서적 소통의 이해가 형성된 상태가 될 것이며 그 후 다시 합리화를 거치면서 다시 마찬가지의 과정을 거치게 되는 것이 우리 인간사회의 모습일 것이기 때문이다. 하버마스식의 관점으로는 생활세계와 체계 사이의 관계도 적절히 설정될 수가 없게 된다. 왜냐하면 생활세계가 합리화되면 그 이후에는 합리화된 생활세계인데 합리적인 것으로서의(하버마스는 기술화라고 하지만) 체계가 합리적인 것으로서의 생활세계를 병합 내지 식민화하는 것이 무엇이 문제인가? 이는 논리상으로도 별 문제가 되지 않음을 알 수 있다. 그런데 시각을 달리 해서 합리적인 것으로서의 체계가 정서적인 것으로서의 생활세계를 병합 내지 식민지화할 때는 문젯거리가 될 수 있음을 우리는 직관적으로 알 수 있는 것이다. 정리하자면 하바마스는 모든 것을 합리성으로부터 시작하여 합리성으로 끝내려하는 데서 문제가 된다. 사회적 합리화 과정이 사회 분석에 있어서 그 중심적 위치를 상실하게 되는[47] 상황은 바로 생활세계 분석에 있어서도 마찬가지로 해당된다고 할 수 있는 것이다.

3) 의사소통행위 개념과 관련된 문제

의사소통적 행위와 합리성과의 관계에 대해서는 이미 제1절에서 다룬 바 있다. 여기서 의사소통적 행위와 관련하여 다루어질 문제는 의사소통행위와 도덕적 동의 사이의 관계이다. 하버마스는 우리 인간들의 도덕적 동의가 언어적인 의사소통행위를 통해 이루어진다는 것을 미드와 뒤르켐의 관점을 빌어 주장하고 있다는 점이다.

하버마스는 본능에 의해 조절되고 몸짓에 의해 매개되는 상호작용에서 출발하여, 신호언어적 상호작용과 상징에 의해 매개되는 상호작용의 단계를 거쳐 규범에 의해 규율되고 언어에 의해 매개되는 상호작용을 위한 기본 개념의 틀을 미드가 어떻게 발전시켰는가를 추적하려 한다. 그런데 여기서 상징에 의해 매개되는 상호작용으로부터 규범에 의해 인도되는 상호작용으로 이행할 때, 계통발생적(phylogenetisch) 발달의 선에서 하나의 틈이 드러나는데, 이 틈을 도덕의 신성한 기초와 사회적 유대의 의례적 기초에 관한 뒤르켐의 가정으로 채울 수 있다는 것이다. 의례를 통해 확보된 규범적 기본 동의가 언어화된다는 생각을 지침으로 선택한다면, 분화된 상징적 구조를 갖는 합리화된 생활세계의 개념을 얻을 수 있다는 것이다(*TKH*, Vol. 2, 10).

하버마스가 보기에 미드는, 부모와 아이들 사이의 사회화 상호작용을 위한 조건들이 충족된 것으로 전제함으로써, 상징에 의해 매개되는 상호작용에서 규범에 의해 인도되는 상호작용으로의 이행을 위한 재구성의 과제를 너무 단순화했다는 것이다(*TKH*, Vol. 2, 46). 하버마스는 그 자신도 역시 언어를 중심으로 하는 기획을 도모하고 있으면서도 미드에 있어서 언어의 역할을 통한 규범발생 분석은 너무 미흡하다고 생각한 것이다.

여기서 하버마스는 미드의 미흡함을 보완하기 위해 뒤르켐의 종교이론을 도입하는데, 뒤르켐의 집합의식에서 우리는 상징적 성격을 가지며 규범에 의해 인도되는 행위의 재구성적 연구에 포함될 수 있는 의사소통행위에 있어서의 언어이전의 뿌리를 확인할 수 있다는 것이다(*TKH*, Vol. 2, 74).

뒤르켐은 신성한 것과 도덕적인 것의 구조적 유사성으로부터 도덕의 기초가 신성숭배에서 발견될 수 있음을 추론해낸 다음 신성한 것의 기원 그리고 이와 더불어 도덕적 권위의 의미를 해명하려고 한다. 그에 의하면 종교는 믿음과 의례행위로 이루어지는데 먼저 믿음과 관련하여 뒤르켐은 종교를 집합적·초개인적 의식의 표현으로 파악한다(*TKH*, Vol. 2, 79-80). 다음으로 뒤르켐은 핵심에 있어서는 규범적이고, 언어 이전이긴 하지만 상징에 의해 매개되는 합의를 의례행위에서 탐색한다(*TKH*, Vol. 2, 83). 이같이 신성한 것이 규칙적으로 활성화되는 규범적 합의의 표현이라는 사실이 의례행위에서 읽혀질 수 있다고 한다. 공동의 행위에서 표현되는 규범적인 기본적 동의가 집단의 정체성을 산출하고 유지한다는 것이다(*TKH*, Vol. 2, 85). 이런 점에서 결국 도덕은 동의에 기초한다는 것을 뒤르켐이 밝히고 있다는 것이다.

뒤르켐과 달리 정체성 형성이 언어적 의사소통의 매체를 통하여 이루어진다는 미드의 생각(*TKH*, Vol. 2, 93)을 이러한 뒤르켐의 이론과 결합시키려는 것이 하버마스의의 기본 의도이다. 우리는 잘 알려진 화행의 구조를 발생적 관점에서 언어이전에로까지 거슬러 올라가는 세 가지 관계 즉 외적인 자연에 대한 인지적 관계, 집합적 정체성에 대한 도덕적 관계, 내적 자연에 대한 표현적 관계의 통합의 결과로 용인할 수 있을 것(*TKH*, Vol. 2, 74)이라고 하버마스는 말한다. 여기서 우리는 미드가 사회화 상호작용의 수준에서 전제했던 구조들 즉 행위기대와 문법적 대화를 계통발생적 수준에서 회복하는데, 이것들 양쪽이 사회문화적 발전의 출발점인 언어적으로 매개되고 규범적으로 인도되는 상호작용의 구조에 보충된다는 것이다(*TKH*, Vol. 2, 74).

그런데 뒤르켐이 파악한 의사소통행위에 있어서의 언어 이전의 뿌리를 미드에 있어서와 같은 방향에서 언어적으로 연관시키는 것은 무리로 보임에도 불구하고 하버마스는 이를 관철시키고자 많은 노력을 기울이고 있다. 즉 도덕이 언어적 동의에 기초한다는 것을 억지로 입증하고자 하는 것이다.

하버마스는 당초에는 의례행위를 통해 충족되던 사회통합 및 표현적 기능들이 의사소통행위로 넘어가고, 이때 신성한 것의 권위는 순차적으로 그때그때 정당한 것으로 여겨지는 합의의 권위에 의해 대체된다고 하면서, 이것은 의사소통행위가 신성성에 의해 보호되는 규범적 맥락들로부터 벗어남을 의미한다고 말한다(*TKH*, Vol. 2, 118-9). 그러면서 그는 신성성에 기초하는 도덕적 동의의 구속력은 신성한 것의 상징적 표현에서 이미 항상 의도되었던 것, 즉 바탕에 놓인 이익의 일반성을 합리적 형태로 표현하는 도덕적 동의를 통해서만 대체될 수 있다고 한다

(*TKH*, Vol. 2, 124). 그는 또한 구속력 있는 합의를 이끌어내는 것은 시민들의 의사소통공동체에 의한 상호이해적 성취 즉 그들의 말 자체라고 한다(*TKH*, Vol. 2, 126).

그러나 도덕의 언어적 기초에 대한 이러한 주장을 정당화하기 위해 하버마스가 인용하고 있는 뒤르켐의 문구는 적절한 것으로 보이지 않는다. 물론 우리 인간의 역사를 통틀어 볼 때에 도덕에 있어서 언어적 연관을 전적으로 배제할 수는 없다. 그렇다 하더라도 도덕이 순전히 언어적 의사소통에 의해 성립되어 왔다고 말하는 것은 지나치게 독단적인 주장이라고 할 수 있다. 이러한 주장은 언어적 의사소통의 역할을 강조함에 의하여 도덕의 역사를 의사소통적 합리성의 역사로 규정함에 다름 아니다.

언어 이전의 의사소통의 뿌리를 언어적으로 연관시켜 해석하기 위해 뒤르켐의 이론을 도입하면서 특히 이를 계통발생적 관점에서의 보완이라고 하는 것은 문제가 있다. 왜냐하면 계통발생적 관점에서 접근한다고 하면서 하버마스 자신도 실제로는 개체발생적 사고에서 벗어나지 못하고 있기 때문이다.

이 점과 관련해서는 두 가지 문제를 언급할 필요가 있다. 그 하나는 하버마스가 언어적 역할에 대한 뒤르켐의 관점을 지나치게 확대 해석하는 것이고 두 번째는 하버마스가 이러한 자신의 해석을 정당화하기 위해 뒤르켐이 실제적으로 중요하게 언명하고 있는 요소를 무시하고 있다는 점이다. 우선 첫 번째 문제부터 살펴보기로 하자.

하버마스는 뒤르켐이 개별적인 집단구성원들의 개인적 정체성을 종교적 상징에서 표현된 집단의 집합적 정체성에로 소급하는 것과 유사한 방식으로, 제도의 규범적 타당성을 종교적 상징과 결부된 규범적인 기본동의에로 소급하려 한다고 말한다. 그런데 하버마스는 규범에 의해 인도되는 의사소통의 매체로서 문법적 대화를 전제하며, 종교적 상징사용은 의사소통 행위에서의 세 가지 언어 이전의 뿌리들 가운데 하나라고 한다(*TKH*, Vol. 2, 96). 따라서 위와 같은 뒤르켐의 소급이 올바른 주장이라면 언어적 역할 역시 같은 방식으로 소급될 수 있다는 것이다. 그런데 이러한 언어적 역할의 소급에 대해서 뒤르켐은 구체적으로 언급한 바가 없으며 순전히 하버마스가 미드의 이론을 끌어들여 추론하고 있다는 것이다.

다음 두 번째로는 미드의 개체발생적 접근의 미흡함을 보완하기 위해 뒤르켐의 이론을 통해 계통발생적 접근을 추구한다고 하버마스는 말하고 있지만 실제로는 충분한 정도의 계통발생적 접근이 아니라 여전히 개체발생적 접근에 머물러 있다는 점이다. 왜냐하면 계통발생적 접근을 취한다고 하면서 뒤르켐의 종교와 규범 이론을 활용하기는 하지만 당초의 미드적인 언어적 의사소통 방식에 기초하여 뒤르켐을 해석함에 의해 보다 참된 계통발생적인 접근을 차단하고 있기 때문이다. 뒤르켐이 종교와 도덕의 기초로서의 집합의식 및 집단 정체성의 성격을 기술하는데 있어서 언어적 의사소통보다는 직관적 감정 내지 정서를 통한 소통을 다양하게 강조하고 있음은 하버마스 자신의 기술을 통해서도 상당한 정도로 여러 곳에서 드러나고 있다는(*TKH*, Vol. 2, 79, 82-4, 124) 것이다. 이에 비해 언어적 의사소통과 관련하여 뒤르켐이 말한 것으로 하버마스에 의해 소개되고 있는 구절은 실제로는 그렇게 밀접한 연관을 맺고 있는 내용이라고 볼 수가 없다(*TKH*, Vol. 2, 126). 이런 점에서 하버마스가 진실로 계통발생적인 접근을 취하려 한다면 뒤르켐의 이런 관점 즉 감정 및 정서를 강조하고 있는 부분을 솔직히 인정하고 이와 관련된 내용을 기술했어야 한다는 것이다. 그러나 이렇게 되면 그가 그렇게 강조해온 인류 발전과 관련한 언어적 합리성의 관점과 상치된다는 점을 하버마스도 적지 아니 우려했으리라는 것을 미루어 짐작할 수 있다.

20세기말 이후에 이전의 합리주의적 독해와는 다른 각도에서 뒤르켐의 이론에 접근하려는 시도가 다양하게 나타났는 바, 이는 다름 아닌 뒤르켐의 이론 전개에 있어서 정서의 중요성에 대한 새로운 인식이었다. 특히 종교, 도덕, 그리고 사회에 대한 이해에 있어서 우리 인간의 집합적 정서의 긴요성에 대한 뒤르켐의 관점과 관련한 논의가 활발히 진척되어 왔다.[48] 최근 웨이허(L. F. Weyher)는 더 나아가 뒤르켐은 궁극적으로 인간이성의 본질을 구성하는 것이 바로 집합적 정서들임을 경험적으로 입증하려 했다고 까지 말하고 있다. 즉 뒤르켐이 이성과 합리성의 기초로 본 오성의 범주들조차도 그것들이 집합적 실제들로부터 연유된다는 데서 사회적일 뿐 아니라, 그것들의 근원과 후속하는 발전에 있어서도 애착적이고 정서적이라는 것이다.[49]

역사적으로 초기 종교 및 도덕과 관련하여 인간들 사이에 의사소통이 있었다면 그것은 하버마스에서와 같은 일시적·언어적 의사소통보다는 장기간에 걸친 정서적인 소통이었을 것이다. 물론 이러한 의사소통이 현대 사회로 접근하면서 점점 더 언어적 의사소통의 형태를 띠게 되었다는 것은 의심할 바가 없지만 그럼에도 불구하고 오늘날에 와서도 진정한 규범에 대한 동의는 일시적·언어적 의사소통에 의한 결정보다는 일정한 기간에 걸쳐 구성원들이 상호 공감대가 이루어지는 가운데 자연스럽게 형성되는 것이 아닐까 생각된다.

4) 도구적 합리성과 기능주의적 합리성

다음은 도구적 합리성과 기능주의적 합리성에 대한 하버마스의 관점과 관련된 것이다. 하버마스는 아래의 문장에서 도구적 행위에 대한 그의 관점을 명료히 표현하고 있다.

> 목적합리적(zweckrational) 행위 모델은 다음과 같은 관점을 그 출발점으로 취한다. 행위자는 우선 목적에 따라 충분히 엄밀해진 목표의 성취에로 정향되며, 주어진 상황에서 그에게 적합하게 보이는 수단을 선택하고, 또한 다른 예측가능한 행위결과들을 성공의 부수조건들로 계산한다. (중략) 기술적 행위규칙들의 준수라는 측면에서 고찰하고 상황들과 사건들의 연관에 대한 개입의 영향 정도를 평가할 때, 우리는 성공지향적 행위를 도구적이라고 부른다. (중략) 합리적 선택의 규칙들의 준수라는 측면에서 고찰하고 합리적 상대방의 결정에 미치는 영향 정도를 평가할 때, 우리는 성공지향적 행위를 전략적이라고 부른다(*TKH*, Vol. 1, 384-5).

여기서 보면 도구적 행위와 전략적 행위는 그 행위 대상에 있어서만 다를 뿐 그 행위가 성공지향적이라는 점에서는 동일하며, 결과적으로 모두 목적합리적 행위에 속한다는 것이다. 그리고 이렇게 볼 때에는 우리 인간의 거의 모든 행위는 이 목적합리적 행위에 들어간다고 할 수 있는 것이다. 그렇다면 하버마스가 명시적으로 비판하고 있는 기능주의적 이성(합리성)이라는 것은 무엇이며 이는 앞의 도구적 이성과는 어떻게 다르다는 것인가?

가치일반화의 두 가지 상반된 경향들 중 두 번째의 것으로서 특수한 가치정향들로부터의 의사소통행위의 해방이 성공지향적 행위와 이해지향적 행위의 분리로 이어지며 가치의 일반화가 결국 목적합리적 행위의 하부체계들을 가능하게 하며, 전략적 행위의 연관들이 분화될 때만이 행위의 조율이 탈언어화된 의사소통 매체에로 전환될 수 있다고 하버마스가 말했다는 것(*TKH*, Vol. 2, 269)은 앞에서 이미 언급한 바 있다. 그리고 체계명령들에 의한 생활세계의 병합화로부터 연유되는 내부적 식민지화라는 사회병리적 형태의 문제점에 대한 그의 관점도 앞에서 기술한 바 있다. 여기서 우리가 합리성에 대한 그의 이해를 이러한 그의 관점들과 연결시킨다면 자연스럽게 다음과 같은 결론에 이르게 된다. 즉 하버마스에 있어서는 도구적 행위 및 전략적 행위를 포함하여 인간의 거의 모든 행위에 합리성을 부여하면서, 생활세계를 식민지화시키는 기능을 하고 있다는 전제하에 전략적 행위 중 화폐 및 권력과 같은 탈언어화된 매체에 의해 전개되는 체계적 행위들만이 기능주의적 이성이라는 이름으로 지칭되어 그의 비판의 대상이 되고 있는 정도라고 할 수 있는 것이다.

여기서 하버마스의 합리성이론의 한계가 드러난다. 베버는 이상적인 합리적 행위의 유형을 제시하지 않고 일상적인 합리적 행위의 모델로서 목적합리적 행위를 규정하고 있다. 반면 하버마스는 이상적인 합리적 행위의 유형으로 이해지향적인 의사소통적 행위를 제시하면서 일상적인 합리적 행위의 모델로서는 베버에 있어서와 같이 목적합리적 행위를 규정하는 가운데 그 범위를 더욱 확장시키고 있다. 이같이 하버마스는 합리성의 범위를 위와 아래에 걸쳐 베버보다 더 많이 확대시키고 있다. 여기서 자연히 하버마스에 있어서 합리성은 그 엄밀성이나 품격의 저하를 동반하게 된다고 할 수 있다. 이런 점은 합리성에 대한 비판적 접근에서도 드러난다. 베버는 목적합리적 행위 전반이 가져오는 부정적 영향의 가능성에 대해 기술하면서 적지 않은 우려를 나타내고 있다. 반면 하버마스는 목적합리적 행위의 일부분인 전략적 행위 중에서도 탈언어화된 매체에 의한 행위에 있어서의 부정적 영향의 가능성을 지극히 제한적으로 언급하고 있다. 이런 점에서 우리는 하버마스가 합리성의 부정적 기능의 범위를 크게 축소시키고 있음을 알 수 있다.

이같이 하버마스가 합리성의 범위를 확장시키면서 그 부정적 기능의 가능성은 오히려 축소시킴에 따라 합리성을 명예롭게 하려는 그의 당초의 의도와는 정반대로 합리성의 품격을 떨어뜨리는 결과를 초래하여 그 부정적 성격이 확대됨으로써 합리성에 대한 그의 접근은 적절성을 상실하고 있다고 할 수 있는 것이다. 사실상 하버마스는 합리성의 적용을 일반화하여 그 정당성을 확보하려는 데만 지나치게 집착한 나머지 오히려 합리성 개념의 적합성을 거꾸로 손상시키게 된 것이다.

도구적 합리성에 대한 하버마스의 관점과 관련하여 또 한 가지 짚고 넘어가야 할 것은 지배에 대한 그의 입장과 연관된 것이다. 앞에서 여러 번 논의했다시피 그가 도구적 합리성을 광범위하게 인정하고 있다는 점은 사실상 이에 뒤따르는 도구적 지배의 정당성을 역시 광범위하게 인정하고 있다는 것을 뜻하는 것이다. 그가 기능주의적 합리성을 문제삼고 있다는 데서 그는 다만 기능주의적 지배 즉 화폐 및 권력에 의한 지배의 자동화 내지 고착화를 우려하고 있다는 것이다. 또한 그는 우리의 사회적 행위 중 가장 바람직한 유형으로 간주관적 이해와 합의에 기초한 의사소통행위를 들고 있는 바, 이는 엄밀한 의미에서는 가장 바람직하다고 간주되는 형태의 지배의 다른 이름에 지나지 않으며 다시 말하면 입증을 통한 설득적 지배를 뜻한다는 것이다. 왜냐하면 하버마스의 의사소통행위에 있어서 입증과 이해 및 합의는 결국 설득력을 가진 자가 그렇지 못한 자를 굴복시키는 것에 다름 아니라는 점에서 또 다른 지배양식에 지나지 않기 때문이다. 우리가 지배나 굴복을 넘어 진정으로 상호 이해에 도달하는 것은 언제나 입증이나 설득을 통한 것이 아니라 느낌을 통해 자연적으로 서로 공감하게 되는 경우라고 할 수 있다는 점에서이다. 따라서 결국 우리는 하버마스의 의사소통행위이론에서 또 다른 형태의 지배 유형의 정당화를 만나게 된다는 것이다. 시민사회적 삶에서는 일정한 시기, 일정한 상황에서 언제나 일정한 합의가 요청된다는 점에서 그리고 이때에 외적인 강제성이 배제된 의사소통적 합의가 비교적 바람직한 과정이라는 데에는 이론의 여지가 없다. 그러나 결국 하버마스의 의사소통행위이론에서도 또 다른 형태의 지배 유형의 정당화를 만나게 된다는 데서 우리는 여기서 다시 합리성 이론의 한계를 보게 되는 것이다.

따라서 우리의 진정한 공동체적 삶을 위해서는 구성원들 상호간에 능력적 우월성에 기초한 입증과 설득의 대화보다 능력과 연관되지 않는 상호성에 기초한 인정과 공감이 더욱 요청된다는 것이다.

III. 결 론

이상에서 우리는 하버마스의 합리성 개념 그리고 이와 관련한 생활세계와 체계 사이의 관계에 대해 살펴보고 그 문제점들을 검토해 보았다. 복잡다단한 현대사회에서 바람직한 사회적 행위 유형을 설정하기 위한 시도의 일환으로 기획한 하버마스의 의사소통이론은 분명 나름대로 보기 드문 거대작업이었음에 틀림없다. 그러나 작업이 거대한 만큼 그에 비례해 문제점도 적지 않은 것이 또한 그의 저술을 통해 나타난 결과라고 할 수 있다. 앞에서 문제점들 중 대표적인 것들을 대략적으로 살펴보면서 떠오른 상념들을 몇 가지 언급하고자 한다.

첫째로 하버마스가 합리적 행위 유형을 다양화시켰다는 점이다. 즉 종전에는 합리적 행위 유형을 주로 객관적 세계와 관련한 도구적(목적합리적) 행위에 한정시킨 반면(베버의 경우에 가치합리적인 면도 포함시키고 있기는 하지만 이는 목적합리적 행위보다 합리적인 면에서 이차적으로 고려되고 있음), 하버마스는 합리적 행위 유형을 목적론적 행위 모델, 규범규율(안내)적 행위 모델, 연출적 행위 모델, 그리고 의사소통적 행위 모델로 다양화하고 있는 것이다. 이는 다른 면에서 보면 도구적 행위에 주로 한정시켜 적용되던 합리성을 다른 행위들에까지 확대시키고 있다는 것을 뜻하며, 이것도 부족하여 하버마스는 합리성과 관련한 도구적 행위의 부정적 측면마저 현격히 축소시켜 이해함으로써 합리성의 적용 범위를 확대시키는 것뿐 아니라 합리성의 긍정적 측면에 대한 해석을 확대시키고 있다는 것이다. 이러한 하버마스의 구도는, 종전의 다른 관점들에 기초해 볼 때는, 행위의 도구성을 더욱 확대시키고 긍정화시키는 것에 다름 아니며, 이는 결국 우리 인간 행위의 물화를 촉진시키는 것이라고 할 수 있는 것이다. 이러한 물화현상에로의 함축적 진전을 용인하는 이론은 결국 하버마스의 마르크스주의적 일관성을 확인시켜주는 데는 기여할 수 있겠으나, 이에 따른 대가는 바로 가치의 세계에 있어서의 저열화가 될 것이다. 즉 언뜻 보기에는 보다 다양한 행위의 합리성을 허용하는 접근으로 인하여 인간세계가 좀 더 합리화의 방향으로 나아가는 것으로 잘못 인식될 수 있겠으나, 심층적으로 접근하면 이는 그러한 행위들의 물화 내지 저열화를 정당화시키는 결과를 초래함으로써 결국 우리 인간의 정신세계의 피폐화를 촉진시키는 상황을 가져오게 된다는 것이다. 하버마스는 상징적 영역과 관련된 결함에 대해서는 상대적으로 관대하며, 물질적 영역에 더 많은 중요성을 부여하고 있음을 우리는 알 수 있다.

두 번째로 떠오르는 것은 하버마스에 있어서 합리성에 대한 지나친 편향성이다. 그는 합리성의 정당성과 이성적 판단의 보편성을 일관되게 견지하려는 입장으로 인하여 합리성만으로는 아우를 수가 없는 영역에

까지 합리성을 가지고 해결·접근하려 함으로서, 그의 이론이 여러 가지 면에서 정합성과 적실성을 상실하고 있다는 것이다.

이러한 편향성에 대한 비판에 직면하여 하버마스가 감성적인 면 및 유대적인 인정의 요소를 부분적으로 도입하고 있으나 기본적으로 땜질에 불과한 미흡함을 드러내고 있다. 이는 그가 본질적으로 합리성옹호자로서의 기본적인 입장에서 벗어나지 않음으로서 나타나는 어쩔 수 없는 현상이라고 할 수 있다. 즉 본질적인 면에서 감성적인 것에 대한 인정이 이루어지지 않는 한 그의 이론의 문제점은 근본적으로 그 한계에서 벗어날 수 없다는 것이다. 이런 점에서 윤리의 애착적·정서적 기초를 무시하는 것은 대부분의 신칸트적인 이론들의 좁은 합리주의의 결과로서, 의사소통적 윤리는 도덕적 기하학자(moral geometer)로서의 합리적인 도덕적 자아에 대한 계몽주의적 환상을 영속화시키는 것으로 보인다고 까지[50] 벤하비브(Seyla Benhabib)는 말하고 있는 것이다.

우리는 도덕·윤리적 행위에 있어서 대체로 즉각적인 행위는 우리의 직관에 의존하며 이는 대부분 우리의 감성적 반응의 결과라고 할 수 있다. 반면 도덕·윤리적 행위에 있어서 숙고적인 행위는 우리의 추론에 의존하며 이는 우리의 이성적 작용의 결과라고 보아야 할 것이다. 이런 점에서 우리는 즉각적인 행위와 숙고적인 행위 각각에 적합한 반응 능력의 영역을 인정하는 것이 중요하다. 그런데 앞에서도 논의한 바와 같이 하버마스는 정서의 위상도 도덕에 있어서 중심적이라고 생각되는 인지적 판단을 위해 필요한 내적으로 부수적인 연관으로 간주하고 있는 것이다. 뿐만 아니라 그는 직관 개념에 있어서도 대체로 인지적 측면에서 접근하려는 점이 뚜렷이 보인다는 것[51]이다. 이러한 하버마스의 입장과는 달리 직관을 정서적 반응으로 이해하고 있는[52] 드레퓌스(Dreyfus) 형제는 우리가 합리적인 도덕적 행위자라는 주장들이 있을지라도 그러한 주장들은 맥락의존적인 윤리적 태도에 함축되어 있는 추상적 합리성을 명시적으로 만드는 진전의 결과일 뿐이라고 함으로써,[53] 우리의 일상적 행위에 있어서 추상적이고 보편적인 도덕의식이 일상의 직관적인 윤리적 태도보다 우월하다는 것을 의문시하고 오히려 그 역의 입장을 제시하고 있는 것이다.

그렇다고 해서 여기서 필자가 이런 점에서 합리성에 대해 감성의 우월성을 주장하려는 것은 결코 아니다. 다만 여기서 말하고자 하는 것은 이성과 감성 그 각각은 각기의 적합한 영역에서 역할을 수행할 수 있음을 우리가 인정해야 한다는 점이다.

하버마스는 칸트 도덕철학과 헤겔의 윤리적 삶(Sittlichkeit)의 개념 사이에서 기본적으로 칸트적 관점에 기초하고 있다. 그는 의무론적, 인지주의적, 형식주의적, 보편주의적 속성들에 의거한 칸트 도덕철학은 좁은 도덕 개념을 전제로 하는 정당화가능한 판단의 부류인 올바른(right or just) 행위의 문제를 기본 문제로 다루고 있는 것이 특징인 반면, 헤겔은 선한 삶(good life)의 문제들을 다루고 있으며 칸트 도덕철학에서 명백히 드러나는 정의의 추상적 보편성에 대해 반대 입장을 취하고 있다고 한다. 여기서 하버마스는 스스로가 인지주의적 윤리의 관점을 견지하고 있으며, 자신의 담론윤리학이 칸트적 정언명령을 도덕적 논증 절차(procedure of moral argumentation)로 대체시키고 있을 따름이라고 한다.[54]

따라서 하버마스는 담론윤리학의 관점에 있어서 특징적인 것 중의 하나로 규범과 가치 사이의 구분을 기술하고 있다. 그는 사회적 세계가 담론 참여자의 가설적 자세로부터 점차 도덕화되고 이에 따라 생활세계의 총체성으로부터 벗어나게 될 때, 타당성과 사회적 통용성 사이에 있어서 이전과 같은 결합은 와해된다고 한다. 그리고 이와 동시에 익숙한 일상적 의사소통의 실천적 통일이 규범(Normen)과 가치(Werte)로 갈라지게 된다고 한다. 여기서 전자는 의무론적 타당성의 관점 하에서 도덕적 정당성의 요구에 지배될 수 있는 하나의 실천적인 부분인 반면, 후자는 집단적·개별적 생활양식으로 통합되어 특수한 가치배열들을 포괄하는, 도덕화 능력이 없는 다른 실천적인 부분이라고 한다.[55] 그러면서 그는 엄격한 의무론적 관점 하에서 도덕적 문제들은 그것들의 맥락으로부터 벗어나게 됨으로써, 도덕적 해답들은 합리적으로 동기 지워지는 통찰력을 보유하는데 지나지 않게 된다고 한다.[56]

이러한 하버마스의 관점은 왜 그가 칸트적 의무론에 그렇게 강하게 집착하는지에 대한 이유를 설명해준다. 그에게 있어서 일상적 윤리는 더 이상 도덕이 아니라 인습에 불과한 것이며, 참된 도덕은 추상적 보편성과 합리성을 소지한 것으로 이해된다. 그렇다면 이를 거꾸로 표현하자면 추상적 보편성과 합리성을 소지하지 않은 것으로 생각되는 규범은 도덕으로 인정될 수 없다는 것으로 보아야 하는데 이는 그다지 설득력 있는 관점으로 보이지 않는다. 추상적 보편성과 합리성을 소지하지 않으면서도 우리에게 규범으로 작용하는 수많은 것들이 있다. 오히려 추상적 보편성과 합리성에 적합한 것은 법의 영역(물론 이 영역에서도 맥락적 요소들이 나름대로 적지 아니 작용하고는 있지만)이라고 해야 할 것이다. 법의 영역에서는 특히 보편적 올바름과 합리성이 그 어느 곳에서보다 더 많이 요구되기 때문이다.

이렇게 볼 때 하버마스에 있어서 도덕은 우리의 일상적 윤리가 아닌 법적 정의의 영역이라고 하는 것이 적절할 것이다. 여기서 다시 한 번 우리는 하버마스에게서 칸트적 관점을 읽을 수 있다. 주지하는 바와 같이 칸트는 도덕법이라는 개념을 설정하면서 도덕의 법적 성격을 명확히 한 사람이다. 즉 칸트에게 있어서는 도덕이 곧 법 그 자체인 것이다. 이같이 도덕과 법을 동일시하는 사람들에게는 도덕은 강제성을 띈 의무적 규정으로 간주되는 것이 당연하다고 할 수 있다. 이는 우리의 일상적 삶에 있어서 법적 효력을 갖지는 않지만 그럼에도 불구하고 우리의 삶에 영향을 미치는 여러 규범들과는 근본적으로 다른 종류의 것이다.

이같이 합리성과 보편성이란 이름아래 전개되어온 칸트적 의무론을 이어받고 있는 하버마스의 이론이 지니는 일면성의 문제점을 우리가 여기서 읽는 것은 그다지 어렵지 않다. 무엇보다도 그러한 일면성이 가지는 가장 큰 문제점은 우리 인간사회에서 사실상의 도덕이 사라질 것이라는 점이다. 왜냐하면 도덕과 법을 동일시하는 것은 결국 도덕 본연의 영역이 사상되는 길로 이어질 것이기 때문이다. 이런 의미에서는 도덕이 있다면 단지 권력적인 도덕만 존재하게 될 뿐이다. 즉 우리 사회에는 자발성과 유연성에 기초한 규범보다는 강제성과 엄격성만을 고집하는 규범만이 존재하게 될 것이라는 점이다.

그리고 이러한 일면성에 기초하여 형성된 하버마스의 의사소통이론 및 담론윤리는 바로 권력적 차원에서의 정당성을 다루는 의회에서의 토론과 논증절차 등에 관한 이론적 작업을 지향한 것으로 보여진다. 그의 이론은 이같이 법적·권력적 차원에서의 절차적 정당성 확보를 위한 차원에서는 나름대로 유의미한 정교함을 보여주고 있다고 할 수 있으나 인간사회 일반의 영역에서 사람들의 바람직한 삶과 연관되는 규범의 형태를 아우르기에는 역시 한계가 있다고 할 수 있을 것이다. 이런 점은 담론윤리에 대한 신랄한 비판가들 즉 보다 신아리스토텔레스적인 비판가들은 정당성(legitimacy)의 어떤 원칙들도 선한 삶에 대한 어떤 실천적 이론을 전제하지 않고서는 명료화될 수 없다고 주장하는 반면, 담론윤리에 대한 공감적 비판가들은 담론윤리가 도덕적 타당성의 모델보다는 정치적 정당성(political legitimacy)의 모델을 더 많이 명료화한다는 것을 끊임없이 지적해 왔다는[57] 벤하비브(S. Benhabib)의 말을 통해서도 여실히 드러나고 있다.

하버마스는 언어가 합리적 잠재력을 갖고 있다는 그의 지론에 입각하여 도덕적 동의의 원천을 언어적 의사소통에서 구하고 있다. 그러나 이러한 그의 시도는 그의 합리성 일변도의 일면적 사고 그리고 그가 전개한 합리성 개념 자체의 저급성으로 인하여 성공을 거두지 못한 것으로 보이며 여기서 또한 그의 언어중심적 의사소통이론의 한계를 보게 된다.

아울러 끝으로 그가 합리성 개념의 폭을 넓히고 더 나아가 합리성보다 성찰성을 우위에 둠으로써 결과적으로 합리성 개념이 여지없이 격하된 상황에서 그가 여전히 합리성을 옹호해본들 무슨 의미가 있을까라는 의구심이 든다.

주

1 D. 맥렐런, 『마르크스주의 논쟁사』, 안택원 역(고양: 인간사랑, 1986), pp. 354-5.

2 M. Horkheimer & Th. W. Adorno, *Dialektik der Aufklärung* (Fischer Verlag, Frankfurt am M., 1969; 전득주, 『이데올로기론』(박영사, 1982), p. 38.

3 Martin Jay, *Marxism and Totality* (Berkeley: University of California Press, 1984), p. 467.

4 Darrow Schecter, *The Critique of Instrumental Reason from Weber to Habermas* (New York: The Continuum International Publishing Group, Inc., 2010), p. 2.

5 Asher Horowitz, "The Comedy of Enlightenment: Weber, Habermas, and the Critique of Reification", Asher Horowitz and Terry Maley, eds., *The Barbarism of Reason: Max Weber and the Twilight of Enlightenment* (Toronto: University of Toronto Press, 1994), p. 195.

6 베버는 현대 자본주의와 금욕적 프로테스탄티즘의 특징을 요약하는 가운데 '합리적'이라는 말의 의미를 16가지보다 더 많게 사용하고 있다. Rogers Brubaker, *The Limits of Rationality* (London: George Allen & Unwin Ltd., 1984), p. 2.

7 *Ibid.*, p. 50.

8 Jürgen Habermas, *Theorie des kommunicativen Handelns* (Frankfurt a. M.: Suhrkamp Verlag, 1981)(1987 Durchgesehen), Vol. 1, p. 44. 이후 이 문헌(Vol. 1, 과 Vol. 2))은 본 장에서 *TKH*로 표기하기로 함.

9 Max Weber, *Wirtschaft und Gesellschaft : Grundriss der Verstehenden Soziologie*, heraus. von Johannes Winckelmann(Köln: Kiepenheuer & Witsch, 1964), Vol. 1, p. 18. 독일 원전에서는 '목적합리적'이라는 말을 'zweckrational'이라고 표기하고 있지만 영문번역본에서는 'instrumentally rational'이라고 번역하고 있다. Max Weber, *Economy aqnd Socity: An Outline of Interpretive Soziology*, eds., by Guenther Claus and Claus Wittish(Berkeley: University of California Press, 1978), Vol. 1, p. 24 참조.

10 Rogers Brubaker, *op. cit.*, p. 25.

11 Max Weber(1978), *op. cit.*, p. 26.

12 Max Weber(1964), *op. cit.*, p. 18.

13 여기서 객관적 세계는 현존하는 일들의 상태들, 사회적 세계는 일정한 규범적인 기대들 그리고 주관적 세계는 우리 자신의 내부 세계를 말한다(*TKH*,Vol. 1,106 참조).

14 *TKH*,Vol. 1,129–32; Stephen K. White, *The Recent Work of Jürgen Habermas: Reason, justice and modernity* (Cambridge: Cambridge University Press, 1988), p. 37 참조.

15 화이트는, 규범안내적 모델에서 사회적 세계에 대한 행위의 관계는 두 가지 의미에서의 합리화를 허용하는 바, 하버마스는 그것들 양쪽을 규범적 정확성이나 혹은 규범적 정당성의 개념아래 포섭하고 있다고 한다. Stephen K. White, *op. cit.*, pp. 37–8.

16 *Ibid.*, p. 37.

17 하버마스에 있어서 보다 확장된 의미의 합리성 개념에 대해서는 선우현, "하버마스의 '합리성이론'에 대한 비판적 검토: 개념분석적 전략과 사회이론적 전략의 상충을 중심으로", 『철학논구』, Vol. 22, 1994, pp. 63–4 참조.

18 홍기수, "하이데거와 프랑크푸르트 학파의 비판이론에서의 과학과 기술의 문제", 『과학과 철학』, 제7집, 1996, pp. 18–9.

19 박정호, "계몽의 변증법: 진보와 퇴보의 모순적 동일성", 『시대와 철학』, 제11호, 1995 가을, p. 199 참조.

20 *Ibid.*, p. 202.

21 홍기수, *op. cit.*, pp. 26–7.

22 *Ibid.*, p. 31 참조.

23 William Outhwaite, *Habermas: A Critical Introduction*, 2nd edition (Stanford University Press, 2009), p. 66.

24 Erik Oddvar Erikson and Jarle Weigard, *Understanding Habermas: Communicative Action and Deliberative Democracy* (London: Continuum, 2003), p. 2.

25 Axel Honneth, "A social pathology of Reason: on the intellectual legacy of Critical Theory", Fred Rush, ed., *The Cambridge Companion to Critical Theory* (Cambridge University Press, 2004), p. 344.

26 Axel Honneth, "The Social Dynamics of Disrespect: Situating Critical Theory Today", Peter Dews, ed., *Habermas: A Critical Reader* (Blackwell Publishers, Ltd., 1999), pp. 331–2.

27 *Ibid.*, p. 329.

28 *Ibid.*, pp. 328, 332.

29 Pieter Duvenage, *Habermas and Aesthetics: The Limits of Communicative Reason* (Polity Press, 2003), pp. 2–3.

30 Peter Dews, ed., *op. cit.*, editor's introduction, p. 2.

31 Alex Honneth(2004), *op. cit.*, p. 343.

32 박종훈,『윤리문화학이란 무엇인가』(서진북스, 2012), p. 82 참조.

33 Jürgen Habermas, *Moral Consciousness and Communicative Action*, trans. by Christian Lenhardt and Shierry Weber Nicholsen; introduction by Thomas MacCarthy(Cambridge , Massachusetts: The MIT Press, 1990), p. 182.

34 Stephen K. White, *op. cit.*, p. 92.

35 *Ibid.*, pp. 92–3.

36 *Ibid.*, p. 93.

37 *Ibid.*, pp. 93–4.

38 *Ibid.*, pp. 94–5.

39 최재식, "하버마스의 '생활세계'와 '체계' 이론 및 이에 관한 사회·문화 현상학적 비판", 한국현상학회 편,『문화와 생활세계』(철학과현실사, 1999), p. 196.

40 Stephen K. White, *op. cit.*, pp. 109–110.

41 *Ibid.* 참조.

42 문화 개념에 대해서는 박종훈, *op. cit.*, pp. 42–8 참조.

43 박정호, "루카치의 역사철학에서 사물화와 주체성의 문제", 서울대 박사학위논문, 1993, p. 150 참조.

44 W. 레제-쉐퍼,『하버마스: 철학과 사회이론』, 선우 현 역(서울: 거름, 1998), p. 101.

45 하버마스는 의사소통행위를 설명하는데 있어서 오스틴(J. L. Austin)이 구별한 발화수반적(illokutionär) 행위와 발화수단적(perlokutionär) 행위를 도입하고 있다. 여기서 전자는 화자가 어떤 것을 말하는 가운데 하나의 행위를 수행하는 것으로서 이러한 행위에서는 말해진 것의 의미가 본질을 규정한다. 반면 후자는 화자가 궁극적으로 청자에게서 어떤 효과를 목표로 하는 경우로서 이러한 행위에서는 행위자의 의도가 본질을 규정한다. 따라서 발화수반적 행위가 순전히 상호이해를 지향하는 행위라면, 발화수단적 행위는 화자가 청자에게 영향을 미침으로써 일정한 효과를 달성하려는 의도가 개재된 행위라는 것이다(*TKH*, Vol. 1, 389–90).

46 유주현, "생활세계와 합리성: 하버마스에게서의 생활세계의 합리화 문제", 한국현상학회 편, *op. cit.*, pp. 223–4.

47 Axel Honneth(1999), *op, cit.*, p. 332.

48 Jonathan S. Fish, *Defending the Durkheimian Tradition: religion, Emotion and Morality* (Aldershot: Ashgate, 2005), p. 17.

49 L. Frank Weyher, "Emotion, Rationality, and Everyday Life in the Sociology of Emile Durkheim", *Sociological Spectrum*, Vol. 32, 2012, pp. 365–6.

50 Seyla Benhabib, "In the Shadow of Aristotle and Hegel: Communicative Ethics and Current Controversies in Practical Philosophy", in ed., by Michael Kelly, *Hermeneutics and Critical Theory in Ethics and Politics* (Cambridge, Massachusetts: The MIT Press, 1990), pp. 20, 22.

51 Hubert L. Dreyfus and Stuart E. Dreyfus, "What is Morality?: a phenomenological account of the development of ethical expertise", David Rasmuussen, ed., *Universalism vs. Communitarianism: Contemporary Debates in Ethics* (The MIT Press, 1990), pp. 37, 44, 199 참조.

52 *Ibid.*, pp. 245–6, 248 참조.

53 *Ibid.*, p. 259.

54 Jürgen Habermas, "Morality and Ethical Life", in Jürgen Habermas, *Moral Consciousness and Communicative Action*, trans. by Christian Lehnhardt and Shierry Weber Nicholsen(The MIT Press, 1990), pp. 196–7, 201.

55 Jürgen Habermas, *Moralbewusstsein und kommunicatives Handeln* (Frankfurt a. M.: Suhrkamp Verlag, 1983), p. 189.

56 *Ibid.*, p. 190.

57 Seyla Benhabib, *op. cit.*, pp. 13–4 참조.

결어

이상에서 공동체와 정서에 관한 문제들을 각각 살펴보았다. 주제가 하나로 통일되어야 독자들이 읽고 이해하기에 용이할 텐데 주된 주제가 둘로 나누어져 있는데다가 또한 『윤리문화의 원천』이라는 부제에서 나타나듯이 윤리문화라는 것 또한 주요 주제에 버금가는 역할을 하고 있다는 점에서 어떤 면에서 보면 좀 난삽하고 어지러운 면이 없지 않다고 할 수 있다. 이런 점을 염두에 두고 앞에서 전개된 내용들을 좀 더 알기 쉽게 정리하면서 필자의 종합적인 관점도 함께 제시하고자 한다.

이 책은 공동체와 정서 그리고 더 나아가 이 개념들이 합쳐진 공동체적 정서가 윤리문화의 원천임을 밝히려는 것이다. 우리 인간은 아주 먼 옛날부터 여기저기서 함께 모여 사는 가운데 각기 일정한 윤리문화를 형성하면서 오늘에 이르렀다. 문화를 인간이 집단을 이루어 살아가는데 있어서 생활전반에서 자연적으로 소지하게 되는 사고 및 행동양식의 총체라고 한다면, 윤리문화란 사람들의 윤리적 생활과 관련하여 자연적으로 소지하게 되는 사고 및 행동양식[1]이라고 할 수 있다. 이러한 윤리문화에 있어서 왜 공동체와 정서가 그 원천이 되는가의 문제에 답하기 전에 우선 먼저 공동체와 정서 각각의 성격에 대해 언급하는 것이 순서가 될 것이다.

수많은 공동체 개념이 존재하고 이에 따라 공동체의 유형 분류에 있어서도 다양한 관점이 있어 왔지만 이 저서의 주제와 관련시켜 볼 때 가장 유용한 것들 중의 하나가 월프(Robert Paul Wollf)가 제시한 분류이다. 그는 대표적인 공동체의 유형으로서 정의적(affective) 공동체, 생산적(productive) 공동체, 그리고 합리적(rational) 공동체의 세 가지를 들면서 그 특징들을 설명하고 있다.[2] 여기서 생산적 공동체는 공동체가 하는 일을 중심으로 성격 규정한 것으로서, 정의적 공동체와 합리적 공동체 양쪽에 일정 부분 연결될 수 있을 것이다. 이에 반해 정의적 공동체와 합리적 공동체는 공동체가 하는 일보다는 기본적으로 그 공동체가 소지하고 있는 세계관 내지 가치관과 연관되어 규정된 정의라고 할 수 있을 것이다.

필자가 관심을 갖는 것이 바로 이 후자인 정의적 공동체와 합리적 공동체 사이의 구별이다. 정의적 공동체가 규범적 의미의 공동체라면 합리적 공동체는 이익추구적 의미의 공동체라고 보는 것이 타당할 것이다. 공동체에 대한 고전적 연구라고 할 수 있는 퇴니스(F. Tönnis)의 저서에서 나타나는 공동사회와 이익사회의 구분이 바로 이에 해당한다고 할 수 있다. 좀 더 거슬러 올라가자면 헤겔의 시민사회 개념이 바로 합리적 공동체를 잘 대변해주는 개념이 될 것이다. 따라서 우리는 합리적 공동체라고 하는 것은 사실상 시민사회의 다른 이름에 지나지 않으며, 진정한 공동체는 바로 정의적 공동체라는 것이 바로 이 책의 핵심 주제가 되는 것이다. 이런 점에서 공동체와 정서는 서로 떼려야 뗄 수 없는 매우 밀접한 관계를 맺고 있다고 할 수 있다.

이상에서 공동체와 관련된 정서의 중요성에 대해 언급하였는데 이제 정서 그 자체에 대해 논의해 보고자 한다. 여기서는 정서 문제 전반을 다 다루기는 어렵고 소박한 정서 개념과 합리적 정서 개념에 대해서만 간략히 언급해 보고자 한다.

서구에서 정서의 중요성에 대한 인식이 점차 확산되면서 나타난 이론적 경향 중의 하나가 정의주의(emotivism)라는 것이다. 이는 바로 정서의 의의를 합리적으로 접근하려는 경향을 말한다. 즉 정서의 중요성에 대한 인식이 비록 확산되어 왔지만 아직도 지식 세계에서는 합리성 중심의 사고가 지배적이라는 데서 정서의 의의를 합리성에 기대어 규정하려는 연구 방법에 매력을 느낀 결과라고 보아야 할 것이다. 따라서 에이어와 스티븐슨 등에 의해 대변되는 이러한 정의주의는 바로 합리적 정서 개념을 주창하는 것으로서 이에 대해 매킨타이어(A. MacIntyre)가 그의 합리주의적 합리성 개념을 갖고 비판한 점은 이미 앞에서 살펴본 바와 같다.

이러한 합리적 정서 개념은 바로 영향력 행사와 관련된 정서 개념으로서 필자가 전개하고 있는, 영향력 행사와는 무관한 소박한 인간관계를 전제로 하는 정서 개념과는 전적으로 다르다. 즉 앞에서와 같이 공동체에 억지로 시민사회적 성격의 요소를 접목시키려는 시도와 유사하게 정서에 있어서도 억지로 합리적 성격의 요소를 접목시키려 한다는 것이다.

그러나 이같이 합리성을 통해 정서를 규명하려는 시도는 적절하다고 할 수 없다. 우선 비합리적인 것을 합리적인 것을 통해 규명하려는 것이 모순적이며, 설혹 이것이 가능하다고 할지라도 영향력 행사를 전제로 하는 합리적 정서 개념은 비강제성 및 독자성의 느낌을 생명으로 하는 정서 특유의 성질로부터 벗어난다는 데서 문제가 되는 것이다.

정서에 대해 한 가지 더 짚고 넘어가지 않으면 안 될 것은 정서를 단순한 감정 내지 충동과 동일시하여 소위 임상심리적 측면으로 간주하지 말아야 한다는 것이다. 정서란 사람이 일정한 사회에서 일정한 기간에 걸쳐 생활하는 가운데 자연적으로 겪게 되는 일상적인 느낌들의 집적이라고 해야 할 것이다. 따라서 정서란 일순간의 감정이라기보다는 사회화된 느낌[3]이며 이러한 정서가 개인적으로 표출되는 대표적인 경우의 하나가 정감이라고 할 수 있다면 다른 한편 이것이 공동체적으로 표출되는 대표적인 경우의 하나로서 공감을 들 수 있을 것이다. 이러한 정감과 공감은 다 같이 우리 인간이 살아가는데 있어서 없어서는 안 되는 매우 소중한 심적 자산이 아닐 수 없다.

이제 결론적으로 공동체, 정서 그리고 윤리문화 사이의 관계를 언급하면서 글을 마치고자 한다. 윤리문화가 문화 중에서 특히 윤리와 관련된 부분으로서 이는 사람들의 윤리적 생활과 관련하여 자연적으로 소지하게 되는 사고 및 행동양식이라는 것은 이미 본 장의 서두에서 기술한 바와 같다.

그런데 이러한 윤리문화는 크게 두 가지 부류로 구분하여 접근할 수 있는 바 공동체윤리문화와 시민사회윤리문화가 그것이다. 공동체윤리문화는 공동체에서 비롯되는 윤리문화로서 이는 바로 공동체정신으로부터 생성된다. 반면 시민사회윤리문화는 시민성에 기초된 시민사회에 의해 생성되는 윤리문화이다.[4] 다시 말하면 공동체윤리문화는 윤리문화의 공동체적 성격을 가리키는 것으로서 이는 우리 인간의 정서적 측면들이 중심이 되어 이루어지는 윤리문화를 말하는 것이다. 반면 시민사회윤리문화는 윤리문화의 시민사회적 성격을 가리키는 것으로서 이는 우리의 이성적 측면들이 중심이 되어 이루어지는 윤리문화를 말하는 것이라고 할 수 있다.[5] 공동체와 정서가 그것들 자체의 고유한 성격에 의해 서로 조화 가능한 것처럼 시민사회와 우리의 이성적 측면 역시 서로 조화 가능한 조합이 되는 것이다.

그런데 이러한 공동체윤리문화와 시민사회윤리문화의 두 가지가 서로 균형 있게 조화될 때 우리 사회는 건강한 모습을 견지할 수 있을 것이다. 여기서 우리 사회에 있어서 단기적으로는 시민사회윤리문화가 더 시급히 요청된다고 할 수 있으나 장기적이고 근본적인 면에서는 공동체윤리문화의 형성이 더 중요하다고 할 수 있다. 따라서 본 저서의 제목이 말해주는 것처럼 공동체와 정서가 윤리문화의 원천이라고 상정하는 것은 바로 윤리문화에 있어서 이러한 근본적이고 장기적인 면을 염두에 둔 결과라고 할 수 있을 것이다.

이제 이성 및 합리성과 정서 사이의 관계에 대해 언급하고자 한다. 여기서 강조해야 할 것은 기본적으로 정서가 모든 면에서 이성 및 합리성보다 우월하다는 것이 아니라 인간의 윤리성 내지 윤리문화를 논하는데 있어서 정서적인 면의 중요성을 소홀히 하지 말아야 한다는 점이다. 그동안 모든 학문 영역에서 지나치게 이성 내지 합리성 중심의 이론 전개가 진행되어 온 반면 정서적인 면이 무시되어온 것이 사실이다. 이제 오늘날 이런 점에 대한 반성과 더불어 근래 정서의 중요성을 강조하는 경향이 점차 확산되어 왔다. 이런 점을 감안하지 않는다면 균형 잡힌 이론 전개라고 할 수 없을 것이다. 이런 점들은 앞의 하바마스의 이론을 검토하는 과정에서 상당부분 입증되었다고 생각된다. 적어도 이성 및 합리성이 적합한 부분은 이성 및 합리성으로 채우고 반면 정서가 적합한 부분은 정서로 채우면서 상호 보완적 균형을 유지할 때에 이론은 물론이고 현실에 있어서도 바람직한 방향이 될 것이라 생각된다.

전통적으로 윤리학은 올바름(the right)과 선(the good)에 대한 연구로 규정되어 왔다.[6] 그런데 공동체윤리문화는 선의 유지 및 확장과 관련된 윤리문화이고 시민사회윤리문화가 올바름의 유지 및 확장과 관련된 윤리문화라고 할 때,[7] 여기서 선의 바람직한 추구를 위해서는 무엇보다도 우리의 정서적 측면이 중요하게 고려되어야 하는 반면 올바름의 바람직한 전개에 있어서는 우리의 이성적 측면이 중요하게 고려되어야 한다는 것이다.

저서를 마무리하면서 아쉬운 점이 적지 않다. 특히 공동체에 대해 논의하면서도 막상 공동체의 구체적인 형태들에 대해서는 기술하지 못한 점, 그리고 정서와 관련해서도 주로 합리성에 대한 비판에 치중한 나머지 막상 정서의 성격 자체에 대해서는 구체적으로 접근하지 못했다는 점에서 그러하다. 그러나 한편으로는 이런 점들과 관련해서는 근래 적지 않은 책들이 나와 있다는 데서 아쉬움을 달래고 싶다.

주

1 박종훈,『윤리문화학이란 무엇인가』(서진북스, 2012), pp. 48–50.

2 Robert Paul Wolff, *The Poverty of Liberaism* (Boston: B eacon Press, 1969), pp. 184–5; 박종훈, *op. cit.*, p. 79.

3 마르커스와 기타야마는 느낌의 습관적 경향이나 방식은 사회화와 문화화를 통해 발전한다고 한다. Hazel Rose Markus and Shinobu Kitayama, "The Cultural Shaping of Emotion: A Conceptual Framework", Shinobu Kitayama and Hazel Rose Markus, eds., *Emotion and Culture: Empirical Studies of Mutual Influence* (Washington, DC: American Psychological Association, 1994), p. 341. 또한 파킨슨은 정서적 반응들은 진화적 측면보다는 주로 사회화의 과정에 의해 결정되는 것으로 보는 것이 더 설득력이 있다고 주장하고 있다. Brian Parkinson, "Unpicking reasonable emotions", Dyson Evans and Pierre Cruse, eds., *Emotion, Evolution, and Rationality* (Oxford University Press, 2004), pp. 126–7 and editor's introduction p. 15 참조.

4 박종훈, *op, cit.*, pp. 140–1.

5 *Ibid.*, pp. 108–9 참조

6 William S. Sahakian, *Ethics: An Introduction to Theories and Problems* (New York: Barnes & Noble Books, 1974), p. 2.

7 박종훈, *op. cit.*, p. 142.

참고문헌

1. 국내문헌

김태길, 『윤리학』, 서울; 박영사, 2009.

김태훈, 『덕교육론』, 서울; 양서원, 1999.

노양진·김양현, "존슨의 칸트 해석: 상상력 이론을 중심으로", 『칸트연구』, 제8집, 2001년 10월

레제-쉐퍼, W., 『하버마스: 철학과 사회이론』, 선우 현 역, 서울; 거름, 1998.

매킨타이어, A., 『덕의 상실』, 이진우 역, 서울; 문예출판사, 1997.

_________, 『윤리의 역사, 도덕의 이론』, 김민철 역, 서울; 철학과현실사, 2004.

맥렐런, D., 『마르크스주의 논쟁사』, 안택원 역, 고양; 인간사랑, 1986.

박정호, "루카치의 역사철학에서 사물화와 주체성의 문제", 서울대 박사학위논문, 1993.

______, "계몽의 변증법: 진보와 퇴보의 모순적 동일성", 『시대와 철학』, 제11호, 1995 가을.

박종훈, 『윤리문화학이란 무엇인가』, 서울; 서진북스, 2012.

선우현, "하버마스의 '합리성이론'에 대한 비판적 검토: 개념분석적 전략과 사회이론적 전략의 상충을 중심으로" 『철학논구』, Vol. 22, 1994.

윌슨, 제임스 Q., 『도덕 감성』, 안재욱·이은영 역, 서울; 자유기업센터, 1997.

유주현, "생활세계와 합리성: 하버마스에게서의 생활세계의 합리화 문제", 한국현상학회 편, 『문화와 생활세계』, 서울; 철학과현실사, 1999.

조수동 외, 『문화의 이해』, 서울; 이문출판사, 2003.
존슨, M., 『마음속의 몸: 의미, 상상력, 이성의 신체적 근거』, 노양진 역, 서울; 철학과현실사, 2001.
최재식, "하버마스의 생활세계와 '체계' 이론 및 이에 관한 사회·문화 현상학적 비판", 한국현상학회 편, 『문화와 생활세계』, 서울; 철학과현실사, 1999.
칸트, I., 『순수이성비판』, 『세계사상교양전집』, 후기 3, 윤성범 역, 서울; 을유문화사, 1976.
____, 『판단력 비판 -부(附) 판단력 비판 제1서론』, 이석윤 역, 서울; 박영사, 2005.
하버마스, 위르겐, 『의사소통행위이론』, 제1, 2권, 장춘익 역, 파주; 나남, 2006.
홍기수, "하이데거와 프랑크푸르트 학파의 비판이론에서의 과학과 기술의 문제," 『과학과 철학』, 제7집, 1996.
홍성우, 『자유주의와 공동체주의 윤리학』, 서울; 선학사, 2005.
흄, D., 『오성에 관하여: 인간 본성에 관한 논고 1』, 이준호 역, 서울; 서광사, 1994.
____, 『정념에 관하여: 인간본성에 관한 논고 2』, 이준호 역, 서울; 서광사, 1996.

2. 외국문헌

Alejandro, Roberto, "Rawls's Communitarianism", *Canadian Journal of Philosophy*, Vol. 23, No. 1, March 1993.
Aristotle, Ethica Nicomachea, trans. by W. D. Ross, M.A., *The Works of Aristotle*, Vol. 9, Oxford University Press, 1954.
_______, *Nicomachean Ethics*, trans. by W. D. Ross, revised by J. O. Urmson, *The Complete Works of Aristotle*, Vol. 2, ed., by Jonathan Barnes, Princeton University Press, 1984.
_______, *The Nicomachean Ethics*, trans. by David Ross, revised J. L. Akrill and J. O. Urmson, Oxford University Press, 1998.
_______, *Magna Moralia*, trans. by W. D. Ross, M.A., *The Works of Aristotle*, Vol. 9, Oxford University Press, 1954.
_______, *Rhetoric*, trans. by W. D. Ross, revised by J. O. Urmson. *The Compete Works of Aristotle*, Vol. 2, ed., by Jonathan Barnes, Princeton University Press, 1984.

Arrington, Robert L., *Western Ethics: A Introduction*, Massachusetts; Blackwell Publishers, Inc., 1998.

Audard, Catherine, "The Idea of Free Public Reason", *Ratio Juris*, No. 1, March 1995.

Avineri, Shlomo and Avner De-Shalit, eds., *Communitarianism and Individualism*, Oxford University Press, 1992.

Ayer, A. J., *Philosophical Essays*, London; Macmillan & Co. Ltd., 1954.

Bailyn, Bernard, *The Ideological Origins of the Americal Revolution*, Harvard University Press, 1967.

Barber, Benjamin R., *Strong Democracy: Participatory for a New Age*, Berkeley; University of California Press, 1984.

Bellah, Robert N., Richard Madson, William M. Sullivan, Ann Swidler and Steven M. Tipton, *Habits of the Heart: Individualism and Commitment in American Life*, Berkeley; University of California Press, 1985.

Bellamy, Richard, *Liberalism and Modern Society: An Historical Argument*, Polity Press, 1992.

Bellamy, Richard and Martin Hollis, "Liberal Justice: Political and Metaphysical", *The Philosophical Quarterly*, Vol. 45, No. 178, January 1995.

Benhabib, Seyla, "In the Shadow of Aristotle and Hegel: Communicative Ethics and Current Controversies in Practical Philosophy", in ed., by Michael Kelly, *Hermeneutics and Critical Theory in Ethics and Politics,* Cambridge, Massachusetts; The MIT Press, 1990.

Ben-Ze'ev, Aaron, "Emotion, Responsibility and Morality", by Ton van den Beld, *Moral and Ontology, Library of Ethics and Applied Philosophy*, Vol. 7, Dordrecht; Kluger Academic Publishers, 2000.

Borges, Maria, "What Can Kant Teach Us about Emotions?", *The Journal of Philosophy*, Vol. 101, No. 3, March 2004.

Brand, Walter, *Hume's Theory of Moral Judgement: A Study in the Unity of <A Treatise of Human Nature>*, Dordrecht; Kluwer Academic Publishers, 1992.

Brody, Brauch A., "Liberalism, Communitarianism, and Medical Ethics", *Law & Social Inquiry*, Vol. 18, No. 2, Spring 1993.

Brubaker, Rogers, *The Limits of Rationality*, London; George Allen & Unwin, Ltd.

1984.

Buchanan, Allen E., "Assessing the Communitarian Critique of Liberalism", *Ethics,* 99, July 1989.

Burke, Edmund, *The Works of the Right Honourable Edmund Burke*, 16vols., London; the Rivingston edition, 1803-1827.

Caney, Simon, "Liberalism and Communitarianism: a Misconceived Debate", *Political Studies*, Vol.XL, No. 2, June 1992.

Chapman, John W. and Ian Shapiro, eds., *Democratic Community*, New York; New York University Press, 1993.

Cochran, Clarke E., "The Thin Theory of Community: The Communitarians and their Critics", *Political Studies*, Vol. 37, No. 3, September 1989.

Cohen, Joshua, "Michael Walzer: Spheres of Justice", Book Review, *The Journal of Philosophy*, Vol. 83, No. 8, August 1986.

Collins, Randall, *Max Weber: A Skeleton Key*, Newbury, California; Sage Publications, Inc., 1986.

Cooper, John M., *Reason and Human Good in Aristotle*, Indianapolis; Hackett Publishing Company, 1986.

_______, *Reason and Emotion: Essays on Ancient Moral Psychology and Ethical Theory*, Princeton, New Jersey; Princeton University Press, 1999.

Daly, Markate, ed., *Communitarianism: A New Public Ethics,* Belmont, CA; Wadsworth Publishing Company, 1994.

Delaney, C. F., ed., *The Liberalism-Communitarianism Debate: Liberty and Community Values*, Langham, Maryland; Rowman & Littlefield Publishers, Inc., 1994.

Dewey, John, *The Public and Its Problems*, New York; Henry Holt & Co., 1927.

Doppelt, Gerald, "Beyond Liberalism and Communitarianism: Towards a Critical Theory of Social Justice", *Philosophy & Social Criticism*, Vol. 14, Nos.3/4, 1988.

Dreyfus Hubert L. and Stuart E. Dreyfus, "What is Morality?: a phenomenological account of the development of ethical expertise", David Rasmussen, ed., *Universalism vs. Communitarianism: Contemporary Debates in Ethics*, The MIT Press, 1990.

Duvenage, Peter, *Habermas and Aesthetics: The Limits of Communicative Reason*, Polity Press, 2003.

Dumm, Thomas L., "Strangers and Liberals", *Political Theory*, Vol. 22, No. 1, February 1994.

Emanuel, E. J., *The End of Human Life: Medical Ethics in a Liberal Polity*, Cambridge, Mass.; Harvard University Press, 1991.

Erikson, Erik Oddvar and Jarle Weigard, *Understanding Habermas: Communicative Action and Deliberative Democracy*, London; Continuum, 2003.

Etzioni, Amitai, *The Spirit of Community*, Fontana Press, 1993.

______, ed., *New Communitarian Thinking: Persons, Virtues, Institutions, and Communities*, Chalotteville; University Press of Virginia, 1995.

Everson, S., "The Difference between Feeling and Thinking", Stanley Tweyman, ed., *David Hume: Critical Assessments*, Vol. 1, Routledge, 1995.

Feinberg, Joel, "Liberaism, Community and Tradition", *Tikun*, Vol. 3, No. 3, 1987.

Fish, Jonathan S., *Defending the Durkheimian Tradition: Religion, Emtion and Morality*, Aldershot; Ashgate, 2005.

Fowler, Robert Booth, *The Dance with Community: The Contemporary Debate in American Political Thought*, The University Press of Kansas, 1991.

Furlong, E. J., "Imagination in Hume's Treatise and Enquiry Concerning Human Understanding", Stanley Tweyman, ed., *David Hume: Critical Assessments*, Vol. 1, Routledge, 1995.

Galston, William A., *Liberal Purposes: Goods, Virtues, and Diversity in the Liberal State*, Cambridge; Cambridge University Press, 1991.

______, "The Promise of Communitarians", *National Civic Review*, Vol. 82, No. 3, Summer 1993.

Golding, Martin P., "Communities and the Liberal Community: Some Comments and Questions", John W. Chapman and Ian Shapiro, eds., *Democtatic Community*, New York; New York University Press, 1993.

Guthrie, W. K. C., *A History of Greek Philosophy*, Vol. 3, *The Fifth-Century Enlightenment,* Cambridge University Press, 1969.

______, *A History of Greek Philosophy*, Vol. 4, Aristotle: An Encounter, Cam-

bridge University Press, 1981.
Gutmann, Amy, "Communitarian Critics of Liberalism", *Philosophy and Public Affairs*, Vol. 14, Summer 1985.
Habermas, Jürgen, *Theorie des kommunikativen Handelns*, Vol. 1,2, Frankfurt a. M.; Suhrkamp Verlag, 1981(1987 durchgesehen).
________, *Moralbewusstsein und kommunikatives Handeln*, Frankfurt a. M.; Suhrkamp Verlag, 1983.
________, *The Theory of Communicative Action*, Vol. 1, trans. by Thomas MacCarthy, Boston; Beacon Press, 1984.
________, *The Theory of Communicative Action*, Vol. 2, trans. by Thomas MacCarthy, Boston; Beacon Press, 1987.
________, *Moral Consciousness and Communicative Action*, trans. by Christian Lenhardt and Shierry Weber Nicholsen; introduction by Thomas MacCarthy, Cambridge; Massachusetts; The MIT Press, 1990
________, "Morality and Ethical Life", in Jürgen Habermas, *Moral Consciousness and Communicative Action*, trans. by Christian Lenhardt and Shierry Weber Nicholsen, The MIT Press, 1990.
Heidegger, Martin, *Kant and the Problem of Metaphysics*, trans. by Richard Taft, Bloomington; Indiana University Press, 1997.
Hillery, George A. Jr., "Definitions of Community: Areas of Agreement", *Rural Sociology*, 20, July 1955.
Hirsch, H. N., "I. The Threnody of Liberalism: Constitutional Liberty and the Renewal of Community" *Political Theory*, Vol. 14, No. 3, August 1986.
Höffe, Otfried, "Der Kommunitarismus als Alternativ?: Nachbemerkungen zur Kritik am Moralisch-Politischen Liberalismus", *Zeitschrift für Philosophische Forschung*, Band 50, Heft 1/2, Januar-Juni 1996.
Honneth, Axel, "The Social Dynamics of Disrespect: Situating Critical Theory Today", Peter Dews, ed., *Habermas: A Critical Reader*, Blackwell Publishers, Ltd., 1999.
________, "A social pathology of Reason: on the intellectual legacy of Critical Theory", Fred Rush, ed., *The Cambridge Companion to Critical Theory*, Cambridge University Press, 2004.

Horkheimer, M. & Th. W. Adorno, *Dialektik der Aufklärung*, Frankfurt am M.; Fischer Verlag, 1969.

Horowitz, Asher, "The Comedy of Enlightenment: Weber, Habermas, and the Critique of Reification", Asher Horowitz and Terry Maley, eds., *The Barbarism of Reason: Max Weber and the Twilight of the Enlightenment*, Toronto; University of Toronto Press, 1994.

Horton, John and Susan Mandus, "Alasdair MacIntyre: After Virtue and After", in John Horton and Susan Mandus, eds., *After MacIntyre: Critical Perspectives on the Works of Alasdair MacIntyre*, Polity Press, 1994.

Hume, David, *The Philosophical Works*, 4Vols., T. H. Green and T. H. Grose, eds., London(1882-1886); Scientia Verlag Aalen reprinted, 1964.

_____, *Enquiries Concerning Human Understanding and Concerning the Principles of Morals*, ed., L. A. Selby-Bigge, 3rd ed., revised P. H. Nidditch, Oxford; Clarendon Press, 1975.

_____, *A Treatise of Human Nature*, L. A. Selby-Bigge, ed., and P. H. Nidditch, revised(2nd ed.), Oxford University Press, 1978(1980 reprinted).

Hutcheson, Francis, *An Essay on the Nature and Conduct of the Passions and Affections, with Illustrations on the Moral Sense*, ed. by Aaron Garrett, IndianaPolis; Liberty Fund, Inc., 2002.

Hutchinson, D. S., "Ethics", in Jonathan Barnes, ed., *The Cambridge Companion to Aristotle*, Cambridge University Press, 1995.

Jane, Kneller, *Kant and the Power of Imagination*, Cambridge; Cambridge University Press, 2007.

Jay, Martin, *Marxism and Totality*, Berkeley; University of California Press, 1984.

Kant, Immanuel, *Kritik der Reinen Vernunft*, herausgegeben von Raymond Schmidt, Hamburg; Felix Meiner, 1956.

_____, *Immanuel Kant's Critique of Pure Reason,* trans. by Norman Kemp Smith, London; Macmillan & co. Ltd., 1963.

_____, *Kritik der Urteilskraft*, herausgegeben von Karl Vorländer, Hamburg; Felix Meiner, 1974.

_____, *The Critique of Judgement*, trans. Creed Meredith, Oxford; The Clarendon Press, 1982.

Kitayama, Shinobu and Hazel Rose Markus, "Introduction to Cultural Psychology and Emotion Research", in Shinobu Kytayama and Hazel Rose Markus, eds., *Emotion and Culture: Empirical Studies of Mutual Influence,* Washington, DC; American Psychological Association, 1997.

Kneller, Jane, *Kant and the power of Imagination*, Cambridge; Cambridge University Press, 2007.

Kramnick, Issac, "The 'Great National Discussion': The Discourse of Politics in 1878", *William and Mary Quarterly*, Vol. 45, January 1988.

Kukathas, Chandran and Philip Pettit, *Rawls: A Theory of Justice and its Critics*, Stanford University Press, 1990.

Kymlicka, Will, *Liberalism, Community and Culture*, Oxford; Clarendon Press, 1989.

Loeb, L. E., "Hume's Moral Sentiments and the Structure of the <Treatise>", Stanley Tweyman, ed., *David Hume: Critical Assessments*, Vol. 4, Routledge, 1995.

MacIntyre, Alasdair, *After Virtue: a study in moral theory*, London; Gerald Duckworth & Co. Ltd., 1981.

__________, *Whose Justice? Which Rationality?,* Notre Dame, Indiana; University of Notre Dame Press, 1988.

MacNabb, D. G. C., *David Hume: his theory of knowledge and morality*, Oxford; Blackwell, 1966.

MacIver, Robert M., *Community: A Sociological Study,* 3rd ed., London; Macmillan & Co., 1936.

Mandle, Jon, "Having It Both Ways", *Pacific Philosophical Quarterly*, Vol. 75, Nos.3 & 4, September/December, 1994.

Mapel, David, *Social Justice Reconsidered: The Problem of Appropriate Precision in a Theory of Justice,* University of Illinois Press, 1989.

Markus, Hazel Rose and Shinobu Kitayama, "The Cultural Shaping of Emotion: A Conceptual Framework", Shinobu Kiatayama and Hazel Rose Markus, eds., *Emotion and Culture: Empirical Studies of Mutual Influence,* Washington, DC; American Psychological Association, 1994.

Mason, Andrew, "Liberalism and the Value of Community", *Canadian Journal of*

Philosophy, Vol. 23, No. 2, June 1993.

Mercer, P., "Hume's Concept of Sympathy", Stanley Tweyman, ed., *David Hume: Critical Assessments*, Vol. 4, Routledge, 1995.

Minar, David W. and Scott Greer, *The Concept of Community*, Chicago; Aldine Publishing Co., 1969.

Mulhall, Stephen and Adam Swift, *Liberals & Communitarians*, Oxford: Blackwell Publishers, Ltd., 1992.

Mullan, John, *Sentiment and Sociability: The Language of Feeling in the Eighteenth Century,* Oxford; Clarendon Press, 2002.

Nederman, Cary J., "Freedom, Community and Function: Communitarian Lessons of Medieval Political Theory", *American Political Science Review*, Vol. 86, No. 4, December 1992.

Nisbet, Robert A., *The Sociological Tradition,* New York; Basic Books, 1966.

Norton, David Fate, "An Introduction to Hume's Thought", David Fate Norton, ed., *The Cambridge Companion to Hume,* Cambridge University Press, 1993.

Oldfield, Adrian, *Citizenship & Community: Civic Republicanism & The Modern World*, London; Routledge, 1990.

Outhwaite, William, *Habermas: A Critical Introduction,* 2nd edition, Stanford University Press, 2009.

Owen, David, *Hume's Reason*, Oxford; Oxford University Press, 1999.

Pangle, Thomas L., *The Spirit of Modern Republicanism: The Moral Vision of the American Founders and the Philosophy of Locke*, The University of Chicago Press, 1988.

Parkinson, Brian, "Unpicking reasonable emotions", Dylan Evans and Pierre Cruse, eds., *Emotion, Evolution, and Rationality*, Oxford; Oxford University Press, 2004.

Phillips, Derek L., *Looking Backward: A Critical Appraisal of Communitarian Thought,* Princeton, N.J.: Princeton University Press, 1993.

Plant, Raymond, *Community and Ideology*, London; Routledge & Kegan Paul, 1974.

Pocock, J.G.A., *The Machiavellian Movement: Florentine Political Thought and the Atlantic Republican Tradition*, Princeton, N.J.: Princeton University Press,

1975.

Pogge, Thomas W., *Reading Rawls*, Cornell University Press, 1989.

Rawls, John, "The Sense of Justice", *Philosophical Review*, Vol. 72, 1963.

_____, *A Theory of Justice*, Cambridge; The Belknap Press of Harvard University press, 1971.

_____, "Kantian Constructivism in Moral Theory: The Dewey Lectures 1980", *The Journal of Philosophy*, Vol. 77, No. 9, September 1980.

_____, "The Basic Liberties and Their Priority", in S. MacMurrin, ed., *The Tanner Lectures on Human Values*, Cambridge; Cambridge University Press, 1982.

_____, "Justice as Fairness: Political not Metaphysical", *Philosophy & Public Affairs*, Vol. 14, No. 3, Summer 1985.

_____, "The Idea of an Overlapping Consensus", *Oxford Journal of Legal Studies*, Vol. 7, No. 1, Spring 1987.

_____, "The Priority of Right and Ideas of the Good", *Philosophy & Public Affairs*, Vol. 17, No. 4, Fall 1988.

_____, "The Domain of the Political and Overlapping Consensus", *Law Review*, Vol. 64, No. 2, May 1989.

_____, *Political Liberalism*, New York; Columbia University Press, 1993.

Redner, Harry, *Ethical Life: The Past and Present of Ethical Cultures*, Lanham, Maryland: Rowman & Littlefield Publishers, Inc., 2001.

Ross, Sir David, *Aristotle*, London; Methuen & Co. Ltd., 1964.

Ryan, Alan, "The Liberal Community", John W. Chapman and Ian Shapiro, eds., *Democratic Community*, New York; New York University Press, 1993.

Sahakian, William S., *Ethics: An Introduction to Theories and Problems*, Barnes & Noble Books, 1974.

Sandel, Michael J., *Liberalim and the Limits of Justice*, Cambridge; Cambridge University Press, 1982.

_____, ed., *Liberalism and its Critics*, Oxford; Basil Blackwell, 1984.

_____, "The Procedural Republic and the Unencumbered Self", *Political Theory*, Vol. 12, No. 1, February 1984.

_____, "Democracy and Community: a Public Philosophy for Our Time", *New Republic*, 22 February 1988.

Sayers, Sean, "MacIntyre and Modernity", in Paul Blackledge and Kelvin Knight, eds., *Virtue and Politics: Alasdair MacIntyre's Revolutionary Aristotelianism*, Notre Dame, Indiana; University of Notre Dame Press, 2011.

Schecter, Darrow, *The Critique of Instrumental Reason from Weber To Habermas*, New York; The Continuum International Publishing Group, Inc., 2010.

Schwarzenbach, Sibyl A., "Rawls, Hegel, and Communitarianism", *Political Theory*, Vol. 19, No. 4, November 1991.

Selznick, Philip, "Dworkin's Unfinished Task", *California Law Review*, Vol. 77, No. 3, May 1989.

_______, *The Moral Commonwealth: Social Theory and Promise of Community*, Berkeley; University of California Press, 1992

_______, "Foundations of Communitarian Liberalism", *The Responsive Community*, Vol. 4, Issue 4, Fall 1994.

Shaw, Daniel, *Reason and Feeling in Hume's Action Theory and Moral Philosophy: Hume's Reasonable Passion*, Lewiston; The Edwin Mellen Press, 1998.

Sherman, Nancy, *Making a Necessity of Virtue*, Cambridge University Press, 1997.

_______, "The Role of Emotions in Aristotelian Virtue", ed., by Lloyd P. Gerson, *Aristotle: Critical Assessments*, Vol. 3, Psychology and Ethics, London; Routledge, 1999.

Sinopoli, Richard C., *The Foundations of American Citizenship: Liberalism, the Constitution, and Civic Virtue*, New York; Oxford University Press, 1992.

Skinner, Quentin, "The Paradoxes of Political Liberty", in ed., David Miller, *Liberty*, New York; Oxford University Press, 1991.

Smith, Norman Kemp, *The Philosophy of David Hume*, London; Macmillan and Co., 1949.

_____, "The Indirect Passions of Pride and Humility, Love and Hatred: and in Connexion their with Hume's First Statement and Application of the Principle of Association", Stanley Tweyman, ed., *David Hume: Critical Assessments*, Vol. 4, Routledge, 1995.

Solomon, Robert C., *True to Our Feelings: What Our Emotions Are Really Telling Us*, Oxford University Press, 2007.

Sousa, Ronald de, *The Rationality of Emotion*, Cambridge; Massachusetts; The

MIT Press, 1987.

Spragens, Thomas A. Jr., "Communitarian Liberalism", Amitai Etzioni, ed., *New Communitarian Thinking; Persons, Virtues, Institutions, and Communities*, Charlotteville; University Press of Virginia, 1995.

Stern, Paul, "Citizenship, Community and Pluralism: The Current Dispute on Distributive Justice", *Praxis International,* Vol. 11, No. 3, October 1991.

Stevenson, Charles L., *Ethics and Language,* New Haven; Yale University Press, 1944.

Stewart, J. B., *The Moral and Political Philosophy of David Hume*, New York; Columbia University Press, 1963.

Taylor, Charles, "Hegel: History and Politics", in Michael J. Sandel, ed., *Liberalism and its Critics,* Oxford; Basil Blackwell, 1984.

_____, "Atomism", in *Philosophy and the Human Sciences: Philosophical Papers,* Vol. 2, Cambridge; Cambridge University Press, 1985.

_____, "Alternative Futures: Legitimacy, Identity and Alienation in Late-Twentieth Century Canada", in A. Claims and C. Williams, eds., *Constitutionalism, Citizenship and Society in Canada,* Toronto; University of Toronto Press, 1986.

_____, *Sources of the Self: The Making of the Modern Identity,* Cambridge, Mass.; Harvard University Press, 1989.

_____, Cross-Purposes: The Liberal-Communitarian Debate", Nancy L. Rosenblum, ed., *Liberalism and the Moral Life*, Cambridge, Mass.; Harvard University Press, 1989.

Tester, Keith, "Weber's alleged emotivism", *The British Journal of Sociology,* Vol. 50, No. 4, 1999.

Thigpen, Robert B. and Lyre A. Downing, "Liberalism and the Communitarian Critique", *American Journal of Political Science,* Vol. 31, No. 3, August 1987.

Tönnis, Ferdinand, *Gemeinschaft und Gesellschaft,* 1887.

Wallach, John R., "III. Liberals, Communitarians and the Task of Political Theory", *Political Theory*, Vol. 15, No. 4, November 1987.

Walzer, Michael, *Spheres of Justice*, Oxford; Basil Blackwell, 1983.

Wand, B., "A Note on Sympathy in Hume's Theory", Stamley Tweyman, ed., *David*

Hume: Critical Assessments, Vol. 4, Routledge, 1995.

Waxman, Wayne, *Hume's Theory of Consciousness*, Cambridge University Press, 1994.

Weber, Max, *Wirtschaft und Gesellschaft: Grudriss der Verstehenden Soziologie,* Vol. 1, herausgegeben von Johannes Winckelmann, Köln; Kiepenheuer & Witsch, 1964.

_____, *Economy and Society: An Outline of Interpretive Sociology*, Vol. 1, Guenther Roth and Claus Wittich, eds., Berkeley; University of California Press, 1978.

Weinstock, Daniel M., "Book Review about Nancy Sherman's Making a Necessity of Virtue: Aristotle and Kant on Virtue", *Mind*, Vol. 3, No. 443, July 2002.

Weitman, Paul J., "Taking Rites Seriously", *Pacific Philosophical Quarterly*, Vol. 75, No. 3 & 4, September/December 1994.

Weyher, L. Frank, "Emotion, Rationality, and Everyday Life in the Sociology of Emile Durkheim", *Sociological Spectrum*, Vol. 32, 2012.

White, Stephen K., *The Recent Work of Jürgen Habermas: Reason, justice and modernity*, Cambridge; Cambridge University Press, 1988.

Winkler, Allan, "Communitariannism", *Utne Reader*, No. 66, November/ December 1994.

Wolff, Robert Paul, *Understanding Rawls: A Reconstruction and Critique of A Theory of Justice*, Princeton; Princeton University Press, 1977.

Wood, Gordon S., *The Creation of the American Republic, 1776-1787*, Chapel Hill; University of North Carolina Press, 1969.

찾아보기

ㅊ

ㅋ

ㅌ

공동체와 정서

–윤리문화의 원천–

발행일 1쇄 2015년 12월 15일

지은이 박종훈

펴낸이 여국동

펴낸곳 도서출판 인간사랑

출판등록 1983. 1. 26. 제일 - 3호

주소 경기도 고양시 일산동구 백석로 108번길 60-5 2층

물류센타 경기도 고양시 일산동구 문원길 13-34(문봉동)

전화 031)901 - 8144(대표) | 031)907 - 2003(영업부)

팩스 031)905 - 5815

전자우편 igsr@naver.com

페이스북 http://www.facebook.com/igsrpub

블로그 http://blog.naver.com/igsr

인쇄 인성인쇄 **출력** 현대미디어 **종이** 세원지업사

ISBN 978 - 89 - 7418 - 341 - 7 93190

이 도서의 국립중앙도서관 출판시도서목록(CIP)은 서지정보유통지원시스템 홈페이지(http://seoji.nl.go.kr)와 국가자료공동목록시스템(http://www.nl.go.kr/kolisnet)에서 이용하실 수 있습니다.(CIP제어번호: CIP2015031971)